华友根 著

魏彦红 王文书 张 铭
白立强 乔彦贞 代春敏 整理

西汉经学史

燕山大学出版社
· 秦皇岛 ·

图书在版编目（CIP）数据

西汉经学史 / 华友根著；魏彦红等整理 . — 秦皇
岛：燕山大学出版社，2024.5
ISBN 978-7-5761-0643-5

Ⅰ. ①西… Ⅱ. ①华… ②魏… Ⅲ. ①经学－历史－
研究－中国－西汉时代 Ⅳ. ①Z126.273.41

中国国家版本馆CIP数据核字（2024）第040410号

西汉经学史
XIHAN JINGXUESHI

华友根　著　魏彦红　王文书　张　铭　白立强　乔彦贞　代春敏　整理

出 版 人：陈　玉			
责任编辑：柯亚莉		封面设计：方志强	
责任印制：吴　波		排　　版：保定万方数据处理有限公司	
出版发行：燕山大学出版社　YANSHAN UNIVERSITY PRESS		地　　址：河北省秦皇岛市河北大街西段438号	
邮政编码：066004		电　　话：0335-8387555	
印　　刷：涿州市殷润文化传播有限公司		经　　销：全国新华书店	

开　　本：710mm×1000mm　1/16		印　　张：32	字　　数：460千字
版　　次：2024年5月第1版		印　　次：2024年5月第1次印刷	
书　　号：ISBN 978-7-5761-0643-5			
定　　价：99.00元			

本书由河北省高等学校人文社会科学重点研究基地"董仲舒与传统文化研究中心"资助出版；

本书获衡水市政协董仲舒研究专项经费资助；

本书为衡水市政协委托项目"董仲舒与儒学思想研究"系列成果之一；

国家社会科学基金一般项目"董仲舒学术研究史"（19BZX051）阶段性成果；

国家社会科学基金重大项目子项目"董子春秋决狱、赋章书对祝及其文本历代注疏研究"（19ZDA027）阶段性成果；

河北省教育厅人文社会科学研究重大课题攻关项目"董仲舒思想及其现实意义研究"（ZD202125）阶段性成果；

河北省教育厅人文社会科学研究重大课题攻关项目"董子文化'两创'研究"（ZD202328）阶段性成果；

河北省社会科学发展课题（2019020602001）阶段性成果；

衡水学院重点课题"唐宋'咏董仲舒'诗歌品鉴及现代价值研究"（2023SKZ01）阶段性成果。

"董仲舒与儒学研究大系"编辑委员会

总序：董仲舒与儒学的历史经络及当代价值

"董仲舒与儒学研究大系"是燕山大学出版社策划出版的一套思想文化类丛书。

回眸中国历史，西汉建立了广袤疆域上的庞大帝国，征战方歇，经过初期的休养生息，新的社会矛盾要求朝廷不得不从初期秉持的黄老学说"无为而治"中解脱出来，以适应治理国家的需要。王朝需要用什么样的文化传统、思想体系、道德礼仪来统领大国人心、齐一天下，这个紧迫的问题成为当时的时代之问。变革的社会现实召唤着思想巨人。

董仲舒用"天人三策"，回答了汉武帝的治世之需。他用天人合一论、天人感应论，占据天道的制高点，既阐释了汉王朝君临天下的合法性，又设计出一套相当完整严密的方针政策，使西汉政权的统治方略由黄老政治转向新儒家德刑并用，宣称"《春秋》大一统者，天地之常经，古今之通谊"，由此构建出以儒家礼制为基础、以天子为中心的中央集权制的政治模式，这一制度设计被采纳并付诸运用，成为中国封建王朝政权运作的核心模式，自此延续两千多年，深远地影响了中国社会发展的历史。如果说，四百年的汉朝奠定了中华帝国真正的基础，那么董仲舒的制度设计，无疑是构成这个基础最重要的文化政治部分。

正因如此，董仲舒的身后声名经历了复杂多变的评价和争议。在古代社会，上自帝王，下至臣民百姓、士人学子，无不尊他"为世儒宗"，"道济天下之溺"，"参天地、关盛衰、浩然而独存者"。尽管董子本人从未执宰拜相，但他培养的学生人丁兴旺，凭借才能平步青云者众，加之后世董学分化流派众多，体系大成，董仲舒俨然被奉为中国传统社会正统观念的思想教父。他的人格和学问都受到推崇，《史记》和《汉书》都说他"为人廉直"，其"正其谊不谋其利，明其道不计其功"的名言，成为千百年来中国人的道德旨归。

然而到了近代，国家大乱，中国传统社会结构风雨飘摇，中西文化剧烈冲突，知识分子激烈论战，董仲舒在国人心目中的地位也随着中国传统社会价值体系的崩坏而降至低谷，在五四新文化运动中，更是陪着孔夫子一起被打倒，成了国家落后衰败的出气筒。他"天不变，道亦不变"的名言，被看作形而上学思想的象征，阻碍变革的保守思想源头，指责他将儒学神学化变为儒教，是一个热衷于设计帝王操纵术的功利性人物。

历史走到今天，学术界看待历史人物及其学说的理论和方法，都大大丰富了，对待董仲舒和儒学的态度也客观了许多。今天可以看到这样的观点：董仲舒援天道以证人事，吸收了先秦唯物主义天道观的成分；他以"究天人之际"的名义，规范等级名伦体制的构思，在当时的社会条件下，有利于纠正社会内部、王朝与周边民族之间的社会失序，由乱达治，实现稳定；董仲舒强调"君为国之本"，将尊君观念推到新的高度，但同时也强调君主必须"法天而立道""上奉天施而下正人"，制约君主的权力；他主张打破血缘宗亲集团的垄断，从知识阶层选贤任能，君臣各敬其事；他倡导具体实在的道德教化，让儒家学说实际应用于治世，真正走向了民间；等等。

编纂"董仲舒与儒学研究大系"丛书，我们需要思考两个问题：

一是，在当今中国，董仲舒与儒家文化传统是否还有意义？

今天以血缘、地缘、宗法、伦理为主要特征的中国传统社会的社会基础结构正在发生剧烈转型，国民相当程度上正在由人伦性族群向契约化群体转型，因而，作为整体意识形态的儒家价值观在现实社会显然已不适应，总体来看，属于社会体系结构性的不适应，因此做不到如董仲舒当时那样将传统学说脱胎换骨，变成现代的东西了，这是对于国家治理的普世性层面而言。

然则，儒家文化传统对国民修养而言，仍大有可用。今日世界面临百年未有之大变局，中国是大变局中的大变量之一。这变局很大程度上在于社会道德的改变。物质欲望膨胀、消费主义、娱乐至上一度喧嚣，而当物质欲望得到满足之后，人们又变得空虚迷茫，不知以何立世，何以为家，陷入精神的混沌状态。概而言之，在人的精神生命与世俗物质生活的冲突之中尚未寻得超越之道。

我们悠久的文化传统本应从私德和公德两个方面给出解决方案。

早在五四时期，梁启超就曾反思数千年传统道德逐渐不能用于当世的状况，他说："吾中国道德之发达，不可谓不早，虽然，偏于私德，而公德殆阙如。试观《论语》《孟子》诸书，吾国民之木铎，而道德所从出者也。其中所教，私德居十之九，而公德不及其一焉。"这不失为一个洞见，儒学确实最重私德，注重"壹是皆以修身为本"，倡导人们在相处中从人性中发展出最好的东西，"人皆可以为尧舜"。作为百代正脉的儒家思想被传承了两千五百年、八十余代，正是因为它与中国人遵循的伦理生活和古老传统相匹配。美国汉学家牟复礼在《中国思想之渊源》中说，"儒家希望恢复的只是一个殷实太平的尧舜之世，一个属于人的文明时代"，因此儒学的首义是人通过践行，去追求有德行的良善的生活。儒家政治思想就是要在乱世中寻找秩序，秩序在哪里？在乎人心。因此说儒家最重私德是恰切的。儒家文化如涓涓细流，润物无声，劝诫人们追求立于天地之间的个人修养，将品格高尚的大儒比如董仲舒，敬称为"纯儒"，一个"纯"字道出了超拔的境界，超越世俗物欲的精神层次，这样的人无论顺逆方圆，皆进退有度，毕生追求人格的完善。儒家的修身之学，是中国文化独有的，与现代世界真善美的人性追求完全契合。

但如果说儒家思想缺乏公共性，又不尽然。董仲舒一生体现的儒家思想传统中，就有着一种执着的乃至偏激的爱国热情、献身情怀，有时显得不可思议，他的作为显示了儒家追求私德是为了什么，格物致知是为了诚意正心，是为了修身、齐家、治国、平天下，这与中国"天下思想"的文化意味高度一致，铺垫着中国人"家国同构"的文化基因。董仲舒代表的智识阶层，将"为王者师"作为自己天生的职业，思考的重点向来是以天下为己任，先天下之忧而忧，这非公共性而何？就如怀抱道义不被当政者接纳的东林党理学君子顾宪成所说，他们这群人不仅有"好善癖"，还患上了"忧世癖"。儒家思想形成社会规范的约束力，激励民众的家国情怀、舍生取义精神，成为中华民族生生不息的根源，血脉相传，今天国之大任还是要拥有这种精神的人民来担当。

二是，在国际学术视域下，董仲舒的儒家学说是否还值得进行学术研究？

19 世纪以来，中国内部衍化的一元文化遭到了不可避免的打击，中国成了世界思想潮流的容器。今天中国思想和文化上很多因素都是外来的，这是回避不了的，这可能是一个参照研究的基础条件，有利于在世界性、历史性的层面上对中国文化思想的独特性进行学术思考，获得世界性的意义。

然而，如果仅以西方为参照系，脱离中国去寻找一种普遍性的规范，在现代性中看不到自己的主体性和历史性，那么中国正在进行的艰巨探索无法获得历史的力量和独特的文化自觉。面对西方学术界一些人"消解中国"的姿态，国内外思想深邃的学者提醒，一方面全球化似乎消解了所有特殊的文化认同，但另一方面这种消解本身恰恰又导致普遍的认同危机和文化焦虑，从而酝酿着文明冲突的危险。我们必须在当今的文化时局中重新考虑中国文化的政治主体性。即使不设置参照系，对文明延续数千年的中国而言，它的文化核心问题，它的思想史如何在文化政治的意义上理论化，都是极其值得开展系统研究的。儒家思想是中国文化的核心，尽管董仲舒倡导的独尊儒术在历史上不免钳制了先秦诸子学说在后世的传扬衍化，但其儒学造诣瞻之在前，总归是深入认识中国思想文化史总体脉络的一个具体的着力点，也是思考中国思想史上学术和现实的问题意识的交汇点。

作为思想家、学问家的董仲舒著述的《春秋繁露》犹如汉代今文经学的百科全书，对当时所遇到的每一个问题都试图从理论上加以解释和概括，对于研究汉代学术史和整个儒学发展史都是极为重要的。董子为汉儒宗，他对中国历史典籍《春秋》公羊学的研究，独尊于两汉，至清中叶而再兴，其于中国社会、政治之影响巨大。所以汉代儒学以董为不祧之宗，何况他的思想兼具关注现实的、积极用世的实践价值。德国哲学家雅斯贝尔斯将公元前 800 年至公元前 200 年称作人类文明的"轴心时代"，那个时代横贯东西，诞生了苏格拉底、柏拉图、以色列先知、释迦牟尼、孔子和老子，他们创立各自的思想体系，共同构成人类文明的精神基础，是人类历史长河中在知识、哲学、宗教上的最辉煌、最有创造力的时代，直到今天人类仍然附着在这种基础之上。董仲舒是这个黄金时代尾声中的最后一位中国思想巨匠。

基于上述，燕山大学出版社编纂出版这套图书就是为了给董仲舒与儒学辟出一块学术研究的出版田地。

这套图书的作者多来自董仲舒的故里，西汉时的广川，即今天的河北省衡水市。作者们"焚膏油以继晷，恒兀兀以穷年"，研究董子其人、他所处的历史时期、他的思想，阐发他的微言大义，扩展至他的教化思想、人学思想以及自然观等，多有成果辑印或发表。这套图书此次辑选了研究董仲舒及儒的知名学者的成果，内容涉及先秦汉代儒学研究、儒家核心价值观念研究、董学史研究、董仲舒哲学思想研究、董仲舒教化思想研究、董仲舒伦理思想研究等多个方面，一定程度上反映了该研究领域的新进展，具有较大的学术影响力和出版价值。

究天人之际，通古今之变。祈愿这套图书的出版传播，对于当代和后世的人们加深对整个中国思想发展史、中国历史、中国文化的认识有所启益。

"董仲舒与儒学研究大系"丛书出版人

陈　玉

2022 年 5 月于燕山大学

华友根先生当时邮寄的 40 万字手稿

西汉。"经学"究竟是什么呢？一般说，"经学"应该是训解或阐述儒经典之学，是中国封建社会统治阶级"经世致用"之学。它是中国封建社会的指导思想和上层建筑的理论基础。

也有另一种说法，"经学"它特指中国中世纪的统治学说。具体地说，它特指西汉以后，作为中世纪诸封建王朝的理论基础和行为准则的学说。因而，尚称学，必须满足三个条件：一、它曾经支配中国中世纪的思想文化领域；二、它必为时政府所承认并颁行标准解说的"五经"或某经典，作为理论依据；三、它具有固定宗教的特征，即在实践领域中，只许信仰，不许怀疑。因此所谓经学"范畴较孔学为宽，较儒学为窄"。①

"经学"两字，开始见于西汉初期，所谓"及高皇帝诛项籍，引兵围鲁，鲁中诸儒尚讲诵习礼，弦歌之音不绝，岂非圣人遗化好学之国哉！于是诸儒始得修其经学，讲习大射、乡饮之礼。叔孙通作汉礼仪，因为奉常，诸弟子共定者，咸为选首，然后喟然兴于学"。②

因把儒家学说称为"经学"，有固定宗教的意义，故此学

① 朱维铮《中国经学史十讲》。
② 班固《汉书·儒林传》。

华友根先生手稿

可像尧、舜、禹、汤一样圣，像文胳、于夏一样明，而使天下大治。

同时，礼乐能节制人欲，使去恶为善。因此，先王制礼乐，以为人节制。如"衰麻哭泣，所以节丧纪也；钟鼓干戚，所以和安乐也；婚姻冠笄，所以别男女也；射乡食飨，所以正交接也。"①

因此，对每个人来说，礼乐都是不可缺少的。因为乐能治心，礼能治身，身治则庄敬，心治则和人。如心中不和不乐，则"鄙诈之心入之矣"；如身不庄不敬，则"慢易之心入之矣"。所以礼乐不可"斯须去身"。特别是对于天子、诸侯、公卿大夫等所谓君子来说，更是如此。这也是所谓"君子不可须臾离礼，须臾离礼，则暴慢之行穷外；不可须臾离乐，须臾离乐，则奸邪之穷内。"②

① 《史记·乐书》。
② 《史记·乐书·太史公曰》。

华友根先生手稿

此生再无来者的生命表达

——写在《西汉经学史》出版之际

　　这部 40 余万字的《西汉经学史》终于要出版了，回忆该书诞生的艰难历程，我的心情久久难以平静。本书作者华友根先生，已经于 2021 年 1 月 11 日仙逝，他再也无法将这部呕心沥血之作捧在掌心。华先生生前是上海社会科学院法学所的研究员，他对董仲舒研究的代表作是 1992 年由上海社会科学院出版社出版的《董仲舒思想研究》。初识华友根先生是在 2012 年，当时《衡水学院学报》为了打造"董仲舒研究"特色专栏，征集一批高质量的董仲舒研究的学术论文，决定召开全国董仲舒思想高端学术论坛。经北京师范大学周桂钿先生推荐和提供联系方式，我和华友根先生取得了联系，华先生当时虽然年事已高，但依然非常高兴地答应来衡水学院参加会议。这是第一次见华先生，也是最后一次。因为华先生身体一直不好，不方便出远门，所以就没有再来过衡水。在 2012 年召开的这次会议上，时任衡水学院院长的王守忠教授亲自为华先生等诸位学者颁发了特聘教授证书。自此，华友根先生以衡水学院特聘教授的身份关注并支持着衡水学院董学事业的不断成长，尤其对《衡水学院学报》情有独钟，关爱有加。华先生是一位纯粹的学者，从不在社交或其他事情上浪费时间，即使退休在家，再无科研任务，他依然将自己的所有精力都用在研究学问与居家著述上。从知网上获悉，自 2013 年起，华先生撰写的 10 余篇文章都以衡水学院特聘教授的身份赐给了《衡水学院学报》发表。

华先生一生不会操作电脑，所有作品，无论是文章还是著作，均用手一笔一画写成。即使电脑已普及多年，不会用电脑打字成为当今写作工作不可思议的事情，但华先生并没有放弃这种效率非常低的写作方式，依然故我，手写每一个字，每一篇文章，每一部著作。

华先生经常给我写信，通过邮局辗转寄给我。在信中他咨询文章发表的进展，谈他对学术观点的看法，顺便说说他身体的近况，并嘱咐我多保重身体，尤其是和我谈了他的学术研究计划——在有生之年撰写一套《两汉经学史》！我对华先生这个宏大的计划既深感敬佩，也有些许担忧，年届八旬高龄，完成这样繁重的工程谈何容易。当我将学校领导给予支持的消息转告了华先生后，他非常高兴，好像看到了自己孩子的大好前程，每天投入到书稿的整理与撰写工作中，并不时给我写信过来，谈写作进展。在去世的前一年，他可能感觉到自己的身体每况愈下，甚为担忧《两汉经学史》不能完成，于是他便紧抓所剩无几的时间忙于书稿的整理与撰写。按照华先生的预计，《两汉经学史》分上下两册，大约 90 万字。这 90 万字，一切都要由手写完成啊！

华先生于 2021 年 1 月 11 日因糖尿病并发症、肺部大面积感染、心脏衰竭而离开了我们，我得到华师母发过来的消息是在 14 日。我于 2020 年 12 月 23 日收到华先生通过邮局寄过来的 40 万字的手稿《两汉经学史》上册（西汉部分）的内容，内附信文说下册（东汉部分）正在整理中……华先生过于担心书稿整理不完而留下遗憾，在上册整理完的第一时间便通过邮局寄给我，但也因过于忙碌着急而使得病情恶化。华师母说，华先生在病危期间念念不忘这部著作，说："如果《两汉经学史》上册能出版我就没有遗憾了。"所以，在他住院期间，多次让华师母打电话给我，问我是否收到了书稿。华先生的书稿到达衡水市的邮局时，恰逢学报编辑部和董子学院两个部门的所有人员在离市区较远的衡水湖边的龙源大酒店举办河北省董仲舒研究会学术年会暨儒商文化研讨会，会务非常紧张繁忙，没能抽出人来回市区邮局取包裹，延迟了几日，虽然告诉了华师母，估计华老师仍会非常焦急，我一天没告诉他拿到书稿，他就会担心一天，因为他怕书稿会丢掉，而且他在医院已经病危（当时华师母并没有告诉我华先生已住院一事）。书稿如果丢掉，对他来说意味着什么可想而知。这部书稿凝聚浓缩了他所有的付出，所有的期待，所有的寄托；这是他用最后的生命写就的人生华章，是此生再无来者的生命表达。愿华先生在天之灵原谅我工作的不力，在该书出版之际，请华先生安息。

当我打开华先生邮寄过来的厚重的两大捆书稿，捆扎得整齐方正的 800 多页的稿纸，感慨万千，在当今这个功利泛滥的时代，还有这样一个人，退休多年，年事已高，不用再评职称，单位不再考核您的工作量，没有人给您课题的压力，没有人再为您提高薪资，您仍埋头苦读，笔耕不辍，是真正用"笔"在耕耘，一字一画一标点地耕耘。这是为什么？我想，学问不是用来让单位考核工作量的，不是用来填写单位科研数据表的，不是用来发在省级刊物还是 C 刊去考评的。学问，在您看来，是把自己一生的心血和重要的积累记录下来，传承下去，这才是您一生的价值和意义所在。做学问，传承学问，是您一生的挚爱，是您视作生命的无悔的追求！

收到华先生手稿之后，我们立即安排了文字录入工作，我校公共管理学院 30 余名同学主动承担了这项艰巨的文字录入工作。董子学院的老师们对书稿又进行了多遍的文献校对、补充以及文字编辑整理等工作，当整理好的书稿终于交给出版社时，我的心才些许轻松，终于可以看到华先生满意的微笑了。

两汉经学虽有憾，西汉经学幸学林。

《两汉经学史》就更名为《西汉经学史》吧。

衡水学院董子学院院长

《衡水学院学报》主编

河北省董仲舒与传统文化研究中心主任

魏彦红书于董子故里

2022 年 7 月 14 日

目　录

引言　两汉经学史刍议 / 1

　　一、经籍与儒学的形成 / 1

　　二、经学与今、古文学 / 2

　　三、今、古文派系之分 / 5

　　四、鲁学、齐学、燕学及晋学之分 / 8

　　五、提倡儒术的斗争 / 13

第一章　汉初儒学及其与道、 法、 杂等家的关系 / 19

　　一、汉初诸儒 / 19

　　二、孔鲋与叔孙通 / 23

　　三、陆贾 / 36

　　四、张苍与贾谊 / 45

　　五、伏胜与晁错 / 55

　　六、贾山与袁盎 / 69

　　七、《高祖传》与《孝文传》 / 76

　　八、儒与道、法、杂等之争 / 84

第二章　汉武帝时期的经学——独尊儒术、 罢黜百家 / 100

　　一、三次贤良对策 / 100

二、定礼乐、立制度 / 118

三、经学大师——董仲舒的思想 / 132

四、张汤与赵禹 / 179

五、司马迁 / 188

六、武帝时的经学 / 210

七、儒家内部争论 / 216

八、独尊儒术的意义及其深远影响 / 220

第三章 昭帝、宣帝时期的经学 / 226

一、昭帝与经学 / 226

二、盐铁会议 / 227

三、著名经学家 / 236

四、宣帝与经学 / 241

五、石渠阁会议 / 243

六、戴德与《大戴礼记》 / 254

七、《礼记》与《王制》篇 / 269

八、经学的极盛时期 / 288

九、名臣贤臣 / 296

第四章 元帝、成帝、哀帝时期的经学 / 306

一、元帝与经学 / 306

二、辅政之臣与经学 / 309

三、匡衡的经学思想及礼乐主张 / 313

四、成帝、哀帝时期的经学 / 324

五、元、成、哀时期的宗庙礼法 / 332

六、成帝时郊祀之争 / 339

七、哀帝时乐制改革 / 345

八、阴阳灾异与《经》《传》礼义 / 349

九、刘向、刘歆与第一次今、古文之争 / 359

第五章　平帝与王莽时期的经学 / 383

一、概述 / 383

二、王莽与经学 / 388

三、扬雄的经学成就 / 402

四、著名经学家 / 414

第六章　西汉时期的礼义与礼仪研究 / 431

一、选举制度 / 431

二、教育制度 / 438

三、家庭与乡党之礼 / 449

四、断事与决狱 / 461

五、《仪礼》研究与《大射仪》 / 480

参考文献 / 485

引言　两汉经学史刍议

一、经籍与儒学的形成

伏羲仰观俯察，作八卦以类物情，后圣有作，递有所增，为六十四卦。夏《易》名连山，商《易》名归藏，西周时文王治《易》，作象、文、爻辞。周公制《礼》作《乐》。上古君之左史记言，右史记动，动为《春秋》，言为《尚书》。为此，唐、虞、夏、殷均有《尚书》《春秋》，这是《书经》《春秋》之始。太古又有谣谚之兴，在心为志，发言为诗。虞夏以后，有采诗之官，采自民间，陈于天子，以观民风，此为《诗经》之始。乐舞，伏羲、神农已有乐名，黄帝时发明六律五音，当时帝王易姓受命，应天作乐以示大功告成，为《乐经》之始。上古之时，社会愚昧混乱，王者本习俗而定礼文，故唐、虞时，有天、地、人三礼，以吉、凶、军、宾、嘉为五礼，这是《礼经》的开始。"西周之时，尊崇六经。自文王治《易》，作象、文、爻词，周公制《礼》作《乐》，复损益前制，制为冠昏丧祭朝聘射乡之礼，而轺轩陈诗观风。史官记言记动。仍仿古代圣王之制。故《易经》掌于太卜，《书经》《春秋》掌于太史、外史，《诗经》掌于太师，《礼经》掌于宗伯，《乐经》掌于大司乐。"[1]

---

[1] 刘师培：《经学教科书·第四课　西周之六经》，上海：上海科学技术文献出版社，2015 年，第 4 页。

一般认为，六经皆与周公有关系，认为周公是集周代学术之大成者。东周春秋时期，治六经并非孔子一家，曾有多家。孔子定六经，创立儒家学派，使六经进一步发扬光大。从此，周室未曾确定的六经，变为孔门编订公认之六经。"《易经》者，哲理之讲义也；《诗经》者，唱歌之课本也；《书经》者，国文之课本也（兼政治学）；《春秋》者，本国近世史之课本也；《礼经》者，修身之课本也；《乐经》者，唱歌课本以及体操之模范也。"[1]

六经经孔子的删定，更加通俗易懂，孔子创立的儒家学派，在社会上的影响也越来越大。据说孔子弟子三千人，通六经者七十二人。战国孟子与其弟子，进一步研究六经，发展了孔子的儒学。战国末年，荀子及其弟子使儒学又有新的发展。孔子、孟子、荀子之儒学，对于两汉的经学影响极大。

二、经学与今、古文学

六经起于三代，儒家创于孔子，而"经学"始于西汉。什么是"经学"呢？一般来说，"经学"应该是训解或阐述儒家经典之学，是中国封建社会统治阶级"经世致用"之学，它是中国封建社会的指导思想和上层建筑的理论基础。也有另外一种说法，"经学"，指中国中世纪的统治学说，具体来说，特指西汉以后，作为中世纪诸封建王朝的理论基础和行为准则的学说。

倘若称"学"，必须满足三个条件：第一，曾经支配中国中世纪的思想文化领域；第二，以当时政府所承认并颁行标准解说的"五经"或其经典作为理论依据；第三，具有国定宗教的特征，即在实践领域中，只许信

---

[1]《经学教科书·第五课　孔子定六经》，第5页。

仰、不许怀疑。因此，经学"范畴较孔学为宽，较儒学为窄"〔1〕

"经学"一词，西汉初期见于《汉书》的《儒林传》《邹阳传》《兒宽传》与《宣帝纪》等，"及高皇帝诛项籍，引兵围鲁，鲁中诸儒尚讲诵习礼，弦歌之音不绝，岂非圣人遗化好学之国哉？于是诸儒始得修其经学，讲习大射乡饮之礼。叔孙通作汉礼仪，因为奉常，诸弟子共定者，咸为选首，然后喟然兴于学"〔2〕。

将儒家学说称为"经学"，有国定宗教的意义，故尊奉孔子。汉高祖刘邦于汉十二年（前195年）十一月，自淮南返回长安，经过孔子家乡鲁地时，以最高最尊的祭礼——太牢祠孔子。为敬崇儒家，称之为"圣儒"。西汉之初，"经学"盛行的地区，主要在孔子、孟子的家乡——鲁、邹一带，至汉景帝七年（前150年）时，邹鲁守经学，邹阳所看到的情形，仍然是这样。因此，西汉初，虽承认孔子的儒家学说为"经学"，可经世致用，但流行的地区不广，又往往与各家各派共存。实际上，主导政治的是道家的"黄老"思想，而不是儒家的"经学"。

但是，自汉武帝起，情况就不大相同。武帝祖母窦太后死后，田蚡为丞相时，"黜黄老、刑名百家之言，延文学儒者以百数"〔3〕，"及仲舒对册，推明孔氏，抑黜百家"〔4〕。爱好"黄老"思想的窦太后死于建元六年（前135年），董仲舒对策在元光元年（前134年），此后，儒家开始独尊。儒家学说六经（六艺）即"经学"，真正成为封建社会的指导思想，得到封建帝王等统治阶级的赞赏和提倡，社会各阶级与广大人民也普遍接受和遵行。

张汤任御史大夫时，以《尚书》专家兒宽为掾，并举为侍御史，被汉武帝召见并得以重用，"见上，语经学。上说之，从问《尚书》一篇。擢

---

〔1〕 朱维铮：《中国经学史十讲》，上海：复旦大学出版社，2002年，第10页。

〔2〕 （汉）班固：《汉书》卷八十八《儒林传》，北京：中华书局，1962年，第3592页。

〔3〕 《汉书》卷八十八《儒林传》，第3593页。

〔4〕 《汉书》卷五十六《董仲舒传》，第2525页。

为中大夫，迁左内史"。[1]

汉宣帝本始四年（前 70 年）夏四月壬寅，四十九个郡国同时发生地震或山崩水溢，汉宣帝立即下诏求救于"经学"之士。诏曰："盖灾异者，天地之戒也。朕承洪业，奉宗庙，托于士民之上，未能和群生。乃者地震北海、琅邪，坏祖宗庙，朕甚惧焉。丞相、御史其与列侯、中二千石博问经学之士，有以应变，辅朕之不逮，毋有所讳。"[2] 汉宣帝重视儒术，以"经学"指导政治、治理社会。

了解了什么是"经学"，还须知道"经学"有今文经学与古文经学的区别，区别是多方面的。现据廖平的《今古学考》与周予同先生的《经今古文学》，从两个主要方面进行比较，以示二者的不同与对立。

（一）对孔子的定位与代表性经典不同

今文经学：认为孔子是哲学家、政治家、教育家，尊奉孔子为"受命"之素王，"托古改制"；六经为孔子所作，以《春秋公羊传》为主，为经学派；经的传授多可考，立于学官，盛行于西汉；斥古文经传是刘歆伪造之作；今文存《仪礼》《公羊》《穀梁》《小戴礼记》《大戴礼记》和《韩诗外传》；信纬书，以为孔子微言大义间有所存。

古文经学：认为孔子是史学家，尊奉周公，尊孔子为先师；认为孔子"信而好古，述而不作"；以六经为古代史料，以《周礼》为主，为史学派；经的传授不大可考，西汉多行于民间，盛行于东汉；斥今文经传是秦火残缺之余；今存《毛师》《周礼》《左传》；斥纬书为诬妄。

（二）对古代制度的认识不同

1. 关于封建

今文经学：地分五服，各五百里，合方五千里；爵分三等，公侯方百

---

[1]《汉书》卷五十八《公孙弘卜式兒宽传》，第 2629 页。

[2]《汉书》卷八《宣帝纪》，第 245 页。

里，伯七十里，子男方五十里；王畿内封国；天子五年一巡狩。

古文经学：地分九服，亦各五百里，并王圻千里，合方万里；爵分五等，公方五百里，侯方四百里，伯方三百里，子方二百里，男方一百里；王畿内不分国；天子十二年一巡狩。

2. 关于官制

今文经学：天子立三公，曰司徒、司马、司空，又九卿、二十七大夫、八十一元士，凡百二十；无世卿，有选举。

古文经学：天子立三公，曰太师、太傅、太保，无官属。又立三少以为副，曰少师、少傅、少保，谓之三孤。立六卿，曰冢宰、司徒、宗伯、司马、司寇、司空。六卿之属，大夫、士、庶人在官者凡二千。

3. 关于宗教

今文经学：社稷所奉皆天神；天子有太庙无明堂；七庙皆时祭；禘为时祭，有祫祭。

古文经学：社稷所奉皆人鬼；天子无太庙有明堂；七庙祭有日月时之分；禘大于郊，无祫祭。

4. 关于税法

今文经学：远近皆什一；山泽无禁；十井出一车。

古文经学：远近分等差；山泽皆入官；一甸出一车。

5. 其他方面

今文经学：天子不下聘，有亲迎；刑余不为阍人；主薄葬。

古文经学：天子下聘，不亲迎；刑余为阍人；主厚葬。

三、今、古文派系之分

今、古文经相比较，主要表现为代表的经传不同、六经次第不同、宗旨不同、制度不同等四个方面，这些不同和对立也是区分今、古文派系之别的主要依据（关于制度方面不同，上文已述）。

（一）代表经传

1. 今文经

《诗》，有鲁（申培）、齐（辕固）、韩（韩婴）三家。鲁诗、韩诗，于文帝时立博士；齐诗，于景帝时立博士。

《书》，有欧阳生、大夏侯（胜）、小夏侯（建）三家，同出于伏胜。武帝时立《书》欧阳博士，宣帝时增立大小夏侯博士。

《礼》，有大戴（德）、小戴（圣）、庆（普）三家。三家同出于高堂生。武帝时立《诗经》博士，宣帝时分立为二家（大、小戴）。庆《礼》本今文经学，据《后汉书·儒林传》记载未立于学官，所以不在十四博士之内。

《易》，有施（雠）、孟（喜）、梁丘（贺）、京（房）四家，同出于田何。武帝立《易经》博士，宣帝时分立为施、孟、梁丘三家，元帝时增立京氏（房）。

《春秋公羊传》有两家，同出于胡毋生、董仲舒。武帝时立《春秋公羊》博士。

《春秋穀梁传》，宣帝时分立为严（严彭祖）、颜（颜安乐）两家，《汉书·儒林传》曰：“瑕丘江公受《穀梁春秋》……于鲁申公。”[1] 宣帝甘露年间始立为博士，不在十四博士之内。《穀梁》是今文，古代没有异说，但近人有认为是古文学（详可参考崔适《春秋复始》卷一）。

2. 古文经

《毛诗》有毛公。《汉书·儒林传》曰：“毛公，赵人也。治《诗》，为河间献王博士。”[2] 又《汉书·艺文志》：“自谓子夏所传，而河间献王

---

〔1〕《汉书》卷八十八《儒林传》，第3617页。

〔2〕《汉书》卷八十八《儒林传》，第3614页。

好之。"[1]

《尚书》有孔安国。《汉书·艺文志》说:"《古文尚书》者,出孔子壁中。武帝末,鲁共王坏孔子宅,欲以广其宫,而得《古文尚书》及《礼记》《论语》《孝经》凡数十篇,皆古字也。……孔安国者,孔子后也,悉得其书,以考二十九篇,得多十六篇。"[2]《楚元王传》曰:"鲁恭王坏孔子宅,欲以为宫,而得古文于坏壁之中,《逸礼》有三十九,《书》……"[3],又《艺文志》曰:"《礼古经》者,出于鲁淹中及孔氏。"[4]

《周官》,唐贾公彦《序周礼废兴》引马融《周官传》云:"至孝成皇帝达才通人刘向、子歆,校理秘书,始得列序,著于录略。"[5]

《易》,有费氏(费直)、高氏(高相)(附)。《汉书·儒林传》记载:"费直,字长翁,东莱人也。……亡章句,徒以彖象系辞十篇文言解说上下经","高相,沛人也。……亡章句,专说阴阳灾异"[6]

《左氏》有左丘明,《汉书·儒林传》曰:"汉兴,北平侯张苍及梁太傅贾谊、京兆尹张敞、太中大夫刘公子,皆修《春秋左氏传》。"[7] 据《说文序》记载,北平侯张苍献《春秋左氏传》。《邹氏》(附)、《夹氏》(附),《汉书·艺文志》称前者"无师",后者"未有书"。

(二) 六经的列序次第

今文经学的次第是:《诗》《书》《礼》《乐》《易》《春秋》,按六经内容深浅程度而排。

---

[1] 《汉书》卷三十《艺文志》,第 1708 页。

[2] 《汉书》卷三十《艺文志》,第 1706 页。

[3] 《汉书》卷三十六《楚元王传》,第 1969 页。

[4] 《汉书》卷三十《艺文志》,第 1710 页。

[5] (汉) 郑玄注,(唐) 贾公彦疏:《周礼注疏·周礼正义序》,影印文渊阁《四库全书》本,第 22b 页。

[6] 《汉书》卷八十八《儒林传》,第 3602 页。

[7] 《汉书》卷八十八《儒林传》,第 3620 页。

古文经学的次第是:《易》《书》《诗》《礼》《乐》《春秋》,按六经产生时代早晚而定。

(三)宗旨不同

今文经学:祖孔子,孔子为受命素王,孔子"托古改制",以《春秋公羊传》为正宗;主因革,用质家,救文弊,异姓兴王之事;以《王制》为主。

古文经学:祖周公,尊孔子为先师,孔子"信而好古,述而不作";以《周礼》为正宗;主从周,用文家,主守时制,异姓中兴之事;以《周礼》为主。

四、鲁学、齐学、燕学及晋学之分

经学不仅有今、古文之分,又有鲁学、齐学、燕学与晋学之分。

(一)鲁学

鲁学主要指《鲁诗》《穀梁》与《仪礼》,治学谨严朴实。

申公,鲁人,治《鲁诗》与《穀梁》。他独依《诗经》为训诂以教,仅口说其指,不为解说之传,有疑问则缺而不传。武帝建元之初,迎申公准备立明堂朝诸侯。武帝问"治乱之事",申公回答说:"为治者不在多言,顾力行何如耳。"[1] 这与武帝当时"方好文辞"不合,因而被罢免。申公以《鲁诗》授徐偃、周霸等。

武帝元鼎年间,听齐人丁公、公孙卿及方士言,准备搞封禅大礼,与公卿诸生一起商议封禅。但是,以徐偃、周霸为代表的群儒拘泥于《诗》

---

[1] (汉)司马迁:《史记》卷一百二十一《儒林列传》,北京:中华书局,1959年,第3121—3122页。

《书》古文，不敢畅所欲言，有的说："不与古同"，徐偃说："太常诸生行礼不如鲁善。"[1] 周霸想与诸生重新研究封禅事宜，结果都被罢黜而勿用。

申公又以《穀梁春秋》传于瑕丘江公，江公虽精通《穀梁》，但谨慎不善言谈，辩不过通五经、善属文的董仲舒，"江公呐于口，上使与董仲舒议，不如仲舒"[2]，江公的弟子如许生、徐公，也仅"守学教授"而已。

鲁学不仅谨严朴实，还体现为保守，不能适时而变。叔孙通将要为两汉王朝定朝仪时，有两个鲁地儒生就是不赞同，并说当时社会不稳定，百姓尚未安居乐业，不能急急忙忙定礼制乐。

因尊《公羊春秋》，武帝下诏太子刘据跟从董仲舒受《公羊春秋》。因诏令逼迫，刘据不得不从，但他更喜爱朴实的《穀梁春秋》，"私问《穀梁》而善之"，"又从瑕丘江公受《穀梁》"[3]。《穀梁》是鲁学，谨严朴实，对刘据的影响也深。征和二年（前91年），发生巫蛊之祸，太子据被人诬陷，没有向武帝说明事情真相和经过，只是随意听信了少傅石德之言，结果被迫逃亡自杀。后来汉宣帝因思念其祖父戾太子刘据好《穀梁春秋》，因此特别重视《穀梁》，并立为博士。丞相韦贤、长信少府夏侯胜、侍中乐陵史高，皆鲁人，认为《穀梁》本鲁学，《公羊》乃齐学，于是宣帝提倡《穀梁》。"上善《穀梁》说"，"愍其学且绝"，以蔡千秋、尹更始专门为郎史讲《穀梁》，并使专精《穀梁》的与专精《公羊》的进行辩论，阐明异同是非。结果多称《穀梁》，因而立为博士，鲁学得以振兴，"由是《穀梁》之学大盛"，周庆、丁姓，"皆为博士"[4]

---

〔1〕《汉书》卷二十五上《郊祀志上》，第1233页。

〔2〕《汉书》卷八十八《儒林传》，第3617页。

〔3〕《汉书》卷六十三《武五子传》，第2741页。

〔4〕以上参见《汉书》卷八十八《儒林传》，第3618页。

（二）齐学

齐学主要指《齐诗》《尚书》《公羊春秋》《易》等。齐学恢奇驳杂，好言阴阳五行、灾异、天人之际。

治《齐诗》的辕固，认为商代夏、周代商并非诛戮杀伐夺权，而是天意、受命。他说，夏桀、商纣荒乱，"天下之心皆归汤武，汤武因天下之心而诛桀纣，桀纣之民弗为使而归汤武，汤武不得已而立，非受命为何？"[1]

济南伏生，齐人，治《尚书》，撰《尚书大传》，特别注重《洪范》五行，后来成为儒生研究五行灾异之祖。

胡毋生，齐人，治《公羊春秋》，年老归教于齐，齐人研究《春秋》的多奉胡为宗。丞相公孙弘也受其影响。

董仲舒也治《公羊春秋》，他与胡毋生均为景帝博士。董仲舒不仅与胡毋生同业，而且著书称其德。董作《春秋繁露》，大讲阴阳、五行、灾异、符瑞、天人合一，也为齐学。

汉研究《易》，始于齐人田何，其后施雠、孟喜、梁丘贺之《易》，也好以阴阳灾变推及人事，也属齐学。

夏侯始昌，以《齐诗》《尚书》教授生徒，明于阴阳，事先预言柏梁台灾发生的日期，到了日期，果然灾害发生。族子夏侯胜跟从始昌学习《尚书》及《洪范五行传》，也说灾异，而且比较准确。昭帝崩，昌邑王嗣立，但经常外出游戏，夏侯胜就说："天久阴而不雨，臣下有谋上者，陛下出欲何之？"[2] 事实上，大将军霍光等，早已策划要撤掉昌邑王。

翼奉治《齐诗》，在汉文帝时上书说，《易》有阴阳，《诗》有五际（五际即卯、酉、午、戌、亥之年，是阴阳终始际会之岁，于此时则有变

---

〔1〕《汉书》卷八十八《儒林传》，第3612页。

〔2〕《汉书》卷七十五《眭两夏侯京翼李传》，第3155页。

改之政），《春秋》有灾异，皆列终始，推得失，考天心，以言王道之安危。也就是说，天人是相应的，应该深入研究。秦朝不喜欢《诗》《书》，而以文法伤害文学之士，所以大道不统，至于灭亡。又说："臣奉窃学《齐诗》，闻天际之要，《十月之交》篇（《诗·小雅》篇名），知日蚀地震之效昭然可明，犹巢居知风，穴处知雨，亦不足多，适所习耳。臣闻人气内逆，则感动天地；天变见于星气日蚀，地变见于奇物震动。所以然者，阳用其精，阴用其形，犹人之有五臧（脏）六体，五臧象天，六体象地。故臧病则气色发于面，体病则欠申动于貌。"[1]

京房治《易》，擅长于灾变，分六十四卦，更值用事，以风雨寒温为候，各有占验。

夏侯始昌、夏侯胜、翼奉、京房说《齐诗》《尚书》《易》均属齐学。

惠帝元年（前194年），以曹参为齐相，曹参诏问长老诸先生，怎样安定百姓，"而齐故诸儒以百数，言人人殊，参未知所定"[2]。也就是说，齐地儒生，富于想象，各人各说，这恐怕也是齐学产生的缘故。

民间私传之费氏《易》、高氏《易》皆古文。"高氏《易》出于高相，与费直同时，渊源出于丁宽，盖亦齐学之别派也。"[3]

（三）燕学

《诗》《书》《易》有齐学、鲁学之分，也有"燕学"。

传《韩诗》和《韩氏易》的燕人韩婴，文帝时为博士。韩婴推究诗人之意，作内外传数万言。同时，也以《易》授人，推《易》意而为之传。武帝时，"尝与董仲舒论于上前，其人精悍，处事分明，仲舒不能难也"。但"其语颇与齐、鲁间殊，然归一也"[4]。其学流传于燕、赵之间，可称

---

〔1〕《汉书》卷七十五《眭两夏侯京翼李传》，第3173页。

〔2〕《汉书》卷三十九《萧何曹参传》，第2018页。

〔3〕《经学教科书·第九课　两汉易学之传授》，第9页。

〔4〕《汉书》卷八十八《儒林传》，第3613页。

为鲁学、齐学之外的燕学。

韩婴好《诗》，又好《易》。燕、赵之间好《韩诗》者多，研究《易》的则很少，故只得韩氏自传其《易》。宣帝时，韩婴之后韩生，专传韩氏《易》，所谓"所受《易》即先太傅所传也。尝受《韩诗》，不如韩氏《易》深，太傅故专传之"[1]。当时韩生以《易》征，待诏殿中，司隶校尉盖宽饶本受《易》于孟喜，后见韩生说《易》更好，故从韩生受韩氏《易》。

（四）晋学

现代著名经学史专家蒙文通先生认为，除了鲁学、齐学、燕学之外还有晋学，如西汉文帝时儒生贾山的祖父贾祛，是魏国的博士弟子，属于晋学。晋学主要研究些什么呢？"一定是有《周易》上下经、《易繇阴阳卦》了，一定是有《周书》七十一篇、《毛诗》、《周官》、《左氏春秋》了，一定是有《孝经》及河间九篇《论语》了。"[2]

贾山是汉文帝的儒生，其祖父贾祛为战国时魏王博士弟子，而贾山曾从祖父受学，"山受学祛，所言涉猎书记，不能为醇儒"[3]。他的《至言》批评秦赋重役繁，不笃礼义。赞赏尧舜之道、三王之功，"用民之力不过岁三日，什一而籍"，"文王好仁则仁兴，得士而敬之则士用，用之有礼义"[4]。

贾山之外，如张苍、贾谊研究《左传》；诸侯王国如河间献王，研究《毛诗》《周官》《尚书》《左氏春秋》；广川王去"师受《易》《论语》《孝经》皆通"[5]。

---

[1]《汉书》卷八十八《儒林传》，第3614页。

[2] 蒙文通：《经学抉原》，上海：上海人民出版社，2006年，第28页。

[3]《汉书》卷五十一《贾邹枚路传》，第2327页。

[4]《汉书》卷五十一《贾邹枚路传》，第2332、2334页。

[5]《汉书》卷五十三《景十三王传》，第2428页。

张苍，阳武人。贾谊，洛阳人。河间、广川，春秋时均属晋地。

五、提倡儒术的斗争

首先，汉代最高统治者，历来提倡经学、独尊儒术。西汉初，高祖刘邦带兵围鲁，鲁公项羽战败自杀。但刘邦尊重鲁地儒生，让他们照样讲经习礼，弦歌之音未断绝，并重用亡秦博士叔孙通。

高帝刘邦之后，西汉立今文十四博士。

文帝时，立《鲁诗》《韩诗》博士。

景帝时，立《齐诗》博士、《公羊春秋》博士。

武帝时立《易经》博士，立《尚书》欧阳博士，又立《礼经》（礼仪）博士。

宣帝时，《尚书》分立为大、小夏侯两家博士；《易》分为施、孟、梁丘三家博士；《公羊春秋》分立为严、颜两家博士；《礼经》分立为大、小戴两家博士。当时又有《穀梁》博士，《礼》庆氏博士。

元帝时，《易》增立京氏博士。

以上均为今文博士。

再看古文博士。

汉武帝时，河间献王曾立《毛氏诗》和《左氏春秋》博士。

汉平帝时，立《左氏春秋》《毛诗》《逸礼》和古文《尚书》博士。

王莽时，置《周官经》，设《周礼》博士。又设《乐经》，立《乐》博士，立《乐》祭酒、掌乐大夫。

除了立儒学各经的博士之外，又通过对策、射策，地方设郡国学，中央设太学，州郡举茂才、孝廉等人才培养、推举和选拔的手段，广泛宣扬、传诵儒学六经与伦理道德。

对策，有贤良文学、贤良方正、直言极谏，以儒家的六经为标准，物色人才。一般出三道题目，内容是关于如何治国理民，安定天下；关于大政方针，天地人事；关于推崇三皇五帝，颂扬纲常伦理；关于如何贯彻五经、六艺；关于如何整顿吏治，约束后宫外戚；关于如何避免自然灾异，而降福于国家人民等。

对策由天子亲自提问，对答最优者，可任为博士、中大夫、诸侯王相等。文帝时，晁错在对策百余人中最好，称为高第，因而升迁为中大夫；武帝时，建元元年对策严助第一，擢为中大夫；元光元年对策董仲舒第一，以为江都相；元光五年对策公孙弘第一，"拜为博士，待诏金马门"[1]。

射策与对策相似，通过射策回答问题，以宣扬儒家的六经与礼义。提出对中央、地方、国家、民族、人民、帝王、官吏的看法与建议，以及对内对外、政治、经济、文化、自然、社会中有关疑难问题与事件的意见与主张，写在竹简上称之为策（册）。比较难的问题称为甲科，比较容易的问题称为乙科。根据自己对儒家学说研究的程度与水平，可以任意选择甲科或乙科题目（通过投射获得），加以回答与解释。甲科回答上等的，可以为郎、郎中。乙科回答上等的，可以为掌故、舍人。后来又设景科（即丙科）。每科有数人至数十人不等。以这种方式选举儒生，开始于汉文帝，一直到汉平帝、王莽时期都有实行。

除了对策、射策，还有太学、郡国学，以及地方举茂才、孝廉，培养了大量的儒家人才，宣扬儒家经传伦理，"自武帝立五经博士，开弟子员（太学——笔者注），设科射策，劝以官禄，迄于元始（平帝时——笔者注），百有余年，传业者寖盛，支叶蕃滋，一经说至百余万言，大师众至千余人，盖禄利之路然也"[2]。

西汉十分重视读经和礼仪，查阅整部《汉书》，尊孔读经，且有著述作为的，包括帝王、诸侯、官吏、平民有二百余人。

---

〔1〕《汉书》卷五十八《公孙弘卜式兒宽传》，第2617页。
〔2〕《汉书》卷八十八《儒林传》，第3620页。

读经好儒的著名学者众多，如叔孙通、陆贾、伏生、贾山、贾谊、张苍、晁错、申公、辕固、韩婴、田何、王臧、赵绾、窦婴、田蚡、董仲舒、胡毋生、公孙弘、张汤、司马迁、严助、江公、夏侯始昌、夏侯胜、夏侯建、韦贤、韦玄成、贡禹、萧望之、匡衡、平当、平晏、孔光、龚胜、冯奉世、何武、黄霸、司马相如、刘向、刘歆、扬雄、桓谭、王吉、后苍、戴德、戴圣、吾丘寿王、诸大、兒宽等。

不仅男子读经诵礼，女子也不例外，如伏胜女儿教晁错读《尚书》。名医仓公淳于意也好儒术，"意好数"，"其人圣儒"[1] 他有女无男，以儒术教育其女。文帝十三年（前167年），仓公有罪当刑，要逮至长安入狱时，他的女儿缇萦上书文帝说："妾愿没入为官婢，以赎父刑罪，使得自新"，[2] 缇萦接受儒家孝悌及三纲教育，愿替父赎罪。文帝见此，就免了仓公之罪，并废除了肉刑。

昭帝死后，始立昌邑王，随即被废而立宣帝，由太后暂时执政。大将军霍光认为："群臣奏事东宫，太后省政，宜知经术，白令胜用《尚书》授太后"[3]，即太后跟从《尚书》专家夏侯胜读《尚书》。

曹宫，字伟能。成帝时官婢曹晓之女。始属中宫，为学事史，曾以《诗》授皇后。成帝元延元年（前12年）为成帝所幸，所谓"陛下幸宫"[4]。

读经诵礼往往世代家族相传，如《书》之欧阳氏，《诗》之韦氏。

还有一家数子，学习研究不同经传者。如外戚冯奉世，其四子野王、逡、立、参，各通一经。"野王字君卿，受业博士，通《诗》"，"逡字子产，通《易》"，"立字圣卿，通《春秋》"，"参字叔平，学通《尚书》"[5]

---

〔1〕《史记》卷一百五《扁鹊仓公列传》，第2816页。
〔2〕《汉书》卷二十三《刑法志》，第1098页。
〔3〕《汉书》卷七十五《眭两夏侯京翼李传》，第3155页。
〔4〕《汉书》卷九十七下《外戚传下》，第3990页。
〔5〕《汉书》卷七十九《冯奉世传》，第3302、3305、3306页。

礼是经的重要内容。《周礼》（古）重制度，言国家政制之分，也可名为"典"；《仪礼》（今）重仪式，也有理论；《礼记》《大戴礼记》，重思想理论。

从西汉初到西汉末王莽时期，都非常重视礼。《周礼》是吉凶兵军嘉五礼三十六目。《仪礼》、大小戴记有冠、婚、乡饮酒、乡射、相见、燕礼、聘礼、觐礼、丧礼、祭祀、养老，以及朝觐、聘享、巡狩、封禅和大射等礼。

乡射、乡饮酒、养老、祭祀、养老之礼，都十分重要。司马迁说："射乡食飨，所以正交接也。"[1] 闻人通汉也说："乡射合乐者，人礼也，所以合和百姓也。"[2] 所以，礼不可或缺，如果乡党之礼缺，"则九族忘其亲亲之恩，饮食周急之厚弥衰，送往劳来之礼不行"[3]。正如《汉书·礼乐志》所说，如果乡饮酒之礼废，那么必然长幼之序乱，而争斗之狱多。

行礼可以安定社会秩序，清代著名法律家薛允升研究《汉律》时，也加以肯定，他说："《周礼》所谓以阳礼教让则民不争，《大戴礼》所谓有斗辨之狱，则饰乡饮酒之礼，均此意也。"[4]

当时最高最隆重的礼，是大射之礼。大射礼的内容，占了整个《仪礼》篇幅的十分之一还多。大射礼是天子、诸侯所行的礼，并非大臣、官吏、一般百姓所行之礼，所以很少举行。据本人仔细查阅，前后《汉书》，两汉四百余年，仅进行了六次大射礼。

汉初刘邦诛项羽，引兵围鲁，鲁中诸儒尚讲诵习礼，《汉书·儒林传》

---

[1] 《史记》卷二十四《乐书》，第 1186 页。

[2] （唐）杜佑：《通典》卷七十七《礼三十七·天子诸侯大射乡射》，杭州：浙江古籍出版社，1988 年，第 418 页。

[3] 《汉书》卷八十三《薛宣朱博传》，第 3386 页。

[4] （清）薛允升：《唐明律合编》卷九《职制上·乡饮酒礼》，北京：中国书店，2010 年，第 84 页。

记载，诸儒"讲习大射乡饮之礼"，当时战事未止，行大射礼当然不可能。司马迁的《史记·儒林列传》没有讲到大射礼，仅说："及高皇帝诛项籍，举兵围鲁，鲁中诸儒尚讲诵习礼乐，弦歌之音不绝。"[1] 西汉时，汉武帝建立空前的封建大帝国，多次封禅巡狩，但没有记载行过大射礼。宣帝、成帝以及王莽居摄元年（6年）时行过大射礼。东汉开国君主刘秀虽在位三十余年，行过封禅、巡狩大礼，但没有行过大射礼。东汉明帝、章帝行过大射礼；东汉和帝时，诸侯明帝之孙陈思王刘钧行过大射礼。

当时的这些礼，实际上就是法，所以从上到下都要遵守。礼亦包括乐，乐中有礼。

东汉崇儒，从一开始就十分重视读经。开国君主刘秀就是到长安太学读《尚书》的，与他一起起义，反对王莽而夺权建朝的将领，绝大多数是好儒读经的。东汉古文经学很兴盛，名家辈出，如东汉初的郑兴、郑众、杜林、卫宏、贾逵，东汉中后期的马融、郑玄、卢植、许慎、服虔、应劭等。两汉四次今古文之争，其中有三次发生在东汉。光武帝、章帝、桓灵帝时期，特别是章帝时期的白虎观讨论五经异同，规模大，讨论内容丰富，最后编成《白虎通义》，全面论述儒家关于国家、社会和地方乡党的经礼制度，至今影响极大。

东汉后期，即桓帝、灵帝、献帝时期，既有今古文之争，又有古文内部的争论，经学思想丰富，也由繁荣逐步走向衰落。

同时，两汉期间，有两个皇帝最重视儒术、经学。西汉是汉元帝，可称为纯儒，由此遭到汉宣帝的批评，认为不符合汉武帝传下来的"霸王道杂之"。其中王道是指儒学礼仪，霸道是法制刑罚。另一位是东汉的汉章帝，也十分好儒。白虎观讨论五经同异，就是在汉章帝的主持下召开的，并编订为《白虎通义》，对后世影响深远。汉章帝在位期间，儒学兴旺发达至于极盛，之后的和、殇、安、顺、冲、质诸帝时期，儒学一度发展滞

---

[1]《史记》卷一百二十一《儒林列传》，第3117页。

缓，极盛而衰。

东汉对于今文经学的研究也极为重视，沿袭西汉而来的十四博士继续得到确认。东汉古文经学研究的人极多，上面已说到，但立为官方博士的仅李封一人而已。东汉研究今文经学的也不少，东汉初著名的如范生、李育、张纯、曹褒、桓荣，后期著名的如羊弼、何休等。

东汉后期不仅今古文有分歧斗争，古文中也有争论，后来出现的今古文混一，双方对立不十分明显的现象，也是经学逐渐衰落的迹象。

近代一些法学家，都曾认为古代的礼乐，就是现代的法（民法）。南京国民政府司法院长居正认为，礼俗（当然包括两汉大量的礼仪、习俗）在中国人民生活上的重要性，亦为现在判例有力之根据。中国向来艳称"经义折狱"，尤其汉代的《春秋折狱》，是现代判例的有利根据，"而且有时竟认为道德原则或一般义理，在裁判上有优于现行法之价值"〔1〕。南京政府代理检察长、著名法学家杨兆龙指出，中国古人所说的礼（当然包括汉代大量的礼），"实在含有宪法、行政法及私法的意味，包含了现代宪法、行政法、民法等性质与内容，值得借鉴与参考"〔2〕。南京国民政府的考试院长、国民党的理论家戴季陶曾说，中国古代的治国之道，不外乎礼乐，所以一代又一代的礼乐，绝不会完全相同，"其实古人所谓礼乐，就是现代所谓民法"〔3〕，所以特别重视民法，认为民法是根本法，是法律之母。

可见六经礼乐不仅在古代有其现实与历史意义，而且对于近现代也有深远影响。

〔1〕 居正：《司法党化问题》，《东方杂志》第32卷第10号。
〔2〕 华友根：《20世纪中国十大法学名家》，上海：上海社会科学院出版社，2006年，第520页。
〔3〕 参见《政治部门考铨类·考试院的筹备成立和五院的运用讲词》，《戴季陶先生文存》第二册。

第一章　汉初儒学及其与道、法、杂等家的关系

孔子、孟子的家乡邹鲁地区，被称为"圣人遗化好学之国"，诸儒生得以修习孔孟之道与儒家学说。不只是儒生，连帝王都好"圣人遗化"，称之为"经学"，在当时是"经世致用"之学，并以此来维护社会秩序，是巩固封建政权之学，也是保障社会稳定、人民安居乐业之学。

汉初的儒者或诸生，应该是孔孟之后，或崇拜孔子学说与言行的人，如鲁博士公仪休，还有贾山祖父祛，故魏惠王时博士弟子。儒术之盛自鲁、魏始，宋元君时有博士卫平，博士建官本于儒术。齐国置博士官，不称博士，称稷下先生。史称稷下先生七十人，秦汉时期博士名额也有七十。稷下先生与博士，两者异名同实。汉高祖拜叔孙通为博士，号称为"稷嗣君"，博士之名，其嗣风于"稷下"。

一、汉初诸儒

西汉初年，研究儒术的博士或稷下先生，虽然得到最高统治者支持与鼓励，儒术也被称为"经学"，但在当时，研究儒术或"经学"者，往往被称为竖儒、诸生、先生、儒者等。

（一）郦生

《汉书·高帝本纪上》与《汉书·郦食其传》称郦食其为郦生。郦食

其，陈留高阳人，好读书，家贫落魄，无衣食业。但是，郦食其性情孤
傲，县中吏以及贤者、豪者皆不敢役使食其。

陈胜、项梁起义时，食其隐姓埋名，静观时局。后来听闻沛公（刘
邦）攻打陈留，沛公部下的一名骑士是食其乡里故人的儿子，骑士归家，
食其请他回去引荐介绍，并告诉骑士见到沛公时就说："臣里中有郦生，
年六十余，长八尺，人皆谓之狂生，自谓我非狂"，骑士说："沛公不喜
儒，诸客冠儒冠来者，沛公辄解其冠，溺其中。与人言，常大骂，未可以
儒生说也。"[1] 但食其再三要求骑士回去时将他的情况转告给刘邦。

沛公行至高阳传舍时，便使人召食其。食其拜见沛公，两名侍女正在
帮沛公洗脚。食其入，即长揖不拜曰："足下欲助秦攻诸侯乎？欲率诸侯
破秦乎？"沛公骂曰："竖儒！天下同苦秦久矣，故诸侯相率攻秦，何谓助
秦？"食其即说："必欲聚徒合义兵诛无道秦，不宜踞见长者。"[2] 于是沛
公脚也不洗了，赶快请食其上坐，并致谢意。食其因言六国纵横时事，沛
公听后非常高兴，并赐食其美食，问有什么计谋，食其曰："足下起瓦合
之卒，收散乱之兵，不满万人，欲以径入强秦，此所谓探虎口者也。夫陈
留，天下之冲，四通五达之郊也，今其城中又多积粟。臣知其令，今请
使，令下足下。即不听，足下举兵攻之，臣为内应。"于是遣食其往，沛
公引兵随其后，随攻下陈留。号食其为"广野君"[3]。

郦食其是儒者，好读书，虽家贫无产业，但县中官吏豪绅不敢役使
他。刘邦初见虽骂他"竖儒"，但食其对刘邦仅揖而不拜，批评刘邦对他
傲慢无礼，所谓"不宜踞见长者"。他为刘邦设计攻下陈留，刘邦对他的
设计与帮助表示赞赏与感谢，因而封其为"广野君"。

---

〔1〕《汉书》卷四十三《郦陆朱刘叔孙传》，第 2105—2106 页。

〔2〕《汉书》卷四十三《郦陆朱刘叔孙传》，第 2106 页。

〔3〕《汉书》卷四十三《郦陆朱刘叔孙传》，第 2106—2107 页。

（二）辕姓诸生

辕生曾游说汉王（刘邦）说，汉与楚相距荥阳数年，汉常常被困。"愿君王出武关，项王（项羽）必引兵南走，王深壁，令在荥阳、成皋间且得休息。使韩信等得辑河北赵地，连燕、齐，君王乃复走荥阳。如此，则楚（项羽——笔者注）所备者多，力分。汉得休息，复与之战，破之必矣。"[1] 汉王听从了辕生的计谋，出军苑、叶间，与黥布边行军边收集散兵，为战胜项羽打下了基础。

（三）韩生

韩生见项羽屠咸阳、杀秦降王子婴，火三月不灭，因而批评项羽是衣冠禽兽。韩生曾对项羽说，关中阻山带河，四塞之地，又肥饶，可以称霸。但项羽见秦宫室皆已烧残，又怀思东归，说富贵不归故乡，如衣锦夜行。韩生则批评说，人谓楚人沐猴而冠，果然如此。项羽闻知，便斩杀了韩生。韩生反对项羽烧杀抢劫而爱护关中人民，却被项羽所杀。

（四）随何

随何为刘邦说服英布归汉。汉四年（前203年）秋九月，英布被立为淮南王，与汉共击项羽。项羽死后，刘邦置酒对众斥责随何为腐儒："为天下安用腐儒哉！"随何跪曰："陛下引兵攻彭城，楚王未去齐。陛下发卒五万人、骑五千，能以取淮南乎？"曰："不能。"随何曰："陛下使何与二十人使淮南，如陛下之意，是何之功贤于步卒数万，骑五千。但陛下谓何腐儒，为天下安用腐儒，何也？"刘邦则说："吾方图子之功。"乃以随何为护军中尉，布遂剖符为淮南王，都六，九江、庐江、衡山、豫章郡皆属

---

[1]《汉书》卷一上《高帝纪上》，第41页。

焉。[1] 儒生随何说服英布归汉，改变了刘邦对"腐儒"的看法。可见，儒生对刘邦统一中国、建立西汉王朝，起到了重要作用。

（五）陈余

陈余，大梁人，好儒术。游赵苦陉，富人工乘氏把女儿嫁给他为妻。陈余年少时与父事张耳，相与为刎颈之交。后张耳为赵王，陈余为成安君。广武君李左车说陈余不助韩信，张耳攻赵，而借兵三万于李左车，陈余不听，认为义兵不用诈谋奇计，曰："吾闻兵法'什则围之，倍则战。'今韩信兵号数万，其实不能，千里袭我，亦以罢矣。今如此避弗击，后有大者，何以距之？诸侯谓吾怯，而轻来伐我，不听广武君策。"[2] 陈余为儒生，认为用兵打仗要根据兵法，义兵不用诈谋奇计，有自己的立场，不随便听从旁人的说教，不肯施用奇计、阴谋。

（六）萧何与鲍生

项羽屠烧咸阳后，立沛公为汉王，而将关中之地一分为三，分别封给秦的三位降将，用以抵御汉王刘邦。汉王怒，谋划攻打项羽。萧何谏之曰："虽王汉中之恶，不犹愈于死乎？"汉王曰："何为乃死也？"何曰："今众弗如，百战百败，不死何为？《周书》曰'天予不取，反受其咎'。语曰'天汉'，其称甚美。夫能诎于一人之下，而信于万乘之上者，汤武是也。臣愿大王王汉中，养其民以致贤人，收用巴蜀，还定三秦，天下可图也。"[3] 汉王称"善"，于是遂就国，拜萧何为丞相。

汉三年，刘邦与项羽相距于京、索之间，刘邦多次遣使者慰劳丞相。鲍生（颜师古注：鲍生，当时有识之士，姓鲍而为诸生也）对萧何说：

---

[1]《汉书》卷三十四《韩彭英卢吴传》，第1886页。
[2]《汉书》卷三十四《韩彭英卢吴传》，第1867页。
[3]《汉书》卷三十九《萧何曹参传》，第2006—2007页。

"今王暴衣露盖，数劳苦君者，有疑君心。为君计，莫若遣君子孙昆弟能胜兵者悉诣军所，上益信君。"于是萧何听从其计，汉王大悦[1]。

萧何信奉《周书》（即《尚书》）、《论语》，念商汤、周武；而鲍生是诸生、儒生。

以上是史书上记载比较少的西汉初儒生的思想与活动。

二、孔鲋与叔孙通

孔鲋，孔子八世孙，字子鱼。曾仕陈胜为博士，因谏言不被采用，便托眼疾而退。论先君仲尼、子思、子上、子高、子顺之言及己之事凡为六卷，辑为《孔丛子》。

《孔丛子》共二十一篇：《嘉言》第一、《论书》第二、《记义》第三、《刑论》第四、《记问》第五、《杂训》第六、《居卫》第七、《巡狩》第八、《公仪》第九、《抗志》第十、《小尔雅》第十一、《公孙龙》第十二、《儒服》第十三、《对魏王》第十四、《陈士义》第十五、《论势》第十六、《执节》第十七、《诘墨》第十八、《独治》第十九、《问军礼》第二十、《答问》第二十一。

此二十一篇，主要宣扬先圣三王之义、六艺之术、孔子之言。如子张问曰："圣人受命必受诸天，而《书》云受终于文祖，何也？"孔子曰："受命于天者，汤武是也。受命于人者，舜禹是也。夫不读《诗》《书》《易》《春秋》，则不知圣人之心，又无以别尧舜之禅、汤武之伐也。"[2]

子上杂所习，请教于子思。子思曰："先人有教训，学必由圣，所以致其材，厉必由砥，所以致其刃。故夫子之教，必始于《诗》《书》而终

---

〔1〕《汉书》卷三十九《萧何曹参传》，第 2007—2008 页。
〔2〕《孔丛子》卷一《论书》，王钧林、周海生译注，北京：中华书局，2009 年，第 14 页。

于《礼》《乐》，杂说不与焉，又何请？"〔1〕

孔子认为，女子十五岁出嫁而后从夫，是阳动而阴应、男唱而女随之义。从事纺绩组纴织纴者，是女子之事，那些黼黻文章之美，归妇人所有，是大功之业，"必十五以往渐乎二十，然后可以通乎此事。通乎此事，然后乃能上以孝于舅姑，下以事夫养子也"〔2〕。

又如孟轲（孟子）问牧民何先？子思曰："先利之"；又问君子之所以教民亦有仁义，何必曰利？子思曰："仁义固所以利之也，上不仁则下不得其所，上不义则下乐为乱也，此为不利大矣。故《易》曰：'利者，义之和也。'又曰：'利用安身，以崇德也。'此皆利之大者也。"〔3〕

孔鲋是叔孙通之师，对叔孙通的评价很高。秦始皇东并，孔鲋谓其徒弟叔孙通曰："子之学可矣，盍仕乎？"对曰："臣所学于先生者，不用于今，不可仕也。"子鱼曰："子之材能见时变，今为不用之学，殆非子情也。"叔孙通遂辞去，以法仕秦。〔4〕

孔鲋为陈胜博士，凡仕六旬，老于陈，戒其弟襄曰："鲁，天下有仁义之国，战国之世，讲颂不衰，且先君之庙在焉。吾谓叔孙通处浊世而清其身，学儒术而知权变，是今师也。宗于有道，必有令图，归必事焉。"〔5〕叔孙通熟读《孔丛子》，牢记先圣、三代之言，六艺之要，学《诗》《书》《易》《春秋》，通《礼》《乐》，故其师孔鲋赞赏他学术知权变，堪称今之师。所以，孔鲋要求其弟襄以叔孙通为师。

《汉书·艺文志》记载，《古文尚书》出于孔子壁中。颜师古注曰："藏《尚书》《孝经》《论语》于夫子旧堂壁中，而《汉记·尹敏传》云孔

---

〔1〕《孔丛子》卷二《杂训》，第75页。

〔2〕《孔丛子》卷一《嘉言》，第5页。

〔3〕《孔丛子》卷二《杂训》，第87页。

〔4〕《孔丛子》卷六《独治》，第254页。

〔5〕《孔丛子》卷六《答问》，第288页。

鮒所藏。"〔1〕

　　叔孙通，薛人（今山东滕县南皇岗人——笔者注）也。秦时以文学征，待诏博士。数岁，陈胜起，二世召博士诸儒生，问曰："楚戍卒攻蕲入陈，于公如何？"博士诸生三十余人前曰："人臣无将，将则反，罪死无赦，愿陛下急发兵击之。"二世怒，作色。通则前曰："诸生言皆非，夫天下为一家，毁郡县城，铄其兵，视天下弗复用。且明主在上，法令具于下，吏人人奉职，四方辐辏，安有反者！此特群盗鼠窃狗盗，何足置齿牙间哉？郡守尉今捕诛，何足忧？"〔2〕

　　二世喜，尽问诸生，诸生或言反，或言盗。于是二世令御史按诸生言反者下吏，非所宜言。诸生言盗者皆罢之。乃赐通帛二十匹，衣一袭，拜为博士。通已出，反舍，诸生曰："生何言之谀也？"通曰："公不知，我几不免虎口！"乃亡去之薛，薛已降楚矣〔3〕。

　　汉二年，叔孙通降于汉王刘邦，着儒服，惹得汉王憎恨发怒，于是便改穿短衣楚服，结果汉王看了很高兴。当时，叔孙通的弟子百余人与他一起降汉，没有一个得到举荐进仕，只是推举那些强盗壮士之人。众弟子纷纷表示不满，叔孙通却说，此时汉王打天下，不是你们的用武之地，暂且等待，稍安勿躁，我不会忘记的。果然，汉王刘邦得天下后，汉王拜通为博士，号稷嗣君。天下已定，诸侯共尊皇帝于定陶，请叔孙通为之定朝仪。定朝仪，就需要很多儒生参加演习。于是，叔孙通征鲁诸生三十余人。其中有两位不肯行，曰："公所事者且十主，皆面谀亲贵。今天下初定，死者未葬，伤者未起，又欲起礼乐。礼乐所由起，百年积德而后可兴

〔1〕《汉书》卷三十《艺文志》，第1707页。
〔2〕《汉书》卷四十三《郦陆朱刘叔孙传》，第2124页。
〔3〕《汉书》卷四十三《郦陆朱刘叔孙传》，第2124页。

也。吾不忍为公所为。公所为不合古，吾不行。公往矣，毋污我！"〔1〕叔孙通笑其为"真鄙儒"，不知时变。后来朝仪成功，高祖（刘邦）说，到今日才知为皇帝之贵，遂赐给叔孙通五百金。随后叔孙通向刘邦为众弟子请官，刘邦应允，全部提为"郎"官。因此，参加朝仪活动的所有儒生悉以为郎，皆赐五百金。而那两位说叔孙通"不合古"的鲁地儒生，因为没有参加定朝仪，官职财禄自然也就都没有。可见，叔孙通确懂儒术，而且知"权变"。汉七年，拜叔孙通为奉常，九年为太子太傅。惠帝时复为奉常。

叔孙通好儒术，精于礼仪，正逢汉初大战之后，百废待举，制度未定，又得刘邦、惠帝的信任，就为汉定诸仪法、礼乐与礼器制度。下面谈谈关于这些方面的内容思想与深远影响。

（一）朝仪及宗庙礼乐

汉五年，刘邦率汉军打败项羽楚军之后，由精通礼仪、身为博士的叔孙通策划并主持了加冕皇帝的仪式。他与各诸侯及太尉卢绾等三百余人，谨择良日二月甲午，上皇帝尊号。汉王刘邦即皇帝位。尊王后为皇后，太子为皇太子，追尊先媪为昭灵夫人，"汉王已并天下，诸侯共尊为皇帝于定陶，通就其仪号"〔2〕。不久，为了提高皇帝的地位与尊严，叔孙通又为汉定诸侯、列侯、文武百官朝见皇帝的仪礼。

朝仪之礼，由叔孙通带领弟子及鲁儒生百余人，在野外练习月余而成。具体仪式如下：天将亮而未亮时，由三十五名"掌宾赞受事"的谒者治礼，依次导引当朝见者入殿门。廷中陈列车骑、戍卒、卫官，并置放兵器，张竖旗帜。一旦传声可以进入，立即行进以示畏敬。宫殿之下，"掌宫殿掖门户"的郎中站在台阶两旁，两边各数百人。功臣、列侯、诸将军

---

〔1〕《汉书》卷四十三《郦陆朱刘叔孙传》，第 2126—2127 页。

〔2〕《汉书》卷四十三《郦陆朱刘叔孙传》，第 2126 页。

及军吏以次陈列于西方，东向而立；文官丞相以下陈列于东方，西向而立。掌宾客礼的大行，设九宾之仪，以序诸侯王及归义蛮夷，百官执戟传声而唱警。接着，导引诸侯王以下至于文武百官，没有人不震恐肃敬。到朝礼完毕，均伏坐不敢出声，饮酒而不敢醉。诸伴侍坐在殿上者，皆依仪法，不敢平坐而视，并依尊卑次序，起立为皇帝祝寿。礼酒举杯九次之后，谒者宣布"罢酒"。

同时规定，负责"举劾按章"的御史，如发现有人不依朝仪行礼，马上"执法"将其驱逐出去，自始至终，鸦雀无声，气氛十分肃穆庄严，一直到朝见置酒完毕，没有大声说话而失礼的。刘邦不禁赞赏道："吾乃今日知为皇帝之贵也。"〔1〕于是，君臣上下井然有序，皇帝的尊严得以确立。

惠帝时，刘邦的园陵寝庙如何祭奠，群臣百官都不熟悉，所以，又令叔孙通制定汉宗庙仪法。关于宗庙仪法的具体内容，《史记》《汉书》等虽未言明，但有一个重要方面是"衣冠月出游"，"谓从高帝（刘邦）陵寝出衣冠，游于高庙，每月一为之，汉制则然"〔2〕，也就是说，作为子孙应当每月一次从祖宗的陵寝拿出祖宗生前的衣冠而游于祖宗之庙，以尽思念之礼。而且，不可侵犯宗庙之道，否则就是过举。如惠帝时在宗庙道上修建复道东朝长乐宫，依礼破坏宗庙内的围墙，就是死罪，所以被认为是过失，马上将其毁掉。景帝时，丞相申屠嘉说，内史晁错为了开门而凿坏了太上皇庙内围墙，依礼应处死刑，"丞相奏事，因言错擅凿庙垣为门，请下廷尉诛"〔3〕，实际上晁错凿的是内围墙之外空地边上的墙，所以判无罪。假如凿的是内围墙的话，必惩以死罪被诛，可见仪法之严格。

为了让大家重视宗庙之礼，叔孙通又建议，逢时应献新鲜水果于宗庙。当惠帝出游离宫、苑园时，叔孙通说："古者有春尝果，方今樱桃熟，

---

〔1〕《汉书》卷四十三《郦陆朱刘叔孙传》，第2128页。

〔2〕参见"衣冠月出游"颜师古注，《汉书》卷四十三《郦陆朱刘叔孙传》，第2130页。

〔3〕《汉书》卷四十九《爰盎晁盖传》，第2299—2300页。

可献，愿陛下出，因取樱桃献宗庙。"〔1〕立即得到惠帝的赞许。于是，宗庙仪法中，又有应时"诸果之献"。

叔孙通不仅定宗庙仪法，而且为汉定宗庙乐，使宗庙之礼更加隆重。汉初，鲁有制氏善于乐事，世代有大乐官。但制氏只能纪其金石之声，鼓舞之形，而不能言其义，这远远不够。因此，叔孙通在奏乐的基础上，为汉定宗庙乐。汉宗庙乐演奏的过程是这样的：先由大祝迎神于庙门，奏《嘉至》乐，即古代善神降临之乐。接着，皇帝入庙门，奏《永至》乐，以为步行的节奏，好比《逸诗》中的《采荠》《肆夏》等古歌乐。脯羞等祭品摆上台，奏《登歌》，清唱而不伴奏，目的是不以管弦乱人声，能使在位者都听得清楚，如古代的《清庙》之歌。《登歌》唱完，便奏《休成》之乐，以示神明已经受飨。然后，皇帝东厢坐定饮酒，奏《永安》之乐，表示行宗庙乐之礼以完美结束。这就是所谓的"叔孙通因秦乐人制宗庙之乐"〔2〕。

叔孙通不仅奏定宗庙的仪式，而且像《嘉至》《永至》《登歌》《休成》《永安》等乐歌，也是叔孙通所撰，《汉书·礼乐志》颜师古注引服虔曰："叔孙通所奏作也。"〔3〕

叔孙通为了使天子行朝仪和宗庙礼乐时更加威武庄严，并合乎天地四时气候变化，又为天子定衣服之制。他认为，春夏秋冬一年四季，天子所穿衣服，应当上法天地之数，中得万民之和。所以自天子、诸侯、列侯有土之君，下及万民百姓，都应效法天地，顺从四时，使国家大治，身无祸殃，而年寿永久，"奉宗庙安天下之大礼"〔4〕。为此，使中谒者赵尧负责主持天子春季的衣服礼物及朝祭百事，李舜负责主持天子夏季的衣服礼物及朝祭百事，兒汤负责主持天子秋季的衣服礼物及朝祭百事，贡禹负责主

---

〔1〕《汉书》卷四十三《郦陆朱刘叔孙传》，第2131页。

〔2〕《汉书》卷二十二《礼乐志》，第1043页。

〔3〕《汉书》卷二十二《礼乐志》，第1044页。

〔4〕《汉书》卷七十四《魏相丙吉传》，第3140页。

持天子冬季的衣服礼物及朝祭百事，四人各职一时。这封奏议立即得到刘邦的赞同，颁行诏书第八《天子所服》。

叔孙通所定的衣服之制，实际上也是朝仪和宗庙仪法的一个重要组成部分。天子日常朝见百官，诸王列侯按时入朝见天子，或天子祭祀祖先，祭天祀神，或带兵出征，巡视四方，都要穿上合乎场所、适应时令的衣服，才更显得天子的至高无上和庄严有礼。

（二）《傍章》十八篇及《汉礼器制度》

从《汉书·叔孙通传》可知，叔孙通除了在汉高祖刘邦时定朝仪、汉惠帝时定宗庙仪法外，还曾制定其他各种仪法，"及稍定汉诸仪法，皆通所论著也"[1]。《汉书·梅福传》有"叔孙通遁秦归汉，制作仪品"[2]；《后汉书·曹褒传》记载，令小黄门持班固所上叔孙通《汉仪十二篇》；东汉王充所撰《论衡》有"高祖诏叔孙通制作仪品，十六篇何在？"[3]。"汉诸仪法""仪品""汉仪"，实际上就是《晋书·刑法志》中所提到的《傍章》十八篇。

《傍章》十八篇，大部分已散佚。经近代著名法律家沈家本辑佚、考释，尚存十余条[4]。内容及其在汉代的施行如下：

"祠宗庙丹书告"，用丹书告神之帛以祠宗庙，是祀宗庙之礼。

"祠祀司命"，以猪祠司命。据应劭《风俗通义》载，司命文昌神，往往在春秋两季，以猪祠之，祭文昌神之礼。

"秘祝"，祠官为皇帝求福消灾之礼，与"祝福"相仿。

"祭功臣于庙庭"，祭祀悼念开国功臣之礼。《汉旧仪》中记载，宗庙祭功臣有四十人，食于堂下，只有御仆滕公祭于庙门外塾。

---

〔1〕《汉书》卷四十三《郦陆朱刘叔孙传》，第2129页。

〔2〕《汉书》卷六十七《杨胡朱梅云传》，第2917页。

〔3〕《论衡》卷十二《谢短篇》，第561页。

〔4〕沈家本：《历代刑法考》（下），北京：商务印书馆，2011年，第644—649页。

"见眹变不得侍祠"，处于月经、怀孕、生养时期的妇女，不得行侍祭之礼。《礼记·内则》曰："夫齐（斋）则不入侧室之门。"

"乏祠"，祭祀有缺而失礼。《汉书·百官公卿表下》记载，睢陵侯张昌被定罪为"太常乏祠"，后来免除罪责。

"侍祠"，诸王列侯每年按时遣使到京师侍祠助祭之礼。《史记·文帝纪》载："诸侯王列侯使者侍祠天子，岁献祖宗之庙。"[1]

"侍祠醉歌"，侍祠帝祖宗庙，不能狂饮无礼。《汉书·景武昭宣元成功臣表》载："（秺侯商丘成）坐为詹事侍祠孝文庙，醉歌堂下曰：'出居，安能郁郁。'大不敬，自杀。"[2]

"山陵未成置酒歌舞"，营造皇帝陵墓未成，而先饮酒歌舞失礼。《汉书·外戚恩泽侯表》载："侯况嗣，绥和二年，坐山陵未成置酒歌舞，免。"[3]

"临丧后"，诸侯王卒，王侯百官会同送葬之礼。《史记·张苍列传》曰："类代为侯，八年，坐临诸侯丧后就位不敬，国除。"[4]

"予宁"，公卿大臣、地方官吏等，父母死，辞职归家行丧服之礼。《日知录》记载，"哀帝绥和二年，即位，诏博士弟子父母死，予宁三年"[5]。

"告归"，官吏休假，归家养病之礼。与其相仿的有"予告""赐告"。予告是在官时有大功，而给予的休假之礼；赐告是病满三月当免，天子优赐其告，使其得以带印绶将官属归家治病之礼。《汉书》注引如淳曰："吏二千石告归归宁，道不过行在所者，便道之官无辞。"[6] 告官回家路途中

---

〔1〕《史记》卷十《孝文本纪》，第436页。

〔2〕《汉书》卷十七《景武昭宣元成功臣表》，第663页。

〔3〕《汉书》卷十八《外戚恩泽侯表》，第703页。

〔4〕《史记》卷九十六《张丞相列传》，第2682页。

〔5〕（明）顾炎武：《日知录》，影印文渊阁《四库全书》本，第18b—19a页。

〔6〕《汉书》卷七十九《冯奉世传》，第3304页。

相关的礼，即二千石以上吏，如在地方视察而得告归，可以顺路到官府后立即回家，不必绕道到皇帝所在处辞别。

"被害者与告"，皇帝的侍从官及吏，其家乡所在县遭受自然灾害，可以行休告之礼。《汉书·元帝纪》记载永光五年（前39年），颍川洪决堤，官吏被允许休告。

"吏五日得一下沐"，官吏沐浴休假之礼。《汉书·薛宣朱博传》载："及日至休吏，贼曹掾张扶独不肯休，坐曹治事。宣出教曰：'盖礼贵和，人道尚通。日至，吏以令休，所由来久。曹虽有公职事，家亦望私恩意。掾宜从众，归对妻子，设酒肴，请邻里，一笑相乐，斯亦可矣。'扶惭愧，官属善之。"[1]《汉书·杨恽传》注引晋灼曰："五日一洗沐也。"[2]

据近人程树德《九朝律考·汉律考·一律名考》说，叔孙通所撰礼仪即为《傍章》。《周礼·春官·小祝》曰："大丧……及葬，设道赍之奠，分祷五祀"，郑玄注引用杜子春的话说《汉仪》有"每街路辄祭"的规定；《礼记·祭法》贾公彦疏引《汉仪》时提到高帝的庙主高为九寸，形状是前方后圆，围一尺等，即为《傍章》的内容。这是关于祭祀道路、高庙神主的礼仪。

《傍章》涉及宗庙、陵墓、守丧、省亲、休假、洗沐、祝福、祭祀、消灾、道路等礼仪，关系到天子、诸侯、列侯、公卿大臣、地方官吏、祠官、祕祝、百姓、妇女等人。并有免职、废国、遣归、谴责、警告、治罪、论杀等处罚。可见，自王侯、官吏到百姓、妇女，都是一种严格的约束与限制，影响面甚广。

叔孙通除《傍章》十八篇之外，又撰《汉礼器制度》，书已亡佚，篇目也无从考辑。现仅从《周礼》《仪礼》《礼记》的注疏中，查得以下七则。

---

〔1〕《汉书》卷八十三《薛宣朱博传》，第3390页。

〔2〕《汉书》卷六十六《杨恽传》，第2890页。

　　《周礼·天官·凌人》中"大丧共夷槃冰"，即盛冰于盘中，放于尸床之下，以防尸体腐烂。郑玄注引《汉礼器制度》曰："大槃广八尺，长丈二尺，深三尺，漆赤中"，贾公彦《疏》说："云《汉礼器制度》云云者，叔孙通前汉时作《汉礼器制度》，多得古之周制，故郑君依而用之也。依《制度》云，天子大槃，广八尺，长丈二尺，深三尺，漆赤中。此经虽云夷槃无形制，故依焉。若然，此周谓之夷槃，汉谓之大槃，是别代异名。"[1] 可见，《汉礼器制度》为叔孙通所作，而且礼器的度量，多数根据周朝的轻重长短等有关规定而定。同时，防止天子尸体腐烂而盛冰的容器，周代时称夷槃，叔孙通定汉朝时称大槃。

　　《周礼·天官·缝人》曰："丧缝棺饰焉。"郑玄注引《汉礼器制度》："饰棺，天子龙火黼黻皆五列，又在龙翣二，其戴皆加璧，故书焉为马。"[2] 叔孙通所作《汉礼器制度》关于天子棺饰的具体规定，非常庄严而有气魄，并且十分精致而珍贵。

　　《周礼·天官·笾人》中有"笾人掌四笾之实"。郑玄注云："笾，竹器如豆者，其容实皆四升"，笾与豆，是古代祭祀或宴会时盛放果实、干肉等食品的容器。贾公彦《疏》说："郑知笾是竹器者，以其字竹下为之，亦依《汉礼器制度》而知也。云'如豆'者，皆面径尺，柄尺，亦依《汉礼》知之也。云'其容实皆四升'者，据其笾之所受，则曰容；据其所实虋蕡等，则曰实。故云'容实皆四升'，亦约与豆四升同也。"[3] 祭祀或宴会时盛放食品的"笾"，当为竹器所做，大小尺寸，以及盛放酒食，叔孙通所撰《汉礼器制度》也有规定。

　　《周礼·冬官·匠人》曰："庙门容大扃七个。"郑玄注曰："大扃，牛鼎之扃，长三尺。"贾公彦《疏》曰："知'大扃，牛鼎之扃，长三尺'

---

〔1〕（汉）郑玄，（唐）贾公彦，彭林整理：《周礼注疏》，上海：上海古籍出版社，2010年，第176—177页。

〔2〕《周礼注疏》卷八《缝人》，第284页。

〔3〕《周礼注疏》卷五《笾人》，第178页。

者，此曰《汉礼器制度》。"闱门容小扃三个"，郑玄注曰："庙中之门曰闱。小扃，膷鼎之扃，长二尺，亦《汉礼器制度》知之。"[1]这是《汉礼器制度》规定宗庙外面的大门闩长三尺，庙门内小门闩长二尺，实际也是中庙依法而制的一个方面。

《仪礼·士冠礼》曰："夙兴，设洗，直于东荣，南北以堂深，水在洗东。"郑玄注云："夙，早也。兴，起也。洗，承盥洗者弃水器也，士用铁。荣，屋翼也。周制，自卿大夫以下，其室为夏屋。水器，尊卑皆用金罍，及大小异。"贾公彦《疏》云："云'洗，承盥洗者弃水器也'者，谓盥手洗爵之时，恐水秽地，以洗承盥洗水而弃之，故云弃水器也。云'士用铁'者，案《汉礼器制度》，洗之所用，士用铁，大夫用铜，诸侯用白银，天子用黄金也。……云'水器，尊卑皆用金罍，及大小异'者，此亦案《汉礼器制度》，尊卑皆用金罍，及其大小异。"[2]叔孙通所撰《汉礼器制度》，对于盛放盥洗后的污水的容器，也分尊卑上下等级高低，尊者质量好容量大，卑者质量差容量小。

《礼记·王制》曰："天子赐诸侯乐，则以柷将之。赐伯子男乐，则以鼗将之。"郑玄注云："将，谓执以致命。柷、鼗皆所以节乐。"孔颖达《疏》云："《正义》曰：云'柷、鼗皆所以节乐'者，按《汉礼器制度》，柷状如漆筒，中有椎，将作乐，先击之。鼗如小鼓，长柄，旁有耳，摇之使自击。柷之节乐，节一曲之始，其事宽，故以将诸侯之命。鼗所以节一唱之终，其事狭，故以将伯子男之命。"[3]依据叔孙通所撰《汉礼器制度》规定，柷、鼗都是一种节乐的礼器，柷击于奏乐之始，而鼗击于奏乐之终，而且有宽狭、尊卑之分。

---

[1]《周礼注疏》卷四十九《匠人》，第 1669 页。

[2]（汉）郑玄注，（唐）贾公彦疏，彭林整理：《仪礼注疏》卷一《士冠礼》，北京：北京大学出版社，1999 年，第 18 页。

[3]（汉）郑玄注，（唐）孔颖达疏，龚抗云整理：《礼记正义》卷十二《王制》，北京：北京大学出版社，1999 年，第 369 页。

《礼记·王制》曰:"制:三公一命卷,若有加则赐也,不过九命。次国之君,不过七命。小国之君,不过五命。""卷",即为衮冕衣服。孔颖达《疏》云:"《正义》曰:……凡冕之制,皆玄上纁下,……当应以缯为之,以其前后旒用丝故也。按《汉礼器制度》广八寸,长尺六寸也。又董巴《舆服志》云:'广七寸,长尺二寸。'……盖冕随代变异,大小不同,今依《汉礼器制度》为定也。"[1] 叔孙通所撰《汉礼器制度》,也为冠冕规定了大小长阔的尺寸,以及不同的质料与色彩。

以上是搜集到的《汉礼器制度》有关规定:盛冰以寒尸体的檕、放食品的筐、盥洗后盛弃水的容器,以及乐器柷、敔,冠冕的尺寸,宗庙门闱长短,棺饰的讲究,从这些足以看出从天子、诸侯、卿大夫、士,乃至庶民,所用器具服冕,无论是质地还是数量,都有尊卑贵贱上下的差别。叔孙通所定礼仪,不仅在尊严、荣誉上有严格区分,而且穿戴的衣帽,享用的乐器、用具上,也一一区别,已显示出不同的等级和社会地位。并且,等级与地位不仅在生前,死后也有严格规定,这是叔孙通的礼学思想在器具、服饰、制度上的集中表现。

(三) 叔孙通为汉定礼乐制度的意义与在经学史上的地位

叔孙通为汉定朝仪、宗庙仪法、天子衣服之制,以及其他诸仪法,如近似法的《傍章》,体现尊卑上下有别的各种用具、乐器、祭器,所谓《汉礼器制度》。同时,他还曾为汉定婚姻嫁娶之礼——六礼:纳采、问名、纳吉、纳征、请期、亲迎等六项婚仪。亲迎一礼,天子可以例外,东汉许慎在《五经异义》中说,叔孙通制礼,天子无亲迎。可见,当时王侯、公卿大夫至于士民行"六礼",天子至高无上,与众不同,故不亲迎。惠帝大婚没有行"亲迎"一礼,但其他五礼是照样进行的。如"纳采",据《通典·礼十八》记载,汉惠帝娶帝后时,纳采雁、璧、乘马、束帛、

---

[1] 《礼记正义》卷十一《王制》,第352—356页。

聘黄金二万斤，马十二四[1]，即是明证。

叔孙通不仅定礼，而且制乐，如"制宗庙乐"，可见礼乐活动之全面，礼学思想之丰富，在两汉经学上，处于重要地位。

首先，礼乐对于西汉社会的统一与稳定起到巨大作用。《汉书·高帝纪下》曰："天下既定，命萧何次律令，韩信申军法，张苍定章程。"[2]刘邦统一中国后，约束诸侯功臣、文武百官，使社会安定，天下太平，实际上，礼仪的作用比之律令、军法、章程更为重要。以礼来约束王、侯、将、相、官吏等公卿大夫，借此来提高天子的地位，君尊臣卑不可僭越，吏不能犯上作乱。刘邦刚刚统一天下称皇帝时，因为没有严格的君臣上下的礼仪制度，在朝堂上一度出现混乱局面，"群臣饮酒争功，醉或妄呼，拔剑击柱"，[3]刘邦对之束手无策，也根本无法体会到做皇帝的高贵与尊严。经叔孙通定朝仪，使君臣上下依礼行事，任何人不能越礼妄为，朝堂显得十分庄严肃穆，刘邦到此时才感觉到作为皇帝的尊贵，这是礼的重大作用，是法制与军事等所不能代替的。同时，叔孙通所定的礼仪制度范围十分广泛，不仅有仪式，而且还有具体使用的器具；不仅有用以节制外在仪态的礼，还有中和内心的乐，这也是律令、章程、军法所不及的。

而且礼中有法，"今叔孙通所撰礼仪，与律令同录，臧于理官"，颜师古注曰："理官，即法官也。"[4]不仅在当时可以更有力地约束王侯、将相、文武官吏，以维护汉的统一和尊奉刘家皇朝，并且对以后影响极大，如贾谊有"礼者禁于将然之前，而法者禁于已然之后"[5]等语，行法必须合乎礼，纷争、辩讼"非礼不决"，以及后来的《春秋》经义断事、决狱，也是礼法结合的真正体现，与叔孙通的礼中有法有很大关系。

---

[1]《通典》卷五十八《礼十八·天子纳妃后》，第 333 页。

[2]《汉书》卷一下《高帝纪下》，第 81 页。

[3]《史记》卷九十九《刘敬叔孙通列传》，第 2722 页。

[4]《汉书》卷二十二《礼乐志》，第 1035—1036 页。

[5]《汉书》卷四十八《贾谊传》，第 2252 页。

叔孙通从实际出发，为汉朝制定礼乐制度。当时经过秦末农民起义与楚汉战争，生产遭到破坏，人民大量死亡，社会的物质和精神的基础都很差。所以叔孙通创立的礼乐制度较简单易行，与刘邦原来所定的《约法三章》非常相符，从实际出发，也是适时而变。定朝仪的时候，一些儒生"不知时变"，一味主张"五帝异乐，三王不同礼"，叔孙通严厉批评了这些顽固、保守的博士，认为礼是"因时世人情为之节文者也"[1]，叔孙通既不完全恢复古礼，也不创造详备的新礼，而是根据当时的条件与实际情况，建立一些相适应的礼乐制度，借以安定民心，维护社会秩序，巩固新建立的地主阶级政权。

叔孙通从实际出发，在理智上进行适当调整，以服务于新的社会政治，对于西汉初期政权的巩固，起到了重要的作用。东汉班固评价说："与时抑扬，税介免胄，礼仪是创。"[2] 南朝范晔说他为汉定朝仪，是"适物观时，有救崩敝"[3]。近代资产阶级革命家、民主革命先行者孙中山先生也曾肯定叔孙通制礼作乐和为汉定仪法制度适时有功，并将自己比作人民的叔孙通。叔孙通为汉定朝仪，使皇帝汉高祖真正体会到"为皇帝之贵"，也为两汉经学史开创了联系实际、符合社会和人民需要的传统。

三、陆贾

陆贾，楚人，汉高祖刘邦的谋士，跟从刘邦一起定天下，居其左右。因有口才，善辩论，经常出使游说各路诸侯。

（一）出使越南

陆贾两次出使到越南，以礼义、仁爱、君臣关系等，说服南越王尉

---

[1]《汉书》卷四十三《郦陆朱刘叔孙传》，第2126页。

[2]《汉书》卷一百下《叙传下》，第4250页。

[3]（宋）范晔：《后汉书》卷三十五《张曹郑列传》，北京：中华书局，2007年，第358页。

佗，归汉去帝制。

第一次是汉初中国初定，尉佗平定南越，因而称王。高祖让陆贾出使南越，赐尉佗印封为南越王。尉佗态度十分傲慢，陆贾便对尉佗说：

> 足下中国人，亲戚昆弟坟墓在真定（今属河北——笔者注），今足下反天性，弃冠带，欲以区区之越与天子抗衡为敌国，祸且及身矣。夫秦失其正，诸侯豪杰并起。唯汉王先入关，据咸阳。项籍背约，自立为西楚霸王……可谓至强矣。然汉王起巴蜀，鞭笞天下，劫诸侯，遂诛项羽。五年之间，海内平定，此非人力，天之所建也。天子闻君王王南越……将相欲移兵而诛王，天子怜百姓新劳苦，且休之。遣臣授君王印，剖符通使。君王宜郊迎，北面称臣，乃欲以新造未集之越，屈强于此。汉诚闻之，掘烧君王先人冢墓，夷种宗族，使一偏将将十万众临越，即越杀王降汉，如反覆手耳。[1]

陆贾细数尉佗出身中原之地，却忘礼仪之本，斥其无礼。于是尉佗慌忙起身正坐，问陆贾，他与萧何、曹参、韩信谁更有贤能，陆贾回答说："王似贤也。"尉佗又将自己与刘邦比较，陆贾明确答复：

> 皇帝起丰沛，讨暴秦，诛强楚，为天下兴利除害，继五帝三王之业，统天下，理中国。中国之人以亿计，地方万里，居天下之膏腴，人众车舆，万物殷富，政由一家，自天地剖判未始有也。今王众不过数万，皆蛮夷，崎岖山海间，譬如汉一郡，王何乃比于汉！

尉佗听后，非常满意，表示愿意接受汉廷封号，臣服约束。陆贾回朝

---

〔1〕《汉书》卷四十三《郦陆朱刘叔孙传》，第2111页。

汇报后，拜为太中大夫。〔1〕

陆贾以君臣之礼，父母亲戚骨肉之恩，家庭宗族之义等儒家的伦理道德说服尉佗，尉佗也自称"殊失礼义"。

第二次是文帝元年（前179年），陆贾又受命出使南越。

文帝初即位，"为佗亲冢在真定置守邑，岁时奉祀，召其从昆弟，尊官厚赐宠之"。文帝召陆贾为太中大夫，令其再次出使南越，并赐尉佗书曰："皇帝谨问南粤王，甚苦心劳意……闻王遗将军隆虑侯书，求亲昆弟，请罢长沙两将军。朕以王书罢将军博阳侯，亲昆弟在真定者，已遣人存问，修治先人冢。前日闻王发兵于边，为寇灾不止……必多杀士卒，伤良将吏，寡人之妻，孤人之子，独人父母，得一亡十，朕不忍为也。朕欲定地犬牙相入者，以问吏，吏曰：'高皇帝所以介长沙土也。'朕不得擅变焉。吏曰：'得王之地不足以为大，得王之财不足以为富，服领以南，王自治之。'虽然，王之号为帝。两帝并立，亡一乘之使以通其道，是争也；争而不让，仁者不为也。愿与王分弃前患，终今以来，通使如故。故使贾驰谕告王朕意，王亦受之，毋为寇灾矣。"〔2〕

陆贾出使南越，南越王惊恐，"乃顿首谢，愿奉明诏，长为藩臣，奉贡职"。并说："老夫处粤四十九年，于今抱孙焉。然夙兴夜寐，寝不安席，食不甘味，目不视靡曼之色，耳不听钟鼓之音者，以不得事汉也。今陛下幸哀怜，复故号，通使汉如故，老夫死骨不腐，改号不敢为帝矣。"〔3〕陆贾不辱使命，回朝报告，"文帝大悦。遂至孝景帝时，称臣遣使入朝请"〔4〕。

陆贾带文帝诏书再次使南越，以君臣即天子与诸侯（藩臣）之别，父母亲冢之重，兄弟宗族之亲宣扬儒家思想伦理，南越王称汉皇帝为贤天

〔1〕《汉书》卷四十三《郦陆朱刘叔孙传》，第2112页。
〔2〕《汉书》卷九十五《西南夷两粤朝鲜传》，第3849—3850页。
〔3〕《汉书》卷九十五《西南夷两粤朝鲜传》，第3851—3852页。
〔4〕《汉书》卷九十五《西南夷两粤朝鲜传》，第3853页。

子，尉佗愿意放弃帝号，去掉僭越的各项礼仪，表示长为汉藩臣而奉贡职。

(二)《新语》

陆贾经常在刘邦面前称引《诗》《书》，刘邦讨厌儒生，因此骂曰："乃公居马上得之，安事《诗》《书》!"陆贾反驳说，马上得天下，就可以马上治天下吗？而且商汤王、周武王虽然以武力取得天下，却以文治守之，文武并用方是长久之术。过去吴王夫差、晋智伯极武而亡，秦任刑法不变亦被灭。陆贾反问刘邦，假使秦吞并天下，施行仁义，效法先圣，那么陛下您还怎么能得天下做皇帝？刘邦心中不悦，面有惭色，对陆贾说："试为我著秦所以失天下，吾所以得之者，及古今成败之国。"于是，陆贾著书论述兴亡得失之事，凡著十二篇，每上奏一篇，刘邦都极为称赞，称其书为《新语》。[1]

《新语》十二篇，分上下两卷。上卷：《道基》第一，《术事》第二，《辅政》第三，《无为》第四，《辨惑》第五，《慎微》第六；下卷：《资质》第七，《至德》第八，《怀虑》第九，《本行》第十，《明诫》第十一，《思务》第十二。其主要思想如下：

1. 圣人之德与作为（先圣、中圣、后圣）

陆贾说，"天生万物，以地养之，圣人成之，功德参合，而道术生焉。故曰张日月，列星辰，序四时，调阴阳，布气治性。次置五行，春生夏长，秋收冬藏，阳生雷电，阴成雪霜，养育群生，一茂一亡，润之以风雨，曝之以日光，温之以节气，降之以殒霜，位之以众星，制之以斗衡，苞之以六合，罗之以纪纲，改之以灾变，告之以祯祥，动之以生杀，悟之以文章。故在天者可见，在地者可量，在物者可纪，在人者可相"[2]。体

---

〔1〕《汉书》卷四十三《郦陆朱刘叔孙传》，第2113页。
〔2〕 王利器：《新语校注》卷上《道基》，北京：中华书局，1986年，第1—5页。

现了陆贾遵奉儒家对于自然、社会的认识和观念。

陆贾论述了圣人的道德与作为。陆贾说："先圣仰观天文，俯察地理，图画乾坤，以定人道，民始开悟。知有父子之亲，君臣之义，夫妇之别，长幼之序，于是百官立，王道乃生。"〔1〕初起时，百姓食肉饮血，衣披皮毛。圣人神农以为，行虫走兽难以养民，乃求可食之物，尝百草之实，察酸苦之味，教民食五谷。"天下人民，野居穴处，未有室屋，则与禽兽同域。于是黄帝乃伐木构材，筑作宫室，上栋下宇，以避风雨"〔2〕，百姓懂得营造房屋，种植粮食。后来，有后稷"列封疆，画畔界，以分土地之所宜，辟土殖谷，以用养民，种桑麻，致丝枲，以蔽形体"〔3〕。又遭遇洪水灾害，"禹乃决江疏河，通之四渎，致之于海。大小相引，高下相受，百川顺流，各归其所"〔4〕，又"风化未通，九州隔绝，未有舟车之用，以济深致远，于是奚仲乃桡曲为轮，因直为辕，驾马服牛，浮舟杖楫，以代人力"〔5〕，又"民知轻重，好利恶难，避劳就逸。于是皋陶乃立狱制罪，悬赏设罚，异是非，明好恶，检奸邪，消佚乱"〔6〕。因为百姓畏惧法制却无礼义，于是有中圣、后圣之出，定礼义、五经、六艺，重视教育。

陆贾说，中圣"乃设辟雍，庠序之教，以正上下之仪，明父子之礼，君臣之义，使强不凌弱，众不暴寡，弃贪鄙之心，兴清洁之行"〔7〕。

中圣之后，"礼义不行，纲纪不立，后世衰废。于是后圣乃定五经，明六艺，承天统地，穷事察微，原情立本，以绪人伦，宗诸天地，纂修篇章，垂诸来世，被诸鸟兽，以匡衰乱"。从此，"天人合策，原道悉备，智

〔1〕《新语校注》卷上《道基》，第9页。
〔2〕《新语校注》卷上《道基》，第11页。
〔3〕《新语校注》卷上《道基》，第12页。
〔4〕《新语校注》卷上《道基》，第13页。
〔5〕《新语校注》卷上《道基》，第14页。
〔6〕《新语校注》卷上《道基》，第16页。
〔7〕《新语校注》卷上《道基》，第17页。

者达其心，百工穷其巧，乃调之以管弦丝竹之音，设钟鼓歌舞之乐，以节奢侈，正风俗，通文雅"[1]。

圣人在物质生活、精神生活、社会秩序等各方面，教育引导人类不断进步向前。

2. 仁义为本，道德为至上

陆贾强调仁义的重要，他说，"后世淫邪，增之以郑卫之音，民弃本趋末，技巧横出……以穷耳目之好，极工匠之巧"[2]。而圣人"统物通变，治情性，显仁义"[3]，可以附远宁近，怀来万邦，端正风气。"圣人怀仁仗义，分明纤微，忖度天地，危而不倾，佚而不乱者，仁义之所治也。行之于亲近而疏远悦。修之于闺门之内而名誉驰于外。故仁无隐而不著，无幽而不彰者。虞舜蒸蒸于父母，光耀于天地。伯夷、叔齐饿于首阳，功美垂于万代。太公自布衣升三公之位，累世享千乘之爵。知伯杖威任力，兼三晋而亡。"[4] 君子"握道而治，兴德而行，席仁而坐，杖义而强"[5]。因此，"谋事不并仁义者后必败，殖不固本而立高基者后必崩，故圣人防乱以经艺"[6]，齐桓公崇尚德行以称霸，秦二世崇尚刑罚而灭亡，因此说：

> 虐行则怨积，德布则功兴。百姓以德附，骨肉以仁亲，夫妇以义合，朋友以义信，君臣以义序，百官以义承。曾、闵以仁成大孝，伯姬以义建至贞。守国者以仁坚固，佐君者以义不倾。君以仁治，臣以义平。乡党以仁恂恂，朝廷以义便便，美女以贞显其行，烈士以义彰

---

[1] 《新语校注》卷上《道基》，第18页。
[2] 《新语校注》卷上《道基》，第21页。
[3] 《新语校注》卷上《道基》，第24页。
[4] 《新语校注》卷上《道基》，第25页。
[5] 《新语校注》卷上《道基》，第28页。
[6] 《新语校注》卷上《道基》，第29页。

其名。阳气以仁生，阴节以义降，《鹿鸣》以仁求其群，《关雎》以义鸣其雄。《春秋》以仁义贬绝，《诗》以仁义存亡，乾坤以仁义和合，八卦以义相承，《书》以仁叙九族，君臣以义制忠，《礼》以仁尽节，《乐》以礼升降。仁者道之纪，义者圣之学。学之者明，失之者昏，背之者亡。陈力就列，以义建功，师旅行阵，德仁为固，杖义而强，调气养性，仁者寿长，美才次德，义者行方。君子以义相褒，小人以利相欺，愚者以力相乱，贤者以义相治。《穀梁传》曰："仁者以治亲，义者以利尊，万世不乱，仁义之所治也。"[1]

陆贾所言仁义之重要，范围之广大，也是前所未有的。

仁义为本，道德为上，诗书礼乐为其术，陆贾称："尊于位而无德者绌，富于财而无义者刑，贱而好德者尊，贫而有义者荣。段干木徒步之士，修道行德，魏文侯过其间而轼之。夫子陈蔡之厄，豆饭菜羹，不足以接馁，二三子布弊褞袍，不足以避寒……然而夫子当于道，二三子近于义……追治去事，以正来世，按纪图录，以知性命，表定六艺，以重儒术……如此则功传不衰，而诗书礼乐为得其所，乃天道之所立，大义之所行也"[2]，故"君子笃于义而薄于利，敏于行而慎于言"，"故圣人卑宫室而高道德，恶衣服而勤仁义。不损其行，以好其容，不亏其德，以饰其身。国不兴不事之功，家不藏不用之器"[3]。

可见，道德为上，仁义为本，诗书礼乐为得其所。

3. 尊君抑臣，不可图利

陆贾说，据土子民，治国理民者，不可贪图利益治产业，否则教化不行，政令不从。管仲辅佐桓公"诎节事君，专心一意，身无境外之交，心

---

〔1〕《新语校注》卷上《道基》，第30—34页。
〔2〕《新语校注》卷下《本行》，第142—143页。
〔3〕《新语校注》卷下《本行》，第148—149页。

无敧斜之虑，正其国如制天下，尊其君而屈诸侯，权行于海内，化流于诸夏。失道者诛，秉义者显。举一事而天下从，出一政而诸侯靡。故圣人执一政以绳百姓，持一概以等万民，所以同一治而明一统也"[1]。

鲁庄公"据中土之地，承圣人之后，不修周公之业，继先人之体，尚权杖威，有万人之力，怀兼人之强，不能存立子纠，国侵地夺，以洙泗为境"[2]，"故欲理之君，闭利门，积德之家，必无灾殃，利绝而道著，武让而德兴，斯乃持久之道，常行之法也"[3]。

圣人应当顺应天地之道，像周公一样躬行礼义。陆贾指出，圣人"承天之明，正日月之行，录星辰之度，因天地之利，等高下之宜，设山川之便，平四海，分九州，同好恶，一风俗。《易》曰：'天垂象，见吉凶，圣人则之；天出善道，圣人得之。'言御占图历之变，下衰风化之失，以匡衰盛，纪物定世，后无不可行之政，无不可治之民"[4]，"周公躬行礼义，郊祀后稷，越裳奉贡而至，麟凤白雉草泽而应。殷纣无道，微子弃骨肉而亡，行善者则百姓悦，行恶者则子孙怨，是以明者可以致远，否者可以失近"[5]。

君子治理国家，忠于君，孝于亲，赏善惩恶，兴办学校，施行教化。陆贾又说："天地之性，万物之类，怀德者众归之，恃刑者民畏之。归之则充其侧，畏之则去其域。故设刑者不厌轻，为德者不厌重，行罚者不患薄，布赏者不患厚，所以亲近而致远也"[6]，君子为治，"块然若无事，寂然若无声，官府若无吏，亭落若无民。闾里不讼于巷，老幼不愁于庭。近者无所议，远者无所听。邮无夜行之卒，乡无夜召之征，犬不夜吠，鸡

---

〔1〕《新语校注》卷下《怀虑》，第132页。
〔2〕《新语校注》卷下《怀虑》，第134页。
〔3〕《新语校注》卷下《怀虑》，第139页。
〔4〕《新语校注》卷下《明诫》，第157页。
〔5〕《新语校注》卷下《明诫》，第160页。
〔6〕《新语校注》卷下《至德》，第117页。

不夜鸣", "在朝者忠于君, 在家者孝于亲; 于是赏善罚恶而润色之, 兴辟雍庠序而教诲之。然后贤愚异议, 廉鄙异科, 长幼异节, 上下有差, 强弱相扶, 大小相怀, 尊卑相承, 雁行相随, 不言而信, 不怒而威, 岂待坚甲利兵, 深牢刻令, 朝夕切切, 而后行哉?"[1]

关于圣人之德, 陆贾说, "长于变者, 不可穷以诈。通于道者, 不可惊以怪。审于辞者, 不可惑以言。达于义者, 不可动以利。是以君子博思而广听, 进退顺法, 动作合度, 闻见欲众而采择欲谨"[2]。陆贾引《易》, 曰: "仁者在位而仁人来, 义者在朝而义士至, 是以……文王之朝多贤良, 秦王之庭多不祥。"[3]

陆贾主张儒家思想, 强调六艺 (六经), 特别是《诗》《书》, 全面论述仁义道德。但是, 道家思想在汉初具有相当的地位, 制礼乐立制度往往受到道家 "无为而无不为" 思想的影响。陆贾提倡《诗》《书》礼义、纲纪道德, 也是在无为的前提下行礼乐制度, 他认为, 道莫大于无为, 行莫大于谨敬。像古代虞舜治天下, 弹五弦之琴, 歌南风之诗, 寂若无治国之意, 漠若无忧民之心, 然天下大治。周公辅成王摄朝政, 也是如此。周公制礼作乐, 但是没有以兵刑来强制执行礼乐, 而是任其自然, 任民自觉遵循信奉, 连海外蛮夷也因向慕礼乐, 纷纷来朝, "周公制作礼乐, 郊天地, 望山川, 师旅不设, 刑格法悬, 而四海之内, 奉供来臻, 越裳之君, 重译来朝"[4]。

陆贾又撰有《楚汉春秋》, 记载秦末楚汉之间, 项羽、刘邦争夺战斗, 最后刘邦打败项羽与各地诸侯割据, 统一中国之事, 以及惠帝、文帝时事。原书已佚, 主要内容在司马迁《史记》中有搜集叙述, 这些也是儒家思想的重要体现与反映。

---

〔1〕《新语校注》卷下《至德》, 第118页。

〔2〕《新语校注》卷下《思务》, 第163页。

〔3〕《新语校注》卷下《思务》, 第173页。

〔4〕《新语校注》卷上《无为》, 第59页。

四、张苍与贾谊

张苍，阳武人，喜好图书、乐律和历法。秦朝时为御史，掌管四方文书。及至沛公（刘邦）攻城略地路过阳武，张苍以宾客的身份跟随刘邦攻打南阳。后来向西进入武关到达咸阳，沛公立为汉王，以张苍为常守，后命为代国国相。不久，张苍又徙为赵国国相，平定臧荼有功，被封为北平侯。张苍升任计相，掌财政，熟谙天下图书计籍。又因擅长计算，精通乐律和历法，张苍便以列侯居于相府，负责各领主郡国上交的会计账簿。不久为淮南相，辅佐淮南王，十四年后迁为御史大夫，后为丞相。张苍为计相时，绪正律历，"以高祖十月始至霸上，因故秦时本以十月为岁守，弗革。推五德之运，以为汉当水德之时，尚黑如故。吹律调乐，入之音声，及以比定律令。若百工，天下作程品。至于为丞相，卒就之"[1]。据梁启超说，《汉律》实际起草者可能是张苍。

张苍不仅通律法，而且精通音律调乐，懂礼乐，亦知正朔、服色等，著书十八篇，言阴阳律历事，是汉初修《春秋左氏传》的大家。

贾谊，河南洛阳人，生于汉高祖七年（前201年），卒于汉文帝十二年（前168年）。他在汉代的经学史上有重要地位。贾谊在汉朝中央是博士和太中大夫，在诸侯国做过长沙王太傅和梁怀王太傅。好学不倦，既好儒家礼乐经术，也好法制律令。跟随淮南相张苍学习《春秋左氏传》，又跟随河南守望吴公学法令，既为诗书礼乐所熏染，又为法制律令所陶冶。

贾谊善于著述，撰《新书》五十八篇、《治安策》等《疏》七篇、《赋》五篇、《五曹官制》五篇，这些著作是其思想的概括与总结。其中《新书》五十八篇中有《过秦论》上、中、下三篇，论述了儒家的礼义仁德，总结了秦朝残暴害民、所以灭亡的教训。

---

[1]《史记》卷九十六《张丞相列传》，第2681页。

贾谊早卒，在世时间虽极短，但对西汉初期的经传、礼乐、正朔、服色、官名等制度的建设与改革，提出了很好的主张，对礼仪有比较全面而完整的论述。而且，汉文帝时各种法令的更定，很多也是由贾谊首先提出。下面就谈谈贾谊关于礼的一些认识。

（一）礼的定义、范围及其意义

贾谊对礼有着深刻的认识，认为从天地、祖先、鬼神到人间，以至于禽兽草木，没有一处不需要礼，礼所涵盖的内容非常丰富和广泛。

首先，"礼者，所以固国家，定社稷，使君无失其民者也"[1]，礼可以使国家政权巩固，社会安定，使得人民爱戴拥护其君主。为了达到这样的目的，贾谊认为，礼应该是天子爱天下的人民，诸侯爱封国内的人民，大夫爱其所属官吏，士和庶民各爱其家内之人员。

"礼者，所以守尊卑之经、强弱之称者也"，礼是为了维护尊卑、贵贱、大小、强弱的地位，使君臣父子夫妇秩然有序。因此，主主臣臣，是"礼之正"。威德在君，是"礼之分"。尊卑大小强弱有位，是"礼之数"。君仁臣忠，父慈子孝，兄爱弟敬，夫和妻柔，姑慈妇听，是"礼之至"。君仁则不厉，臣忠则不贰，父慈则教，子孝则协，兄爱则友，弟敬则顺，夫和则义，妻柔则正，姑慈则从，妇听则婉，是"礼之质"[2] 礼的"正""分""数"，首先强调尊严与地位，礼之"质"与"至"是要维护尊、贵、大、强的尊严与地位。

"礼者，臣下所以承其上也"，作为臣下应该尊敬服从君主。贾谊引《诗》云："一发五豝，于嗟乎驺虞"，是臣下承其上的体现。驺是天子的苑园，虞是园中饲养禽兽的人，天子到园中打猎，虞人准备了五只行动迟

---

〔1〕 （汉）贾谊撰，阎振益、钟夏校注：《新书校注》卷六《礼》，北京：中华书局，2000年，第214页。

〔2〕 《新书校注》卷六《礼》，第214—215页。

缓的母猪，天子可以一发即中，保证了天子的要求和目的一定能够达到，是良臣顺上之志的反映。[1]

"礼者，所以节义而没不邃"，礼当克己行义，"觞不下遍，君不尝羞；湑不下浃，上不举乐"。[2]

"礼者，所以恤下也"，礼当体恤臣下。贾谊极其赞赏由余所说的"干肉不腐，则左右亲；苞苴时有，筐筐时至，则群臣附；官无蔚藏，腌陈时发，则载其上"[3]，认为君主自己俭朴，但关心臣下生活，那么臣下一定爱戴与归附于他。

"礼者，自行之义，养民之道也"，礼当使民安居乐业。贾谊认为，作为君主，如果风调雨顺，五谷丰登，人民足衣足食，乐于生存，人口增加，应该亲自敬拜，这样，必定君民互相关心爱护，而"受天之福"。[4]

"圣王之于禽兽也，见其生不忍见其死，闻其声不尝其肉，隐弗忍也。"真正的礼不仅爱及万民，而且要爱及禽兽草木万物。所以，对于空中、地上、水里的动物和植物，不要随便射杀与采伐。即使需要也应按照时令、条件，在适宜的情况下才能捕捉与采拾，"取之有时，用之有节，则物蕃多"。[5]

"礼者，体德理而为之节文，成人事。故曰'礼者，此之体者也'"，"仁者，德之出也"，"义者，德之理也"，"忠者，德之厚也"，"信者，德之固也"，"德生理，理立则有宜，适之谓义"。礼是为了使人修养德性，根据忠信仁义，以立身行事。[6]

以上贾谊将礼提高到了以礼治国、以礼治天下的高度，内容深刻，涉

---

[1]《新书校注》卷六《礼》，第 215 页。
[2]《新书校注》卷六《礼》，第 215 页。
[3]《新书校注》卷六《礼》，第 215 页。
[4]《新书校注》卷六《礼》，第 216 页。
[5]《新书校注》卷六《礼》，第 216 页。
[6]《新书校注》卷八《道德说》，第 327 页。

及面广。为了能够真正实行礼，贾谊还特别注重行礼的心志与仪容。《汉书·儒林传》曰："汉兴，鲁高堂生传《士礼》十七篇，而鲁徐生善为颂。孝文时，徐生以颂为礼官大夫，传子至孙延、襄。"[1] 苏林注曰："《汉旧仪》有二郎为此颂貌威仪事。有徐氏，徐氏后有张氏，不知经，但能盘辟为礼容。天下郡国有容史，皆诣鲁学之。"[2] 可见，汉初，从京师到地方郡国，非常讲究行礼时的容貌仪态。

贾谊可能跟从徐生学过礼容。徐生关于礼容没有留下什么记载与著述，但贾谊留下了《容经》。《容经》将关于行礼的容貌仪态，分为立容、坐容、行容、趋容、跙旋容、跪容、拜容、伏容、坐车容、立车容、兵车容等。其中立车之容，是"立乘以经立之容，右持绥而左臂诎，存剑之纬，欲顾，顾不过毂，小礼据，中礼式，大礼下"[3]。行朝廷、祭祀、军旅、丧纪之礼，不仅要有适宜的仪容，而且语言、目视、心志等都有一定的标准。行朝廷之礼，当"师师然翼翼然整以敬"；行祭祀之礼，当"遂遂然粥粥然敬以婉"；行军旅之礼，当"湢然肃然固以猛"；行丧纪之礼，当"怮然慽然若不还"[4]。言语方面，行朝廷之礼，当"言敬以和"；行祭祀之礼，当"文言有序"；行军旅之礼，当"屏气折声"；行丧纪之礼，当"言若不足"[5]。关于目视，行朝廷之礼，当"端流平衡"；行祭祀之礼，当"视如有将"；行军旅之礼，当"固植虎张"；行丧纪之礼，当"下流垂纲"[6]。

贾谊还专门撰有《礼容语》，强调人的仪表、举动是观察其是否真心行礼的重要方面。贾谊说："君子目以正体，足以从之，是以观容而知其

---

[1]《汉书》卷八十八《儒林传》，第3614页。

[2]《汉书》卷八十八《儒林传》，第3615页。

[3]《新书校注》卷六《容经》，第228页。

[4]《新书校注》卷六《容经》，第227页。

[5]《新书校注》卷六《容经》，第227页。

[6]《新书校注》卷六《容经》，第227页。

心。"如果能真正施行礼仪而使国泰民安，国君步、言、视、听"必皆得适顺善"，君王的足步、口言、眼视、目听，必须适宜，合于礼，"国将有福"。眼的举动关系到义，足的举动关系到德，口的举动关系到信，耳的举动关系到名，"义""德""信""名"都是礼的体现。所以，"视远曰绝其义，足高曰弃其德，言爽曰反其信，听淫曰离其名，……故不可不慎也"[1]。只有从心志、眼神、言语、仪容、姿势、动作等各方面，真心实意地履行礼，才能使"为之上者敬而信之，等者亲而重之，下者畏而爱之，民者肃而乐之，是以上下和协而士民顺一"[2]。

贾谊强调礼，讲究行礼的心志仪容，其真正的目的在于加强君主的地位，以改变"今自王侯三公之贵，皆天子之所改容而礼之也"[3]的局面，确立天子的绝对权威。指出，六亲必须"有次"，不可逾越，如果相互逾越，则"宗族乱，不能相亲"。为了防乱，设昭穆三庙，"上室为昭，中室为穆，下室为孙嗣令子，各以其次，上下更居，三庙以别，亲疏有制"[4]，父子六亲各得其宜，就不能再为乱，朝廷与地方，永远得到安定，君王的大业，也可以巩固，这就是所谓"此业一定，世世常安，而后有所持循矣"[5]。

（二）君主及太子之礼

贾谊鉴于殷亡于周、秦灭于汉，是因为殷纣王和秦二世两位君主不依礼义治国理民的必然结果，认为，作为君主，虽说取天下当以武功，但治天下必以礼义，"始取天下为功，始治天下为德"[6]。君主承受祖庙，奉

---

[1]《新书校注》卷十《礼容语下》，第 380 页。

[2]《新书校注》卷六《容经》，第 229 页。

[3]《新书校注》卷二《阶级》，第 80 页。

[4]《新书校注》卷八《六术》，第 317 页。

[5]《汉书》卷四十八《贾谊传》，第 2247 页。

[6]《新书校注》卷一《数宁》，第 30 页。

养六亲，当"至孝"；治理天下，管理群生，当"至仁"。孝与仁皆是礼的体现。君主在位执政时，能够以礼治天下，是因为在太子时期，就受到完善的礼义熏陶。所以，学礼行礼必须从太子开始。

太子怎样学礼呢？贾谊认为，太子生下来后，他的一举一动都要符合礼义，由照护他的士、司等负责引导。首先是士背上太子，在南郊行敬天之礼。过阙则下，过庙则趋，尽"孝子之道"。为了加强对太子的礼义熏陶，应当如周成王年幼时，设立三公：太保、太傅、太师，设立三少：少保、少傅、少师。保，保其身体；傅，傅其德义；师，导其教训。在太子尚年幼时，便以孝仁礼义教导练习，稍稍年长之后，便选拔天下好礼尚义的正直之士和孝悌博闻的有道之士，保护引导，使其闻正言、行正道、见正事。年长之后，则进入学校，进一步系统学礼。

太子从小到大，应当入五种学校接受完善的礼的教育。先入东学，学尚亲而贵仁，则亲疏有序，体悟亲情之恩；次入南学，学习崇尚长幼之序而贵信，则长幼有差而民不诬；次入西学，学尊重贤人而贵德，则圣智在位而不没其功；次入北学，学尚贵而尊爵，则贵贱有等而不逾越礼制；最后入太学，进一步从师学道德仁义，而且必须进行练习实践，由太傅检查，如有不符礼的地方，必须加以纠正，严重的要惩罚。如此则德智长而治道得，"五学者既成于上，则百姓黎民化辑于下矣"[1]。

太子加冠成人，除了以上保傅师的严格教育，还设有记过之史，谏缺之宰，进善言者，讥恶事者，击鼓好谏者，诵诗诵谏者进行谏净督促，"大夫进谋，士传民语"，从各方面使太子无过，一言一行合乎礼义。并且，要根据三代的礼，春朝迎日初升，秋暮迎月初出，"以明有敬"。春秋两季，当入学校，亲自执壶酱馈赠国老，"以明有孝"。出行乘鸾和之车，慢步必合《采荠》乐诗，疾步必合《肆夏》乐诗，"以明有度"。不仅循

---

〔1〕《汉书》卷四十八《贾谊传》，第2248—2249页。

礼而且明乐。[1]

天子怎样行礼？贾谊指出，天子的饮食起居、待人接物、喜怒哀乐、衣冠御器等也必须合乎礼，如有非礼、越礼，太傅、太师、太保、少师、少傅、少保都得加以正确引导，使之学礼、知礼、行礼。

同时，设大相、大拂、大辅、道行、调谇、典方、奉常、桃师等辅佐，负责监督执行各方面的礼。大相负责"正身行，广教化，修礼乐，以美风俗"，道行掌管仆从和舆马之度，羽旄旌旗之制，以及"居车之容，登降之礼"。奉常掌宗庙社稷之礼，天神地祇人鬼山川之祭。典方、典容仪，"以掌诸侯、远方之君，譔之班爵、列位、轨伍之约，朝觐、宗遇、会同、享聘、贡职之数"[2]。天子对天地、祖宗、鬼神、山川、诸侯、四夷，必须行礼。

其中还包括一个重要方面，即太子如何对待师傅、友好、大臣、左右、侍御、厮役等。贾谊说，取师之礼，黜位而朝见之；取友好之礼，以身相迎；取大臣之礼，以皮币相请；取左右之礼，派使者迎接；取侍御之礼，以政令使其前来；取厮役之礼，以政令召唤其至。师傅至，则"清朝而侍"；友好至，则"清殿而侍"；大臣奏事，则"俳优侏儒逃隐"；左右在侧，则"声乐不见"；侍御在侧，则"子女不杂处"。当友好、大臣在时，则"君乐雅乐"；左右、侍御在，则"君乐燕乐"；厮役在，则"夕时开北房，从薰服之乐（匈奴、蛮夷等乐）"[3]

当然，对于士和农工商贾等民众，也当以礼相待。礼还包括仁、义、信等德行。如果天子能对士民行这样的礼，则一定主尊、威立、令行，"人主仁而境内和矣，故其士民莫弗亲也；人主义而境内理矣，故其士民莫弗顺也；人主有礼而境内肃矣，故其士民莫弗敬也；人主有信而境内贞

---

[1]《汉书》卷四十八《贾谊传》，第2249页。
[2]《新书校注》卷五《辅佐》，第204—206页。
[3]《新书校注》卷八《官人》，第293页。

矣，故其士民莫弗信也"〔1〕。

可见，鉴于历史的经验与教训，作为天子，上至于天，下至于地，中至于人，近在朝廷、国中，远至诸侯、四夷等，都要依礼行事，才能使国治民安，方为太平盛世。

（三）礼法关系与"刑不上大夫"

关于礼法关系，贾谊说："道之以德教者，德教洽而民气乐；驱之以法令者，法令极而民风哀。"〔2〕认为"人主仁而境内和矣，故其士民莫弗亲也；人主义而境内理矣，故其士民莫弗顺也"〔3〕。"公"，当属法。礼分等级，主张有差别的，"公"则主张无私而一律平等。

贾谊指出，礼"禁于将然之前"，礼的作用主要在事故、灾祸等发生之前，而法"禁于已然之后"，即事故、灾祸发生之后，由法来处理。礼贵在能绝恶于未萌，而起教于细小，使民开始就善则迁，畏罪而离，不知不觉自动地从善避罪。但是，礼的作用见效比较慢而且难，"礼之所为生难知也"；法产生的效用比较快，"法制所用易见"，能够用庆赏以劝善，用刑罚以惩恶，一定会得到普遍地实行。但执法者必须无私而一律，"执此之政，坚如金石，行此之令，信如四时，据此之公，无私如天地耳"〔4〕

法是必要的，但行法必须合乎礼，即行礼行法。天子依礼行法，表现为"刑狱之衷，赏罚之诚"，诸侯听狱判刑，应当"仁于治"。行法合乎礼，若诛罚顺理而当辜，杀三军而无咎。如不合礼而妄杀，则必受天罚，"诛杀不当辜，杀一匹夫，其罪闻皇天"〔5〕。

贾谊特别强调礼的意义，用法也要据于礼、合乎礼。法不可缺少，能

---

〔1〕《新书校注》卷八《道术》，第302页。
〔2〕《汉书》卷四十八《贾谊传》，第2253页。
〔3〕《新书校注》卷八《道术》，第302页。
〔4〕《汉书》卷四十八《贾谊传》，第2252页。
〔5〕《新书校注》卷七《耳痹》，第270页。

"禁于已然之后"，而且效果比较明显，但是，刑罚只能用于庶人，不能用于大夫以上的贵族大臣，所以，贾谊主张"刑不上大夫"。

贾谊认为，由于大夫以上的王侯贵族、三公大臣等接近天子，他们犯罪不能用黥、劓、髡、刖、笞、弃市等刑律，是为了尊敬天子，"礼，不敢齿君之路马，蹴其刍者有罪；见君之几杖则起，遭君之乘舆则下，入正门则趋；君之宠臣虽或有过，刑戮不加其身，尊君之势也"[1] 贾谊将其比作"欲投鼠而忌器"，欲投器具旁边的老鼠，又恐伤害到器，故怕而勿投。为此，在君主身边的贵族大臣更令人担心，怕伤及天子之尊，故刑不上大夫。然而，实际上，"刑不上大夫"是以"簠簋不饰"掩盖了"贪赃之罪"，以"帷薄不修"掩盖了淫乱之罪，以"下官不职"掩盖了渎职之罪，以"盘水加剑""跪而自裁"，代替了大罪应该刑戮。

由上可见，贾谊对礼的论述，比汉初其他人更为详细具体。贾谊特别强调君主及太子的学礼行礼，进一步肯定了礼对于治国平天下的重要性。他之所以如此重视礼义制度，是因为当时秦的遗风余俗，尚未改变，"今世……弃礼谊，捐廉耻，日甚，可谓月异而岁不同矣。逐利不耳，虑非顾行也，今其甚者杀父兄矣"[2]，目的是为了早日定礼乐制度，以稳定社会秩序，巩固封建统治，"汉兴至今二十余年，宜定制度，兴礼乐，然后诸侯轨道，百姓素朴，狱讼衰息"[3]，贾谊并非空发议论，而是有现实意义。

贾谊论礼，主张"礼者禁于将然之前，而法者禁于已然之后"，看上去礼与法是适用于所有人的，而且要"无私如天地"，然而，贾谊又赞同礼不及庶人、刑不上大夫的说法，思想上存在矛盾。庶人既可受黥、劓、髡、刖、笞、弃市等刑，又要受司寇、小吏、徒官的詈骂和诟辱。"刑不上大夫"是贾谊礼学思想的重要方面，也是社会各阶级不平等的

---

〔1〕《新书校注》卷二《阶级》，第80页。
〔2〕《汉书》卷四十八《贾谊传》，第2244页。
〔3〕《汉书》卷二十二《礼乐志》，第1030页。

反映。

文帝四年，原丞相、列侯周勃被人诬告谋反，逮捕下狱，备受狱吏的侵辱欺侮，终因无罪恢复爵邑。因为这件事，贾谊向文帝提出"刑不上大夫"，这一主张被文帝接受。自此之后，大臣贵族犯有死罪皆赐自杀而不加刑，以保全贵族大臣的脸面和尊严。到武帝的时候，一度有所改变，从汉成帝时又开始盛行，甚至成为定制。这些与贾谊的思想密切相关。《廿二史札记》卷三《上尊养牛》记载，丞相翟方进有罪，"成帝赐册曰：今赐君上尊酒十石，养牛一，君其自审处焉。方进即日自杀。上仍秘之，赠丞相印绶、乘舆、秘器，更亲临吊。……盖自文帝感贾生'盘水加剑'之言，优礼大臣，不加显戮，后世遂制此法"[1]，由于贾谊的建议，改变了汉初杀功臣将相的"刑上大夫"的非礼行为。

贾谊关于礼的思想与主张，不仅范围广，而且更为全面深刻。他详尽地阐述了礼的定义、范围、内容，以及人与人之间的关系，包括人对天地、鬼神、祖先、动物、植物的态度。在他看来，礼不但是社会活动的规范，而且是自然探索的准则；不仅是外表的行为，而且是内在的心理，要达到行为与心志上的平衡和统一，强调礼的意识与存在必须一致且不矛盾。

《礼经》是六经的重要部分，贾谊使礼的研究进入更加真善完美的境界。这是经学研究发展的新高峰，也是汉初其他经学家所不及的。所以，贾谊不仅继承了叔孙通、伏胜等的经学研究成就，并将他们的主张思想向前发展提高了一步，对后来董仲舒全面研究六经发展儒术，特别是礼方面，也有很大的启示。贾谊跟从张苍学习《春秋左氏传》后，作《左氏传》训诂，授于赵人贯公，为河间献王博士。贯公的儿子又授张禹，张禹为萧望之论《左氏》，又授尹更始及其子尹咸，后来传至翟方进、刘歆、王莽等。可见，在经学上，特别是《礼》学与《左氏》之学，贾谊的思想

---

〔1〕（清）赵翼：《廿二史札记》卷三《上尊养牛》，北京：商务印书馆，1958年，第56页。

影响广大而深远。

（一）伏胜（即伏生）《尚书大传》的主要内容

《尚书大传》是西汉初的伏胜所著。伏生，名胜，秦时为博士。秦始皇下令焚书，伏胜将《尚书》藏于壁中。刘邦统一天下，社会稍为安定，伏胜寻求所藏之书，已散失数十篇，仅得二十九篇。于是，伏胜以《尚书》在齐、鲁地区教授弟子。汉文帝时，征求精通《尚书》的学者，听说济南伏胜治《尚书》，欲召为博士，伏胜已九十余岁，行动不便，于是文帝派太常掌故晁错前去跟从伏胜学习《尚书》。晁错学成回到长安，上书文帝，称述伏胜所传《尚书》师法，并概说其精深的思想与大义，得到文帝的赞赏，伏胜被召为《尚书》博士。

晁错所述的师法与大义，是伏胜毕生研究、阐发《尚书》而成一家之言的最大成果——《尚书大传》。《尚书大传》大都讲古代的礼义制度，是伏胜经学思想的集中表现，汉初制度尚未完全确立之时，是重要经礼制度的来源之一。后来成为今文《尚书》欧阳和大、小夏侯三家的主要内容。《尚书大传》年久散佚，现据近人陈寿祺辑佚所得部分，以了解其一斑。从以下四个方面来介绍与论述。

1. 从天子到庶民的等级与制度

天子的巡狩制度。《尚书大传·唐传》说，天子五年亲自巡狩天下一次，循行守视，到达四岳，以知四方之政。巡狩时，天子先以币帛皮圭祭祀祖宗之庙，然后将庙主载于斋车，一起出行。每到一地，先奠祭，然后就舍。返回也必告奠，最后"敛币玉藏之两阶之间"，以贵受之于祖宗之命。同时，还在各地设坛祭四方、四海、十二山、十二州之神，并由乐正定乐名，"五载一巡狩，群后德让，贡正声，而九族具成"[1]

巡狩中，以隆重的礼乐，来尊奉和祭祀宗庙及各地山川诸方之神。同时，借以考察各地诸侯，并加以赏罚，"山川神祇，有不举者为不敬，不敬者君削以地；宗庙有不顺者为不孝，不孝者君黜以爵；变礼易乐者为不从，不从者君流；改衣服制度者为叛，叛者君讨"[2]，有功则赏，也就是《尚书》里面提到的"明试以功，车服以庸"。

诸侯朝见天子的制度。伏胜说，作为诸侯，必须五年朝见天子一次，向天子汇报其封地的政治民情，"《九共》以诸侯来朝，各述其土地所生美恶，人民好恶，为之贡赋政教"[3] 朝见之礼十分庄重，诸侯必须执天子所授的圭与璧，才能朝见天子。诸侯如行为无过错，可复得其圭，而归其国。如诸侯行为有过错，就扣留圭璧，令其还国。若能及时端正行为，可以复授其圭，若三年不能端正其行为，不复授其圭，且稍黜其爵；若六年不能端正其行为，不能复授其圭，且稍黜其地；若九年不能端正其行为，不能复授其圭，且爵地俱黜。

诸侯贡士于天子的制度。伏胜说，古代诸侯，每过三年，必须向天子推荐贤士一次，以示天子"通贤共治，示不独专，重民之至"。规定如下：大国推举三人，次国推举二人，小国推举一人。如诸侯第一次得贤人，叫作"攸好德"；第二次又推举得贤人，叫作"贤贤"；第三次推举也得贤人，叫作"有功"。有功的话，天子"一赐以车服弓矢，再赐以秬鬯，三赐以虎贲百人，号曰命诸侯"。如果诸侯不举贤人的话，叫作"不率正"，天子将对其实行黜罚。一次不得贤人谓之"过"，再次不得贤人谓之"敖"，三次不得贤人谓之"诬"，"诬者，天子绌之：一绌，少绌以爵；再

---

[1] 《尚书大传》一《虞夏传》，朱维铮主编：《中国经学史基本丛书》（一），上海：上海书店出版社，2012年，第13页。

[2] 《礼记正义》卷十一《王制》，第363页。

[3] 《尚书大传》一《虞夏传·九共》，第11页。

绌，少绌以地；三绌而爵地毕”[1]。

天子至大夫的辅佐制度。伏胜说，天子的辅佐有三公、四邻。天子三公分别是司徒公、司马公、司空公。三公各有其职责范围：百姓不亲，五品不训，就要问责于司徒；蛮夷猾夏，寇贼奸宄，问责司马；沟渎壅遏，水为民害，田垦不广，就要责之司空。天子四邻是：前曰疑，后曰丞，左曰辅，右曰弼。四邻也当各自承担其责任，“天子有问，无以对，责之疑；可志而不志，责之丞；可正而不正，责之辅；可扬而不扬，责之弼”[2]。至于公、邻、卿、大夫之辅助，伏胜说，每一公由三卿为其辅佐；四邻“其爵视卿”，每一邻及卿，均有三大夫为其辅佐；每一大夫由三元士为其辅佐。

天子、诸侯的圻、境、采、宫地制度。伏胜说，天子之境曰圻，诸侯之境曰境，“天子游，不出封圻。诸侯非朝聘，不出境”[3]。

诸侯始受封则有采地。百里诸侯有采地三十里，七十里诸侯有采地二十里，五十里诸侯有采地十五里。又百里诸侯三十里遂、二十里郊、九里城、三里宫，七十里诸侯二十里遂、九里郊、三里城、一里宫，五十里诸侯九里遂、三里郊、一里城，“以城为宫遂郊之门，执禁以讥异服，讥异言”[4]。这些礼制不仅规定了天子与诸侯的区别，也体现了大小诸侯的不同。

天子至于庶民的居室、衣服、车舆制度。

居室之制。伏胜说，天子之宫广九雉（雉三丈），三分其广，以二为内，五分内，以一为高，东房、西房、北堂各二雉；公侯广七雉，三分其广，以二为内，五分内，以一为高，东房、西房、北堂各二雉；伯子男广五雉，三分其广，以二为内，五分内，以一为高，东房、西房、北堂各一

---

[1]《尚书大传》一《虞夏传·皋陶谟》，第16页。
[2]《尚书大传》一《虞夏传·皋陶谟》，第17页。
[3]《尚书大传》一《夏传·禹贡》，第19页。
[4]《尚书大传》二《周传·多士》，第40页。

雉；士广三雉，三分其广，以二为内，五分内，以一为高，有室而无房堂。

衣服之制。伏胜说，天子衣服，有华虫、作缋、宗彝、藻火、山龙五种；诸侯衣服，有作缋、宗彝、藻火、山龙四种；子男衣服，有宗彝、藻火、山龙三种；大夫衣服，有藻火、山龙二种；士衣服，有山龙一种。其中山龙为青色、华虫为黄色、作缋为黑色、宗彝为白色、藻火为赤色，"天子服五，诸侯服四，次国服三，大夫服二，士服一"[1]。士若没有功德，也无天子赐命的话，不得服绣衣。庶民一般穿布帛，有功德并得天子赐命的话，也可以衣着锦绣。

车舆之制。天子、诸侯、大夫有车。但关于车的数量、质料的记载已佚失，无从得知。士乘饰车两马，庶民单马木车。士如果没有受到天子嘉奖之"命"者，则不能乘彩色的饰车等，"未命为士者，不得乘饰车；未命为士者，不得乘朱轩"[2]。庶民如能敬长矜孤，取舍好让，并得天子之"命"，可以乘饰车、骈马。

以上巡狩、朝聘、辅佐、采邑、宫地、居室、衣服、车马等规定，全面反映了森严的等级制度。当然，好礼的庶民，得到天子嘉奖的话，也能穿好的衣服和乘车骑马，充分体现了尊卑贵贱的区别，以及对重礼、好礼、遵礼者的嘉善。

2. 重视养老与祭祀之礼

周朝的养老，始于文王之祖太王亶甫。到文王治岐的时候，更为重视养老，以行孝悌之义。伏胜特别赞赏商王武丁和周朝文王的养老之礼。他说，商王武丁，兢兢业业，修行先王之政，兴灭国，继绝世，举逸民，明养老之礼，"重译来朝者六国"。文王作为商的诸侯在岐的时候，五十岁的老人杖于家，六十岁的老人杖于乡，子孙孝顺，安度晚年。七十岁的老人

---

〔1〕《尚书大传》一《虞夏传·皋陶谟》，第16页。

〔2〕《尚书大传》一《殷传·帝告》，第20页。

杖于国，八十岁的老人杖于朝时，文王赶快见客，不使老人久等，马上用软轮的安车将老人送回家，"孝悌之义，达于诸侯"。九十岁的老人杖于朝时，文王马上会见，并用朝车送到舍馆休息，以示尊重，还有卜筮、巫医护理，祝饐、祝鲠进食，乐官奏乐以助餐。随后，又用软轮车护送回家。"君如有欲问，明日就其室，以珍从"[1]，若还有想问的，就要等到第二天亲自登门。对于一般的老人，也十分尊敬，"颁白者不提携"。特别关心鳏、寡、独者。伏胜说，老而无妻谓之鳏，老而无夫谓之寡，老而无子谓之独，这些人是天下最悲哀而无告者，故"圣人在上，君子在位，能者任职，必先施此，无使失职"[2]，让他们"皆有常饩"。伏胜通过赞赏武丁、文王尊长、养老，特别是文王的行仁义，以宣扬孝悌仁义。

伏胜重视祭祀之礼。前面已经说过，天子巡狩天下时，须祭奠祖宗；每到名山，也设坛祭奠，并奏适于时、地的音乐歌舞。礼、乐配合，以示尊重。伏胜还重视祭祀"六宗"与"六沴"。"六宗"是指天地与四时，之所以要祭祀天地四时，是因为"万物非天不生，非地不载，非春不动，非夏不长，非秋不收，非冬不藏，故《书》曰：'禋于六宗'，此之谓也"[3]。"六沴"，在伏胜看来，是神灵所为，也表明神灵正直而没有偏差，"若民有不敬事，则会批之于六沴。六事之机，以县示我，我民人无敢不敬事上下王祀"[4]。

伏胜赞赏周天子祭祀祖宗，歌颂文王功德的乐歌——《诗经·周颂》之《清庙》，他说，"《清庙》升歌者，歌先人之功烈德泽也"。郑玄注解认为："周公升歌文王功烈德泽，苟在庙中，尝见文王者，愀然如复见文王。故《书》曰：'搏拊（象其德宽和）琴瑟，以咏祖考来假'，此之谓

---

[1]《尚书大传》三《略说》，第47页。

[2]《尚书大传》三《略说》，第51页。

[3]《尚书大传》一《唐传·尧典》，第9页。

[4]《尚书大传》二《周传·洪范五行传》，第31页。

也。"[1]

周公以越裳国所献的贵重白雉祀于宗庙,伏胜也十分称道。伏胜说,由周公扶成王,代行摄政六年,制礼作乐,天下太平。交阯之南有越裳国,通过重重障碍,越山渡海,到周朝见成王,献白雉于周公,"周公乃归之于王,称先王之神,致以荐于宗庙"[2]。

伏胜认为,祭祀也是建立新国家,天下统一太平的标志之一。周公卜洛邑,营成周,改正朔,立宗庙,易牺牲,制礼乐,一统天下,和合四海,使诸侯"皆莫不依绅端冕以奉祭祀者,其下莫不自悉以奉其上者,莫不自悉以奉其祭祀者,此之谓也"[3]。伏胜进而指出,特别是祭祀祖宗,必须十分严肃、谨慎,要真正带有思念、孝敬祖先之情,好比祖先就在眼前一样尽子孙的孝悌之义,人到心到,思念先人,至于入神。"祭之为言察也。察者,至也。至者,人事至也。人事至,然后祭。祭者,荐也。荐之为言在也。在也者,在其道也",郑玄注引《礼志》曰:"斋之日,思其居处,思其笑语,思其志意,思其所乐,思其所耆。"[4] 君子生则以敬养,死则以敬飨,对父母之思终身不忘。

可见,无论是祀"六宗"之天地四时、"六沴"之神灵,或者是祭帝王、祖先,都是为了行忠敬孝悌之礼,伴以相应之乐,使之更加庄严肃穆,恭谨和谐。

3. 用刑应出之于礼而归之于义

伏胜首先主张实行礼义仁德。他说,周以仁接民,而天下莫不仁,所以曰大。文王施仁政,而天下万物皆听而顺之。重视礼义德教,必然是无刑或省刑。伏胜指出,子张曾经说,尧舜之为王,不刑一人而天下治,是因为"孝诚而爱深也"。真正实行仁爱和礼义,必然会出现治与安的良好

---

〔1〕《尚书大传》一《虞夏传·皋陶谟》,第17页。

〔2〕《尚书大传》二《周传·嘉禾》,第35页。

〔3〕《尚书大传》二《周传·洛诰》,第39页。

〔4〕《尚书大传》二《周传·洛诰》,第39页。

社会局面。用刑只是一种象征性，在崇尚礼义的前提下，易其服表示惩罚，让他感知到耻辱，便可改邪归正，从而行礼义，"唐虞之象刑，上刑赭衣不纯，中刑杂屦，下刑墨幪，以居州里，而反于礼"。[1]

如果重视礼义的话，一定是省刑。伏胜指出，孔子曾说，古代即使用刑，也要力求省刑；现在用刑，则力求繁刑。由于古代有礼然后有刑，所以省刑；现在相反，无礼而施刑，所以繁刑。

以礼义为根本，稍微用刑罚，社会就能安定，民则不犯。伏胜说，孔子曾经指出，吴越地方的风俗，男女无别，同川而浴，其刑虽重，而民犯不止。这是什么原因呢？"由无礼也"。

用来惩治不义的刑罚征伐应当顺乎天道，"《传》曰：天子以秋，命三公将率，选士厉兵，以征不义，决狱讼，断刑罚，趣收敛，以顺天道，以佐秋杀"。[2]

听讼折狱，是为了让民众感到违法乱纪是一种耻辱，从而更好地遵循礼义。孔子说："公甫（鲁大夫之子）之听狱也，有罪者惧，无罪者耻，民近礼矣。"[3] 伏胜认为，听讼之术，大略有三：治必宽，宽之术归于察（察、慎审），察之术归于义。所以，听讼不宽是悖乱，宽而不察是怠慢。古代听讼折狱者，"言不越辞，辞不越情。是故听民之术，怒必思兼思意，小罪勿兼，责囚之罪，必思意兼，谓思其辞，思其义；思义罪小，可求以出之罪也"，郑玄注曰："怒，责也。"[4] 行刑之时，死也好，生也好，都必须像孔子那样，不仅要充分掌握犯罪详细情节，并且要十分哀怜罪犯，"听讼者，虽得其情，必哀矜之。死者不可复生，断者不可复续也，《书》曰：'哀矜哲狱'"[5]。

---

〔1〕《尚书大传》一《唐传·尧典》，第10页。
〔2〕《尚书大传》一《唐传·尧典》，第8页。
〔3〕《尚书大传》二《周传·甫刑》，第43页。
〔4〕《尚书大传》二《周传·甫刑》，第43页。
〔5〕《尚书大传》二《周传·甫刑》，第43页。

折狱要审慎，而且使之"近礼"与"归义"，对老、幼、鳏、寡、孤、独、病、弱，要尽量加以赦免。伏胜指出，孔子曾经说过，古代听讼折狱者，必察贫穷、哀孤独；矜寡鳏，宥老幼。不肖无告，"有过必赦，小过勿增，大罪勿累，老弱不受刑，有过不受罚。是故老而受刑谓之悖，弱而受刑谓之暴，不赦有过谓之贼，率过以小谓之枳，故与其杀不辜，宁失有罪；与其增以有罪，宁失过以有赦"[1]，甚至说，季夏可以大赦罪人，行刑杀人的地方所生的食物，重义的人不食。

在伏胜看来，首先是行礼义，不得已而行刑罚，而且应十分慎重，要多加赦免和宽恕，出之于"礼"，而归之于"义"。

4. 伏胜经学思想的影响

伏胜在《尚书大传》中所提出的各种制度及礼义等经学主张，或为西汉的君主所采纳，或为西汉的经学家与好礼者，如贾谊、晁错、董仲舒、刘向、王莽等所继承与发展。文帝十六年"使博士诸生刺六经中作《王制》"[2]。《王制》中关于制度方面的许多规定参考了《尚书大传》。关于巡狩、封禅之事，从文帝时开始议论到武帝时真正实现，借鉴了《尚书大传》的经义。贾谊、董仲舒、刘向关于经传、礼义、礼法关系，以及正朔服色方面的主张，也可以说是继承与发展了伏胜的《尚书大传》。

董仲舒关于三统与质文的学说，继承了《尚书大传》的观点。董仲舒认为，一代尚文，其后一代必尚质，以救文弊。周尚文，春秋继周，故尚质，"《春秋》之救文以质也"[3]，"三正以黑统初。正日月朔于营室，斗建寅。天统气始通化物，物见萌达，其色黑"，"具存二王之后也。亲赤统，故日分平明，平明朝正"，"正白统者，历正日月朔于虚，斗建丑。天统气始蜕化物，物始芽，其色白"，"具存二王之后也。亲黑统，故日分鸣

〔1〕《尚书大传》二《周传·甫刑》，第43页。
〔2〕《汉书》卷二十五上《郊祀志上》，第1214页。
〔3〕（清）苏舆撰，钟哲点校：《春秋繁露义证》卷四《王道》，北京：中华书局，1992年，第119页。

晨，晨鸣朝正"，"正赤统者，历正日月朔于牵牛，斗建子。天统气始施化物，物始动，其色赤"，"具存二王之后也。亲白统，故曰分夜半，夜半朝正"〔1〕伏胜说，"王者一质一文，据天地之道"，"王者存二王之后，与己为三，所以通三统，立三正。……三统若循连环，周则又始，穷则及本也"〔2〕可见，二者一脉相承。

《尚书大传》关于听讼折狱的要求，始于行礼，终于合义，还要得情、哀矜、平恕。伏胜的学生晁错及再传弟子，继承了这一思想，"其为法令也，合于人情而后行之；……取人以己，内恕及人。情之所恶，不以强人；情之所欲，不以禁民。是以天下乐其政，归其德，望之若父母，从之若流水"，"其行罚也，非以忿怒妄诛而从暴心也，以禁天下不忠不孝而害国者也"〔3〕

何比干曾从晁错学《尚书》，经明行修，兼通法律，继承了晁错从伏胜学来的关于平恕、得情、哀矜的折狱思想。他先为汝阴县狱吏决曹掾，平恕决狱，存活数千人；继为丹阳都尉，"狱无冤囚，淮汝号何公"。武帝时为廷尉正，与延尉张汤同时，"汤持法深而比干务仁恕，数与汤争，虽不能尽得，然所济活者以千数"〔4〕实际上，这种思想，在西汉时对张释之、董仲舒、于定国等都有深刻的影响，甚至影响到东汉。

《尚书大传》关于居室的建置，从天子、诸侯、公卿到大夫，虽有高低广狭的不同，但都是二房一堂，包括东房、西房、北堂。这种居室的建置，在西汉遵照实行，特别是伏胜的弟子晁错，全面地继承下来（下面将详细介绍，现从略）。

伏胜《尚书大传》中所提出的经学思想及各种礼仪主张，虽说在谈论尧舜与夏商周三代的礼乐制度，但对于制度草创而不完备的西汉初期，有

---

〔1〕《春秋繁露义证》卷七《三代改制质文》，第188、189、190、191页。

〔2〕《尚书大传》三《略说》，第48、49页。

〔3〕《汉书》卷四十九《爰盎晁错传》，第2294页。

〔4〕《后汉书》卷四十三《朱乐何列传》，第433页。

提供历史根据和作为借鉴的意义。汉文帝时，博士儒生所作之《王制》，关于巡狩、朝聘、选举、官爵、井田、采邑、养老、祭祀、听讼、决狱方面的规定，以及对贾谊、晁错关于礼义法制方面的影响，便是最好的见证，使西汉初期的礼乐制度及其思想，有了进一步的发展与提高。

（二）晁错的迁民入边与贤良对策

晁错跟从伏胜学习《尚书》《尚书大传》的思想与精神，对他影响很大，特别表现在贤良文学对策与迁民入边。

《尚书大传》关于居室的建置，主张二房一堂，使民安居乐业。文帝时，晁错建议劝农力本、守备边塞。晁错认为，君主能忧边境，遣将吏发卒士以治边塞，是大惠。然而，令远方之卒守边塞，一年才可更替，不如选常居者在当地家居田作，并且守备，徙民实边，使远方无屯戍之事，塞下之民，父子相保，亦无系虏之患，利施后世。文帝听从其谏言，募民徙塞下。

具体迁民实边的政策，晁错对汉文帝说："先为筑室，家有一堂二内，门户之闭，置器物焉，民至有所居，作有所用，此民所以轻去故乡而劝之新邑也。为置医巫，以救疾病，以修祭祀，男女有婚，生死相恤，坟墓相从，种树畜长，室屋完安，此所以使民乐其处而有长居之心也。"[1] 为徙边民众建造堂室，使民安居乐业，实现伏胜《尚书大传》关于天下太平、人民安居乐业的理想。"家有一堂二内"，《汉书·晁错传》张晏注曰："二内，二房也。"[2] 也是伏胜《尚书大传》所说的"二房一堂"，即东房、西房、北堂。"为置医巫，以救疾病，以修祭祀，男女有婚，生死相恤，坟墓相从"，贯彻伏胜的养老、祭祀之礼，实行礼义仁德，"周以仁接民，而天下莫不仁"。"一堂二内"，即"二房一堂"，"东房西房北堂"的居

---

〔1〕《汉书》卷四十九《爰盎晁错传》，第 2288 页。
〔2〕《汉书》卷四十九《爰盎晁错传》，第 2288 页。

室，面南朝阳，东西厢房为内室，中间靠北为厅堂，可以迎宾接客，可举办婚丧喜事，也藏祖先遗物，供祖宗牌位，合乎礼义，所以，到新中国成立初，广大农村仍有不少这种式样的房舍建置，可见影响深远与持久。

文帝十五年，文帝诏有司举贤良文学之士，晁错在选中。晁错对策宣扬儒家所称道的五帝、三王、五伯君臣之贤，斥秦之暴，赞汉文帝之仁，以及为天下兴利除害，而安海内利万民。

文帝诏策曰：

> 惟十有五年九月壬子，皇帝曰：昔者大禹勤求贤士，施及方外，四极之内，舟车所至，人迹所及，靡不闻命，以辅其不逮；近者献其明，远者通厥聪，比善戮力，以翼天子。是以大禹能亡失德，夏以长楙。高皇帝（指汉高祖刘邦——笔者注）亲除大害，去乱从，并建豪英，以为官师，为谏争，辅天子之阙，而翼戴汉宗也。赖天之灵，宗庙之福，方内以安，泽及四夷。今朕获执天子之正，以承宗庙之祀，朕既不德，又不敏，明弗能烛，而智不能治，此大夫之所著闻也。故诏有司、诸侯王、三公、九卿及主郡吏，各帅其志，以选贤良明于国家之大体，通于人事之终始，及能直言极谏者，各有人数，将以匡朕之不逮。[1]

晁错对曰：

> 所选贤良太子家令臣错，昧死再拜言：臣窃闻古之贤主莫不求贤以为辅翼，故黄帝得力牧而为五帝先，大禹得咎繇而为三王祖，齐桓得管子而为五伯长。今陛下讲于大禹及高皇帝之建豪英也。退托于不明，以求贤良，让之至也。臣窃观上世之传，若高皇帝之建功业，陛

---

〔1〕《汉书》卷四十九《爰盎晁错传》，第2290页。

下之德厚而得贤佐，皆有司之所览，刻于玉版，藏于金匮，历之春秋，纪之后世，为帝者祖宗，与天地相终。今臣窋（平阳侯曹窋，曹参之子）等乃以臣错充赋（备数），甚不称明诏求贤之意。臣错草茅臣，无识知，昧死上愚对。

诏策曰"明于国家大体"，愚臣窃以古之五帝明之。臣闻五帝神圣，其臣莫能及，故自亲事，处于法宫之中，明堂之上；动静上配天，下顺地，中得人。故众生之类亡不覆也，根著之徒亡不载也；烛以光明，亡偏异也；德上及飞鸟，下至水虫草木诸产，皆被其泽。然后阴阳调，四时节，日月光，风雨时，膏露降，五谷熟，妖孽灭，贼气息，民不疾疫，河出图，洛出书，神龙至，凤鸟翔，德泽满天下，灵光施四海。此谓配天地，治国大体之功也。

诏策曰"通于人事终始"，愚臣窃以古代三王明之。臣闻三王臣主俱贤，故合谋相辅，计安天下，莫不本于人情。人情莫不欲寿，三王生而不伤也；人情莫不欲富，三王厚而不用也；人情莫不欲安，三王扶而不危也；人情莫不欲逸，三王节其力而不尽也。其为法令也，合乎人情而后行之；其动众使民也，本于人事然后为之。取人以己，内恕及人。情之所恶，不以强人；情之所欲，不以禁民。是以天下乐其政，归其德，望之若父母，从之若流水；百姓和亲，国家安宁，名位不失，施及后世。此明于人情终始之功也。

诏策曰"直言极谏"，愚臣窃以五伯之臣明之。臣闻五伯不及其臣，故属之以国，任之以事。五伯之佐为人臣也，察身而不敢诬，奉法令不容私，尽心力不敢矜，遭患难不避死，见贤不居其上，受禄不过其量，不以亡能居尊显之位。自行若此，可谓方正之士矣。其立法也，非以苦民伤众而为之机陷也，以之兴利除害，尊主安民而救暴乱也。其行赏也，非虚取民财妄予人也，以劝天下之忠孝而明其功也。故功多者赏厚，功少者赏薄。如此，敛民财以顾其功，而民不恨者，知与而安己也。其行罚也，非以忿怒妄诛而从暴心也，以禁天下不忠不孝而害国者也。故罪大者罚重，罪小者罚轻。如此，民虽伏罪至死而不怨者，知罪罚之至，自取之也。立法若此，可谓平正之吏矣。法之逆者，请而更之，不以伤民；主行之暴者，逆而复之，不以伤国。救主之失，补主之过，扬主之美，明主之功，使主内无邪辟之行，外亡骞污之名。事君若此，可谓直言极谏之士矣。此五伯之所以德匡天下，威正诸侯。[1]

不可对"君子"用刑。君子懂得"廉耻节礼"，没有庶人的"无耻之心"，天子以礼待之，吏民也对君子十分畏敬，君子即使有过，也只能赐死而不可刑戮，"履虽鲜不以加枕，冠虽敝不以苴履"。若对君子加以束缚、拘囚、训斥、下狱、上刑，那么卑贱与尊贵就没有什么区别了，不符合尊尊贵贵之礼。关于"刑不上大夫"的具体内容，晁错说：

> 古者大臣有坐不廉而废者，不谓不廉，曰"簠簋不饰"；坐污秽淫乱男女亡别者，不曰污秽，曰"帷薄不修"；坐罢软不胜任者，不谓罢软，曰"下官不职"。故贵大臣定有其罪矣，犹未斥然正以呼之也，尚迁就而为之讳也。故其在大谴大何之域者，闻谴何则白冠氂缨，盘水加剑，造请室而请罪，上不执缚系引而行也。其有中罪者，闻命而自弛，上不使人颈盩而加也。其有大罪者，闻命则北面再拜，跪而自裁，上不使捽抑而刑之也，曰："子大夫自有过耳，吾遇子有礼矣。"[2]

晁错认为，"刑不上大夫"符合古代礼，五霸"功业甚美，名声章明。

---

〔1〕《汉书》卷四十九《爰盎晁错传》，第 2292—2295 页。
〔2〕《汉书》卷四十八《贾谊传》，第 2257 页。

举天下之贤主，五伯与焉，此身不及其臣而使得直言极谏补其不逮之功也"〔1〕。

诏策曰"吏之不平，政之不宣，民之不宁"，愚臣窃以秦事明之。臣闻秦始并天下之时，其主不及三王，而臣不及其佐，然功力不迟者，何也？地形便，山川利，财用足，民利战。其所与并者六国，六国者，臣主皆不肖，谋不辑，民不用，故当此之时，秦最富强。夫国富强而邻国乱者，帝王之资也，故秦能兼六国，立为天子。当此之时，三王之功不能进焉，及其末涂之衰，任不肖而信谗贼，宫室过度，耆欲亡极，民力罢尽，赋敛不节；矜奋自贤，群臣恐谀，骄溢纵恣，不顾患祸；妄赏以随喜意，妄诛以快怒心，法令烦憯，刑罚暴酷，轻绝人命，身自射杀；天下寒心，莫安其处。奸邪之吏，乘其乱法，以成其威，狱官主断，生杀自恣。上下瓦解，各自为制。秦始乱之时，吏之所先侵者，贫人贱民也；至其中节，所侵者富人吏家也；及其末涂，所侵者宗室大臣也。是故亲疏皆危，外内咸怨，离散逋逃，人有走心。陈胜先倡，天下大溃，绝祀亡世，为异姓福。此吏不平，政不宣，民不宁之祸也。

诏策曰"悉陈其志，毋有所隐"，愚臣窃以五帝之贤臣明之。臣闻五帝其臣莫能及，则自亲之；三王臣主俱贤，则共忧之；五伯不及其臣，则任使之。此所以神明不遗，而圣贤不废也，故各当其世而立功德焉。传曰"往者不可及，来者犹可待，能明其世者谓之天子"，此之谓也。窃闻战不胜者易其地，民贫穷者变其业。今以陛下神明德厚，资材不下五帝，临制天下，至今十有六年，民不益富，盗贼不衰，边竟未安，其所以然，意者陛下未之躬亲，而待群臣也。今执事之臣皆天下之选已，然莫能望陛下清光，譬之犹五帝之佐也。陛下不

---

〔1〕《汉书》卷四十九《爰盎晁错传》，第 2295 页。

自躬亲，而待不望清光之臣，臣窃恐神明之遗也，日损一日，岁亡一岁，日月益暮，盛德不及究于天下，以传万世，愚臣不自度量，窃为陛下惜之。〔1〕

当时贾谊已死，参加对策的有百余人，唯晁错为高第，由此迁中大夫。

晁错从伏胜那里学习继承了礼义仁爱，为民敬老；歌颂儒家所推崇的五帝三王，称扬五霸之佐的作为，又提出国家应该统一，削弱诸侯的地盘力量，加强中央集权，更定法令三十章，升为御史大夫。但是，晁错的这些建议，尤其是削弱诸侯力量的政策在当时遭到一些诸侯国的反对和污蔑，最后被攻击而死。直到景帝三年（前154年），平定吴楚七国之乱之后，晁错的理想和主张才得以实现。

总之，伏胜研究《尚书》，撰写《尚书大传》，他的学生晁错关于迁民实边的主张和贤良对策，其宗旨都是尊君爱民，实行仁义，推崇儒家所称颂的先圣先贤。

六、贾山与袁盎

贾山和袁盎，二人虽非醇儒，但是也坚持儒家仁爱礼义忠孝，反对暴政劳民。

贾山，颍川人，祖父贾祛是故魏王时的博士弟子，山受学于祖父，所言涉猎书记，不能为醇儒。

文帝时，贾山尽忠直谏，言治国之道，撰有《至言》，借秦朝之事为喻。贾山说，贫贱之人，可修身于内，成名于外，使后世传嗣不绝。但是在秦朝则不可行。秦虽然富有四海天下，但赋敛苛重，百姓役烦，结果犯

----

〔1〕《汉书》卷四十九《爰盎晁错传》，第2296—2299页。

人众多，群盗满山。天下之人戴目而视，倾耳而听。以至于一夫大呼，天下响应，陈胜反秦起义。秦大兴徭役，东起咸阳，西至雍州，建有离宫三百，阿房宫殿高数十仞，东西五里，南北千步，极宫室之华丽。又在天下修筑驰道，向东到达燕齐，向南可到吴楚，江湖之上，濒海毕至。道路平坦宽广，两边种有青松等树木，极尽驰道之华丽。秦皇还为自己修建陵墓骊山，征用民吏"数十万人，旷日十年。下彻三泉，合采金石，冶铜锢其内，漆涂其外，被以珠玉，饰以翡翠，中成观游，上成山林，为葬薶之侈至于此"[1]。

贾山认为，秦施行暴政，烦劳百姓，不行礼义，必然国破家亡，"秦以熊罴之力，虎狼之心，蚕食诸侯，并吞海内，而不笃礼义，故天殃已加矣"[2]。

《至言》曰：

> 臣闻忠臣之事君也，言切直则不用而身危，不切直则不可以明道。故切直之言，明主所欲急闻，忠臣之所以蒙死而竭知也。地之碛者，虽有善种，不能生焉；江皋河濒，虽有恶种，无不猥大。昔者夏商之季世，虽关龙逢、箕子、比干之贤，身死亡而道不用。文王之时，豪俊之士皆得竭其智，刍荛采薪之人皆得尽其力，此周之所以兴也，故地之美者善养禾，君之仁者善养士。[3]

贾山称赞周文王的仁义之道，尊贤养士，所以周得以发达强盛。

贾山指出，如果君主恣行暴虐，虽有尧舜之智、孟贲之勇，也可得闻其过失，曰：

---

〔1〕《汉书》卷五十一《贾邹枚路传》，第 2328 页。

〔2〕《汉书》卷五十一《贾邹枚路传》，第 2328 页。

〔3〕《汉书》卷五十一《贾邹枚路传》，第 2329—2330 页。

弗闻，则社稷危矣。古者圣王之制，史在前书过失，工诵箴谏，鼓诵诗谏，公卿比谏，士传言谏，庶人谤于道，商旅议于市，然后君得闻其过失也。闻其过失而改之，见义而从之，所以永有天下也，天子之尊，四海之内，其义莫不为臣。然而养三老于太学，亲执酱而馈，执爵而酳，祝鲠在前，祝鲠在后，公卿奉杖，大夫进履，举贤以自辅弼，求修正之士使直谏。故以天子之尊，尊养三老，视孝也；立辅弼之臣者，恐骄也；置直谏之士者，恐不得闻其过也；学问至于刍荛者，求善无厌也；商人庶人诽谤己而改之，从善无不听也。[1]

贾山所言忠孝、谦虚、敬老、举贤、求知、闻过，是儒家治家理国、克己求善的体现，与晁错的贤良对策可以并存和媲美，皆是儒家修身治国的道德礼义。

秦行暴政，二世而亡，行仁义的尧舜、文王、武王世代不绝，贾山以秦为对比，极力称赞周代的仁政，曰："用民之力不过岁三日，什一而籍，君有余财，民有余力，而颂声作。秦皇帝以千八百国之民自养，力罢不能胜其役，财尽不能胜其求。一君之身耳……天下弗能供也，劳罢者不得休息，饥寒者不得衣食。"[2] 天下极坏，而秦皇不自知，"天下已坏矣，而弗自知"，仍东向巡狩，到达会稽、琅琊后刻石著其功业，自以为天下一统，功过尧舜，而且可传万世拥有天下。《至言》曰："古者圣王作谥，三四十世耳，虽尧舜禹汤文武累世广德以为子孙基业，无过二三十世者也。秦皇帝曰死而以谥法，是父子名号有时相袭也，以一至万，则世世不相复也，故死而号曰始皇帝，其次曰二世皇帝者，欲以一至万也。秦皇帝计其功德，度其后嗣，世世无穷，然身死才数月耳，天下四面而攻之，宗庙灭

---

〔1〕《汉书》卷五十一《贾邹枚路传》，第2330页。

〔2〕《汉书》卷五十一《贾邹枚路传》，第2332页。

绝矣。"[1] 尧舜禹汤文武行仁德礼义，爱民好士，传三四十世，秦始皇暴虐无比，使百姓劳苦，饥寒不得衣食，结果身死数月，天下暴动，宗庙灭绝，这是秦不行儒家仁义道德所造成的。

秦始皇"亡养老之义，亡辅弼之臣，亡进谏之士，纵恣行诛，退诽谤之人，杀直谏之士"，听不进忠言直谏，如《诗·大雅·桑柔》曰："匪言不能，胡此畏忌，听言则对，谮言则退"，《诗·大雅·文王》曰："济济多士，文王以宁"，颜师古注曰："言贤者见事之是非，非不能分别言之，而不言者何也？此但畏忌犯颜得罪也"，"济济，多威仪也。此言文王以多士之故，能安天下也"。贾山称赞文王"好仁则仁兴，得士而敬之则士用，用之有礼义"。[2]

《至言》曰："古之贤君于其臣也，尊其爵禄而亲之；疾则临视之亡数，死则往吊哭之，临其小敛大敛，已棺涂而后为之服锡衰麻绖，而三临其丧；未敛不饮酒食肉，未葬不举乐，当宗庙之祭而死，为之废乐。故古之君人者于其臣也，可谓尽礼矣；服法服，端容貌，正颜色，然后见之。故臣下莫敢不竭力尽死以报其上，功德立于后世，而令闻不忘也。"[3] 君臣的生死、功丧、爵禄，都要合乎礼。

贾山进而劝谏文帝"念思祖考，述追其功，图所以昭光洪业休德"，使天下举荐贤良方正之士，天下皆欣欣向荣。贾山曰：

陛下即位，亲自勉以厚天下，损食膳，不听乐，减外徭卫卒，止岁贡；省厩马以赋县传，去诸苑以赋农夫，出帛十万余匹以振贫民。礼高年，九十者一子不事，八十者二算不事；赐天下男子爵，大臣皆至公卿；发御府金赐大臣宗族，亡不被泽者；赦罪人，怜其亡发，赐

〔1〕《汉书》卷五十一《贾邹枚路传》，第 2332 页。
〔2〕《汉书》卷五十一《贾邹枚路传》，第 2333—2334 页。
〔3〕《汉书》卷五十一《贾邹枚路传》，第 2334 页。

之巾，怜其衣赭书其背，父子兄弟相见也而赐之衣。平狱缓刑，天下莫不说喜。

臣闻山东吏布诏令，民虽老赢癃疾，扶杖而往听之，愿少须臾毋死，思见德化之成也。……臣不胜大愿，愿少衰射猎，以夏岁二月，定明堂，造太学，修先王之道。风行俗成，万世之基定，然后唯陛下所幸耳。……则群臣莫敢不正身修行，尽心以称大礼。如此，则陛下之道尊敬，功业施于四海，垂于万世子孙矣。诚不如此，则行日坏而荣日灭矣。[1]

养老、轻徭、薄赋、轻刑、定明堂、造太学、重教育，称先王之道而称大礼，是儒家修身治家、理国平天下的根本——仁义道德。

贾山的《至言》建议汉文帝吸取秦的行暴虐、不行道德仁义的教训，贾谊与贾山是同时代人，他所作《过秦论》与《至言》有相似之处，都属于西汉初期儒家的重要著作。

贾谊承认秦始皇的内外功绩，但是他不行王道仁义，破坏文化，杀豪杰害人民，"废先王之道，焚百家之言，以愚黔首。堕名城，杀豪杰，收天下之兵，聚之咸阳，销锋镝，铸以为金人十二，以弱天下之民"，导致秦亡的根本原因在于"仁义不施，攻守之势异也"。[2]

贾谊总结道：

秦王怀贪鄙之心，行自奋之智。不信功臣，不亲士民，废王道而立私爱，焚文书而酷刑法，先诈力而后仁义，以暴虐为天下始……故其亡可立而待也。借使秦王论上世之事，并殷周之迹以制御其政，后虽有淫骄之主，犹未有倾危之患也。故三王之建天下，名号显美，功

[1]《汉书》卷五十一《贾邹枚路传》，第2335—2336页。
[2]《新书校注》卷一《过秦上》，第2—3页。

业长久。

……二世不行此术，而重以无道，坏宗庙与民，更始作阿房之宫，繁刑严诛，吏治刻深，赏罚不当，赋敛无度。天下多事，吏不能纪，百姓困穷，而主不收恤。然后奸伪并起，而上下相遁；蒙罪者众，刑戮相望于道，而天下苦之。……

故先王者见终始之变，知存亡之由，是以牧民之道，务在安之而已矣。下虽有逆行之臣，必无响应之助。故曰："安民可与行义，而危民易与为非"，此之谓也。贵为天子，富有四海，身在于戮者，正之非也。是二世之过也。[1]

通过周、秦古今对比，贾谊曰：

故秦之盛也，繁法严刑而天下震；及其衰也，百姓怨而海内叛矣。故周王序得其道，千余载不绝，秦本末并失，故不能长。由此观之，安危之统相去远矣。鄙谚曰："前事之不忘，后事之师。"是以君子为国，观之上古，验之当世，参之人事，察盛衰之理，审权势之宜，去就有序，变化应时，故旷日长久而社稷安矣。[2]

可见，从儒家仁义道德的根本出发，贾谊与贾山对秦的评价，以及轻徭薄赋、爱民敬老、重视教育、实施礼义的主张是一致的。

袁盎也非醇儒，但他十分尊敬君主，重视君臣之礼，以《春秋》经义劝窦太后不立梁孝王为景帝嗣。

文帝之初，绛侯周勃为丞相，退朝后趋出，很得意，文帝对他也十分恭敬，经常目送他回去。袁盎就进言曰："丞相何如人也？"文帝曰："社

---

〔1〕《新书校注》卷一《过秦下》，第14—15页。
〔2〕《新书校注》卷一《过秦下》，第17页。

稷臣。"袁盎曰："绛侯所谓功臣，非社稷臣。社稷臣主在与在，主亡与亡。方吕后时，诸吕用事，擅相王，刘氏不绝如带。是时绛侯为太尉，主兵柄，弗能正。吕后崩，大臣相与共叛诸吕，太尉主兵，适会其成功，所谓功臣，非社稷臣。丞相如有骄主色，陛下谦让，臣主失礼，窃为陛下不取也。"[1]

淮南王刘长被贬迁蜀，死在雍地。文帝听后内心自责，食不下咽，袁盎曰："上自宽，此往事，岂可悔哉！且陛下有高世行三，此不足毁名。"文帝曰："吾高世行三者何事?"袁盎曰："陛下居代时，太后尝病，三年，陛下不交睫，不解衣，汤药非陛下口所尝弗进。夫曾参以布衣犹难之，今陛下亲以王者修之，过曾参孝远矣。夫诸吕用事，大臣专制，然陛下从代乘六乘传驰不测之渊，虽贲育之勇，不及陛下。陛下至代邸，西向让天子位者再，南面让天子位者三。夫许由一让，而陛下五以天下让，过许由四矣。"[2]

袁盎非常重视宫廷中的尊卑上下礼节。袁盎批评丞相周勃对文帝不礼，有骄主之色，臣主失礼。同时，又极其称赞文帝的圣贤，胜过古高士许由，不受圣人尧让天下，侍亲也胜过圣人高足曾参，实际是宣扬尧舜之圣，学习孔子及其弟子之贤，传颂儒家的道德。

文帝幸游上林园，皇后、慎夫人随从，平时在宫禁中也经常同坐，等到郎署长布置坐席时，袁盎命令将慎夫人的坐席撤退。慎夫人非常生气，不肯就坐。文帝也很生气，怒而起身。袁盎便说："臣闻尊卑有序则上下和，今陛下既已立后，慎夫人乃妾，妾主岂可与同坐哉！适所以失尊卑矣。且陛下幸之，即厚赐之。陛下所以为慎夫人，适所以祸之。陛下独不见'人彘'乎?"[3] 对袁盎的一番话，文帝表示赞赏，并十分高兴地转告

---

〔1〕《史记》卷一百一《袁盎晁错列传》，第2737页。
〔2〕《史记》卷一百一《袁盎晁错列传》，第2739页。
〔3〕《史记》卷一百一《袁盎晁错列传》，第2740页。

了慎夫人，慎夫人也因此赏赐了袁盎。

袁盎通晓经术，反对窦太后以梁孝王继承景帝之位的想法。

梁孝王西入朝，谒见窦太后，和景帝一起侍坐于太后之前。太后对景帝说："吾闻殷道亲亲，周道尊尊，其义一致也。安车大驾，用梁孝为寄。"景帝跪席举身而应。酒罢而出，景帝随即召见袁盎以及诸大臣通经术者，询问太后是什么意思，大家都说："太后意欲立梁王为帝太子。"景帝征求意见，袁盎等曰："殷道亲亲者，立弟。周道尊尊者，立子。殷道质，质者法天，亲其所亲，故立弟。周道文，文者法地，尊者敬也，敬其本始，故立长子。周道，太子死，立適孙。殷道，太子死，立其弟。"景帝曰："于公何如？"皆对曰："方今汉家法周，周道不得立弟，当立子。故《春秋》所以非宋宣公，宋宣公死，不立子而与弟……以故国乱，祸不绝。故《春秋》曰'君子大居正，宋之祸宣公为之'，臣请见太后白之。"[1] 于是，袁盎等人以宋宣公不立正，生祸端，五世不绝，小不忍害大义的历史教训呈报给太后，太后表示理解，立即使梁王归就国。

袁盎等人的行为，既安定了景帝之位，使梁王归国就职，也使太后平复怒气，"不通经术知古今之大礼，不可以为三公及左右近臣。少见之人，如从管中窥天也"[2]。袁盎虽非纯儒，但真正通达儒家的经术与古今之大礼。

七、《高祖传》与《孝文传》

（一）《高祖传》

《高祖传》属于儒家的论著，特别是有关为义帝发丧和以太牢祠孔子的论述。

---

〔1〕《史记》卷五十八《梁孝王世家》，第 2091 页。
〔2〕《史记》卷五十八《梁孝王世家》，第 2092 页。

　　《汉书·艺文志》载儒家有《高祖传》十三篇。班固认为是高祖和众大臣谈论的古语及诏策。可惜此《传》已散佚，现就《汉书·高帝纪》所载，根据班固注，有关者辑录如下：

　　秦二世元年（前209年）九月，高祖响应陈胜起义，被立为沛公，即祠黄帝，在沛廷祭蚩尤，杀牲以血涂鼓衅，行"衅庙之礼"。

　　汉元年（前206年）冬十月，西入咸阳，与父老约，"杀人者死，伤人及盗抵罪，余悉除去秦法"。[1]

　　汉元年十二月，与项伯"约为婚姻"。沛公为汉王，夏四月，在南郑斋戒设坛场，举行拜将典礼，以韩信为大将军。

　　汉二年三月，汉王为被项羽使人杀害的义帝（楚怀王孙心）发丧，如礼祖踊大哭，哀临三日。发使告众诸侯说："天下共立义帝，北面事之，今项羽放杀义帝江南，大逆无道，寡人亲为发丧，兵皆缟素"，"愿从诸侯王，击楚（项羽）之杀义帝者"。[2]

　　六月，"令祠官祀天地四方上帝山川，以时祠之"。[3]

　　汉四年冬十月，与项羽相持于广武，刘邦历数项羽负约、自尊、杀已降、叛逆、逐主等罪行，"为人臣而杀其主，杀其已降，为政不平，主约不信，天下所不容，大逆无道，罪十也"。[4]

　　汉五年十二月，汉王围项羽垓下，"楚地悉定，独鲁（楚怀王心始封项羽为鲁公之地）不下，汉王引天下兵欲屠之，为其守节礼义之国，乃持羽头示其父兄，鲁乃降"，刘邦以鲁公礼葬项羽穀城。汉王为项羽发丧，"哭临而去"。[5]

　　二月，"诸侯王及太尉长安侯臣绾（卢绾）等三百人，与博士稷嗣君

〔1〕《汉书》卷一上《高帝纪上》，第23页。
〔2〕《汉书》卷一上《高帝纪上》，第34页。
〔3〕《汉书》卷一上《高帝纪上》，第38页。
〔4〕《汉书》卷一上《高帝纪上》，第44页。
〔5〕《汉书》卷一下《高帝纪下》，第50页。

叔孙通谨择良日二月甲午，上尊号。汉王即皇帝位于汜水之阳（定陶），尊王后曰皇后，太子曰皇太子，追尊先媪曰昭灵夫人"[1]。

原齐王田横，不愿归属于汉，于是自杀，刘邦"拜其二客为督尉，发卒二千人，以王者礼葬田横"[2]。

汉六年冬十月，人告楚王韩信反，用陈平计，借天子行巡狩礼，以见各地诸侯，乃伪游云梦。十二月会诸侯于陈，而执迎谒之楚王。

五月，赞赏太公（刘邦父）家令所说的"天亡二日，土亡二王。皇帝虽子，人主也。太公虽父，人臣也"。并下诏曰："人之至亲，莫亲于父子，故父有天下传归于子，子有天下尊归于父，此人道之极也"，"今上尊太公曰太上皇"[3]。

七年二月，萧何治未央宫，立冬厥、北厥、前殿、武库、大仓，认为天子以四海为家，必须建造得壮丽辉煌，还要让后世子孙无法超越，否则就无法昭显帝王的威严，高祖乐于听从，于是自栎阳迁都到长安，置宗正官，以序九族。

七月十日，使叔孙通及其弟子制定朝仪，诸侯群臣首次行朝见礼，刘邦感慨说，今日才知道皇帝的尊贵。

八年十一月，令士卒从军死者，初为椑椟（小棺）致其尸归其家时，所属县再更换丧衣及棺木，葬具完备，以少牢祭，县长吏亲自参加葬礼。

春三月，受爵八级。公乘以上才能戴刘氏冠，商人不得穿丝绸，不得持兵器、驾车、骑马。

九年十月，十年十月，诸侯王至未央宫行朝见礼。

十年夏五月，太上皇崩。八月，命令各诸侯王皆立太上皇庙于国都。

十一年二月，下诏求贤曰："王者莫高于周文，伯者莫高于齐桓，皆

---

〔1〕《汉书》卷一下《高帝纪下》，第52页。

〔2〕《史记》卷九十四《田儋列传》，第2648页。

〔3〕《汉书》卷一下《高帝纪下》，第62页。

待贤人而成名……贤士大夫有肯从我游者，吾能尊显之。布告天下，使明知朕意。御史大夫昌下相国，相国鄷侯下诸侯王，御史中执法下郡守，其有意称明德者，必身劝，为之驾，遣诣相国府，署行、义、年。有而弗言，觉，免。年老癃病，勿遣。"[1]

十二年十一月，自淮南还，路过鲁国曲阜，以太牢之礼祠孔子。

十二月下诏，秦皇帝、楚隐王（陈胜）、魏安釐王、齐愍王、赵悼襄王皆绝无后，其与秦始皇帝守冢二十家，楚、魏、齐各十家，赵及魏公子无忌（信陵君）各五家。这些守冢之家，免除一切赋税徭役。

三月下诏，列侯可自置吏，得赋敛，嫁女可主婚，"女子公主"，如淳引《公羊传》解释说："天子嫁女于诸侯，必使诸侯同姓者主之"[2]，所以称"公主"。

高祖时，叔孙通因秦乐人制宗庙乐，又有高祖唐山夫人所作的《祠乐》，高祖喜欢楚声，所以《房中乐》为楚声。孝惠二年（前193年），使乐府令夏侯宽备其箫管，更名为《安世乐》。《安世房中歌》十七章，主要宣扬孝德、本约、天仪、好善、乐民、定乱、抚安、思祖、敬亲。其中第三章"我定历数，人告其心，敕身斋戒，施教申申。乃立祖庙，敬明尊亲。大矣孝熙，四极爰轇"，宣扬敬祖尊亲；第五章"海内有奸，纷乱东北，诏抚成师，武臣承德。行乐交逆，《箫》《勺》群匿。肃为济哉，盖定燕国"，宣扬舜乐《箫》、周乐《勺》。[3]

秦祠四帝，汉二年立黑帝祠，名曰北畤。祠五帝，即白、青、黄、赤、黑帝之祠。"有司进祠，上不亲往。悉召故秦祀官，复置太祝、太宰，如其故仪礼。因令县为公社（官社），下诏曰：'吾甚重祠而敬祭，今上帝之祭及山川诸神当祠者，各以其时礼祠之如故。'"[4]

---

〔1〕《汉书》卷一下《高帝纪下》，第71页。

〔2〕《汉书》卷一下《高帝纪下》，第78页。

〔3〕《汉书》卷二十二《礼乐志》，第1047页。

〔4〕《汉书》卷二十五上《郊祀志上》，第1210页。

其后四岁，"召御史令丰治枌榆社（刘邦家乡），常以时，春以羊彘祠之。令祝立蚩尤之祠于长安，长安置祠祀官、女巫"。[1]

其后二岁，"高祖制诏御史：其令天下立灵星祠，常以岁时祠以牛"。[2]

十年春，"有司请令县常以春二月及腊祠稷（后稷之祠）以羊彘，民里社各自裁以祠"[3]，高祖表示同意。

十年冬十月，破淮南王黥布返回过沛，高祖赋诗《三侯之章》（即《大风歌》），让小孩子歌唱。高祖驾崩后，令沛以四时歌舞于宗庙。

《文始舞》本为舜《招舞》，高祖六年更名为《文始》，以示天下不相袭。

高皇帝所述书《天子所服第八》。高祖下诏曰："令群臣议天子所服，以安治天下。"当时相国萧何、御史大夫周昌、将军王陵、太子太傅叔孙通等说："春夏秋冬天子所服，当法天地之数，中得人和。故自天子王侯有土之君，下及兆民，能法天地，顺四时，以治国家，身无祸殃，年寿永究，是奉宗庙安天下之大礼也，臣请法之。中谒者赵尧举春，李舜举夏，兒汤举秋，贡禹举冬，四人各职一时。"[4]得到皇帝的赞同。

（二）《孝文传》

《汉书·艺文志·儒家》有《孝文传》十一篇，班固注解认为是文帝所称及诏策。其中举办贤良方正对策，以及改正朔服色、定礼乐制度、谋议巡狩封禅的尝试，都很重要，据《汉书·文帝纪》等有关记载，可归纳为以下几个方面：

---

〔1〕《汉书》卷二十五上《郊祀志上》，第1210—1211页。

〔2〕《汉书》卷二十五上《郊祀志上》，第1211页。

〔3〕《汉书》卷二十五上《郊祀志上》，第1212页。

〔4〕《汉书》卷七十四《魏相丙吉传》，第3140页。

1. 早建太子，列侯之国

文帝即位后，有人提出早建太子，以尊宗庙。文帝就下诏说，立嗣必子，国治且安，长达千岁。御史不得已，以子启（景帝）立为太子[1]。

诸王、列侯受封之后，不能久居长安，特别是列侯太子应到封国嗣位，管理封国百姓。文帝下诏说，诸侯建国，各守其地，以时入贡，民不劳苦，上下欢欣。于是令"列侯之国，为吏及诏所止者，遣太子"[2]。

2. 首举贤良方正

文帝二年十一月，下诏"举贤良方正能直言极谏者"[3]，这在西汉是首次，也是中国历史上的第一次举贤良方正，目的是匡正文帝意虑所不及。至五月，为了使远方贤良真能直言极谏，文帝废除了诽谤妖言罪。

十五年九月，下诏全国的诸侯王、公卿、郡守共举贤良能直言极谏者，文帝亲自策问而加以录用。在这次诏策中，提出的三道题目是："明于国家大体""通于人事始终""直言极谏"，要求指出四方面的缺陷，即"朕之不德，吏之不平，政之不宣，民之不宁"，要求达到像大禹求贤那样，"施及方外，四极之内，舟车所至，人迹所及，靡不闻命，以辅其不逮；近者献其明，远者通厥聪，比善戮力，以翼天子。是以大禹能亡失德，夏以长楙"[4]。在这次参加对策的贤良一百多人中，晁错擢为第一。

3. 定养老令和置三老孝悌力田官

文帝即位之初，元年三月就下养老令，说："老者非帛不暖，非肉不饱。今岁首，不时使人存问长老，又无布帛酒肉之赐，将何以佐天下子孙养其亲？"并具体规定："年八十已上，赐米人月一石，肉二十斤，酒五斗。其年九十已上，又赐帛人二匹，絮三斤。"[5] 无论是县还是道，都得

---

〔1〕《汉书》卷四《文帝纪》，第 111 页。

〔2〕《汉书》卷四《文帝纪》，第 115 页。

〔3〕《汉书》卷四《文帝纪》，第 116 页。

〔4〕《汉书》卷四十九《爰盎晁错传》，第 2290 页。

〔5〕《汉书》卷四《文帝纪》，第 113 页。

照此办理。赐帛米、酒肉，由县的丞或尉送到，县的令或长监督，郡太守派吏循视，如不遵诏令办则予以责罚。

为使天下子孙孝养其亲，文帝下诏曰："孝悌，天下之大顺也；力田，为生之本也；三老，众民之师也。……遣谒者劳赐三老、孝者帛人五匹；悌者、力田二匹。"[1] 按照一定的户口比例，置三老、孝悌、力田官，劝导百姓努力生产，孝养父祖。

4. 宗庙与祭祀

元年冬十月初即位，文帝"见于高庙（高祖庙）"。[2]

正月建太子，是为"尊宗庙"。[3]

二年春正月，诏曰："夫农，天下之本也，其开藉田，朕亲率耕，以给宗庙粢盛。"[4]

四年九月，文帝生前为自己作庙，为"顾成庙"。贾谊曾说："因顾成之庙，为天下太宗，承天下太祖，与汉长亡极耳"[5]，仿《尚书》之"顾命"。

十三年春二月，文帝又诏曰："朕亲率天下农耕以供粢盛，皇后亲桑以奉祭服，其具礼仪"[6]，立耕桑之礼制。

夏，去除秘祝（祭祀官），"下诏曰：'秘祝之官移过于下，朕甚弗取，其除之。'始名山大川在诸侯，诸侯祝各自奉祠，天子官不领。及齐、淮南国废，令太祝尽以岁时致礼如故"[7]。

十四年，"诏有司增雍五畤路车各一乘，驾被具；西畤、畦畤寓车各

〔1〕《汉书》卷四《文帝纪》，第124页。

〔2〕《汉书》卷四《文帝纪》，第110页。

〔3〕《汉书》卷四《文帝纪》，第111页。

〔4〕《汉书》卷四《文帝纪》，第117页。

〔5〕《新书校注》卷一《数宁》，第30页。

〔6〕《汉书》卷四《文帝纪》，第125页。

〔7〕《汉书》卷二十五上《郊祀志上》，第1212页。

一乘，寓马四匹，驾被具；河、湫、汉水，玉各加二；及诸祀皆广坛场，圭币俎豆以差加之"[1]

十五年，有司皆曰："古者天子夏亲郊祀上帝于郊，故曰郊。于是夏四月，文帝始幸雍郊见五畤，祠衣皆上赤。"[2]

赵人新垣平以望气见上，"言'长安东北有神气，成五采，若人冠冕焉。或曰东北神明之舍，西方神明之墓也。天瑞下，宜立祠上帝，以合符应'。于是作渭阳五帝庙，同宇，帝一殿，面五门，各如其帝色。祠所用及仪亦如雍五畤。"[3]

"明年夏四月，文帝亲拜霸渭之会，以郊见渭阳五帝"，又"文帝出长门，若见五人于道北，遂因其直立五帝坛，祠以五牢"[4]

5. 改正朔服色，定礼乐制度

文帝之初，贾谊认为："汉承秦之败俗，捐廉耻，今其甚者杀父兄，盗者取庙器，而大臣特以簿书不报期会为故，至于风俗流溢，恬而不怪，以为是适然耳。……夫立君臣，等上下，使纲纪有序，六亲和睦，此非天之所为，人之所设也。人之所设，不为不立，不修则坏。汉兴至今二十余年，宜定制度，兴礼乐"[5]，应当草具仪法，改正朔，易服色制度，色尚黄，数用五，定官名。对此文帝十分赞赏，但因大臣周勃、灌婴等的极力反对而最终未成。

十四年，鲁人公孙臣上书曰："始秦得水德，及汉受之，推终始传，则汉当土德，土德之应黄龙见"[6]，文帝召见公孙臣，拜为博士，令诸生申明土德，并负责草改历服色之事。

---

[1]《汉书》卷二十五上《郊祀志上》，第1212页。

[2]《汉书》卷二十五上《郊祀志上》，第1213页。

[3]《汉书》卷二十五上《郊祀志上》，第1213页。

[4]《汉书》卷二十五上《郊祀志上》，第1214页。

[5]《汉书》卷二十二上《礼乐志上》，第1030页。

[6]《汉书》卷二十五上《郊祀志上》，第1212页。

十六年夏四月，让博士诸生刺六经中作《王制》，谋议巡狩封禅之事。明年，新垣平诈言方士，此后，文帝开始怠于改正朔易服色及鬼神等事。

文帝时已设一经博士，如贾谊、晁错、韩婴，徐生以颂为礼官大夫。窦公献《周官·大宗伯》之《大司乐》章。高祖庙奏《武德》《文始》《五行》之舞。孝文作《四时舞》，以示天下之和安。

6. 短丧薄葬

文帝崩后，遗诏称，"当今之世，咸嘉生而恶死。厚葬以破业，重服以伤生，吾甚不取"，令"天下吏民，令到出临三日，皆释服。无禁娶妇嫁女祠祀饮酒食肉。自当给丧事服临者，皆无践。绖带无过三寸，无布车及兵器。无发民哭临宫殿中。殿中当临者，皆以旦夕各十五举音，礼毕罢。非旦夕临时，禁无得擅哭。以下（下棺以后——笔者注），服大红十五日，小红十四日，纤七日，释服"。[1] 丧期由三年改为三十六日，皇陵因其山为藏，不复起坟，山下川流不遏绝，就其水名以为陵号。妻妾皇后、夫人以下有美人、良人、八子、七子、长使、少使皆遣归家，重绝人类。真正体现了短丧薄葬，俭约爱民。

《高祖传》与《孝文传》儒家思想气息非常浓重，特别是《孝文传》关于举贤良方正、改正朔服色、定礼乐制度、谋议巡狩封禅事，都是儒家大政治、大典礼、大制度，但没有取得真正的成功。举贤良虽然得以施行，但晁错最终被人诬陷而死。改正朔服色、定礼乐制度、行巡狩封禅，因道家思想与顽固守旧派的反对破坏，亦均夭折。总之，这个时期的历史条件尚未成熟，但是儒家思想在政治、社会上处于主尊地位的重要尝试。

八、儒与道、法、杂等之争

西汉初期，曹参、盖公与齐地诸儒之间发生争辩，儒生游说因见识不

---

〔1〕《汉书》卷四《文帝纪》，第131、132页。

同会影响其人生际遇，甚至武帝改制也遭到阻碍，以及《淮南子》中的儒、道思想，这其间都夹杂着儒学与道家、法家、杂家等诸家的学问之争。

（一）曹参等与齐地诸儒之争

惠帝元年，以曹参为齐相。当时，天下初定，齐悼惠王年少，曹参召来很多长老、诸先生，问所以安集百姓之良策。齐地旧儒有百余人，人人所言不同，曹参不知该听从哪个，不知所定。后来听闻胶西有位叫盖公的学者，善治黄老学说，便使人以厚币请之。盖公建言，治道贵静而民自定。曹参于是避正堂，舍迎盖公，以黄老之术治国。所以曹参任齐相九年，齐国安集，被称为贤相。

丞相萧何卒，曹参被召入京为丞相。曹参离开齐地，入汉为丞相前，叮嘱后来之相国，要继续执行他的黄老无为之策，不要惊扰狱市，让其自然存在。曹参嘱咐曰："以齐狱市为寄，慎勿扰也。"后相曰："治无大于此者乎？"参曰："不然。夫狱市者，所以并容也，今君扰之，奸人安所容乎？吾是以先之。"[1] 孟康注曰："夫狱市者，兼受善恶，若穷极奸人，奸人无所容窜，久且为乱。秦人极刑而天下畔，孝武峻法而狱繁，此其效也。"颜师古注曰："《老子》云'我无为，民自化；我好静，民自正'。参欲以道化为本，不欲扰其末也。"[2] 可见，曹参主张勿扰狱市，也是道家无为而治之一种。

曹参开始想要听听儒家的意见，但主张不一，很难取得共同的意见以定策治齐。因而采用黄老的无为清静，使民自定。

（二）儒生与帝后之争

汉景帝时发生了黄生与辕固生、窦太后与辕固生的论争。

---

[1] 《汉书》卷三十九《萧何曹参传》，第 2018 页。
[2] 《汉书》卷三十九《萧何曹参传》，第 2019 页。

儒家《诗》博士辕固与道家黄生，在景帝面前争辩关于汤、武是否受命的问题。辕固生认为，桀纣荒乱，汤武诛杀桀纣，是大势所趋，民心所归，因此是受命而王。黄生却说，桀纣虽然失道，但终为人主；汤武虽是圣人，却为臣下，汤武并非受命，而是弑君。辕固生以汉高祖代秦即天子之位驳斥黄生，汉景帝马上制止，曰："食肉毋食马肝，未为不知味也；言学者毋言汤武受命，不为愚。"窦太后以《老子》之书问辕固生。辕固生痛骂《老子》书是"家人言耳"。惹得太后大怒，要杀辕固。景帝以为"固直言无罪"，加以保护，使辕固生避免被野猪所害。[1]

从这两件事可以知道，汉景帝倾向儒家学说，并且保护儒生。

（三）儒生游说诸侯王

邹阳、枚乘游说吴王刘濞、梁孝王刘武之事。

邹阳，齐人。汉兴之时，诸侯王皆自治，招聘贤士。吴王刘濞广招四方游士，邹阳与吴严忌、枚乘皆以文辩著称，一起前往吴国出仕为官。过了一段时间，吴王因为与太子之间发生的事心生怨恨（吴太子与文帝太子在博戏中发生争执，吴太子被杀），称疾不朝。吴王暗中谋划，邹阳奏书进谏，说："圣王底节修德，则游谈之士归义思名。……然臣所以历数王之朝，背淮千里而自致者，非恶臣国而乐吴民也，窃高下风之行，尤说大王之义。"[2] 可惜吴王没有采纳他的意见。

邹阳跟从梁孝王游，羊胜等疾恶邹阳，邹阳被诬陷入狱。于是，邹阳从狱中上书，曰："臣闻忠无不报，信不见疑，臣常以为然，徒虚语耳。昔荆轲慕燕丹之义，白虹贯日，太子畏之；卫先生为秦画长平之事，太白食昴，昭王疑之"，"臣闻比干剖心，子胥鸱夷，臣始不信，乃今知之。愿

---

〔1〕《汉书》卷八十八《儒林传》，第3612页。
〔2〕《汉书》卷五十一《贾邹枚路传》，第2340页。

大王孰察，少加怜焉”〔1〕。“昔鲁听季孙说逐孔子，宋任子冉之计囚墨翟。夫以孔墨之辩，不能自免谗谀，而二国以危。何则？众口铄金，积毁销骨也……今人主诚能用齐、秦之明，后宋、鲁之听，则五伯不足侔，而三王易为也”〔2〕，“所以圣王制世御俗，独化于陶钧之上，而不牵乎卑辞之语，不夺乎众多之口”，邹阳特别称道：“周文王猎泾渭，载吕尚归，以王天下。秦信左右而亡，周用乌集而王。”〔3〕孝王见此书，立刻释放邹阳，并拜为上客。

枚乘，字叔，淮阴人，为吴刘濞郎中。吴王因心中怨恨，欲谋反逆汉，枚乘上奏书谏曰：“臣闻得全者全昌，失全者全亡。舜无立锥之地，以有天下；禹无十户之聚，以王诸侯。汤、武之土不过百里，上不绝三光之明，下不伤百姓之心者，有王术也。故父子之道，天性也，忠臣不避重诛以直谏，则事无遗策，功流万世。臣乘愿披腹心而效愚忠，唯大王少加意念恻怛之心于臣乘言”，“福生有基，祸生有胎；纳其基，绝其胎，祸何自来？”，“积德累行，不知其善，有时而用；弃义背理，不知其恶，有时而亡。臣愿大王孰记而身行之，此百世不易之道也”。不久，又对吴王曰：“今汉据全秦之地，兼六国之众，修戎狄之意，而南朝羌筰，此其与秦，地相什而民相百，大王之所明知也。今夫谗谀之臣为大王计者，不论骨肉之义，民之轻重，国之大小，以为吴祸，此臣所以为大王患也。”〔4〕但吴王终不用枚乘之策。

邹阳、枚乘均为好儒之士。邹阳没有说服吴王刘濞朝汉，但梁孝王最终赞赏其言，以为上客。枚乘希望汉统一，批评吴的分裂。吴王刘濞却一再不予采纳。枚乘称赞舜、禹、汤、武之圣，忠臣之义，父子之道，积德行善，倡义行理，均为儒家重要思想。

〔1〕《汉书》卷五十一《贾邹枚路传》，第2343—2344页。
〔2〕《汉书》卷五十一《贾邹枚路传》，第2346—2347页。
〔3〕《汉书》卷五十一《贾邹枚路传》，第2351页。
〔4〕《汉书》卷五十一《贾邹枚路传》，第2359—2362页。

（四）儒生见识有别

楚元王刘交与浮丘伯、穆生、白生、申公等儒生十分友好，到其孙楚王戊时却遭离遣与虐刑。

楚元王刘交是高祖的同父少弟，好读书，多才艺，年少时与鲁穆生、白生、申公都喜爱《诗》，从学于浮丘伯，浮丘伯是孙卿（荀子）的学生。

汉六年，刘交为楚王，即楚元王，任用穆生、白生、申公为中大夫。高后时，浮丘伯在长安，楚元王派遣他的儿子刘郢客与申公一起前往受业。文帝时，听闻申公精通《诗》学，以为博士。元王好《诗》，诸子皆读《诗》，申公开始为《诗》作传，称《鲁诗》。元王也次之《诗》传，号为《元王诗》。

高后时，以元王儿子刘郢客为宗正，封上邳侯。元王薨，太子卒，文帝乃以刘郢客嗣，是为夷王。申公为博士，失官，随郢客归，复以为中大夫。夷王立四年薨，其子戊为嗣。[1]

当初，楚元王敬重申公等，以礼相待。穆生不嗜酒，元王置酒席时，常为穆生设醴。及王戊即位，开始时也是常设，后来却忘了。穆生退曰："可以逝矣！醴酒不设，王之意怠，不去，楚人将钳我于市"，便称疾而卧。申公、白生劝他念先王之德，不要拘于小礼，穆生引《易》"知几其神乎！几者动之微，吉凶之先见者也。君子见几而作，不俟终日"，曰："先王之所以礼吾三人者，为道之存故也；今而忽之，是忘道也。忘道之人，胡可与久处！岂为区区之礼哉？"[2] 于是谢病归去，申公、白生两人独自留下。后来王戊淫暴，二十年为薄太后服私奸，削去东海、薛郡国，又与吴王通谋，申公、白生二人直谏，亦不听，终受胥靡之刑，身着赭衣，"使杵臼雅舂于市"。"胥靡"，颜师古注曰："联系使相传而服役之，

---

〔1〕《汉书》卷三十六《楚元王传》，第1923页。

〔2〕《汉书》卷三十六《楚元王传》，第1923页。

故谓之胥靡,犹今之役囚徒以锁联缀耳。"[1]

穆生与申生、白生同为浮丘伯的学生,因认识和看法不同,人生际遇也大不相同。关于浮丘伯,现代著名经学史家蒙文通认为,《说苑·至公》称之为鲍丘令,《新语·资质》称为鲍丘,《盐铁论·毁学》说李斯与鲍丘子俱事荀卿。可见鲍丘即传《鲁诗》之浮丘伯。蒙文通认为,"刘向传《鲁诗》,出于浮丘伯,其陈述《诗》义,与鲍丘令之对始皇之语固一贯也。刘向论《诗》,多同韩说,而鲍丘生之语,亦符于韩氏《易传》,倘韩婴之学其亦本于鲍丘之传耶!"[2] 刘向是楚元王的四世孙,他好先祖所崇拜的《鲁诗》,也好韩婴的《韩诗》与《易传》,均来自浮丘伯。

(五)武帝改制遇阻

武帝之初,曾议论明堂制礼服、封禅改制,因遭到好黄老之术的窦太后的反对,没能成功。

武帝即位时,汉兴已六十多年,天下太平安定,都希望天子能封禅改制。武帝也喜好儒术,广募贤良,起用赵绾、王臧(赵、王均为申公弟子)等,以文学为公卿,"欲议古立明堂城南,以朝诸侯,草巡狩封禅改历服色事",但窦太后不喜好儒术,便治赵绾、王臧的罪责,赵、王遭到罢官,后死于狱中,武帝所兴之事皆废。[3]

《汉书·田蚡传》也有记载。汉武帝初,外戚窦婴为丞相,田蚡为太尉。窦婴、田蚡俱好儒术,推荐赵绾为御史大夫,王臧为郎中令。迎请《鲁诗》博士申公,想设立明堂,令列侯就国,实行丧服制度,以兴太平。窦婴、田蚡、赵绾等推崇儒术,贬斥道家之言。这些引起窦太后的不悦。第二年,御史大夫赵绾请武帝不要再向东宫奏请,窦太后大怒曰:"此欲

---

[1]《汉书》卷三十六《楚元王传》,第1924页。

[2]《经学抉原》,第164页。

[3]《汉书》卷二十五上《郊祀志上》,第1215页。

复为新垣平邪!"（新垣平，文帝时搞封禅改制，而被杀害。）于是罢逐赵绾、王臧，免丞相窦婴、太尉田蚡，以柏至侯许昌为丞相，武强侯庄青翟为御史大夫。[1]

可见，武帝初年的改制、封禅、建明堂、倡儒术，即使武帝赞同，外戚、列侯、丞相、御史大夫、儒家大师等都支持，但窦太后喜好《老子》，不悦儒术，把当时儒家的改革、定制、士礼，说成是文帝时被诬为制造混乱、搞阴谋的新垣平。这是儒家独尊改革的又一次失败。

（六）《淮南子》与儒、道之争

《淮南子》二十一篇，本名《鸿烈》，由西汉初淮南王刘安招致宾客集体编写而成。于汉武帝建元元年（前140年）献上。汉成帝时，刘向、刘歆父子核订图书，定名《淮南内》，后世称《淮南子》或《淮南鸿烈》。《淮南子》属于杂家，偏重道家。

刘安是汉高祖刘邦的孙子，汉文帝前元十六年（前164年）被封为淮南王。其人"好书，鼓琴，不喜弋猎狗马驰骋，欲以行阴德拊循百姓，流名誉。招致宾客方术之士数千人，作为《内书》二十一篇，《外书》甚众。又有《中篇》八卷，言神仙黄白之术，亦二十余万言"[2]。刘安为汉武帝诸父，当时武帝正好艺文，甚为尊重他。刘安崇尚道家，而《淮南子》中也有儒家的思想。

1. 儒、道思想的碰撞

刘安反对武帝初年兴兵平定闽越，实质上是道家思想反对儒家思想。武帝初，闽越兴兵击南越。南越遵守天子约，不敢擅自发兵，而上书告急。武帝赞赏南越守约好义，兴兵遣将，诛讨闽越。但淮南王刘安反对中央对闽越用兵，认为闽越本来就不用天子法度，何必兴师动众？不仅造成

---

〔1〕《汉书》卷五十二《窦田灌韩传》，第2379页。

〔2〕《汉书》卷四十四《淮南衡山济北王传》，第2145页。

了地方骚动，还不符合道家的安定思想。

淮南王刘安上书说：

> 陛下临天下，布德施惠，缓刑罚，薄赋敛，哀鳏独，养耆老，振匮乏，盛德上隆，和泽下洽，近者亲附，远者怀德，天下摄然，人安其生，自以没身不见兵革。今闻有司举兵将以诛越，臣安窃为陛下重之。越，方外之地，劗发文身之民也。不可以冠带之国法度理也。自三代之盛，胡越不与受正朔，非强弗能服，威弗能制也。以为不居之地，不牧之民，不足以烦中国也。故古者封内甸服，封外侯服，侯卫宾服，蛮夷要服，戎狄荒服，远近势异也。自汉初定以来七十二年，吴越人相攻击者不可胜数，然天子未尝举兵而入其地也。[1]

又说：

> 臣闻越非有城郭邑里也，处溪谷之间，篁竹之中，习于水斗，便于用舟。地深昧而多水险，中国之人不知其势阻而入其地，虽百不当其一。得其地，不可郡县也；攻之，不可暴取也。以地图察其山川要塞，相去不过寸数，而间独数百千里，阻险林丛弗能尽著。视之若易，行之甚难。天下赖宗庙之灵，方内大宁，戴白之老不见兵革，民得夫妇相守，父子相保，陛下之德也。越人名为藩臣，贡酎之奉，不输大内，一卒之用不给上事。自相攻击而陛下发兵救之，是反以中国而劳蛮夷也。且越人愚戆轻薄，负约反复，其不可用天子之法度，非一日之积也。壹不奉诏，举兵诛之，臣恐后兵革无时得息也。[2]

---

〔1〕《汉书》卷六十四上《严朱吾丘主父徐严终王贾传上》，第2777页。

〔2〕《汉书》卷六十四上《严朱吾丘主父徐严终王贾传上》，第2778页。

刘安认为，百姓罹患天灾，"民待卖爵赘子以接衣食，赖陛下德泽振救之，得毋转死沟壑。四年不登，五年复蝗，民生未复。今发兵行数千里，资衣粮，入越地，舆轿而隃岭，挖舟而入水，行数百千里，夹以深林丛竹，水道上下击石，林中多蝮蛇猛兽，夏月暑时，欧泄霍乱之病相随属也。曾未施兵接刃，死伤者必众矣"[1]

刘安说：

军旅之后必有凶年，言民之各以愁苦之气薄阴阳之和，感天地之精，而灾气为之生也。陛下德配天地，明象日月，恩至禽兽，泽及草木，一人有饥寒不终其天年而死者，为之凄怆于心。今方内无狗吠之警，而使陛下甲卒死亡，暴露中原，霑渍山谷，边境之民为之早闭晏开，朝不及夕，臣安窃为陛下重之[2]

臣闻长老言，秦之时尝使尉屠睢击越，又使监禄凿渠通道。越人逃入深山林丛，不可得攻。留军屯守空地，旷日持（引）久，士卒劳倦，越乃出击之。秦兵大破，乃发適戍以备之。当此之时，外内骚动，百姓靡敝，行者不还，往者莫返，皆不聊生，亡逃相从，群为盗贼，于是山东之难始兴。此老子所谓"师之所处，荆棘生之"者也。兵者凶事，一方有急，四面皆从。臣恐变故之生，奸邪之作，由此始也[3]

淮南王刘安不赞同中央集权，主张割据分裂，对于少数民族百越来说，也与诸侯国一样，希望不要发动战争，以求中央一统。战争不仅会造成家破人亡，妻离子散，更带来各种各样的天灾，使人民罹难。也就无法

---

〔1〕《汉书》卷六十四上《严朱吾丘主父徐严终王贾传上》，第 2779 页。

〔2〕《汉书》卷六十四上《严朱吾丘主父徐严终王贾传上》，第 2780—2781 页。

〔3〕《汉书》卷六十四上《严朱吾丘主父徐严终王贾传上》，第 2783—2784 页。

实现《老子》所称道的小国寡民，日出而作，日入而息，日不闭户，夜无盗贼的太平局面。刘安反对一切战争，认为战争是最大的灾难，赞同《老子》所说的"师之所处，荆棘生之"，战争必然导致人民死亡，土地荒芜，一片凄凉。刘安所言也是为自己争取诸侯国的地位，同时也体现了儒、道论争。

2. 《原道训》和《道应训》

《淮南子》中的二篇，即第一《原道训》，第十二《道应训》，属于研究儒家的《易》理。《汉书·艺文志》六艺的易类有《淮南道训》二篇，为淮南王刘安聘明《易》者九人所撰，号"九师说"。

《原道训》主要论述《易》关于道、德，以及阴阳、四时、五行的理论。认为道无所不包，"覆天载地，廓四方，柝八极，高不可际，深不可测，包裹天地，禀授无形"[1]，"植之而塞于天地，横之而弥于四海，施之无穷而无所朝夕。舒之幎于六合，卷之不盈于一握，约而能张，幽而能明，弱而能强，柔而能刚，横四维而含阴阳，纮宇宙而章三光"[2] "神与化游，以抚四方。是故能天运地滞，轮转而无废，水流而不止，与万物终始。"[3] 能够体会道者，"恬然无思，澹然无虑；以天为盖，以地为舆，四时为马，阴阳为御；乘云陵霄，与造化者俱"[4] "故以天为盖则无不覆也，以地为舆则无不载也，四时为马则无不使也，阴阳为御则无不备也。"[5] 但"执道要之柄，而游于无穷之地。是故天下之事，不可为也，因其自然而推之，万物之变，不可究也，秉其要归之趣"[6]

故"达于道者，不以人易天，外与物化而内不失其情。至无而供其

---

〔1〕 何宁：《淮南子集释》卷一《原道训》，北京：中华书局，1998年，第2页。

〔2〕 《淮南子集释》卷一《原道训》，第3—4页。

〔3〕 《淮南子集释》卷一《原道训》，第5—6页。

〔4〕 《淮南子集释》卷一《原道训》，第18页。

〔5〕 《淮南子集释》卷一《原道训》，第22页。

〔6〕 《淮南子集释》卷一《原道训》，第23页。

求，时聘而要其宿，小大修短，各有其具，万物之至，腾踊肴乱而不失其数，是以处上而民弗重，居前而众弗害，天下归之，奸邪畏之。以其无争于万物也，故莫敢与之争"。[1] 如果"释大道而任小数，无以异于使蟹捕鼠，蟾蜍捕蚤，不足以禁奸塞邪，乱乃逾滋"，[2] 所以，"体道者逸而不穷，任数者劳而无功"。为此，"峭法刻诛者，非霸王之业也；棰策繁用者，非致远之术也"。[3] 而"修道理之数，因天地之自然，则六合不足均也"。[4] 达道者，必须是依天地之性、自然之势。所谓"万物固以自然，圣人又何事焉！"[5] "反于清静；究于物者，终于无为。以恬养性，以漠处神，则入于天门。"[6]

主张无为又无不为，圣人"内修其本，而不外饰其末，保其精神，偃其智故，漠然无为而无不为也，澹然无治而无不治也"[7]。圣人从自然主张无为，如"禹之决渎也，因水以为师；神农之播谷也，因苗以为教"，而木树根于土，"蛟龙水居，虎豹山处，天地之性也。两木相摩而然，金火相守而流，员者常转，窾者主浮，自然之势也"[8]。

同时又指出，道能使强弱、高下、小大、柔刚转化推移，得道"志弱而事强，心虚而应当"[9]，"与万物回周旋转，不为先唱，感而应之。是故贵者必以贱为号，而高者必以下为基。托小以包大，在中以制外，行柔而刚，用弱而强，转化推移，得一之道而以少正多"，"欲刚者必以柔守

〔1〕《淮南子集释》卷一《原道训》，第24—25页。

〔2〕《淮南子集释》卷一《原道训》，第29页。

〔3〕《淮南子集释》卷一《原道训》，第32页。

〔4〕《淮南子集释》卷一《原道训》，第33页。

〔5〕《淮南子集释》卷一《原道训》，第38页。

〔6〕《淮南子集释》卷一《原道训》，第41页。

〔7〕《淮南子集释》卷一《原道训》，第48页。

〔8〕《淮南子集释》卷一《原道训》，第34—35页。

〔9〕《淮南子集释》卷一《原道训》，第48页。

之，欲强者必以弱保之"。[1]

道，非常强调"时"，"得在时""动不失时""合乎时""时之反侧，间不容息"，圣人守清道而抱柔弱，因循应变，常后而不先，"非争其先也，而争得其时也"。[2]

乐、不乐、悲、喜能相互转化相生。能至于无乐者，则无不乐；无不乐，则至于极乐。"不以内乐外，而以外乐内，乐作而喜，曲终而悲，悲喜转而相生，精神乱营，不得须臾平。"[3]

得道者要注意到形、神、气三者各当居其位。关于形，《原道训》曰："形者，非其所安也而处之则废，气不当其所充而用之则泄，神非其所宜而行则昧，此三者不可不慎守也。"[4] 圣人如果能慎守神、形、气三者，必然能得道，"是故圣人将养其神，和弱其气，平夷其形，而与道沉浮俯仰，恬然则纵之，迫则用之。其纵之也若委衣，其用之也若发机。如是，则万物之化无不遇，而百事之变无不应"。[5]

关于道，曰：

> 视之不见其形，听之不闻其声，循之不得其身，无形而有形生焉，无声而五音鸣焉，无味而五味形焉，无色而五色成焉。是故有生于无，实出于虚，天下为之圈，则名实同居。音之数不过五，而五音之变不可胜听也。味之和不过五，而五味之化不可胜尝也。色之数不过五，而五色之变不可胜观也。故音者，宫立而五音形矣；味者，甘立而五味亭矣；色者，白立而五色成矣；道者，一立而万物生矣。是故一之理，施四海；一之解，际天地。其全也，纯兮若朴；其散也，

---

〔1〕《淮南子集释》卷一《原道训》，第49页。
〔2〕《淮南子集释》卷一《原道训》，第46、49、53、54页。
〔3〕《淮南子集释》卷一《原道训》，第70页。
〔4〕《淮南子集释》卷一《原道训》，第84页。
〔5〕《淮南子集释》卷一《原道训》，第90页。

混兮若浊。浊而徐清，冲而徐盈，澹兮其若深渊，泛兮其若浮云，若无而有，若亡而存。万物之总，皆阅一孔；百事之根，皆出一门。其动无形，变化若神；其行无迹，常后而先。……夫喜怒者，道之邪也；忧悲者，德之失也。好憎者，心之过也；嗜欲者，性之累也。[1]

关于德，曰：

优天地而和阴阳，节四时而调五行。呴谕覆育，万物群生，润于草木，浸于金石，禽兽硕大，毫毛润泽，羽翼奋也，角觡生也，兽胎不贕，鸟卵不毈，父无丧子之忧，兄无哭弟之哀，童子不孤，妇人不孀，虹蜺不出，贼星不行，含德之所致也。[2]

天下之物，莫柔弱于水……上天则为雨露，下地则为润泽，万物弗得不生，百事不得不成[3]。

遭回川谷之间，而滔腾大荒之野，有余不足与天地取与，授万物而无所前后，是故无所私而无所公，靡滥振荡，与天地鸿洞，无所左而无所右，蟠委错紾，与万物始终。是谓至德。夫水所以能成其德于天下者，以其淖弱润滑也。[4]

心不忧乐，德之至也。[5]

大道坦坦，去身不远，求之近者，往而复返。迫则能应，感则能动，物穆无穷，变无形像，优游委纵，如响之与景，登高临下，无失所秉，履危行险，无忘玄伏。能存之此，其德不亏。万物纷糅，与之转化，以听天下，若背风而驰，是谓至德。至德则乐矣。……由此观

---

〔1〕《淮南子集释》卷一《原道训》，第61—62页。

〔2〕《淮南子集释》卷一《原道训》，第8—9页。

〔3〕《淮南子集释》卷一《原道训》，第54页。

〔4〕《淮南子集释》卷一《原道训》，第56页。

〔5〕《淮南子集释》卷一《原道训》，第62页。

之，圣亡乎治人而在于得道，乐亡乎富贵而在于德和。大己而小天下，则几于道矣。[1]

《道应训》认为道本有数，"吾知道有数"。关于相反相应（相成），引《老子》五十二处，引孔子及其弟子的话二十五处。认为道"可以弱，可以强；可以柔，可以刚；可以阴，可以阳；可以窈，可以明；可以包裹天地，可以应待无方。此吾所以知道之数也"。[2] 弱强、柔刚、阴阳、窈明，是指事物的相反相应，也就是与道相应，故题曰"道应"。

《道应训》大量征引《老子》中的言论，"天下皆知善之为善，斯不善也"，"法令滋彰，盗贼多有"，"知其雄，守其雌，其为天下溪"，"勇于不敢则活"，"功成名遂，身退，天之道也"，"夫唯不争，故天下莫能与之争"，"大直若屈，大巧若拙"，"后其身而身先，外其身而身存。非以其无私邪？故能成其私"，"贵必以贱为本，高必以下基"，"知其荣，守其辱，为天下谷"，"绝圣弃智，民利百倍"，"不善人，善人之资也"，"不出户以知天下，不窥牖以见天道，其出弥远，其知弥少"，"夫唯无以生为者，是贤于贵生焉"，"其政闷闷，其民纯纯，其政察察，其民缺缺"，"国家昏乱有忠臣"[3] 等。

"其政闷闷，其民纯纯；其政察察，其民缺缺"，是以春秋时期晋国的中行氏为例。古代晋赵文子问叔向，说晋六将，即韩、赵、魏、范、中行、智伯谁最先亡？叔向回答说，中行氏、智氏先亡。赵文子问什么道理，叔向回答说，他们为政，"以苛为察，以切为明，以刻下为忠，以计多为功，譬之犹廓革者也，廓之，大则大矣，裂之道也"。[4]

---

[1]《淮南子集释》卷一《原道训》，第65—66页。

[2]《淮南子集释》卷十二《道应训》，第827—828页。

[3]《淮南子集释》卷十二《道应训》，第829、831、834、841、844、859、862、870、873、874、877—878、893—894、898、903、905页。

[4]《淮南子集释》卷十二《道应训》，第903页。

老子所言"后其身而身先，外其身而身存。非以其无私邪？故成其私"，以鲁相公仪休勿受鱼为例。公仪休，鲁国博士，曾为鲁国之相，喜欢吃鱼。有一国知其嗜鱼而献鱼，但公仪休辞而弗受。他的弟子问原因，公仪休回答说，正因为喜欢食鱼，故不受。如若受鱼（受贿）而罢免相位，虽爱吃鱼，不能自给了。不受鱼而不免相，则能长久自给鱼了，这是既能为人也能为己，无私而成私。

同时，也引证了孔子及其弟子的言论，其中引孔子、仲尼有二十五处。

春秋时期，鲁国的法律规定，鲁人在其他诸侯国为人臣妾（即奴隶）的，如有人能替其赎身的，可到国家府库取得所付赎金。孔子的学生子贡将鲁人赎出，回来后却辞而不受府库的赎金。孔子说这是子贡之失。圣人举事，可以移风易俗，使受教而行于后世，并非独行之于自己。今国家中富者寡而贫者众。赎而受金则为不廉，不受金则不复赎人。自今以后，鲁人不能再从诸侯国赎人了。受金与不受金也是相反相应。

子贱治理亶父三年，孔子的学生巫马期易服而往，查访政绩。看到捕鱼者得鱼而放释，巫马期就问，为什么捕而又放？捕鱼者回答说，子贱不让人捕获小鱼，小鱼就要放生。孔子听闻后，赞美子贱德高，子贱之所以能治理得这么好，正是因为"诚于此者刑于彼"[1]，这是彼与此的相反相应。

孔子与弟子又谈到灌水，其中（半瓶）则正，其盈则覆。子贡"请问持盈"，孔子回答说："益而损之。"子贡又问："何谓益而损之？"孔子曰："夫物盛而衰，乐极则悲，日中而移，月盈而亏。是故聪明睿智，守之以愚；多闻博辩，守之以陋；武力毅勇，守之以畏；富贵广大，守之以俭；德施天下，守之以让。此五者，先王所以守天下而弗失也。反此五者，未

---

〔1〕《淮南子集释》卷十二《道应训》，第891页。

尝不危也。"〔1〕

益损、盈亏、盛衰、乐悲、中移、智愚、博陋、勇畏、富俭、施让，都是相反相应，而孔子皆可以做到遵而勿失。

最后，说到三年丧之礼，也体现了相反："为之三年之丧，令类不蕃。高辞卑让，使民不争。酒肉以通之，竽瑟以娱之，鬼神以畏之。繁文滋礼以拿其质，厚葬久丧以亶其家，含珠鳞施纶组以贫其财，深凿高垄以尽其力。家贫族少，虑患者贫。以此移风，可以持天下弗失。"〔2〕以上所说种种，是丧礼使富贵与贫者相反相应。相反相应，道家称之为"道"，儒家是"礼"，故称"孔子亦可谓礼矣"，三年丧之礼，论证了富与贫的相反相应。

可见，《淮南子》总的基调是杂家，但也有儒家色彩存在。其关于儒家《易经》哲理之研究，也有着很高的水准。

总的说来，西汉从高帝到武帝初的七十余年间，虽说儒家学说已定为"经学"，出现了许多著名儒家学者，如叔孙通、陆贾、张苍、贾谊、伏胜、申公、晁错等，也开始设立一经博士，最高统治者如高帝、文帝，也曾尊信儒术，祭奠孔子，但是，国家还处于分裂割据状态，政治上还没有真正的统一和集权，所以在思想意识上尚有分歧与对立，各家各派，如道、法、墨、杂等家还独立存在，尤其是道家，信奉《老子》者还有不少，在诸侯国这种情况比较突出。作为儒家著作的《原道训》和《道应训》，也吸收了道家的许多哲理。儒家在与各家的斗争中，不断发展壮大，为取得独尊的统治地位奠定了基础。儒家所歌颂与尊奉的先圣先贤尧、舜、禹、汤、文、武、周公、孔子、孟子的思想，得到广泛传播和进一步推崇。

---

〔1〕《淮南子集释》卷十二《道应训》，第906—907页。
〔2〕《淮南子集释》卷十二《道应训》，第909—910页。

第二章　汉武帝时期的经学

——独尊儒术、罢黜百家

　　汉武帝刚刚即位时，向往儒术，提倡经学，招募贤良，欲商议在长安城南立明堂，用以接见诸侯朝见，草拟巡狩、封禅、改历、服色之事，但是，因祖母窦太后信黄老之术，不好儒，武帝所兴皆废。建元六年，窦太后去世，汉武帝独尊儒术，才真正开启了经学的昌盛时期。汉武帝选拔儒家学者，开始于建元元年，元光元年与元光五年各有一次，一共三次。

一、三次贤良对策

　　第一次是建元元年，各郡县举荐贤良百余人，严助第一。武帝很喜欢严助的对策，独擢严助为中大夫，在武帝左右常被任用。严助对策的具体内容没有保存。

　　建元三年，闽越举兵围攻东瓯，东瓯向汉廷告急求救。当时武帝年纪尚未至二十，请问于太尉田蚡。田蚡认为，越人本来就经常相互攻击，对汉朝的态度又反复无常，不足以劳烦中国前往救助，从秦时就已弃而不属。武帝派严助反驳田蚡，曰："特患力不能救，德不能覆，诚能，何故弃之？且秦举咸阳而弃之，何但越也！今小国以穷困来告急，天子不振，尚安所愬,又何以子万国乎?"[1] 武帝不信任太尉田蚡,认为不足与计,于是派遣严助以节杖到会稽调兵。会稽太守想以严助没有调兵的虎符为由而拒绝发兵,严助就斩杀了一个司马,并宣称是天子的旨意,于是出动军队从海上前往救助东瓯。

后来过了三年(建元六年),闽越又兴兵攻打南越。南越谨守与汉天子的约定,不敢擅自发兵,上书给汉武帝。武帝认为南越多义,兴兵遣将诛讨闽越。淮南王刘安以道家思想反对以兵击闽越。武帝又使严助告诫淮南王刘安,天子对闽越用兵是正当的,而不是如淮南王所说,兵者凶事,恐变故生,奸邪之作。严助向刘安传达武帝的旨意:

> 夫兵固凶器,明主之所重出也,然自五帝三王禁暴止乱,非兵,未之闻也。汉为天下宗,操杀生之柄,以制海内之命,危者望安,乱者仰治。今闽越王狼戾不仁,杀其骨肉,离其亲戚,所为甚多不义。又数举兵侵陵百越,并兼邻国,以为暴强,阴计奇策,入燔寻阳楼船,欲招会稽之地,以践勾践之迹。今者,边又言闽王率两国击南越。陛下为万民安危久远之计,使人谕告之曰:"天下安宁,各继世抚民,禁毋敢相并。"有司疑其以虎狼之心,贪据百越之利,或于逆顺,不奉明诏,则会稽、豫章必有长患。且天子诛而不伐,焉有劳百姓苦士卒乎?[2]

严助代表汉武帝说,五帝三王禁暴止乱,汉为天下大宗,批评闽越王的不仁不义,正是代表了儒家称颂五帝三王、天下一统和纲常仁义。

严助因对策第一,擢为中大夫,常在武帝身边侍从。武帝问及严助居乡里时事,严助对曰:"家贫,为友婿富人所辱。"武帝问有什么要求,严

---

[1] 《汉书》卷六十四上《严朱吾丘主父徐严终王贾传上》,第2776页。
[2] 《汉书》卷六十四上《严朱吾丘主父徐严终王贾传上》,第2787页。

助说愿为会稽太守。于是，拜为会稽太守。但是，过去了数年，没有听闻其善声。武帝就赐书曰："君厌承明之庐，劳侍从事，怀故土，出为郡吏。会稽东接于海，南近诸越，北枕大江。"已经好几年了，不通信息，也没听到好的政声，故要求"具以《春秋》对，毋以苏秦纵横"[1]，你应该根据《春秋》经义，汇报一下你的所作所为，以及地方的政情和民生状况。严助看到武帝的批评，就以《春秋》经义进行汇报自责："《春秋》天王出居于郑，不能事母，故绝之。臣事君，犹子事父母也，臣助当伏诛。陛下不忍加诛，愿奉三年计最。"[2]武帝责备严助为会稽太守数年而无好的政声，故要求以《春秋》经义加以汇报，严助也就以《春秋》经义自责[3]，从而得到武帝的宽恕。

建元元年的贤良对策，是根据儒家经义，对于官吏的要求，也是根据儒家经义。官吏的汇报和自责，同样也是根据儒家的六经，特别是《春秋》经义。

第二次武帝元光元年董仲舒得第一的贤良对策。

经学大师董仲舒，广川（今属河北衡水）人。年少时治《春秋》，孝景帝时为博士。下帷讲诵，传授弟子，弟子以久次相授业，有的没有见过董仲舒的面。董仲舒勤于治学，三年不窥园中花草菜蔬，其精如此。进退容止，讲究礼仪，当时的青年学子都很尊敬他，拜董仲舒为师。

武帝即位，举贤良文学之士前后数以百计。元光之年的贤良对策，董

---

〔1〕《汉书》卷六十四上《严朱吾丘主父徐严终王贾传上》，第 2789 页。

〔2〕《汉书》卷六十四上《严朱吾丘主父徐严终王贾传上》，第 2789—2790 页。

〔3〕《春秋》僖公二十四年，"天王出居于郑"。《公羊传》曰："王者无外，此其出何？不能乎母也。"天王，周襄王，周惠王之子。《诗·小雅·北山之什·北山》曰："普天之下，莫非王土。"天王拥有天下，无论居于何处，都在王者之土地，不当言"出"。《春秋》书"出"，是因为天王有失。据《左传》，周襄王的母亲惠后，因宠爱襄公的弟弟，即庶子姬子带，欲立之。周襄王为避母弟之乱而出居，实则是不能与母亲和睦共处，故《春秋》以"出"贬绝之。严助以此《春秋》经义，事君如事父母，自责不能很好地侍奉君王。

仲舒第一。天子以仲舒为江都相，辅佐江都易王。

这次贤良对策，不仅充分表现出董仲舒是汉代的孔子，而且充分显示了汉武帝真正推崇儒术、崇拜孔子、提倡经学。儒学是真正的经世致用之学。不仅汉武帝崇拜孔孟之道，而且儒家所推戴的五帝三王、三代圣人、贤者，儒家所宣扬的三纲、五常、六经，特别是《春秋》，真正得到独尊，根据儒家思想制礼、作乐、制定各种制度，体现在政治、思想、学术、文化等方面。由此，中国真正进入了哲学与政治史上的经学时期。

上述思想，首先体现在汉武帝所提出的三道策问之题，以及董仲舒全面与深入的回答。

第一道策问，"武帝制曰：朕获承至尊美德，传之无穷，而施之无尽，任大而守重，是以夙夜不得康宁，永惟万事之统"，担心有阙。"故广延四方之豪俊，郡国诸侯公选贤良修洁博习之士。欲闻大道之要，至论之极。今子大夫褒然为举首，朕甚嘉之。子大夫其精心致思"，我会认真地边听边问。

"盖闻五帝三王之道，改制作乐而天下和洽，百王同之。当有虞氏之乐莫盛于《韶》，于周莫盛于《勺》。圣王已没，钟鼓管弦之声未衰，而大道微缺，陵夷至乎桀纣之行，王道大坏。"我所做的一切，夙兴夜寐，力求效法上古者，难道都将无用吗？那么，夏、商、周三代君王受命，其符安在？灾异变故，又是因何缘起？"性命之情，或夭或寿，或仁或鄙"，常听闻这些名号，却没有通晓其中的道理。想以风俗教化来推行政令，减轻刑罚，改邪归正，使百姓和乐，政治宣昭，怎样才能使"膏露降，百谷登，德润四海，泽臻草木，三光全，寒暑平，受天之祐，享鬼神之灵，德泽洋溢，施乎方外，延及群生"？您"子大夫明先圣之业，习俗化之变，终始之序，讲闻高谊日久，其明以谕朕"。请先生尽心论述，不要有所隐瞒，我将亲自览阅。

这一策中，汉武帝首先感到自己责任重大，故日夜不安，欲听各位大夫学士的大道至论，并认真听取。他特别称赞五帝三王的制礼作乐，特别是舜乐和周颂，而厌恶夏桀、商纣之恶，并探讨三代兴衰、灾异变化。希望刑轻而奸改，百姓和乐，政治宣昭。总之要"受天之祐，享鬼神之灵，德泽洋溢，施乎方外，延及群生"[1]。

第二道策问，武帝制曰：听闻虞舜之时，常游于宫中走廊，没有什么作为，而天下太平。周文王每天忙得无暇吃饭，天下也很太平。帝王之道，难道没有共同的条理？为何逸劳有如此大的悬殊？古代那些勤俭的帝王不造玄黄旌旗之饰。但到了周朝，设两观，乘大路，朱干玉戚，八佾陈于庭，而颂声兴。殷人制定五种刑法来防止奸诈，甚至毁伤肌肤来惩恶。周成王、康王不用刑，四十余年天下不犯，囹圄空虚。但秦国使用刑法，死者甚众，受刑者不断，天下空虚，人口减少，哀哉。鉴于前后如此的不同，所以"朕夙寤晨兴，惟前帝王之宪，永思所以奉至尊，章洪业"。请"将所繇异术，所闻殊方与？各悉对，著于篇，毋讳有司。明其指略，切磋究之，以称朕意"。[2]

这一策说，古代圣人明王，像舜垂拱无为天下太平，周文王日理万机，也宇内大治。有的从俭，无玄黄旌旗之饰，而周有两观、大路、朱干、八佾之设，帝王之道有不同。又殷、秦用刑，诛杀甚众。周朝成、康之时刑措不用四十余年，天下不犯，囹圄空虚。对于前王的经验教训，我日夜思考，如何奉至尊、章洪业，皆在力本任贤。虽亲耕藉田、劝孝悌、问勤劳、恤孤独、尽思极神，但未获大效。所以，希望对策的贤士大夫，畅所欲言，不要有什么顾忌。

第三道策问，武帝制曰：听说"善言天者必有征于人，善言古者必有验于今"。"故朕垂问乎天人之应，上嘉唐虞，下悼桀纣"，充分了解"寖微寖灭寖明寖昌之道"，虚心以改。"今子大夫明于阴阳所以造化，习于先圣之道业，然而文采未极，岂惑乎当世之务哉？条贯靡竟，统纪未终，意

---

〔1〕《汉书》卷五十六《董仲舒传》，第2497页。
〔2〕《汉书》卷五十六《董仲舒传》，第2507页。

朕之不明与？听若眩与？夫三王之教所祖不同，而皆有失"，"《诗》不云乎？'嗟尔君子，毋常安息，神之听之，介尔景福。'朕将亲览焉，子大夫其茂明之"[1]

这一策提到天人、古今的关系，尤其是天人相应、天人合一与阴阳造化，以及先圣的道业，三王之教化。强调六经《诗》的重要，颜师古注曰："《小雅·小明》之诗也……言人君不当苟自安处而已，若能靖恭其位，直道而行，则神听而知之，助以大福也。"[2]

从三道策题可以看出，汉武帝对经学、儒术、天人关系、阴阳、刑德等，了解很全面，要求也很高。董仲舒对策，能否达到他的要求呢？

董仲舒对于汉武帝的三道策问一一作了回答，称为"天人三策"。

第一策，对答了天元、古今、王道、符命、灾异、情性、阴阳、刑德、人民生活、社会变化，以及六经，特别是《春秋》和仁义礼智信等儒家重要问题。

董仲舒首先对曰：

……臣谨案《春秋》之中，视前世已行之事，以观天人相与之际，甚可畏也。国家将有失道之败，而天乃先出灾害以谴告之，不知自省，又出怪异以警惧之，尚不知变，而伤败乃至。以此见天心之仁爱人君而欲止其乱也。自非大亡道之世者，天尽欲扶持而全安之，事在强勉而已矣。强勉学问，则闻见博而知益明；强勉行道，则德日起而大有功：此皆可使还至而有效者也。《诗》曰"夙夜匪解"，《书》云"茂哉茂哉！"皆强勉之谓也。

道者，所繇适于治之路也，仁义礼乐皆其具也。故圣王已没，而子孙长久安宁数百岁，此皆礼乐教化之功也。王者未作乐之时，乃用

[1]《汉书》卷五十六《董仲舒传》，第2513—2514页。
[2]《汉书》卷五十六《董仲舒传》，第2514页。

先王之乐宜于世者，而以深入教化于民。教化之情不得，雅颂之乐不成，故王者功成作乐，乐其德也。乐者，所以变民风，化民俗也；其变民也易，其化人也著。

……臣闻天之所大奉使之王者，必有非人力所能致而自至者，此受命之符也。天下之人同心归之，若归父母，故天瑞应诚而至。《书》曰："白鱼入于王舟，有火复于王屋，流为乌"，此盖受命之符也。周公曰"复哉复哉"，孔子曰"德不孤，必有邻"，皆积善累德之效也。及至后世，淫佚衰微，不能统理群生，诸侯背叛，残贼良民以争壤土，废德教而任刑罚。刑罚不中，则生邪气；邪气积于下，怨恶畜于上。上下不和，则阴阳缪盭而妖孽生矣。此灾异所缘而起也。

……臣谨案《春秋》之文，求王道之端，得之于正。正次王，王次春。春者，天之所为也；正者，王之所为也。……然则王者欲有所为，宜求其端于天。天道之大者在阴阳。阳为德，阴为刑；刑主杀而德主生。是故阳常居大夏，而以生育养长为事；阴常居大冬，而积于空虚不用之处。以此见天之任德不任刑。……王者承天意以从事，故任德教而不任刑。……为政而任刑，不顺于天，故先王莫之肯为也。今废先王德教之官，而独任执法之吏治民，毋乃任刑之意与！孔子曰："不教而诛谓之虐。"虐政用于下，而欲德教之被四海，故难成也。

臣谨案《春秋》谓一元之意，一者万物之所从始也，元者辞之所谓大也。谓一为元者，视大始而欲正本也。《春秋》深探其本，而反自贵者始。故为人君者，正心以正朝廷，正朝廷以正百官，正百官以正万民，正万民以正四方。四方正，远近莫敢不壹于正，而亡有邪气奸其间者。是以阴阳调而风雨时，群生和而万民殖，五谷熟而草木茂，天地之间被润泽而大丰美，四海之内闻盛德而皆徕臣，诸福之物，可致之祥，莫不毕至，而王道终矣。

……凡以教化不立而万民不正也。夫万民之从利也，如水之走下，不以教化堤防之，不能止也。是故教化立而奸邪皆止者，其堤防完也；教化废而奸邪并出，刑罚不能胜者，其堤防坏也。古之王者明于此，是故南面而治天下，莫不以教化为大务。立大学以教于国，设庠序以化于邑，渐民以仁，摩民以谊（义），节民以礼，故其刑罚甚轻而禁不犯者，教化行而习俗美也。[1]

圣王如周行教化，可达五六百岁。而秦捐礼义灭先王之道十四年而国亡。真如孔子所说："腐朽之木不可雕也，粪土之墙不可圬也。"

今汉继秦之后，如朽木、粪墙，虽欲善治之，亡可奈何。法出而奸生，令下而诈起，如以汤止沸，抱薪救火，愈甚亡益也。窃譬之琴瑟不调，甚者必解而更张之，乃可鼓也；为政而不行，甚者必变而更化之，乃可理也。当更张而不更张，虽有良工不能善调也；当更化而不更化，虽有大贤不能善治也。故汉得天下以来，常欲善治而至今不可善治者，失之于当更化而不更化也。古人有言曰："临渊羡鱼，不如退而结网。"今临政而愿治七十余岁矣，不如退而更化；更化则可善治，善治则灾害日去，福禄日来。《诗》云："宜民宜人，受禄于天。"为政而宜民者，固当受禄于天。夫仁谊礼知信五常之道，王者所当修饬也；五者修饬，故受天之祐，而享鬼神之灵，德施于方外，延及群生也。[2]

第二策，论述了帝王为什么有劳有逸，有俭有奢；仁义教化和刑罚杀戮有什么不同，两者如何结合；办大学养士以求贤；行选举反世卿以致治；以及武帝虽"劝孝悌，崇有德"，但"功不加于百姓"的原因等问题。

---

[1]《汉书》卷五十六《董仲舒传》，第 2498—2504 页。

[2]《汉书》卷五十六《董仲舒传》，第 2504—2505 页。

仲舒对曰:

臣闻尧受命,以天下为忧,而未以位为乐也,故诛逐乱臣,务求贤圣,是以得舜、禹、稷、卨、咎繇。众圣辅德,贤能佐职,教化大行,天下和洽,万民皆安仁乐谊,各得其宜,动作应礼,从容中道。故孔子曰"如有王者,必世而后仁",此之谓也。尧在位七十载,乃逊于位以禅虞舜。尧崩,天下不归尧子丹朱而归舜,舜知不可辟,乃即天子之位,以禹为相,因尧之辅佐,继其统业,是以垂拱无为而天下治。孔子曰:"《韶》尽美矣,又尽善矣",此之谓也。至于殷纣,逆天暴物,杀戮贤知,残贼百姓,……故天下去殷而从周。文王顺天理物,师用贤圣,是以闳夭、大颠、散宜生等亦聚于朝廷。……当此之时,纣尚在上,尊卑昏乱,百姓散亡,故文王悼痛而欲安之,是以日昃而不暇食也。……繇此观之,帝王之条贯同,然而劳逸异者,所遇之时异也。孔子曰"武尽美矣,未尽善也",此之谓也。

……臣闻圣王之治天下也,少则习之学,长则材诸位,爵禄以养其德,刑罚以威其恶,故民晓于礼谊而耻犯其上。武王行大谊,平残贼,周公作礼乐以文之,至于成康之隆,囹圄空虚四十余年,此亦教化之渐而仁谊之流,非独伤肌肤之效也。至秦则不然。师申商之法,行韩非之说,憎帝王之道,以贪狼为俗。……是以刑者甚众,死者相望,而奸不息,俗化使然也。故孔子曰:"导之以政,齐之以刑,民免而无耻",此之谓也。

……夫不素养士而欲求贤,譬犹不琢玉而求文采也。故养士之大者,莫大乎太学;太学者,贤士之所关也,教化之本原也。今以一郡一国之众,对亡应书者,是王道往往而绝也。臣愿陛下兴太学,置明师,以养天下之士,数考问以尽其才,则英俊宜可得矣[1]。

---

〔1〕《汉书》卷五十六《董仲舒传》,第2508—2512页。

谈到官吏的选拔，董仲舒说：

> 夫长吏多出于郎中、中郎，吏二千石子弟选郎吏，又以富訾（以财选吏），未必贤也。且古所谓功者，以任官称职为差，非谓积日累久也。故小材虽累日，不离于小官；贤材虽未久，不害为辅佐。……今则不然，累日以取贵，积久以致官，是以廉耻贸乱，贤不肖浑殽，未得其真。臣愚以为使诸列侯、郡守、二千石各择其吏民之贤者，岁贡各二人以给宿卫，且以观大臣之能；所贡贤者有赏，所贡不肖者有罚。夫如是，诸侯、吏二千石皆尽心于求贤，天下之士可得而官使也。遍得天下之贤人，则三王之盛易为，而尧舜之名可及也。毋以日月为功，实试贤能为上，量材而授官，录德而定位，则廉耻殊路，贤不肖异处也。[1]

第三策阐明了天人古今的关系，为何尧舜逐渐兴旺而桀纣逐渐衰灭，"道"到底是什么，财利均布则民可家足；当前"条贯靡竟，统纪未终"的原因在哪里，以及如何改变这种现状，因而，提出了罢黜百家、独尊儒术的主张。

董仲舒仔细回答了第三策的问题。董仲舒引《论语》曰："有始有卒者，其唯圣人乎！"曰："今陛下幸加惠，留听于承学之臣，复下明册，以切其意，而究尽圣德，非愚臣之所能具也。前所上对，条贯靡竟，统纪不终，辞不别白，指不分明，此臣浅陋之罪也。"[2]

关于策问"善言天者必有征于人，善言古者必有验于今"，董仲舒回答说：

---

[1]《汉书》卷五十六《董仲舒传》，第2512—2513页。
[2]《汉书》卷五十六《董仲舒传》，第2514—2515页。

臣闻天者群物之祖也，故遍覆包函而无所殊，建日月风雨以和之，经阴阳寒暑以成之。故圣人法天而立道，亦溥爱而亡私，布德施仁以厚之，设谊立礼以导之。春者天之所生也，仁者君之所以爱也；夏者天之所以长也，德者君之所以养也；霜者天之所以杀也，刑者君之所以罚也。繇此言之，天人之征，古今之道也。孔子作《春秋》，上揆之天道，下质诸人情，参之于古，考之于今。故《春秋》之所讥，灾害之所加也；《春秋》之所恶，怪异之所施也。书邦家之过，兼灾异之变，以此见人之所为，其美恶之极，乃与天地流通而往来相应，此亦言天之一端也。[1] 古者修教训之官，务以德善化民。……今世废而不修，亡以化民，……以此见古之不可不用也，故《春秋》变古则讥之。天令之谓命，命非圣人不行；质朴之谓性，性非教化不成；人欲之谓情，情非度制不节。……人受命于天，固超然异于群生，入有父子兄弟之亲，出有君臣上下之谊，会聚相遇，则有耆老长幼之施，粲然有文以相接，欢然有恩以相爱，此人之所以贵也。生五谷以食之，桑麻以衣之，六畜以养之，服牛乘马，圈豹槛虎，是其得天之灵，贵于物也。故孔子曰："天地之性人为贵。"明于天性，知自贵于物；知自贵于物，然后知仁谊；知仁谊，然后重礼节；重礼节，然后安处善；安处善，然后乐循理；乐循理，然后谓之君子。故孔子曰"不知命，亡以为君子"，此之谓也。[2]

关于策问所言"上嘉唐虞，下悼桀纣，寖微寖灭寖明寖昌之道，虚心以改"，董仲舒回答说：

臣闻众少成多，积小致巨，故圣人莫不以晻致明，以微致显。是

---

[1]《汉书》卷五十六《董仲舒传》，第2515页。
[2]《汉书》卷五十六《董仲舒传》，第2515—2516页。

以尧发于诸侯，舜兴乎深山，非一日而显也，盖有渐以致之矣。……《诗》云："惟此文王，小心翼翼。"故尧兢兢日行其道，而舜业业日致其孝，善积而名显，德章而身尊，此其寖明寖昌之道。……此唐虞之所以得令名，而桀纣之可为悼惧者也。……夫暴逆不仁者，非一日而亡也，亦以渐至，故桀、纣虽亡道，然犹享道十余年，此其寖微寖灭之道也。[1]

对于策曰"三王之教所祖不同，而皆有失，或谓久而不易者道也，意岂异哉?"，董仲舒回答说：

臣闻夫乐而不乱复而不厌者谓之道；道者万世亡弊，弊者道之失也。……孔子曰："殷因于夏礼，所损益可知也；周因于殷礼，所损益可知也；其或继周者，虽百世可知也。"此言百王之用，以此三者矣。夏因于虞，而独不言所损益者，其道如一而所上同也。道之大原出于天，天不变，道亦不变，是以禹继舜，舜继尧，三圣相受而守一道，亡救弊之政也，故不言其所损益也。繇是观之，继治世者其道同，继乱世者其道变。今汉继大乱之后，若宜少损周之文致，用夏之忠者[2]

董仲舒接着说："夫古之天下亦今之天下，今之天下亦古之天下，共是天下，古以大治，上下和睦，习俗美盛，不令而行，不禁而止，吏亡奸邪，民亡盗贼，囹圄空虚，德润草木，泽被四海，凤凰来集，麒麟来游，以古准今，壹何不相逮之远也!"为何相差如此之大呢?

---

〔1〕《汉书》卷五十六《董仲舒传》，第 2517 页。
〔2〕《汉书》卷五十六《董仲舒传》，第 2518—2519 页。

夫天亦有所分予，予之齿者去其角，傅其翼者两其足，是所受大者不得取小也。古之所予禄者，不食于力，不动于末，是亦受大者不得取小，与天同意者也。夫已受大，又取小，天不能足，而况人乎！此民之所以嚣嚣苦不足也。身宠而载高位，家温而食厚禄，因乘富贵之资力，以与民争利于下，民安能如之哉！……故受禄之家，食禄而已，不与民争业，然后利可均布，而民可家足。此上天之理，而亦太古之道。天子之所宜法以为制，大夫之所当循以为行也。……及至周室之衰，其卿大夫缓于谊而急于利，亡推让之风而有争田之讼。故诗人疾而刺之，曰："节彼南山，惟石岩岩，赫赫师尹，民具尔瞻。"尔好谊，则民向仁而俗善；尔好利，则民好邪而俗败。由是观之，天子大夫者，下民之所视效，远方之所四面而内望也。近者视而放之，远者望而效之，岂可以居贤人之位而为庶人行哉！夫皇皇求财利常恐乏匮者，庶人之意也；皇皇求仁义常恐不能化民者，大夫之意也。[1]

最后，提到儒家的六艺，特别是以《春秋》与孔子的儒术来统一思想。董仲舒对汉武帝说："《春秋》大一统者，天地之常经，古今之通谊也。今师异道，人异论，百家殊方，指意不同，是以上亡以持一统；法制数变，下不知所守。臣愚以为诸不在六艺之科孔子之术者，皆绝其道，勿使并进。邪辟之说灭息，然后统纪可一而法度可明，民知所从矣。"[2]

汉武帝对于董仲舒的对策十分满意，认为"其对皆有明法"[3]。这次对策，汉武帝以董仲舒第一。对即毕，天子以董仲舒为江都相，事易王。

第三次策问是在汉武帝元光五年，公孙弘得第一的贤良对策。

公孙弘，菑川薛人。少时为狱吏，曾有罪，得以免除。家贫，牧豕海

---

〔1〕《汉书》卷五十六《董仲舒传》，第2520—2521页。

〔2〕《汉书》卷五十六《董仲舒传》，第2523页。

〔3〕《汉书》卷五十六《董仲舒传》，第2525页。

上。四十多岁时，才开始学《春秋》杂说。武帝初即位，招贤良文学之士，当时公孙弘已是六十高龄，以贤良征为博士。出使匈奴，回来汇报工作时不合圣意，武帝怒，认为公孙弘办事不力，于是公孙弘称病免职回到乡里。

元光五年，汉武帝复征贤良文学，菑川国又推荐公孙弘，公孙弘辞谢，不愿参加选拔，但郡国坚持荐举，公孙弘又一次参加应征对策。

这次武帝的策问主要提出了四个方面的内容，公孙弘一一做了回答。

其一，关于上古时为什么画衣冠，异章服而民不犯？公孙弘说，尧舜时不贵爵赏而民劝善，不重刑法而民不犯，是因为帝王以身作则，与民讲信；不夺民时，不妨民力，轻徭薄赋，以实行礼仪。而"礼义者，民之所服也，而赏罚顺之，则民不犯禁矣"[1]，所以罚仅画衣冠，赏仅章服，而民不犯。

其二，关于阴阳调和，五谷丰登，六畜蕃养，百姓和谐，群生万物各得其所。公孙弘说，根据气同则从，声和则应，君王和德于上，百姓和合于下，因而上下和合同心。心和则气和，气和则形和，形和则声和，声和则天地应和。所以，阴阳调和，风雨得其时，甘露降下，五谷丰登，六畜蕃，德配天地，明并日月，万物各得其所，远方之君莫不悦义而来朝。

其三，关于仁义礼知，如何设施得宜。公孙弘说，仁是致利除害，兼爱无私；义是明是非，立可否；礼是进退有度，尊卑有分；知是专杀生之柄，通阻塞之路，权轻重之数，论得失之道，可使人主洞察真假情伪。"凡此四者（指仁义礼知——笔者注），治之本，道之用也，皆当设施，不可废也。"[2]

其四，关于禹、汤水旱原因及天文地理人事之纪。公孙弘说，我曾听说尧遭洪水使禹治理，没有听到禹有水灾。汤遭旱灾，是夏桀的余恶。桀

---

[1]《汉书》卷五十八《公孙弘卜式儿宽传》，第2615页。
[2]《汉书》卷五十八《公孙弘卜式儿宽传》，第2616页。

纣行恶，受天惩罚，禹汤积德，而王天下。所以，天德无私，顺之和起，逆之害生，这便是天文地理人事之纪。

以上充分表明了，帝王必须爱民尚德，官吏的选拔和晋升应根据才德贤能，故治国理民的根本在于提倡仁义礼智，使居民和合，上下一心。

当时对策者百余人，太常上奏本来公孙弘第居下，但通过策奏，汉武帝擢公孙弘对策为第一。召公孙弘入，见其容貌甚丽，便拜为博士，待诏金马门。

公孙弘复上疏曰：

> 陛下有先圣之位而无先圣之名，有先圣之名而无先圣之吏，是以势同而治异。先世之吏正，故其民笃，今世之吏邪，故其民薄。政弊而不行，令倦而不听。夫使邪吏行弊政，用倦令治薄民，民不可得而化，此治之所以异也。臣闻周公旦治天下，期年而变，三年而化，五年而定，唯陛下之所志。[1]

书奏，天子以策书又问，公孙弘称周公治国有才，那么，公孙弘的才能于周公相比，谁更为贤能？公孙弘马上对曰："愚臣浅薄，安敢比材于周公！虽然，愚心晓然见治道之可以然也。夫虎豹马牛，禽兽之不可制者也，及其教驯服习之，至可牵持驾服，唯人之从。臣闻揉曲木者不累日，销金石者不累月，夫人之于利害好恶，岂比禽兽木石之类哉？期年而变，臣弘尚窃迟之。"[2] 要像圣人贤者周公那样治国理政，治吏化民，三五年可使天下太平。并指出，金石可治，禽兽可驯，万物之灵的人更可去恶从善，因而能够期年而变。武帝赞赏公孙弘所言，先拜其为博士，不久至左内史，后迁御史大夫，元朔中，代薛泽为丞相。

---

〔1〕《汉书》卷五十八《公孙弘卜式兒宽传》，第2617—2618页。
〔2〕《汉书》卷五十八《公孙弘卜式兒宽传》，第2618页。

公孙弘的对策和上疏，体现了尊儒重经的思想，称道儒家所推崇的先圣尧舜禹汤文武周公孔子，讲儒家所强调的阴阳德信与仁义礼知。

公孙弘于元朔元年（前128年）代薛泽为丞相后，封平津侯，丞相封侯自公孙弘始。公孙弘平时节衣缩食，起客馆，开东阁召募贤人，用自己的俸禄供给宾客以衣食，家财没有什么剩余。

元朔六年，淮南、衡山王谋反，公孙弘自责为相不称职，便上书辞职，武帝将其挽留。

后淮南、衡山治党与方急，公孙弘重病，自以为无功而封侯，居宰相位，宜佐明主填抚国家，以尽臣子之道。今诸侯有叛逆之计，身为臣子奉职却不称任，乃上书曰：

> 臣闻天下通道五，所以行之者三。君臣、父子、夫妇、长幼、朋友之交，五者天下之通道也；仁、知、勇三者，所以行之也。故曰："好问近乎知，力行近乎仁，知耻近乎勇：知此三者，知所以自治；知所以自治，然后知所以治人。"未有不能自治而能治人者也。陛下躬孝弟，监三王，建周道，兼文武，招来四方之士，任贤序位，量能授官，将以厉百姓而劝贤材也。今臣愚驽，无汗马之劳，陛下过意擢臣弘卒伍之中，封为列侯，致位三公。臣弘行能不足以称，加有负薪之疾，恐先狗马填沟壑，终无以报德塞责。愿归侯，乞骸骨，避贤者路。[1]

武帝没有同意他归侯免职，而是命其就医看病养身，并赐牛酒杂帛，数月之后公孙弘病愈，又重新理政。

民国年间的政治家戴季陶曾说，就孔子的基本原理来说，即天下之达道五，所以行之者三。智仁勇三者，"行之者一也"。而孙中山把天下之达

---

[1]《汉书》卷五十八《公孙弘卜式兒宽传》，第2621—2622页。

道五，改作天下的达道三，"天下之达道三：民族也，民权也，民生也，所以行之者三：智也、仁也、勇也。智仁勇者，天下之达德也，所以行之者一也，一者何，诚也，诚也者，择善而固执之者也"（戴季陶：《孙文主义之哲学的基础》）。可见，当时公孙弘、汉武帝所推崇的孔子儒家思想，影响之深远。

汉武帝时期，除了上述关于严助、董仲舒、公孙弘三次贤良对策，以阐明儒家学说思想之外，还有河间献王刘德的对策之事。

河间献王刘德，景帝前元二年（前155年）立，修学好古，实事求是。从民间得到善书，必抄好后，留其真，加金帛以还人。"繇是四方道术之人不远千里，或有先祖旧书，多奉以奏献王者，故得书多，与汉朝等"，"献王所得书皆古文先秦旧书，《周官》《尚书》《礼》《礼记》《孟子》《老子》之属，皆经传说记，七十子之徒所论。其学举六艺，立《毛氏诗》《左氏春秋》博士。修礼乐，被服儒术，造次必于儒者。山东诸儒多从而游。"[1] 汉武帝时，献王朝见，献雅乐，对三雍宫，以及诏策所问三十余事。对于推道术而言，献王"得事之中，文约指明"[2]。三雍宫，据应劭注，指辟雍、明堂、灵台，也就是皇帝养老、办学、行礼的地方。据《汉书·艺文志》记载："河间献王《对上下三雍宫》三篇"[3]。所以，显然是指对有关三雍宫的制度，并非召对于三雍宫。

这次"诏策所向三十余事"，具体情况又怎样？据《史记·五宗世家》集解引《汉名臣奏》曰："杜业奏曰：'河间献王经术通明，积德累行，天下雄俊众儒皆归之。孝武帝时，献王朝，被服造次必于仁义。问以五策，献王辄对无穷。孝武帝艴然难之，谓献王曰："汤以七十里，文王百里，王其勉之。"王知其意，归即纵酒听乐，因以终。'"[4]

---

〔1〕《汉书》卷五十三《景十三王传》，第2410页。

〔2〕《汉书》卷五十三《景十三王传》，第2411页。

〔3〕《汉书》卷三十《艺文志》，第1726页。

〔4〕《史记》卷五十九《五宗世家》，第2094页。

献王虽积德好儒，崇尚仁义，精通经术，但他作为诸侯王，占据一方，并大量招募四方道术之人，这是与天子争地争士，违背君臣之礼。因为大将军卫青说过："自魏其、武安之厚宾客，天子常切齿。彼亲附士大夫，招贤绌不肖者，人主之柄也。人臣奉法遵职而已，何与招士！"[1]

《汉书·艺文志》著录河间献王《对上下三雍宫》三篇。《史记·五宗世家》注《集解》引《汉名臣奏》说到"诏策所问三十余事"中，应该包括了刘向《说苑》卷第一《君道》中二事和卷第三《建本》中二事。

《君道》中二事是，河间献王曰："尧存心于天下，加志于穷民，痛万姓之罹罪，忧众生之不遂也。……一民有罪，则曰此我陷之。仁昭而义立，德博而化广，故不赏而民劝，不罚而民治，先恕而后教，是尧道也。当舜之时，有苗氏不服，其所以不服者，大山在其南，殿山在其北，左洞庭之波，右彭蠡之川"，处境险恶，所以不服。禹欲伐之，舜不许，认为这是教育不够，要进一步劝谕引导。结果，"有苗氏请服，天下闻之，皆非禹之义，而归舜道"。

河间献王又曰："禹称民无食，则我不能使也。功成而不利于人，则我不能劝也。故疏河以导之，凿江通于九派，洒五湖而定东海，民亦劳矣，然而不怨苦者，利归于民也。"[2]

《建本》中二事是，河间献王曰："汤称学圣王之道，譬如日焉。静居独思，譬如火焉。夫舍学圣王之道，若舍日之光，何乃独思火之明也？可以见小耳，未可用大知，惟学问可以广明德慧也。"[3]

河间献王又曰："《管子》称：'仓廪实，知礼节；衣食足，知荣辱。'夫谷者，国家所以昌炽，士女所以姣好，礼义所以行，而人心所以安也。《尚书》五福，以富为始，子贡问为政，孔子曰：'富之。'既富，乃教之

---

〔1〕《史记》卷一百一十一《卫将军骠骑列传》，第 2946 页。
〔2〕（汉）刘向撰，向宗鲁校证：《说苑校证》卷一《君道》，北京：中华书局，1987 年，第 7 页。
〔3〕《说苑校证》卷三《建本》，第 69 页。

也。此治国之本也。"〔1〕

这些充分体现了称道先圣尧、舜、禹、汤、孔子等的爱民、富民、教民，提倡仁义、德教。只有仓廪实，民才知礼节；只有衣食足，民才知荣辱，无疑是儒家思想的集中表现。

二、定礼乐、立制度

汉景帝平定吴楚七国之乱以后，诸侯国六百石以上官吏，都由中央委派。汉武帝时，推行"推恩令"，进一步削减诸侯国的地盘与权势，"众建诸侯而少其力"。又规定诸侯国二百石以上吏，都得由中央委派，自此以后，诸侯王不但政治上无权，经济上也日益贫困，"其后诸侯惟得衣食租税，贫者或乘牛车"〔2〕。

中央集权加强了，国家也开始了真正的统一。在经济上，由于建汉以来七十多年的休养生息，轻徭薄赋，社会生产已由恢复走向发展。人民有了温饱，家给丰足。国家也很富裕，积聚了大量的粮食和钱。思想上，由黄老无为指导下的百家共存，逐渐趋向独尊儒家而重视五经与六艺。这便有了前面所述的贤良对策，大量吸收与重用儒家的著名学者。由于政治经济的发展，思想文化的提高，随着礼学家、儒家学者的辈出，用以表明汉受命于天，而并非继秦的条件已经成熟，制定自己的正朔、服色、封禅、巡狩，建学校、兴礼乐、定制度的时机也已到来。

武帝初年的三次贤良对策，招募了许多儒家的杰出人才。元狩六年（前122年），主张杂家而深受道家思想影响的淮南王刘安谋反，武帝就让董仲舒的学生吕步舒，根据《春秋》的思想，予以惩罚诛灭，"使仲舒弟子吕步舒持斧钺治淮南狱，以《春秋》谊颛断于外，不请。既还奏事，上

---

〔1〕《说苑校证》卷三《建本》，第73页。
〔2〕《汉书》卷三十八《高五王传》，第2002页。

皆是之"〔1〕 这是独尊儒术、罢黜百家局面的真正形成。

汉武帝欲以儒家六经特别是《春秋》，以及儒家礼义来统一思想，董仲舒对策有 "《春秋》大一统者，……邪僻之说灭熄" 等语，汉武帝据此斥责 "淮南、衡山修文学"，是 "怵于邪说"〔2〕。董仲舒有 "《春秋》为仁义法" 等语，便在诏中屡次提到 "本仁祖义"〔3〕，"仁不异远，义不辞难"〔4〕。甚至派遣五经博士巡视天下，向山泽之民晓谕 "仁行而从善，义立则俗易"〔5〕。为了推崇《春秋》，曾下诏使戾太子刘据，跟随董仲舒学习《公羊春秋》。

为独尊儒术，推崇六经，汉武帝立五经博士，即《易》《诗》《书》《礼》《春秋》博士，中央的太学、地方的郡国学，都以六经为主要教育内容。选举、对策、录用官吏，也以六经为标准。除了前面说过的以通《公羊春秋》的公孙弘为丞相外，还有以治《尚书》的儿宽为御史大夫，以推崇《春秋》《尚书》的张汤为廷尉、御史大夫，"汤每朝奏事，语国家用，日旰，天子忘食，丞相取充位，天下事皆决汤"〔6〕。

吾丘寿王先受武帝诏，从董仲舒受《春秋》，后以为东郡太守兼都尉，秩四千石。武帝称之为 "天下少双，海内寡二"〔7〕；董仲舒通五经，尤精《春秋》，虽仅为诸侯相、太中大夫，但他年老归居，朝廷每有大政方针，武帝就派遣廷尉张汤到他家里征求意见，可见董仲舒声望之高。

汉武帝独尊儒术的目标之一，也是为了完备儒家所推崇的礼乐制度，以维护与巩固中央集权制的汉王朝。所以，在他的诏令和策题中，往往流

---

〔1〕《汉书》卷二十七上《五行志上》，第 1333 页。

〔2〕《汉书》卷六《武帝纪》，第 174 页。

〔3〕《汉书》卷六《武帝纪》，第 166 页。

〔4〕《汉书》卷六《武帝纪》，第 182 页。

〔5〕《汉书》卷六《武帝纪》，第 180 页。

〔6〕《汉书》卷五十九《张汤传》，第 2641 页。

〔7〕《汉书》卷六十四上《严朱吾丘主父徐严终王贾传上》，第 2795 页。

露出对古代制礼作乐的敬仰和羡慕。当然，更重要的是，武帝不仅重视礼乐，而且亲自主持制礼作乐，以完备制度。现就宗庙之礼，以及郊祀乐等，概述如下。

（一）关于宗庙之礼

《史记·礼书》说到武帝定宗庙之仪，但没有完整的记载保存，现仅将搜集到的有关材料罗列如下：

宗庙园陵火灾，天子当自责。建元六年二月乙未，辽东高庙灾；夏四月壬子，高园便殿火，"上素服五日"，武帝着素服五天。

以珍奇祠宗庙。元狩元年冬十月，武帝出巡行雍，获白麟，荐于宗庙。也所谓"往者朕郊见上帝，西登陇首，获白麟以馈宗庙"。[1]元鼎四年（前113年）六月，汾阴得宝鼎，武帝认为很好，荐之于宗庙。

命令诸王、列侯等献金助祭宗庙的礼仪，从文帝时开始实行，到武帝时进一步严格实行。据《汉仪注》说，诸侯王、列侯，每年八月，以户口酎黄金于汉朝，以祭宗庙，皇帝临受献金，金少不如斤两，或成色不好，则王削县，侯免国。元鼎五年九月，列侯坐献黄金酎祭宗庙不如法，夺爵者一百零六人。丞相赵周因酎祭宗庙金轻不符礼，下狱而死。牧丘恬侯石庆，"天汉元年，坐为太常……祠不如令，完为城旦"[2]，不依礼的规定祠宗庙而被治罪。广阿懿侯任越人，元鼎二年，因祠宗庙的酒不新鲜而被治罪，违者即失礼。戚圉侯季信成，"元狩五年，坐为太常纵丞相侵神道，为隶臣"[3]，神道，大概就是《汉书·郦陆朱刘叔孙传》所述的"宗庙道"[4]。侵犯"宗庙道"，当然是失礼行为，因而罚为隶臣。蓼侯孔臧，

---

〔1〕《汉书》卷六《武帝纪》，第206页。

〔2〕《汉书》卷十八《外戚恩泽侯表》，第690页。

〔3〕《汉书》卷十六《高惠高后文功臣表》，第611页。

〔4〕《汉书》卷四十三《郦陆朱刘叔孙传》，第2130页。

元朔二年，"为太常，三年坐南陵桥坏衣冠道绝免"[1]，从陵寝出衣冠游宗庙之道，谓之衣冠道，应经常保持畅通，否则失礼有罚。俞侯栾贲，元狩六年为太常，祠宗庙的牺牲品种、质量、数量违反规定，失礼而受罚。当涂侯魏不害，后元二年（前 87 年）为太常，没有按时修缮宗庙，失礼受罚。按时修缮是为了宗庙坚固不为风雨所动摇。绳侯周平，元朔六年，"为太常，四年坐不缮园陵免"[2]，违背按时修缮园陵之礼而受罚。元鼎二年，有人盗发文帝园陵所埋送葬之钱，丞相严青翟以四时巡视园陵失责，而有罪自杀。丞相每年四季，应当巡视园陵，负责保护园陵器物、祠品，不能使之被损坏和被盗，否则即违礼有罚。安乐侯李蔡，"元狩五年，坐以丞相侵卖园陵道壖地，自杀"[3]。依礼园陵土地不得侵占、出卖，违者治罪。

宗庙的祭祀，宗庙园陵的修缮保护，主要由太常负责，稍有不合礼仪，即治罪罢职。太常原名奉常，为秦所置，汉景帝时才改名太常。汉初到景帝时，奉常或太常的免职、治罪，始终没有提到宗庙、园陵礼仪之事。到武帝时开始，违犯宗庙，园陵有关礼仪的治罪，才与太常连在一起。所以，太常因祭祀宗庙，修缮园陵不善或失职，而遭到处罚的种种仪法，应该是当时制定的。可见，汉武帝时，的确又制定了不少关于宗庙之礼的仪法和制度，进一步完备了这方面的礼仪。

（二）关于乐

武帝赞赏五帝三王的乐，特别是虞舜之乐和周时的乐。元鼎年间，方兴天地诸祠，武帝欲作乐。他对公卿说，民间祭祀有鼓舞乐，而今郊祀祭天却无乐，这合适吗？有公卿说，古代祠天地皆有乐，而神祇可得而礼。

---

[1]　《汉书》卷十九下《百官公卿表下》，第 771 页。
[2]　《汉书》卷十九下《百官公卿表下》，第 773 页。
[3]　《汉书》卷十七《景武昭宣元成功臣表》，第 644 页。

也有人说，泰帝传素女鼓五十弦瑟，但比较悲哀，故破其瑟为二十五弦。于是"祷祠泰一、后土，始用乐舞。益召歌儿，作二十五弦及空侯瑟自此起"[1]。

为定郊祀之礼，设立乐府，并依古遒人徇路，采取百姓歌谣，以李延年为协律都尉，令司马相如等数十人作诗赋，"略论律吕，以合八音之调，作十九章之歌。以正月上辛用事甘泉圜丘，使童男女七十人俱歌，昏祠至明"[2]。

郊祀歌十九首，《汉书·礼乐志》有记载：《练时日》一，《帝临》二，《青阳》三，《朱明》四，《西颢》五，《玄冥》六，《惟泰元》七，《天地》八，《日出入》九，《天马》十，《天门》十一，《景星》十二，《齐房》十三，《后皇》十四，《华烨烨》十五，《五神》十六，《朝陇首》十七，《象载瑜》十八，《赤蛟》十九。其中有著作具体时间的，如《天马》上半首为"元狩三年马生渥洼水作"，下半首为"太初四年诛宛王获宛马作"；《景星》，"元鼎五年得鼎汾阳作"；《齐房》，"元封二年芝生甘泉齐房作"；《朝陇首》，"元狩元年行幸雍获白麟作"；《象载瑜》，"太始三年行幸东海获赤雁作"。内容主要是歌颂天下统一，四夷归顺，国泰民安，瑞祥频至，风调雨顺，五谷丰登，以及宣扬礼德信义。

有《安世房中歌》十七章。《史记·乐书》载"至今上即位，作十九章，令侍中李延年次序其声，拜为协律都尉"，《索隐》按："《礼乐志》，《安世房中乐》有十九章。"[3] 大概就是《汉书·礼乐志》所谈的《安乐世房中歌》十七章。这十七首乐歌，主要是宣扬忠孝礼德及文治武功，如"大孝备矣，休德昭清"，"乃立祖庙，敬明尊亲"，"竟全大功，抚安四极"，"诏抚成师，武臣承德"，"民何贵？贵有德"，"大莫大，成教德"，

〔1〕《汉书》卷二十五上《郊祀志上》，第 1232 页。

〔2〕《汉书》卷二十二《礼乐志》，第 1045 页。

〔3〕《史记》卷二十四《乐书》，第 1177 页。

"明德乡，治本约"，"孝奏天仪，若日月光"。[1]

与此同时，河间献王刘德，修礼乐，崇儒术，所言所行必依儒者所为。他不但非常有才干，而且十分有德，曾向董仲舒问孝，以为治道非礼乐不成。刘德与诸生、学士共作《乐记》及"八佾"，"武帝时，河间献王好儒，与毛生等共采《周官》及诸子言乐事者，以作《乐记》，献八佾之舞，与制氏（汉初乐官，擅长雅乐律——笔者注）不相远。其内史丞王定传之，以授常山王禹"。[2] "献八佾舞"，就是《汉书·景十三王传》中所说的"武帝时来朝，献雅乐"。对于河间献王所献的这种"雅乐"，当时名儒公孙弘、董仲舒都以为"音中雅正"。所以武帝将此"雅乐"下交太乐官，进行练习演奏。但仅岁时以备数，不常御，常御及郊庙，皆非雅声。因此，后来班固批评说："今汉郊庙诗歌，未有祖宗之事。八音调均，又不协于钟律，而内有掖庭材人，外有上林乐府，皆以郑声施于朝廷。"[3]

可见，武帝所制乐，不仅有深奥的雅乐，也有通俗的取于民间的歌谣和文人制作的诗赋。还建立专门的机构乐府，制作新的乐器二十五弦瑟及箜篌瑟。

（三）立五经博士，置太学

武帝建元五年春，立五经博士，置太学（博士弟子员）及地方学校——郡国学。

元光元年，董仲舒贤良对策中的第二策曰："故养士之大者，莫大乎太学；太学者，贤士之所关也，教化之本原也"，"臣愿陛下兴太学，置明师，以养天下之士，数考问以尽其材，则英俊宜可得矣"。[4] 此建议被汉武帝所赞赏而加以接受、实行。

---

[1] 《汉书》卷二十二《礼乐志》，第1046—1049页。

[2] 《汉书》卷三十《艺文志》，第1712页。

[3] 《汉书》卷二十二《礼乐志》，第1071页。

[4] 《汉书》卷五十六《董仲舒传》，第2512页。

在中央办太学的同时，地方也办学校。董仲舒说，立太学可以教于国，设庠序可以化于邑。为此，汉武帝在董仲舒的建议下，号召地方也办起学校。《汉书·循吏传》有："至武帝时，乃令天下郡国皆立学校官"[1]，便是明证。

董仲舒向汉武帝建议中央办太学，丞相公孙弘向汉武帝请为博士置弟子员。武帝元朔五年夏六月，诏曰："盖闻导民以礼，风之以乐，今礼坏乐崩，朕甚闵焉。故详延天下方闻之士，咸荐诸朝。其令礼官劝学，讲议洽闻，举遗兴礼，以为天下先。太常其议予博士弟子，崇乡党之化，以厉贤材焉。"[2]

丞相公孙弘，与太长臧、博士平等议论办太学（博士弟子员）之事。他们说：

> 闻三代之道，乡里有教，夏曰校，殷曰庠，周曰序。其劝善也，显之朝廷；其惩恶也，加之刑罚。故教化之行也，建首善自京师始，繇内及外。今陛下昭至德，开大明，配天地，本人伦，劝学兴礼，崇化厉贤，以风四方，太平之原也。古者政教未洽，不备其礼，请因旧官而兴之。为博士官置弟子五十人，复其身。太常择民年十八以上仪状端正者，补博士弟子。郡国县官有好文学，敬长上，肃政教，顺乡里，出入不悖，所闻，令、相、长、丞、上属所二千石。二千石谨察可者，常与计偕，诣太常，得受业如弟子。一岁皆辄课，能通一艺以上，补文学掌故缺；其高第可以为郎中，太常籍奏。即有秀才异等，辄以名闻。其不事学若下材，及不能通一艺，辄罢之，而请诸能称者[3]。

---

〔1〕《汉书》卷八十九《循吏传》，第 3626 页。

〔2〕《汉书》卷六《武帝纪》，第 171—172 页。

〔3〕《汉书》卷八十八《儒林传》，第 3593—3594 页。

蜀郡太守文翁年少时好学，通晓《春秋》。他选郡县小吏开敏有才者张叔等十余人，遣诣京师，受业博士，或学律令。几年后，这些蜀生皆成就还归，文翁以为右职，用次察举，有官至郡守、刺史者。他不仅遣郡县小吏至京师太学受业博士，而且还在蜀地办郡国学，在成都修建学官，招收下县子弟以为学官弟子，为除更繇，成就高的补郡县吏，次一些的为孝悌力田。文翁经常选一些学官僮子，使他们留在自己身边做事。每出到各县巡查，更是从学官诸生中选一些通晓经义、品行端正的一起，让他们传教令，在官府中出入，"县邑吏民见而荣之，数年，争欲为学官弟子，富人至出钱以求之。繇是大化，蜀地学于京师者比齐鲁焉。至武帝时，乃令天下郡国皆立学校官，自文翁为之始云"〔1〕县邑官民皆以此为荣，蜀地民风得以大化，武帝时，便令全国郡县都设立学官，从此有了学官自文翁开始创立的说法。

（四）封禅改历，以立汉正朔服色

武帝自得宝鼎，与公卿诸生商议封禅之事。由于封禅之礼很少用，当时没有人知晓其仪礼。群儒采封禅于《尚书》《周官》《王制》之望祀射牛事。齐人丁公已九十多岁，他说："封禅者，古不死之名。秦皇帝不得上封。陛下必欲上，稍上即无风雨，遂上封矣。"武帝于是令诸儒习射牛，草拟封禅礼仪。几年后，天子"既闻公孙卿及方士之言，黄帝以上封禅皆致怪物与神通，欲放黄帝以接神人蓬莱，高世比德于九皇，而颇采儒术以文之。群儒既以不能辩明封禅事，又拘于《诗》《书》古文而不敢骋。上为封祠器视群儒，群儒或曰'不与古同'，徐偃又曰：'太常诸生行礼不如鲁善。'周霸属图封事，于是上黜偃、霸，而尽罢诸儒弗用"〔2〕《汉书·兒宽传》记载：

---

〔1〕《汉书》卷八十九《循吏传》，第3626页。
〔2〕《汉书》卷二十五上《郊祀志上》，第1233页。

　　及议欲放古巡狩封禅之事，诸儒对者五十余人，未能有所定。先是，司马相如病死，有遗书，颂功德，言符瑞，足以封泰山。上奇其书，以问宽，宽对曰："陛下躬发圣德，统楫群元，宗祀天地，荐礼百神，精神所乡，征兆必报，天地并应，符瑞昭明。其封泰山、禅梁父，昭姓考瑞，帝王之盛节也。然享荐之义，不著于经，以为封禅告成，合祛于天地神祇，祇戒精专以接神明。总百官之职，各称事宜而为之节文。唯圣主所由，制定其当，非群臣之所能列。今将举大事，优游数年，使群臣得人自尽，终莫能成。唯天子建中和之极，兼总条贯，金声而玉振之，以顺成天庆，垂万世之基。"〔1〕

　　武帝表示赞同，于是自制仪，采儒术以文饰之。由上可见，武帝自得宝鼎以后，就与《尚书》专家兒宽、五经博士褚大一起研究封禅事宜。兒宽认为，封泰山、禅梁父是帝王之大典礼，并非一般常礼，不是群臣所能议论的，应当由天子提出各种仪式、礼节，制定适当就可以了。武帝表示赞同，因而就由他自己制定封禅仪典，当然也采纳了儒家的礼仪。

　　封禅的具体仪式与程序，当与应劭《汉官仪》卷下所述的马第伯《封禅仪记》（马第伯为东汉初期人）相仿。马第伯《封禅仪记》中提到，上泰山观祭山坛及故明堂宫。又观治石、石枚，状博平，圆九尺，此坛上石。"其一石，武帝时石也。时用五车不能上也，因置山下，为屋，号五车石。"又说，到天门，东上一里余，得木甲。"木甲者，武帝时神也。东北百余步，得封所，始皇立石及阙在南方，汉武在其北。"又说，上坛见酢梨酸枣狼藉，散钱处数百币帛。"武帝封禅至泰山下，未及上，百官为先上跪拜，置梨枣钱于道以求福，即此也。"〔2〕又说，自下至古禅处，凡

---

〔1〕《汉书》卷五十八《公孙弘卜式兒宽传》，第2630—2631页。

〔2〕（清）严可均辑，许振生审订：《全后汉文》卷二十九《封禅仪记》，北京：商务印书馆，1999年，第292、293页。

四十里,山南有庙,悉种柏千株,大者十五六围,"相传云,汉武所种"。同时,《史记·武帝本纪》有"自得宝鼎,上与公卿议封禅,……草封禅仪",《索隐》曰:"仪见应劭《汉官仪》。"所以,两者是一致的。因马第伯《封禅仪记》具体程序、仪式极为繁杂,故从略。

《汉书·郊祀志上》记载,元封元年(前110年)冬,武帝以为"古者先振兵释旅,然后封禅"[1]于是,遂北巡朔方,勒兵十余万骑,还祭黄帝冢桥山,释兵凉如。既至甘泉,为且用事泰山,先类祠泰一。三月,东幸缑氏,礼登中岳太室。命令祠官加增太室祠,禁止砍伐其山上林木,又东上泰山,令人立在泰山顶上立石。遂东巡于海上,以祠八神。四月,还至奉高。武帝至梁父,礼祠地主。"乙卯,令侍中儒者皮弁缙绅,射牛行事。封泰山下东方,如郊祀泰一之礼。封广丈二尺,高九尺,其下则有玉牒书,书秘。礼毕,天子独与侍中奉车子侯(霍去病子)上泰山,亦有封。其事皆禁。明日,下阴道。丙辰,禅泰山下阯东北肃然山,如祭后土礼。天子皆亲拜见,衣上黄而尽用乐焉。"[2]武帝封禅回来,坐于明堂,群臣轮流上前祝寿。于是下诏改元为元封。并说,古代天子五载一巡狩,用事泰山,诸侯有朝宿地,故令诸侯各治邸第泰山下。自此以后,"泰山五年一修封。武帝凡五修封"[3]

从应劭《汉官仪》及《汉书·郊祀志》关于封禅的礼节、仪式来看,都非常隆重。动用兵员达十万余骑;上泰山先治道开路,用徒、役一千五百人;还有许多王、侯及公、卿、大夫、校尉、将军、郎吏等文武百官从行。不仅有王侯及中央文武官吏跟随,地方官吏、缙绅也出迎,上寿、祝贺。同时,又巡视四方,使天下百姓都知晓。这充分体现了汉武帝的丰功伟绩和最大的福气,以表示的确与一般帝王不同,是真正的受天命而

〔1〕《汉书》卷二十五上《郊祀志上》,第1233页。
〔2〕《汉书》卷二十五上《郊祀志上》,第1235页。
〔3〕《汉书》卷二十五下《郊祀志下》,第1248页。

为帝。

既然汉王朝是重新受命,汉武帝是受天命而为帝,那么应有自己的正朔服色制度,而不应该继承秦朝的。当时沿用秦正朔,用《颛顼历》"朔晦月见,弦望满亏,多非是"。至太初元年(前104年),汉兴已百余年,大中大夫公孙卿、壹遂、太史令司马迁等言"历纪坏废,汉兴未改正朔,宜可正"[1]。御史大夫兒宽通明经术,武帝就下诏兒宽与博士共议:今宜何以为正朔?服色何上?兒宽与博士赐等商议后奏曰:"帝王必改正朔,易服色,所以明受命于天也。创业变改,制不相复,推传序文,则今夏时也。……臣愚以为三统之制,后圣复前圣者,二代在前也。今二代之统绝而不序矣,唯陛下发圣德,宣考天地四时之极,则顺阴阳以定大明之制,为万世则。"[2] 于是,武帝下诏公孙卿、壹遂、司马迁与侍郎尊、大典星射姓等,根据三统之制,行夏之时,而议造"汉历",也就是《太初历》。

太初元年夏五月,武帝颁行《太初历》,"夏五月,正历,以正月为岁首。色上黄,数用五",张晏注曰:"汉据土德,土数五,故用五,谓印文也。"[3]

以正月为岁首,是行夏时,以建寅之月为岁首,改变了秦朝行《颛顼历》以十月为岁首。以建寅之月为岁首,色上黄,土德,数用五,改变了秦行色上黑,水德,数用六,也就是改变了汉初沿用秦正朔服色制度的情况,从而正式确立了汉朝自己的正朔服色制度。

同时要说明一下,汉武帝时期的改正朔易服色,据"三统",行"夏时","数用五","色上黄",也是根据大儒董仲舒的《春秋》思想。

关于"三统""夏时""正月为岁首",董仲舒曾明确指出过:"《春秋》应天作新王之事,时正黑统","三正以黑统初。正日月朔于营室,斗

---

[1] 《汉书》卷五十八《公孙弘卜式兒宽传》,第2629页。

[2] 《汉书》卷二十一上《律历志上》,第975页。

[3] 《汉书》卷六《武帝纪》,第199、200页。

建寅"。[1] 郊祀祭天，必以正月上辛者，因天最尊贵，而"首一岁之事"。其中说到"时正黑统"，"斗建寅"，即用"三统"，行"夏时"，以"正月为岁首"。"数用五"，"色上黄"，董仲舒于数最重五，有"五声""五味""五色""五而复""五纪""五行""五事"等说法；于色最尚黄，"五色莫盛于黄"。[2]

由上可见，武帝礼乐等活动，包括罢黜百家、独尊儒术，制礼作乐、封禅改历，完成了汉初七十余年来，帝王、公卿、大臣以及礼学家所提出而没有完成的任务，确立了汉朝的礼乐制度。不仅在当时，而且对于以后的历史，其意义和作用都是极大的。罢黜百家，独尊儒术，开始了思想的统一，而思想的统一，进一步促进和巩固了政治的统一，有利于中央集权和封建地主阶级专政。儒家的独尊，儒家的礼乐制度和思想，成为以后中国封建社会的指导思想，一直延续到1898年戊戌变法，或1919年的五四运动。

同时，正朔、服色、历法是每一个朝代最重要的礼制，是后代不同于前代的标志。武帝所定的《太初历》，以建寅之月为正月。以建寅之月为正月，一直沿用到1911年。1912年，建立中华民国，才改用公历。中国民间至今还习惯以建寅之月为正月，即农历，可见其影响之久远。

（五）以儒家经义治继统

以儒家的经义封王，立皇后，以及教育太子。首先是根据《诗》《春秋》经义及《尚书》体例封三王。

元狩六年四月，在御史大夫张汤、丞相严青翟等大臣的请求与支持下，封皇子闳为齐皇，皇子旦为燕王，皇子胥为广陵王，封策之词采用《尚书》的诰体。

---

[1]《春秋繁露义证》卷七《三代改制质文》，第184、188页。

[2]《春秋繁露义证》卷十《五行对》，第308页。

封齐王策是在元狩六年四月乙巳，皇帝使御史大夫张汤庙立子闳为齐王。曰："於戏，小子闳，受兹青社！朕承祖考，维稽古建尔国家，封于东土，世为汉藩辅。於戏念哉！恭朕之诏，惟命于不常。人之好德，克明显光。义之不图，俾君子怠。悉尔心，允执其中，天禄永终。厥有愆不臧，乃凶于而国，害于尔躬。於戏，保国艾民，可不敬与！王其戒之。"[1]

封燕王策是元狩六年四月乙巳，皇帝使御史大夫张汤庙立子旦为燕王。曰："於戏，小子旦，受兹玄社！朕承祖考，维稽古，建尔国家，封于北土，世为汉藩辅。於戏！荤粥氏虐老兽心，侵犯寇盗，加以奸巧边萌。於戏！朕命将率徂征厥罪，万夫长，千夫长，三十有二君皆来，降期奔师。荤粥徙域，北州以绥。悉尔心，毋作怨，毋俷德，毋乃废备。非教士不得从征。於戏，保国艾民，可不敬与！王其戒之。"[2]

封广陵王王策是元狩六年四月乙巳，皇帝使御史大夫张汤庙立子胥为广陵王。曰："於戏，小子胥，受兹赤社！朕承祖考，维稽古建尔国家，封于南土，世为汉藩辅。古人有言曰：'大江之南，五湖之间，其人轻心。扬州保疆，三代要服，不及以政。'於戏！悉尔心，战战兢兢，乃惠乃顺，毋侗好轶，毋迩宵人，维法维则。《书》云：'臣不作威，不作福，靡有后羞。'於戏，保国艾民，可不敬与！王其戒之。"[3]

根据《尚书·大诰》的体例封三王策，其中有《尚书》的经义与思想，还有《春秋》与礼义的要求。《史记·三王世家·褚先生补》所谓"受此土"者，诸侯王始封者必受土于天子之社，归立之以为国社，以岁时祠之。《春秋大传》曰："天子之国有泰社。东方青，南方赤，西方白，北方黑，上方黄。"故封于东方者取青土，封于南方者取赤土，封于西方者取白土，封于北方者取黑土，封于上方者取黄土。"各取其色物，裹以

---

[1] 《史记》卷六十《三王世家》，第 2111 页。
[2] 《史记》卷六十《三王世家》，第 2112 页。
[3] 《史记》卷六十《三王世家》，第 2113 页。

白茅，封以为社。此始受封于天子者也。此之为主土。主土者，立社而奉之也。'朕承祖考'，祖者先也，考者父也，'维稽古'，维者度也，念也，稽者当也，当顺古之道也。"[1]

齐地多变诈，不习于礼义，故诫之曰："人之好德，能明显光，不图于义，使君子怠慢。……齐王之国，左右维持以礼义。"广陵在吴越之地，其民精而轻，故诫之曰："'臣不作威'者，勿使因轻以倍义。"[2] 燕土硗塉，北迫匈奴，其人民勇而少虑，故诫之曰："荤粥氏无有孝行而禽兽心，以窃盗侵犯边民。……'无偭德'者，勿使王背德也，……'非教士不得从征'者，言非习礼义不得在于侧也。"[3]

稍前些时，即武帝元朔元年春三月，根据《易》《诗》经义，立卫皇后。诏曰："朕闻天地不变，不成施化；阴阳不变，物不畅茂。《易》曰'通其变，使民不倦'。《诗》云'九变复贯，知言之选'。朕嘉唐虞而乐殷周，据旧以鉴新，其赦天下，与民更始。诸逋贷及辞讼在孝景后三年以前，皆勿听治。"[4]

武帝戾太子是卫皇后所生，也称卫太子。因武帝要求，曾经学习儒家《公羊春秋》，又因自己爱好，曾学《穀梁春秋》，"戾太子据，元狩元年立为皇太子，年七岁矣。……少壮，诏受《公羊春秋》，又从瑕丘江公受《穀梁》"[5] 当时汉武帝两个哥哥，也接受公羊学家董仲舒儒德与礼义的教育。一个是江都易王刘非，一个是胶西王刘端，两人性情都很骄横。董仲舒曾先后为两王之相，均以儒家的礼义规劝、诱导他们，"易王，帝兄。素骄，好勇。仲舒以礼谊匡正，王敬重焉"，"胶西王闻仲舒大儒，善待之，仲舒恐久获罪，病免。凡相两国，辄事骄王，正身以率下，数上疏谏

---

[1]《史记》卷六十《三王世家》，第2115—2116页。

[2]《史记》卷六十《三王世家》，第2116页。

[3]《史记》卷六十《三王世家》，第2117、2118页。

[4]《汉书》卷六《武帝纪》，第169页。

[5]《汉书》卷六十三《武五子传》，第2741页。

争，教令国中，所居而治"。[1] 因为董仲舒治国理民以儒术德教为主，故任诸侯相时，颇有政声。《汉书·循史传》称赞董仲舒、公孙弘与兒宽："孝武之世，外攘四夷，内改法度，民用凋敝，奸轨不禁。时少能以化治称者，惟江都相董仲舒、内史公孙弘、兒宽，居官可纪。三人皆儒者，通于世务，明习文法。以经术润饰吏事，天子器之。"[2]

三、经学大师——董仲舒的思想

董仲舒诞生的景州广川镇，西汉时属广川国的昌城县，即今河北衡水。董仲舒大约生于汉惠帝五年，卒于汉武帝元鼎二年，即约公元前190年至公元前115年。当时西汉社会处于由初期进入中期的大变动时期，董仲舒广博与丰富的儒家思想，也是当时政治经济和文化学术发展变化的反映，当然也包括了他精深的哲学思想。

董仲舒的思想，继承和发展了《春秋》公羊学的思想，确立了孔子与六经在学术界和思想界的统治地位。这些思想，集中体现在《春秋繁露》《贤良对策》《春秋阴阳》《春秋决狱》等董仲舒的传世著作中。

董仲舒的经学思想，内容广泛，博大精深，包括思想渊源、哲理观念、政治法律、社会伦理、经济文化、历史民族，以及今文经学等。除上面介绍过的贤良对策——"天人三策"外，因篇幅关系，现仅谈董仲舒加强王权政治统一、独尊儒术统一思想、改革吏治任贤考绩、德主刑辅《春秋》决狱、行有伦理三纲五常、发展教育宣扬六经，以及今文经学方面的思想与内容。

（一）加强王权，政治统一

董仲舒有正视现实、要求变革、体察民情、发展经济和教育等主张，

---

〔1〕《汉书》卷五十六《董仲舒传》，第2523、2525页。

〔2〕《汉书》卷八十九《循吏传》，第3623—3624页。

特别是政治上的变革。在他看来，社会要发展和进步，变革十分有必要：
"今汉继秦之后，如朽木粪墙矣，虽欲善治之，亡可奈何。法出而奸生，
令下而诈起，如以汤止沸，抱薪救火，愈甚亡益也。窃譬之琴瑟不调，甚
者必解而更张之，乃可鼓也；为政而不行，甚者必变而更化之，乃可理
也。当更张而不更张，虽有良工不能善调也；当更化而不更化，虽有大贤
不能善治也。故汉得天下以来，常欲善治而至今不可善治者，失之于当更
化而不更化也。"〔1〕

在董仲舒看来，这种变革，不但在西汉是不可避免的，而且也是自古
以来就有的，"圣王之继乱世也，扫除其迹而悉去之，复修教化而崇起
之"，所以，只有在政治、法律、伦理、吏治、教育等各方面进行全面变
革，才可以使天下大治。

首先是加强王权，促进政治统一。如何来加强王权，促进政治统一？
西汉社会要进行全面的变革，无疑要在最高统治者皇帝的领导下进行，一
方面应该赋予皇帝极大的权威，另一方面也要对其有严格的要求，这样才
有可能完成这一历史使命。那么，最高统治者的权威是怎样的呢？

1. 君权天命神授

董仲舒认为，最高统治者是天命神授的，即位的时候，必须改正朔、
易服色、制礼乐，以表明其"非继人"而"受之于天"。

既然是上天受命，称号也必然是无可比拟的。所以称之为"天子"，
董仲舒说："德侔天地者，皇天右而子之，号称天子。"〔2〕应该称之为
"皇帝"，所谓通天地、阴阳、四时、日月、星辰、山川、人伦，德侔天地
者称"皇帝"。应该称之为"人主"，即"人主之大，天地之参也"〔3〕，应
该称之"王"。"古之造文者，三画而连其中，谓之王。三画者，天地与人

---

〔1〕《汉书》卷五十六《董仲舒传》，第 2504—2505 页。
〔2〕《春秋繁露义证》卷十五《顺命》，第 404 页。
〔3〕《春秋繁露义证》卷十七《天地阴阳》，第 462 页。

也，而连其中者，通其道也。取天地与人之中以为贯而参通之，非王者孰能当是?"[1] 应该称之为"君"，董仲舒认为，受命的君，"是天意所予也"。所以《春秋》之法，是以人随君，以君随天。总之，作为最高统治者的君主，是上参天、下通地、中连人，阴阳、五行、四时、日月、星辰、山川，无所不知的明王圣帝。

董仲舒为了提高君主的地位，对"王""君"两号进行特别的解释。他解释"王"号："深察王号之大意，其中有五科：皇科、方科、匡科、黄科、往科。合此五科，以一言谓之王。""故曰：天覆无外，地载兼爱。风行令而一其威，雨布施而均其德。王术之谓也。"[2]

董仲舒深察君号之大意，也有五科，即元科、原科、权科、温科、群科。能综合此五科叫作"君"。所以"君"是开创、本原、权威、温暖、群首。"王"是"民之所往"，"君"是"得天下之群者"。

董仲舒不满足于此，更以阴阳、五行、三纲五常来加强君主的地位。认为，阳尊阴卑，君为阳，臣为阴，故君尊而臣卑。就五行来说，土为五行之主，而"土者君之官也"，故君王最高贵。关于三纲五常，董仲舒认为"君为臣纲"是三纲的核心，以仁义为基本思想的五常，也只有君主才能完全具备。

2. 君主是举国上下的中心

董仲舒认为，作为最高统治者的君主，是举国上下的中心。全国受命于君，身以心为本，国以君为主。故君主是国家的元首，一言一行为"万物之枢机"。

以君主为中心，就君民关系而言，《传》曰："君者，民之心也；民者，君之体也。心之所好，体必安之；君之所好，民必从之。"[3] 因此，

---

〔1〕《春秋繁露义证》卷十一《王道通三》，第320—321页。

〔2〕《春秋繁露义证》卷十《深察名号》，第282页。

〔3〕《春秋繁露义证》卷十一《为人者天》，第312页。

君唱而和，君动而民随。贤者也是如此，"至德以受命，豪英高明之人辐辏归之"[1]。

以君主为中心，就君臣关系而言，董仲舒说，臣是受命于君的，"君臣之礼，若心之与体，心不可以不坚，君不可以不贤；体不可以不顺，臣不可以不忠"[2]文武百官，虽"同望异路，一之者在主"[3]

以君主为中心，就君主与诸侯的关系而言，董仲舒说，诸侯受命于天子，如果不能奉行天子之命，则绝其名而不得就位，所以"号为诸侯者，宜谨视所候奉之天子也"[4]。君子不仅是一国的中心，而且是天下的中心。天子受命而海内归顺，犹众星拱北辰，流水汇沧海，"海内之心悬于天子"[5]。

3. 严禁诸侯割据专权

树立君主的权威和中心，是加强王权的一个方面，即"强干"和"大本"。加强王权的另一方面，是在地方上消除诸侯割据称雄的局面，在中央杜绝大臣专权，即"弱枝"与"小末"，这是历史的经验教训的总结。董仲舒通过《春秋》褒贬、五行变化、阴阳灾异来加以阐明。

以《春秋》褒贬而言，董仲舒说："《春秋》明此，存亡道可观也"，"观乎鲁隐、祭仲、叔武、孔父、荀息、仇牧、吴季子、公子目夷，知忠臣之效"，"观乎献六羽，知上下之差"[6]"献八佾，讳八言六。郑鲁易地，讳易言假。晋文再致天子，讳致言狩。桓公存邢、卫、杞，不见《春秋》"，"非诸侯所当为也"[7]董仲舒称述《春秋》褒贬得当，对"知忠

---

〔1〕《春秋繁露义证》卷九《观德》，第265页。

〔2〕《春秋繁露义证》卷十七《天地之行》，第456页。

〔3〕《春秋繁露义证》卷六《符瑞》，第155页。

〔4〕《春秋繁露义证》卷十《深察名号》，第279页。

〔5〕《春秋繁露义证》卷九《奉本》，第271页。

〔6〕《春秋繁露义证》卷四《王道》，第125、126页。

〔7〕《春秋繁露义证》卷四《王道》，第113页。

臣之效""明上下之差"的卑臣行为的褒扬,对齐桓公、晋文公等奢僭越职行为的讳言和贬下,董仲舒认为,只有这样做,才能使"君臣之分明矣"。所以"《春秋》者凡用是矣,此其法也"。[1]

以五行变化而言,有"五行相胜"与"五行相生"之分。前者如"火胜金",后者如"火生土"。"五行相胜"是针对司徒、司农等中央公卿大臣而言,对于他们的违法乱纪严惩不贷;"五行相生"是针对地方诸侯而言,对于他们的阴谋叛乱格杀不论。

就阴阳灾异而言,董仲舒认为,如果人臣专权、僭越、弑君,那就是反常现象,"以阴侵阳,以卑侵尊",必然会出现火灾、日蚀等变异,以示警告、惩罚。

由于阴阳反常而出现火灾,如"定公二年'五月,雉门及两观灾。'董仲舒……以为此皆奢僭过度者也"。[2] 由于阴阳反常而出现日蚀,如"桓公三年'七月壬辰朔,日有食之,既'",董仲舒"以为前事已大,后事将至者又大,则既"。[3] 前者是对鲁国奢僭的惩罚,"两观"对于诸侯是"僭礼之物"。据颜师古注曰:"两观,天子之制也",作为诸侯的鲁,不宜有此异物。后者是对鲁、宋、楚、郑等诸侯妄自称王、无视天子行为的遣责,以维护"弱枝"与"小末"。

董仲舒曾劝告汉武帝下最大决心,铲除骄横不正的诸侯,打击专权自恣的大臣,以实现政治统一,加强中央集权。他不仅向汉武帝建议,而且积极加以贯彻,董仲舒在任江都、胶西相时,也是这样做的。

董仲舒以历史经验和教训,通过阴阳五行等灾变,限制约束诸侯与大臣,处罚他们专擅和僭越,以加强王权。而且还针对现实,主张要严惩诸侯的割据分裂、大臣的骄奢恣纵,以贯彻"弱枝"与"小末"。从而真正

---

〔1〕《春秋繁露义证》卷五《十指》,第143页。

〔2〕《汉书》卷二十七上《五行志上》,第1329页。

〔3〕《汉书》卷二十七下之下《五行志下之下》,第1482页。

实现"强干"和"大本"，加强王权。

4. 君主必须为民而贤明

在董仲舒看来，民是天生的，但天生民，不是为了君，天立君是为了民。所以，五帝三王治天下，不敢以民之君而自居。如尧舜爱民似子，民敬尧似父母。孔子所著《春秋》，也敬贤重民。为此，作为君主，必须"同民所欲"，"爱民而好士"。

为了爱民，君主必须尚德，不但尚德，而且要有才，"贵为天子"，"又有能致之资"〔1〕，颜师古注曰："资，材质也。"〔2〕凌曙《春秋繁露注》引《古今注》，程雅问董仲舒曰："自古何谓三皇五帝？"董仲舒回答说："三皇，三才也；五帝，五常也"，三皇重才，五帝重德，故皇帝当然德才兼备。

德才兼备的君主，必须以身作则。董仲舒说，君主想治理好天下，应该从严格要求自己开始，正心以正朝廷，正朝廷以正百官，正百官以正万民。君主首先考虑的是天下和人民，如尧受命为帝，以天下为忧，而不以得位为乐。处理政治，应"宜于民"，生杀予夺也当合理，治国理民，准绳不可以不准。面对人民的反抗，君主只可惩罚首领而不能株连一般群众，"木者农也，农者民也，不顺如叛，则命司徒诛其率正矣。故曰金胜木"〔3〕

如果君主不能为民，而且为非作歹，要尽力挽救。对于那些无法挽救的暴君，董仲舒明确指出，人民可以起来反抗，"君命逆，则民有逆命"〔4〕。不但可以反抗，而且可以将他杀掉，夏桀、商纣的被杀就是明证。同时，暴君被杀，不能称为"弑"，这是有道伐无道，这是天理。

〔1〕《汉书》卷五十六《董仲舒传》，第2503页。
〔2〕《汉书》卷五十六《董仲舒传》，第2504页。
〔3〕《春秋繁露义证》卷十三《五行相胜》，第360页。
〔4〕《春秋繁露义证》卷十一《为人者天》，第311页。

5. 董仲舒王权思想的历史地位

董仲舒的"大本""强干""弱枝""小末"等王权思想,有利于国家的独立统一。当时在反击北方匈奴奴隶主贵族的侵犯,平定南方越人的割据,消除东方诸侯的分裂等方面有积极意义。汉武帝在董仲舒思想的影响下,狠狠打击了淮南、衡山、江都三王的谋反行动。同时,制定了惩罚诸侯分裂割据以及大臣与诸侯勾结的《阿党》《左官》《附益》等律令,加强了对诸侯权势的进一步限制。从此,再也没有大的诸侯反叛活动了,确保了中央集权制的实行。

董仲舒的王权思想,既是对秦王朝被农民大起义所灭亡和西汉初期外患内祸频仍的历史教训的总结,也是向西汉统治阶级进呈的维护封建秩序、巩固地主阶级专政的良谋善策。同时,董仲舒阴阳五行化的王权思想,无疑也是天人合一、天人感应神学唯心主义的反映,具有神秘主义色彩。

(二) 独尊儒术,统一思想

1. "六学皆大"统一于《春秋》

董仲舒说,"六学皆大",尤其是《春秋》为六经(即六艺)之魁。正如晚清康有为所说:"六经粲然深美,浩然繁博,将何统乎?统一于《春秋》。"[1]《春秋》为什么能处于如此崇高的地位呢?因为《春秋》博大精深,它探索了天道、人事、群生、万物,涉及古往今来的时间和天下四海的空间。

当然,在董仲舒看来,《春秋》还包含了组成天的阴阳、五行、四时,以及在天之前的"元"。从天元、阴阳、五行、四时,到人君、朝廷、百官、万民、群生、万物、四方、远近、四海之内,"莫不毕至,而王道终

---

〔1〕(清)康有为:《春秋董氏学》,楼宇烈整理,北京:中华书局,1990年,自序第1页。

矣"[1]。

《春秋》之义无所不包，董仲舒综合其主要内容，可以归纳为五点：

第一，《春秋》讲天人之际，有"二端""五始"；

第二，《春秋》讲政权更替，有"受命改制"；

第三，《春秋》讲名、实关系，有"道名分"；

第四，《春秋》讲时代进化，有"三世"（即三等）；

第五，《春秋》讲微言大义，有"十指""六科"。

不难看出，儒家的六经，特别是《春秋》，的确是广大无边、包罗万象。正如班固所说，儒家"于道最为高"，诸子十家，只不过是"六经之支与流裔"[2] 所以，儒家能兼容并包各家各派。

儒家之所以能够独尊和统一各家派，原因不仅仅是上面所说这些，还因为六经以教育诱导为主，也叫作"圣化"，"善为师者，既美其道，有慎其行，齐时蚤晚，任多少，适疾徐，造而勿趋，稽而勿苦，省其所为，而成其所湛，故力不劳而身大成。此之谓圣化，吾取之"[3]

《春秋》的重要思想为仁义，即严于律己，宽以待人。作为独尊的儒家，如能以仁义思想和教育诱导方法来对待各家各派，那么，在当时的政治形势下，各家学派也一定会表示同意。

2. 六经成为社会活动的指南

董仲舒以《春秋》为政治统一和思想统一的理论基础，其他如任免官吏、举办教育、断案折狱、重农爱民、民族融合、行为规范、正朔服色、丧葬祭祀、用兵打仗等，无不以《春秋》为根据。

董仲舒这一思想，首先影响到皇帝与诸侯等人。

汉武帝受董仲舒对策所影响，对"淮南、衡山修文学"持反对斥责的

---

[1] 《汉书》卷五十六《董仲舒传》，第2503页。

[2] 《汉书》卷三十《艺文志》，第1728、1746页。

[3] 《春秋繁露义证》卷一《玉杯》，第35—36页。

态度，赞同董仲舒的"仁义法"，派遣五经博士巡视天下，向"山泽之民"晓谕仁义。从《春秋》作为政治统一的根据来说，董仲舒曾以《春秋》之义，"匡正""疏谏"江都王和胶西王，二王比较安定、守法。武帝曾从儿宽问《尚书》一篇，汉武帝的戾太子已从董仲舒受《公羊春秋》，又从瑕丘江公受《穀梁春秋》。

不仅帝王，太后女流也必须读经。当废昌邑王立汉宣帝，由太后暂时执政时，大将军霍光认为，"群臣奏事东宫，太后省政，宜知经术，白令胜用《尚书》授太后"。[1]

就公卿大臣来说，由于公孙弘以治《春秋》为丞相封侯，有"公卿大臣当用经术明于大谊"的说法。

就贵族来说，外戚冯奉世，其四子各通一经。

就平民来说，御史大夫儿宽为官之前，为人耕作，但不忘读经，锄地时也带着经书，休息时便读诵。

3. 思想统一的结果

随着思想的统一，一个"统纪可一而法度可明，民知所从"的历史新时期开始了，也改变了汉初诸侯、贵族、将相养士的风气。连名震中外的大将卫青、霍去病，也都认为人臣要奉法遵职。

从此，实现了思想统一，进而发展并稳定政治统一，操纵全国政权的宰相，都由儒家代表人物担任，"自孝武兴学，公孙弘以儒相，其后蔡义、韦贤、玄成、匡衡、张禹、翟方进、孔光、平当、马宫及当子晏咸以儒宗居宰相位，服儒衣冠，传先王语"。[2]当然，一定程度上也有碍于学术上的自由争鸣。

(三) 改革吏治，任贤考绩

董仲舒认为，好的吏治必须反对世卿以提倡选举，反对任人唯亲以提

---

〔1〕《汉书》卷七十五《眭两夏侯京翼李传》，第3155页。

〔2〕《汉书》卷八十一《匡张孔马传》，第3366页。

倡任贤，并且严格官吏的考绩制度。

1. 提倡选举任贤反对世卿任亲

世卿是分封割据的产物，为官者父死子继，世代相袭，不利于集权统一。因此，董仲舒对之表示坚决反对，明确指出"大夫不得世"[1]，"观乎世卿，知移权之败"。[2]

西汉初年，公卿大夫子弟都可以做大官，郡守等任子为郎吏，也有以资才为吏者，实际上是世卿制的残余，是选举制中的任人唯亲。对此，董仲舒予以严厉抨击，以为"长吏多出于郎中、中郎，吏二千石子弟选郎吏，又以富訾（财产——笔者注），未必贤也"。[3]

在坚决反对世卿、任亲的同时，董仲舒积极主张选举任贤。董仲舒是专门研究阴阳、五行、天人、灾异的专家，往往通过这些形式，来表达他的这一思想。董仲舒认为，人的四选三臣，好比天气的四时三节，为客观必然。选举是为了任贤，在董仲舒看来，任贤好比是"天积众精以自刚，圣人积众贤以自强"[4]，如人的治身积精，治国积贤。董仲舒说："治身者务执虚静以致精，治国者务尽卑谦以致贤。能致精则合明而寿，能致贤则德泽洽而国太平。"[5]

董仲舒之所以主张任贤，也是建立在历史经验和教训上的。董仲舒说，尧与舜二帝，努力寻求天下的圣人与贤人，使圣人辅德，贤人佐职，所以，他们垂拱无为而天下大治。但鲁庄公和宋殇公二位诸侯，虽然都知道贤人的好处，而不能任用贤人，所以鲁庄公危殆，宋殇公被杀。

任贤在当时来说，也是为了加强中央集权、巩固封建统治，这方面董仲舒与汉武帝的看法是一致的。武帝诏策有"奉至尊，章洪业，皆在力本

---

〔1〕《春秋繁露义证》卷四《王道》，第110页。

〔2〕《春秋繁露义证》卷四《王道》，第127页。

〔3〕《汉书》卷五十六《董仲舒传》，第2512页。

〔4〕《春秋繁露义证》卷六《立元神》，第167页。

〔5〕《春秋繁露义证》卷七《通国身》，第179—180页。

任贤"[1]，董仲舒对策有"举贤良方正之士"，"兴仁谊之休德、明帝王之法制，建太平之道也"[2]。

董仲舒通过历史与现实的经验及教训，说明选举任贤的重要性。那么，怎样任贤呢？董仲舒认为，可以通过办太学养士，来物色、造就贤才。通过办太学来培养学士，也可以由地方推选。任贤不仅是地方诸侯、列侯、郡守的事，也是中央大臣三公九卿的责任。尤其皇帝与丞相，必须广开"求贤之路"和"选举之门"。当然，对于被选举者，也应进行考察。比如到京师"宿卫"和"出使四方"。对推选者也予以一定的奖惩，推选者与被推选者责任共同承担，"所贡贤者有赏，所贡不肖者有罚"。

2. 实行官吏考绩制度

考绩如何进行？首先从中央到地方要全面而经常地对各级官吏进行考试。董仲舒说考试的总原则是职位高、责任重大的要缓，职位低、责任较小的要急，身份尊贵的要舒，身份低微的要促。诸侯每月试其国，州伯每时试其部，每四试而一考。天子每年试天下，三试而一考，前后三考而黜陟，称之为"计"。

其次，要根据官吏的爵、禄、秩、功、罪，决定高下等级和进退黜陟。具体办法是考试之法："合其爵禄，并其秩，积其日，陈其实，计功量罪，以多除少，以名定实，先内弟之。其先比二三分以为上中下，以考进退，然后外集。通名曰进退，增减多少，有率为弟。九分三三列之，亦有上中下，以一为最，五为中，九为殿。有余归之于中，中而上者有得，中而下者有负。得少者以一益之，至于四，负多者以四减之，至于一，皆逆行。三四十二而成于计，得满计者绌陟之。"[3] 对官吏要定期进行考核，分为上中下三等，每个等级又分三级，一共有九级，其中一级为最，受大

---

〔1〕《汉书》卷五十六《董仲舒传》，第 2507 页。

〔2〕《汉书》卷五十六《董仲舒传》，第 2519 页。

〔3〕《春秋繁露义证》卷七《考功名》，第 177—178 页。

赏，九级为末，受大罚。以策五级为中，五级以上有奖，五级以下有罚，并根据奖惩进行任、免、升、降。

关于论功罪明赏罚，董仲舒说，有的官吏虽有贤名，但没有功绩，不能奖赏，必须惩罚；有的官吏虽有愚名，但工作踏实有成效，不能惩罚而须奖赏，"有功者进，无功者退，所以赏罚也"[1]。

同时，以功论赏还需要根据才德，依才德而定官位。董仲舒指出，所谓有功，要看为官是否称职，不是看做官时间的长短。才能小的虽做官时间长，但离不开小官的职位，而才能大的虽做官时间短，但不妨碍迅速提升为公卿。必须"毋以日月为功，实试贤能为上，量材而授官，录德而定位"[2]。有大功德的，授高的爵位和多的土地，功德小的授低的爵位和少的土地；有大才能的任大官位，才能小的授小官位。其才能可以治理好一万人的称之为"英"，可以治理好一千人的称之为"俊"，可以治理好一百人的称之为"杰"，可以治理十人的称之为"豪"。

董仲舒主张官吏要德才兼备，两者之间以德为主，他说："不仁不智而有材能，将以其材能以辅其邪狂之心，而赞其僻违之行，适足以大其非而甚其恶耳。其强足以覆过，其御足以犯诈，其慧足以惑愚，其辨足以饰非，其坚足以断辟，其严足以拒谏。此非无材能也，其施之不当而处之不义也。有否心者，不可藉便执，其质愚者不与利器。"[3]

为真正贯彻实行考绩制度，董仲舒认为，一定要坚持实事求是的态度，即要循名责实，不得弄虚作假。赏罚要根据实功而不可看虚名，分别贤愚在于本质而不在文饰。做到名副其实之后，则赏不会空行，罚不会虚出。那么，"论贤才之义，别所长之能，则百官序矣"[4]，也因"群臣分

[1]《春秋繁露义证》卷十七《天地之行》，第453页。
[2]《汉书》卷五十六《董仲舒传》，第2513页。
[3]《春秋繁露义证》卷八《必仁且智》，第251—252页。
[4]《春秋繁露义证》卷五《十指》，第143页。

职而治，各敬而事，争进其功，显广其名，而人君得载其中"[1]，英、俊、豪、杰之才，既可施展其各自的贤能，又可相互配合不相倾轧。故治理天下犹如"视诸掌上"十分顺利而有效，吏治可以得到真正改良，天下必将出现大治。

（四）德主刑辅，《春秋》决狱

1. 德教为主，教刑结合

董仲舒的法律思想，首先是提倡德教，"教，政之本也"[2]。教为什么是政之本呢？由于仁义孝悌等德教维护封建统治的作用，大大超过威势，也是刑罚所不及的。德教能使父子亲，大臣和，百姓安而"成功"，故也是治理天下的必由之路，治理天下的帝王"莫不以教化为大务"。

德教为"政之本"的理论根据。董仲舒依据的是天地阴阳之理，"天道之大者在阴阳，阳为德，阴为刑；刑主杀而德主生，是故阳常居大夏，而以生育养长为事；阴常居大冬，而积于空虚不用之处，以此见天下之任德不任刑也"[3]。在德刑之间，董仲舒倡导以德为主，也是对孔子导德齐礼、孟子善教得民心思想的继承与发展，无疑比专任刑罚要宽恕，也是对汉武帝时期严刑峻法的强烈批评。

既然德教为"政之本"，是否还需要刑罚呢？董仲舒认为，以适当的刑罚来辅助德教还是必要的。因"天使阳出布施于上而主岁功，使阴入伏于下而时出佐阳；阳不得阴之助，亦不能独成岁"[4]。同样理由，德不得刑之助，也不可成"治世"。这是以天的阴阳而言。以天的四时而言呢？他说："庆为春，赏为夏，罚为秋，刑为冬。庆赏罚刑之不可不具也，如

---

〔1〕《春秋繁露义证》卷六《保位权》，第173页。
〔2〕《春秋繁露义证》卷三《精华》，第91页。
〔3〕《汉书》卷五十六《董仲舒传》，第2502页。
〔4〕《汉书》卷五十六《董仲舒传》，第2502页。

春夏秋冬不可不备也。"〔1〕

　　适当刑罚之所以不可偏废，是因为它有助于稳定社会秩序、巩固封建统治，既能使"百姓附亲，边境安宁，贼寇不发，邑无讼狱"〔2〕，有利于中央威制四方以定天下，使臣民知道"犯上之法""作福之诛""骄溢之罚""行暴之报""贪财枉法之穷"〔3〕，而君主可"立于生杀之位，与天共持变化之势"〔4〕，更能对于官吏实行"有功者赏，有罪者罚，功盛者赏显，罪多者罚重"〔5〕，以改良吏治。从此"则百官劝职，争进其功"〔6〕，为此，教刑必须结合。

　　2. 审慎执法，刑罪相当

　　董仲舒认为，对案件要做到刑罪相当，治狱必须坚持审慎的态度，"听讼折狱，可无审邪！""故君子重之也。"〔7〕对犯者要分清首从、邪直、始随、初屡、轻重，作出正确的判决。同时，治狱者应该具有持平、不阿、至公的立场。主张"诛受令，恩卫葆，以正囹圄之平也"〔8〕，"至清廉平，赂遗不受，请谒不听，据法听讼，无有所阿"〔9〕。"庆赏罚刑有不行于其正处者，《春秋》讥也。"〔10〕只有这样，才可杜绝"足恭小谨，巧言令色，听谒受赂，阿党不平，慢令急诛，诛杀无罪"〔11〕等违法乱纪行为。

---

〔1〕《春秋繁露义证》卷十三《四时之副》，第346—347页。
〔2〕《春秋繁露义证》卷十三《五行相生》，第358页。
〔3〕《春秋繁露义证》卷四《王道》，第126页。
〔4〕《春秋繁露义证》卷十一《王道通三》，第324页。
〔5〕《春秋繁露义证》卷七《考功名》，第175页。
〔6〕《春秋繁露义证》卷七《考功名》，第176页。
〔7〕《春秋繁露义证》卷三《精华》，第90、91页。
〔8〕《春秋繁露义证》卷四《王道》，第116页。
〔9〕《春秋繁露义证》卷十三《五行相生》，第358页。
〔10〕《春秋繁露义证》卷十三《四时之副》，第347页。
〔11〕《春秋繁露义证》卷十三《五行相胜》，第363页。

有了这种立场和态度，也就不怕与民共同治狱了。即可以像孔子那样，为鲁司寇与众人一起断狱，而不敢自作决定。能与众人共同治狱，必然会根据义而行法，依法而刑人，从而实行"断刑罚，执当罪"。[1]

治狱必须审慎，也关系到德主刑辅、以刑助教的思想之实现。以上述慎重态度治狱，那么执狱理益明，教化益大行。反之，执狱而非，暗理迷众，与教化相妨。所以，教刑既相反，又相成。必要的刑，而且处理得好，可使教化大行。也所谓"教，政之本也。狱，政之末也。其事异域，其用一也，不可不以相顺"。[2]

强调治狱公正，这是慎法思想的表现。当然在阶级社会里，法是统治阶级意志的反映，不可能有十分"公正"的法官。对于古人孔子等治狱，未免也有过于美化的地方，但慎法毕竟比滥刑要好。

3. 《春秋》折狱，罪疑予民

董仲舒关于德主刑辅和治狱审慎的思想，在《春秋决狱》中有更为集中的反映。

《汉书·董仲舒传》说："仲舒在家，朝廷如有大议，使使者及廷尉张汤就其家而问之，其对皆有明法"，这里所对共二百三十二事，汇编成册，便是《春秋决狱》。此书，宋以前尚存。《隋书·经籍志》作《春秋决事》，《新唐书·艺文志》作《春秋决狱》，《崇文总目》作《春秋决事比》，均为十卷。但这二百三十二事，今仅存六事。此六事，是今天研究董仲舒法律思想的重要依据。

六则案例中，董仲舒认为，不可以议罪的就有五则之多。这就是疑狱予民，量刑从轻，释放无罪的表现。

五案中，不可以议罪有一案，说是"甲夫乙将船，会海风盛，船没溺，流尸亡，不得葬。四月甲母丙即嫁甲，欲皆何论？"当时议论纷纷，

〔1〕《春秋繁露义证》卷十三《五行顺逆》，第373页。
〔2〕《春秋繁露义证》卷三《精华》，第91页。

说法不一，的确有疑惑。有的人说，甲的丈夫死了，还没有安葬好，按习俗是不得出嫁的，而私奔为人妻，更为严重，故应当服"弃市"之刑，即刑杀于市而弃之。但董仲舒根据"《春秋》之义，言夫人归与齐，言夫死无男，有更嫁之道也"，又因甲是在母亲的安排下再嫁的，她本人并非擅自恣行，也没有淫乱之心，不能说私奔为人妻。这些都不能定甲的罪名，所以"不当坐"。[1] 董仲舒同情女子，议罪轻于律文和社会舆论，其中对于寡妇改嫁，并非一律反对。

需要说明的是，妇女在封建社会是最无地位的，受到的压迫也最重，董仲舒在法律上能给予妇女一定的关切和同情。他主张妇女在怀孕哺育时期，应该"废刑发德"，"法不刑有怀任（妊）新产"[2]。董仲舒还置社会舆论而不顾，坚持在法律上作出有利于妇女的解释，他认为，寡妇长期守节，既不合人情，也不符天理。如《春秋》襄公三十年"五月甲午，宋灾"，董仲舒以为伯姬嫁到宋国五年，宋恭公就去世了，伯姬幽居守节三十余年，又"忧伤国家之患祸，积阴生阳，故火生灾也"。[3] 在董仲舒看来，宋伯姬等长期守节是极不正常的现象，而寡妇改嫁是符合《春秋》之义的，所以，不可非难，更不能论罪。这些主张使处于社会最下层的妇女，在黑暗与绝望之中，见到一丝光明和希望，这是董仲舒法律思想具有积极意义的一方面。

养父藏匿犯罪的养子的一则案例，也是以《春秋》经义为根据的。"甲无子，拾道旁弃儿乙养之，以为子。及乙长，有罪杀人，以状语甲，甲藏匿乙，甲当何论？仲舒断曰：甲无子，振活养乙，虽非所生，谁与易之？《诗》云：螟蛉有子，蜾蠃负之。《春秋》之义，父为子隐，甲宜匿

---

〔1〕 （宋）李昉等：《太平御览》卷六百四十《决狱》，北京：中华书局，1960 年，第 2868 页。

〔2〕 《春秋繁露义证》卷七《三代改制质文》，第 189 页。

〔3〕 《汉书》卷二十七上《五行志上》，第 1326 页。

乙，诏不当坐。"[1] 根据《春秋》与《诗经》的经义进行判断。

董仲舒处理案子，多数是从宽，无罪释放，但也有从严的。现在仅存的六个案件中，有五个是从宽无罪释放的，一个是从严的。从严的案例是"甲为武库卒，盗强弩弦，一时弦与弩异处，当何罪？"当时有两种观点：一种以为"兵所居比司马，阑入者髡，重武备，责精兵也"；一种以为"大车无輗，小车无軏，何以行之？甲盗武库兵，当弃市乎？"董仲舒认为，根据弦与弩异处，"不得弦不可谓弩，矢射不中，与无矢同，不入与无镞同"，董仲舒对于案情的分析合乎情理，而且是平恕的。但也不能不考虑盗边境军事仓库，关系到国家、民族的安危，应当依法定罪而从严，"弃市"是杀死于市而弃之。这是从严的一例。

由上看来，董仲舒的法律思想，可以归纳如下：以德教为主，以刑罚为辅；刑是为了更好地贯彻教，教与刑相反又相成；刑上大夫、礼下庶人；释放奴婢，禁屠杀，塞兼并；反对连坐族诛；治狱审慎，不硬套律文，不偏信舆论；持平不阿，与民共之；首从分明，始随有别，轻重异论；《春秋》折狱，狱疑予民；据义行法，量刑当罪；功进罪退，赏罚分明；同情女子，从轻定案；宽严结合，适时赦免；死者不恨，生者不怨。这种法律思想，在当时与以后影响都很大。

董仲舒把以德为主，说成是天意，并予以阴阳五行化，"阳天之德，阴天之刑"，"贵阳而贱阴"，"前德而后阴"。而天子是代天"务德而务刑"，这是"天人合一""君权神授"的目的论在法律思想上的反映。这对人民大众，固然是一种束缚；但对于君主的专制独裁，也未尝不是一种限制。

（五）行有伦理，三纲五常

董仲舒深刻意识到治理天下应以德教为主，因此，以德教为主要内容

---

[1] 东晋成帝咸和五年，散骑侍郎乔贺妻于氏上表引董仲舒《春秋决狱》。参见《通典》卷六十九《礼二十九·养兄弟子为后后自生子议》，第382页。

的伦理道德，对于维护社会秩序无比重要，甚至认为是天意，所谓"行有伦理，副天地也"。关于他的伦理思想的具体内容，可从三纲五纪、五常之道、"性三品"等方面来讲。

1. 关于三纲五纪

董仲舒的伦理思想，首先是积极提倡三纲五纪。此说见于《春秋繁露·深察名号》的"循三纲五纪"。三纲是指君臣、父子、夫妇之间的人伦关系，五纪是君臣、父子、夫妇之外的人伦关系。对于五纪，董仲舒没有具体谈到，而东汉的《白虎通》把五纪发展为六纪，并对三纲六纪作了说明（详后）。但《白虎通》的"三纲六纪"源于董仲舒的"三纲五纪"，故两者一脉相承。

对于"张理上下，整理人道"的三纲五纪，特别是三纲，董仲舒竭力加以维护，认为是天经地义，不可动摇。君、父、夫的尊严之所以不可动摇，是因为子受命于父，臣受命于君，妻受命于夫，"诸受命者，其尊皆天也"[1]，"尊厌卑也，固其义也"[2]，卑胜尊是"逆节"的行为。对于逆节的行为，必须予以坚决抵制，"直行其道而不忘其难"[3]。

但是，在某种情况下也是可以改变的。如君、父为非作恶，"君不君"，则可"臣不臣"；因"父不父"，则可"子不子"，甚至可以"胁严社而不为不敬灵，出天王而不为不尊上，辞父之命而不为不承亲，绝母之属而不为不孝慈，义矣夫"[4]。在董仲舒看来，是合理与应该的，因为这是"义"的体现。

女子失节，应受到谴责。桓公十五年"春，亡冰"，"董仲舒以为象夫人不正，阴失节也"[5] 夫死改嫁是合义的，死了丈夫的女子不宜长期守

---

〔1〕《春秋繁露义证》卷十五《顺命》，第406页。

〔2〕《春秋繁露义证》卷三《精华》，第83页。

〔3〕《春秋繁露义证》卷三《精华》，第84页。

〔4〕《春秋繁露义证》卷三《精华》，第84—85页。

〔5〕《汉书》卷二十七中之下《五行志中之下》，第1407页。

节，可以在父母作主之下，进行改嫁，否则，将会导致灾变。

2. 关于五常之道

三纲五常之外，董仲舒又提出了五常之道，即仁、义、礼、智、信。五常中以仁、义为主。

礼是什么呢？董仲舒认为："礼者，继天地，体阴阳，而慎主客，序尊卑、贵贱、大小之位，而差外内、远近、新故之级者也。"〔1〕董仲舒特别强调了森严的封建等级体系，为了维护这种尊卑、贵贱、大小等差别，董仲舒竭力主张正名，"治国之端在正名"〔2〕，"正名"的目的，是为了使全国上下各据其爵而制服，各据其禄而用财。饮食有量，衣服有制，宫室有度，畜产人徒有数，舟车武器有禁。如此，则"生有轩冕、服位、贵禄、田宅之分，死有棺椁、绞衾、圹袭之度。虽有贤才美体，无其爵不敢服其服；虽有富家多赀，无其禄不敢用其财。天子服有文章，不得以燕公以朝；将军大夫不得以燕；将军大夫以朝官吏；命士止于带缘。散民不敢服杂采，百工商贾不敢服狐貉，刑余戮民不敢服丝玄纁乘马"〔3〕。这样，可使贵贱有等、衣服有别、朝廷有位、乡党有序，而民有所让而不敢争。

礼又往往与信相连。董仲舒说："《春秋》尊礼而重信。信重于地，礼尊于身，何以知其然也？宋伯姬疑礼而死于火，齐桓公疑信而亏其地，《春秋》贤而举之，以为天下法，曰礼而信。礼无不答，施无不报，天之数也。"〔4〕

关于仁与义。董仲舒说，仁义为人所特有，"天之为人性命，使行仁

〔1〕《春秋繁露义证》卷九《奉本》，第269—270页。

〔2〕《春秋繁露义证》卷三《玉英》，第66页。

〔3〕《春秋繁露义证》卷七《服制》，第219—220页。

〔4〕苏舆云："'疑'字，凌本、《丛刊》本作'恐不'。"《春秋繁露义证》卷一《楚庄王》，第5—6页。

义而羞可耻，非若鸟兽然，苟为生，苟为利而已"〔1〕仁是恻怛爱人，和顺不争，好恶合理，而无伤恶之心、隐忌之志、嫉妒之气、感愁之欲、不正之事、邪僻之行。所以，心舒、志平、气和、欲节、事易、行道，能平易和理而无事也。那么，义是怎样的呢？董仲舒指出："言义者，合我与宜，以为一言。以此操之，义之为言我也。故曰有为而得义者，谓之自得；有为而失义者，谓之自失。人好义者，谓之自好；人不好义者，谓之不自好。以此参之，义，我也，明矣。"〔2〕仁与义的区别，十分清楚：仁是对别人的，"仁者爱人，不在爱我，此其法也"；而义是对自己的，"义在正我，不在正人，此其法也"〔3〕。

那么，如何以仁义为政呢？董仲舒说行"仁政"，而使天下大治，"夫尧舜三王之业，皆由仁义为本，仁者所以理人伦也，故圣王以为治首。或曰：发号出令，利天下之民者，谓之仁政；疾天下之害于人者，谓之仁心。二者备矣，然后海内应之以诚"〔4〕。

真正做到仁与义，还必须有智，"仁而不智，则爱而不别"，智的具体内容是什么？"何谓智？先言而后当。凡人欲舍行为，皆以其智先规而后为之。其规是者，其所为得，其所事当，其行遂，其名荣，其身故利而无患，福及子孙，德加万民，汤武是也。其规非者，其所为不得，其所事不当，其行不遂，其名辱，害及其身，绝世无复，残类灭宗亡国是也。"〔5〕"智"，是要根据人们的活动规范和准则去办事，"其动中伦，其言当务"，更好地维护三纲和贯彻仁义，智也是人们必须具备的品德。

三纲五纪、五常之道，董仲舒概括为"亲亲"和"尊尊"，"教以爱，

---

〔1〕《春秋繁露义证》卷二《竹林》，第59页。

〔2〕《春秋繁露义证》卷八《仁义法》，第248页。

〔3〕《春秋繁露义证》卷八《仁义法》，第247页。

〔4〕（清）严可均辑，任雪芳审订：《全汉文》卷二十四《董仲舒（二）》，北京：商务印书馆，1999年，第242页。

〔5〕《春秋繁露义证》卷八《必仁且智》，第253页。

使以忠，敬长老，亲亲而尊尊"[1]。又说，亲亲而多"仁朴"，尊尊而多"义节"；亲亲而多"质爱"，尊尊而多"礼文"。

3. 关于"性三品"

董仲舒根据人们对伦理道德的认识与遵循程度，把人分为三类，即圣人、中民、斗筲"性三品"。圣人对伦理道德认识、遵循、贯彻得最好；中民是指一般的人，经过教育，也是可以认识和遵循的；而斗筲，既不认识遵循，也是不可教育的。关于"斗筲"的解释，董仲舒与其前后时代的人，有类似的看法，都认为"斗筲"是公卿大夫等贵族官吏中，那些不伸张正义、品质恶劣者，而不是指一般人民。

董仲舒除了讲圣人之性、中民之性、斗筲之性，又把人分成圣人、仁人、贤人、君子、善人、正人、庶人、小人。

什么是圣人？圣人能最好地认识、遵循、贯彻三纲五纪和五常之道，尽善尽美且有始有终，不仅"法天而立道，亦溥爱而亡私"[2]，并且"纯仁淳粹，而有知之贵也，择于身者尽为德音，发于事者尽为润泽"[3]。

什么是仁人？董仲舒认为，仁人为了维护伦理道德，而不计较个人得失，"正其谊不谋其利，明其道不计其功"，仁人与圣人相仿佛，所谓"仁圣矣"。

什么是贤人？董仲舒说"贤者法圣"。如鲁相公仪休那样，不与民争利，"皇皇求仁义常恐不能化民者"，"是故下高其行而从其教，民化其廉而不贪鄙"[4]。

什么是君子？董仲舒认为，君子明天性，知仁义，能够揭示自己的过错，而不攻击别人的缺点，能够做到"仁之宽"与"义之全"。董仲舒以玉比德于君于，"君子比之玉，玉润而不污，是仁而至清洁也；廉而不杀，

---

〔1〕《春秋繁露义证》卷四《王道》，第 98 页。

〔2〕《汉书》卷五十六《董仲舒传》，第 2515 页。

〔3〕《春秋繁露义证》卷十六《执贽》，第 416 页。

〔4〕《汉书》卷五十六《董仲舒传》，第 2521 页。

是义而不害也"[1]。君子与贤人相似，所谓"贤人君子"。

什么是庶人呢？董仲舒说，一天到晚忙于求财利而常恐破产与少缺者，"庶人之意"[2]。

关于善人、正人、小人，董仲舒未具体言及。

圣人、仁人、贤人、君子、善人、正人，不仅有既定称谓，而且有相应的职务。董仲舒指出，圣人、仁人可以当三公，贤人、君子可以任卿，善人可以为大夫，正人可以为士。但并不都是如此，其中有些圣人、仁人可以为天子，如"凡执贽，天子用畅"，"畅有似于圣人者"[3]，"仁圣矣"，"三王是也"[4]。也有君子可以为公侯者，如凡执贽"公侯用玉"，"玉有似君子"[5]。也有贤人为大夫者，如天子大夫者，"岂可以居贤人之位而为庶人行哉!"[6] 庶人、小人没有职位。庶人可以有财产，但应富而好义；小人是自食其力的劳动者，衣食要得到保证，但应贫而好礼。

董仲舒要维护三纲、五常，但是，如果君不君、父不父，那么，臣可以反君，子可以反父。而且，女子死了丈夫，在父母的同意下，可以改嫁。这种思想的积极意义，也是不可否认的。

（六）发展教育，宣扬六经

教育思想大致可以概括为：人为什么要进行教育，教育的内容、途径形式、方法特质，以及教育与社会需要相结合等。

1. 人为什么要进行教育？

董仲舒认为，人分为三类：圣人、中民、斗筲。其中圣人是极少数；

---

〔1〕《春秋繁露义证》卷十六《执贽》，第415页。

〔2〕《汉书》卷五十六《董仲舒传》，第2521页。

〔3〕《春秋繁露义证》卷十六《执贽》，第416页。

〔4〕《春秋繁义证》卷九《对胶西王越大夫不得为仁》，第262页。

〔5〕《春秋繁露义证》卷十六《执贽》，第414页。

〔6〕《汉书》卷五十六《董仲舒传》，第2521页。

中民是绝大多数，又称之为万民。圣人生来就善，无须教育；斗筲生来就恶，无法教育，这是不可改变的。这两类人，不在教育对象范围之内。而万民（中民）生来就有"善质"，但未能为善，经过教育才可以为善，是教育的对象。董仲舒说，性如茧如卵，卵待覆而为雏，茧待缲而为丝，性待教而为善，万民之性，待教化之后才能善。

圣人无须教育，好比良玉，"良玉不琢，资质润美，不待刻琢，此亡异于达巷党人不学而自知也"。万民必须教育，好比常玉，"常玉不琢，不成文章；君子不学，不成其德"[1]所以，万民须接受教育，学而成德成材。

2. 教育的主要内容

教育是为了使万民从天生的"善质"变为善。善的标准又是什么呢？董仲舒说："循三纲五纪，通八端之理，忠信而博爱，敦厚而好礼，乃可谓善。"[2]应当重视"三纲五纪"的教育。

"五常"是教育的内容之一。"仁"可以"渐民"，"义"可以"摩民"，"礼"可以"节民"，"布德施仁以厚之，设谊立礼以导之"[3]另外，"智"能使仁而有别，可以除害；"信"可使诚而专一。为此，应该提倡"五常"——仁义礼智信的教育。

六经也是教育的重要内容。"天生民有六经"[4]，六经即六艺。董仲舒盛赞六艺的教化功效。董仲舒说："君子知在位者之不能以恶服人也，是故简六艺以赡养之。《诗》《书》序其志，《礼》《乐》纯其美，《易》《春秋》明其知。"[5]

通过以上主要教育内容的熏陶，就可教人为善，而且可以成为君子。

---

〔1〕《汉书》卷五十六《董仲舒传》，第 2510 页。

〔2〕《春秋繁露义证》卷十《深察名号》，第 295—296 页。

〔3〕《汉书》卷五十六《董仲舒传》，第 2515 页。

〔4〕《春秋繁露义证》卷十《深察名号》，第 295 页。

〔5〕《春秋繁露义证》卷一《玉杯》，第 33 页。

在董仲舒看来，如果人能知仁义，那么一定会重礼节；既重礼节，就一定会以善为安；既然以善为安，就一定乐于顺天理、循人道；既乐于天理、循人道，则可谓之"君子"。

3. 教育途径与形式

董仲舒认为，办学校是进行教育的好形式。他说："立辟雍庠序，修孝悌敬让，明以教化，感以礼乐，所以奉人本也。"[1] 辟雍是中央（京师）的学校，庠序是地方的学校。董仲舒建议中央办太学，认为太学是"教化之本原"。太学历史悠久，三王时期有太学，早在五帝时也已有太学，如《礼记·文王世子》疏引董仲舒曰："五帝名太学曰成均。"董仲舒建议办太学，也确有其理，故为武帝所采纳。武帝元朔五年立太学，并下诏曰："盖闻导民以礼，风之以乐，……其令礼官劝学，讲议洽闻，举遗兴礼，以为天下先。太常其议予博士弟子，崇乡党之化，以厉贤材焉。"[2] 当时建立博士弟子员，就是太学。

中央办太学的同时，地方学校也要办。董仲舒说，立太学可以教于国，设庠序可以化于邑。武帝在董仲舒的建议下，号召地方也办起学校。《汉书·循吏传》有"至武帝时，乃令天下郡国皆立学校官"[3]，便是明证。不但公家办学，而且提倡私人办学。董仲舒就是一个带头办私学的人。史书有"下帷讲诵""学士皆师尊之"[4] 的记载，并且得到汉武帝的称赞，"子大夫明先圣之业"，"讲闻高谊之日久矣，其明以谕朕"。[5]

董仲舒提出，必须通过地方官吏宣扬"三纲五纪"等教育与内容，来诱导启发万民。这种社会教育，在古代也是有的，而且颇有成绩。董仲舒说，古代在地方上都设有教训的官。专门以德化民，民经过教育后，就没

---

[1] 《春秋繁露义证》卷六《立元神》，第166页。

[2] 《汉书》卷六《武帝纪》，第171—172页。

[3] 《汉书》卷八十九《循吏传》，第3626页。

[4] 《汉书》卷五十六《董仲舒传》，第2495页。

[5] 《汉书》卷五十六《董仲舒传》，第2498页。

有人再犯法入狱，所以社会秩序十分安定。而今天的地方官吏如郡守、县令，既是万民的师表，更有教育万民的义务。

如要收到好的教育效果，不论是学校办教育，还是社会办教育，作为教育者必须很好地学习与遵循教育内容，处处以身作则。负担最大教育责任的帝王，应该先要带头做到，如仁义礼智信五常之道，"王者所当修饬也"[1]。

4. 教育的方法与特点

董仲舒以坦白、谦虚、专心、强勉、博学、边学边教和遵循师说等教育学生。要专心学习，必须从小进行教育，要专心致志、一丝不苟地学，如精雕细琢玉石那样，既认真又细致。董仲舒指出："强勉学问，则闻见博而知益明；强勉行道，则德日起而大有功：此皆可使还至而有效者也。《诗》曰'夙夜匪解'，《书》云'茂哉茂哉！'皆强勉之谓也。"[2]

董仲舒提出要博学，因为"《公羊序》疏引《繁露》云：'能通一经曰儒生，博览群书号曰鸿儒。'"[3] 董仲舒兼习六艺，"通五经，能持论，善属文"[4]，尤其精通《春秋》《礼》《诗》，不仅通五经，而且通《孝经》《论语》。《春秋繁露》中，引《孝经》九处，引《论语》有二十九处。

除了上述丰富的社会知识之外，董仲舒还具备丰富的自然知识。比如，董仲舒十分重视"慈石取铁，颈金取火"[5] 等现象；董仲舒研究过一年四季的气候变化和风、雨、云、雾、电、雷、雪、雹产生的原因；他注意到"鸟兽之类"[6]，分析过鹤、蝖所以长寿的缘故；探索过植物的生

---

〔1〕《汉书》卷五十六《董仲舒传》，第2505页。
〔2〕《汉书》卷五十六《董仲舒传》，第2498—2499页。
〔3〕《春秋繁露义证》，例言第1页。
〔4〕《汉书》卷八十八《儒林传》，第3617页。
〔5〕《春秋繁露义证》卷十四《郊语》，第388页。
〔6〕《春秋繁露义证》卷五《重政》，第144页。

长衰亡的规律和食物滋味的最佳之时，"饮食臭味，每至一时，亦有所胜，有所不胜，之理不可不察也"；[1] 等等。

为了迅速传授知识，教育更多的学生，董仲舒"下帷讲诵，弟子传以久次相授业，或莫知其面"[2]，除了亲自教授学生之外，还使先进学生教后进学生，大的教小的，知识多的教知识少的。

董仲舒主张学生要有广博的知识，但是，也遵循师说的专精学问。他说："臣愚不肖，述所闻，诵所学，道师之言，廑能勿失耳。"[3] 此即所谓"师法"，"师法"必须师徒相传，"守学不失师法"[4]，对董仲舒的学生影响很大，如其弟子嬴公。

5. 教育与社会实际需要相结合

董仲舒指出，教育必须与社会实际相联系，与培养人才、改良吏治相结合，与统一思想相结合，与维护封建秩序相结合。

董仲舒认为，通过办学校，可以培养人才。这就是"兴太学，置明师，以养天下之士，数考问以尽其材，则英俊宜可得矣"[5] 董仲舒私人办学，培养了大批人才。据《史记·儒林列传》说："仲舒弟子遂者：兰陵褚大，广川殷忠，温吕步舒。褚大至梁相。步舒至长史……弟子通者，至于命大夫；为郎、谒者、掌故者以百数。而董仲舒子及孙皆以学至大官。"[6] 著名者还有：吾丘寿王为光禄大夫侍中、东郡太守兼都尉，司马迁为太史令，嬴公为昭帝谏大夫，鲍敞为阴阳学家，刘据为武帝戾太子。其中褚大、吕步舒、吾丘寿王、司马迁等人，均曾得到汉武帝的赞赏与好评。

---

〔1〕《春秋繁露义证》卷十六《循天之道》，第448页。

〔2〕《汉书》卷五十六《董仲舒传》，第2495页。

〔3〕《汉书》卷五十六《董仲舒传》，第2519页。

〔4〕《汉书》卷八十八《儒林传》，第3612页。

〔5〕《汉书》卷五十六《董仲舒传》，第2512页。

〔6〕《史记》卷一百二十一《儒林列传》，第3129页。

董仲舒又以六艺作为教育内容，在传授、宣扬六艺当中，最为重视《春秋》，把《春秋》的统一思想看成是"天地之常经，古今之通谊"，促进了政治与思想的统一。

教育又是为了维护封建统治秩序。董仲舒把"三纲五纪""五常之道"等伦理道德作为教育内容，简言之即为"教化"，教化可使"万民正""堤防完"，更好地维护社会秩序。

董仲舒还谈到教化与政治的关系。他说，政治的好坏，要看是否能处理好家庭、朝廷、社会三大问题。因为，要处理好这三大问题，离不开教化。如家庭内父子不亲，则必须"致其爱慈"，也就是通过讲"仁"，使父子亲爱、家庭和睦；朝廷内大臣不和，则必须"敬顺其礼"，也就是通过讲"礼"，调整彼此关系和节制私欲；社会上民心不安，则必须"力其孝悌"，通过讲仁义与孝悌，使百姓安居乐业，改善社会风气。董仲舒指出："圣人之道，不能独以威势成政，必有教化。故曰：先之以博爱，教以仁也；难得者，君子不贵，教以义也。虽天子必有尊也，教以孝也；必有先也，教以弟也。此威势之不足独恃，而教化之功不大乎？"[1]

（七）董仲舒与今文经学

从董仲舒的思想属于今文经学、董仲舒的受命改制和汉武帝的封禅改历、董仲舒与谶纬的关系等三个方面来说。

1. 董仲舒的思想属于今文经学

为什么说董仲舒的思想属于今文经学？因为，在经传方面，汉景帝时，董仲舒治《春秋》而为博士。他的《春秋繁露》《春秋阴阳》《贤良对策》等著作，是《公羊传》的观点。在六经次第方面，董仲舒曾说："《诗》道志，故长于质。《礼》制节，故长于文。《乐》咏德，故长于风。《书》著功，故长于事。《易》本天地，故长于数。《春秋》正是非，故长

---

〔1〕《春秋繁露义证》卷十一《为人者天》，第311—312页。

于治人。"〔1〕 又说，"《诗》无达诂，《易》无达占，《春秋》无达辞"〔2〕，在这里，《书》的次序偶尔颠倒，其他地方，均依《诗》《书》《礼》《乐》《易》《春秋》的次序排列。在宗旨方面，董仲舒推崇孔子为素王，认为孔子作《春秋》，先正王而系万事，"见素王之文焉"；以孔子为托古改制，他说："有非力之所能致而自至者，西狩获麟，受命之符是也。然后托乎《春秋》正不正之间，而明改制之义。"〔3〕 董仲舒主张因革，后代因袭前代，如"周因殷"，他也说汤武革命，如"殷无道而周代之"；称赞夏、殷、周、秦、汉异姓兴王，救文弊，用质家，《春秋》以质救文，以《春秋公羊传》为正宗，有"汉兴至于五世之间，唯董仲舒名为明于《春秋》，其传公羊氏也"〔4〕 的说法。

在制度方面，关于封建，董仲舒主张天子邦圻千里，公侯百里，伯七十里，子男五十里；关于官制，他提出："王者制官，三公、九卿、二十七大夫、八十一元士，凡百二十人，而列臣备矣。"〔5〕

董仲舒反对世卿，力主选举。他讥刺世卿，主张"大夫不得世"的同时，认为人才有四选，如天的时气有四变，圣人为一选，君子为一选，善人为一选，正人为一选。

关于赋役，董仲舒称道五帝三皇治天下，"什一而税"，"不夺民时，使民不过岁三日。民家给人足"〔6〕 竭力反对"专川泽之利，管山林之饶"〔7〕。

关于宗教，董仲舒认为，天是最大的神，故"事天不备，虽百神犹无

---

〔1〕 《春秋繁露义证》卷一《玉杯》，第34页。

〔2〕 《春秋繁露义证》卷三《精华》，第91页。

〔3〕 《春秋繁露义证》卷六《符瑞》，第154页。

〔4〕 《史记》卷一百二十一《儒林列传》，第3128页。

〔5〕 《春秋繁露义证》卷七《官制象天》，第219—210页。

〔6〕 《春秋繁露义证》卷四《王道》，第102页。

〔7〕 《汉书》卷二十四上《食货志上》，第1137页。

益也"。

今文经学在制度方面，以《王制》为代表。董仲舒思想，在土地制度、祭祀制度、刑罚制度、守丧制度、民族政策等方面，均与《王制》相吻合[1]。所以说，董仲舒是今文经学家。

今文经学是春秋战国以来，经秦至汉逐渐形成的。西汉初的今文经学，不过是朴素的原始儒学而已。《礼记·王制》系西汉文帝时博生、诸生所作，它的"七教"是：父子、兄弟、夫妇、君臣、长幼、朋友、宾客，既没有突出君主的地位，也没有重视君臣、父子、夫妇三伦，而与其他社会关系混在一起。这是当时社会现象——君主无权威的反映，也是原始儒学缺乏理论的表现。

鉴于朴素的今文经学理论的贫乏和社会地位不高，以及为了适应集权、统一的政治形势，董仲舒主张"独尊儒术"。儒家要独尊，除了崇拜孔子、宣扬六经之外，在理论上必须胜过其他各家。为此，董仲舒提出"三纲五纪""五常之道"等封建纲常伦理。由《王制》的"七教"上升为三纲，作为社会伦理，尤其突出了君主的地位。又从《王制》的"六礼""八政"上升为"五常"，特别强调了作为个人伦理的"仁"与"义"。

董仲舒是阴阳五行化的今文经学家。董仲舒不仅提出了"三纲"与"五常"，而且予以阴阳五行化，从而达到天人合一。以阴阳附会三纲，任何事物都是由两种相关的事物合而为一的，"凡物必有合"，如夫妻、父子、君臣等。但两者之间，又有上下、尊卑、主从、兼与被兼之分，如阳尊阴卑。君臣、父子、夫妇之义，都取之于阴阳之道，君为阳，臣为阴；父为阳，子为阴；夫为阳，妻为阴。阴之道不能独行，开始时不能擅起，结束时也不得分功，有被兼之义。由此，臣兼功于君，子兼功于父，妻兼功于夫，阴兼功于阳，"诸在上者皆为其下阳，诸在下者皆为其上阴。阴

---

[1] 华友根：《董仲舒思想研究》，上海：上海社会科学院出版社，1992 年，第 155—156 页。

犹沈也。何名何有？皆并一于阳，昌力而辞功"[1] 董仲舒强调阴阳，丈夫虽贱皆为阳，妇人虽贵皆为阴，更谈不上地位与功劳，这也是对妇女的严格约束。

以五行附会父子关系。天有五行，一曰木，二曰火，三曰土，四曰金，五曰水。木生火，火生土，土生金，金生水，水生木，这是父与子。木居左，金居右，火居前，水居后，土居中央，这是父子次序和相互授受的分布方位，木受水，火受木，土受火，金受土，水受金。授者为父，受者为子。董仲舒说："常因其父以使其子，天之道也。是故木已生而火养之，金已死而水藏之，火乐木而养以阳，水克金而丧以阴。"[2] 以五行间关系，说明父子间生养、授受、送终的关系。子孝顺父是"天之经"，"父之所生，其子长之；父之所长，其子养之；父之所养，其子成之。……故曰：夫孝者，天之经也"[3]

以五行附会君臣关系并说明臣忠于君，是以木官为司农，火官为司马，土官为君主，金官为司徒，水官为司寇。所以木主生、金主杀、火主暑、水主寒。而土（官）居中央为天润，是天的肱股，德高望重，名闻天下，土兼管五行四时。"金木水火虽各职，不因土，方不立，若酸咸辛苦之不因甘肥不能成味也。甘者，五味之本也；土者，五行之主也。五行之主土气也，犹五味之有甘肥也，不得不成。是故圣人之行，莫贵于忠，土德之谓也。"[4] 三纲的五行化，是为了让儿子赡养孝敬父亲，犹如"火之乐木"；儿子丧父的悲痛，如"水之克金"；臣民忠于君主，如"土之敬天"。

五行附会五常：木为仁，火为智，土为信，金为义，水为礼。并且与四时配合，即仁为春，夏为智，季夏为信，秋为义，冬为礼。正如桓宽所

〔1〕《春秋繁露义证》卷十一《阳尊阴卑》，第317页。

〔2〕《春秋繁露义证》卷十一《五行之义》，第313—314页。

〔3〕《春秋繁露义证》卷十《五行对》，第307页。

〔4〕《春秋繁露义证》卷十一《五行之义》，第314—315页。

说："始江都相董生推言阴阳，四时相继，父生之，子养之，母成之，子藏之。故春生，仁；夏长，德；秋成，义；冬藏，礼。此四时之序，圣人之所则也。"[1] 董仲舒认为，阴阳五行化的三纲五常，完全是天意："是故仁义制度之数，尽取之天。天为君而覆露之，地为臣而持载之；阳为夫而生之，阴为妇而助之；春为父而生之，夏为子而养之；秋为死而棺之，冬为痛而丧之。王道之三纲，可求于天。天出阳，为暖以生之；地出阴，为清以成之。"[2] 不只是在三纲五常，而且在社会生活的其他方面，董仲舒无不使其阴阳五行化。

总之，人类的一切活动，都依阴阳五行变化的要求去办，真正目的在于尊君尊父，"故五行者，乃孝子忠臣之行也"[3] 由于三纲五常的阴阳五行化，儒家学说进一步理论化、系统化，令其他各家望尘莫及。董仲舒也因此被尊为儒学大师，武帝十分赞赏他，称其"明于阴阳造化，习先圣之道业"，进而"卓然罢黜百家，表章六经"[4]。所以，董仲舒不仅是今文经学家，而且是阴阳五行化的今文经学家。

2. 董仲舒受命改制与汉武帝的封禅改历

阴阳五行化的今文经学，有一个基本特征是受命改制，这种思想的产生是现实社会政治生活的需要。董仲舒的受命改制，与汉武帝的封禅改历活动密切相关。

(1) 封禅的由来和汉武帝的渴望

封禅一说由来已久，最早见于《管子·封禅篇》，已亡佚。现从《史记·封禅书》，可知其大体情形。管仲曰："古者封泰山禅梁父者七十二家，而夷吾所记者十有二焉"[5]，司马迁引管仲所说，不过是传闻而已，

---

〔1〕《盐铁论校注》卷九《论灾》，第556页。

〔2〕《春秋繁露义证》卷十二《基义》，第343—344页。

〔3〕《春秋繁露义证》卷十一《五行之义》，第314页。

〔4〕《汉书》卷六《武帝纪赞》，第212页。

〔5〕《史记》卷二十八《封禅书》，第1361页。

实际上并没有贯彻实行。真正开始举行封禅之礼的是秦朝，秦始皇为歌颂自己统一天下，因"五德终始"说以周为火德，秦伐周为水德，色黑，数六，据此改正朔、服色、制度，封泰山，禅梁父，巡狩郡县，以树立皇权的最高权威。

西汉初期，从高祖至于景帝，基本上是汉承秦制，制度、正朔、服色一切照旧。从汉文帝到汉武帝初年，虽有巡狩、封禅、改制的设想，但因张苍、窦太后等人的反对而作罢。自汉景帝三年平定七国之乱，汉武帝初年儒家独尊之后，汉武帝想超过秦始皇而与古代传说中举行封禅大典的明王圣帝媲美，故迫切希望封泰山、禅梁父、刻石记功，以表明他是受了天命为帝。

汉武帝这种受命、封禅的想法，每每溢之于言词，流露于策问和诏令当中。元光元年的诏策中，大谈改制、受命和祥瑞。元光五年，复征贤良诏策，大谈"阴阳和，五谷登，六畜蕃，甘露降，……天命之符，废兴何如"。[1]

（2）董仲舒为封禅活动创造了完备的理论

董仲舒基于当时相对稳定的政治、经济形势和汉武帝的急切需求，分析了西汉初期封禅改制一再失败的原因。在他看来，除了政治经济因素之外，一方面是道家思想的反对，另一方面是原始儒家理论上的贫乏。汉武帝时期，道家思想的阻力已经消除，所以主要任务是给封禅改制活动提供充分的理论依据。为此，董仲舒为封禅改制创造了完备的理论。

董仲舒认为，真正伟大而有福气的帝王，是受天命而为的。根据传闻，成为帝王的人，必是"非人力所能致而自至"，这就是"受命之符"的体现。帝王一旦受命，则国泰民安，天下归顺，祥瑞频至，如五帝三王治天下，百姓家给人足，人民崇尚道德而不慕富贵，知荣辱而不违法乱纪。天降甘露，朱草萌生，醴泉涌出，风调雨顺，嘉禾兴盛，凤凰麒麟游

---

[1]　《汉书》卷五十八《公孙弘传》，第2613页。

走于远郊，四方之夷前来朝拜，民情至朴而不假文饰，这些都是祥瑞之兆。

受命的帝王，理应封泰山、禅梁父，以示其至高无上。董仲舒说，在古代，德行如尧舜的七十二位受命之王都是这样做的。而且，这样的封禅活动，一定会得到各地诸侯的赞成与支持，"封于泰山、禅于梁父，……天下诸侯各以其职来祭，贡土地所有，先以入宗庙，端冕盛服而后见先，德恩之报，奉先之应也"〔1〕

受命的帝王不仅要封禅，而且要改制。古代受命而为帝王者，必"改制称号正月、服色定"，然后郊祭天地、群神以及祖先，进而治理天下。

进行改制必以"三统"，一方面由于"三代之改正，必以三统天下"，另一方面是因为"三统五端，化四方之本也"。"三统"的"改正之义，奉元而起"〔2〕

"元"为万物之本，而且在天地之前，"安在乎？乃在乎天地之前"〔3〕，可见，"奉元"之封禅、改制的帝王，是何等神威与大福气。"元"，与汉武帝所崇拜的"太一"神相联系。汉高祖祠天的五帝，继秦朝的白、青、黄、赤四帝之外，更立黑帝。汉武帝在"五帝"之上更立"太一"。自此，汉武帝不仅祠天的"五帝"，而且亲祠"五帝"之上的"太一"。董仲舒认为，天是"百神之大君"，在天之前还有"元"。"元"为"太一"的存在提供了理论依据。因此，太初元年十一月朔旦，武帝"祠上帝于明堂"时，把"太一"和"元"结合起来了，其赞飨曰："天增授皇帝泰（太）元神策，周而复始，皇帝敬拜泰一。"〔4〕 这样，董仲舒既为武帝封禅改历准备了充分的理论根据，也以条件成熟来敦促武帝早日举行封禅大典。董仲舒提出的理论主张具有指导意义。如元狩元年，武帝郊祀于雍，获一兽角像鹿。随从官员认为大概是上帝报享和赏赐的麟；元鼎元

---

〔1〕《春秋繁露义证》卷四《王道》，第99—101页。

〔2〕《春秋繁露义证》卷七《三代改制质文》，第191页。

〔3〕《春秋繁露义证》卷五《重政》，第144页。

〔4〕《史记》卷十二《孝武本纪》，第481页。

年，得宝鼎于汾水之上，当时"有司皆曰：'……今鼎至甘泉，……有黄白云降盖，若兽为符……'"[1]，这里所说的"麟"与"若兽为符"，实际就是董仲舒"西狩获麟，受命之符"思想的体现。

后来，汉武帝看到司马相如遗书中谈到封禅之事，兴趣就更大了，决定大搞封禅活动，于是就与兒宽、褚大一起研究封禅活动。兒宽因此有功，拜为御史大夫，跟随武帝封泰山。但是司马相如和兒宽所谈的封禅事宜，归根到底还是离不开董仲舒"受命之符"的思想。大谈符命的同时，又侈谈《春秋》六经，"六经载籍之传，维见可观也"，"兼正列其义，祓饰厥文，作《春秋》一艺"。[2] 兒宽是董仲舒弟子褚大的学生，他与汉武帝商议封禅的礼，也离不开符命。决定大搞封禅活动的汉武帝，也被符瑞所触动。《汉书·司马相如传下》记载："天子沛然改容，曰：'俞乎，朕其试哉！'乃迁思回虑，总公卿之议，询封禅之事，诗大泽之博，广符瑞之富。"[3]

《太初历》的制定，也是董仲舒改制思想的具体贯彻。元封元年决定举行封禅活动以后，太中大夫公孙卿、壶遂及太史令司马迁等又提出"历纪坏废，宜改正朔"，当时，御史大夫兒宽明经术，汉武帝就下诏兒宽说，可与博士共议，并提出："今宜以何为正朔？服色何上？"于是兒宽与博士赐等共议说，帝王必改正朔、易服色，以此表明受命于天。创业变改，制度不宜重复，推传序文，今当用"夏时"。武帝听从兒宽等建议，诏令公孙卿、壶遂、司马迁及大典星射姓等议造《汉历》——《太初历》。太初元年五月，武帝正式颁布《太初历》，以正月为岁首，色上黄，数用五，并因此定官名，协音律。

《太初历》用"三统"，"行夏时"，以正月为岁首，色上黄，数用五，

---

[1]《史记》卷十二《孝武本纪》，第 465 页。
[2]《汉书》卷五十七下《司马相如传下》，第 2601、2605 页。
[3]《汉书》卷五十七下《司马相如传下》，第 2606 页。

也是源于董仲舒的改制思想。

首先，它的指导思想是受命改制，这是董仲舒宣扬的阴阳五行化的今文经学的基本特征之一。兒宽与博士赐向汉武帝所建议的帝王必改正朔、易服色，所以"明受命于天"，源于董仲舒的"王者必受命而后王。王者必改正朔，易服色，制礼乐，一统于天下，所以明易姓，非继人，通以己受之于天也"[1]。关于"三统""夏时""正月为岁首"，董仲舒明确指出："《春秋》应天作新王之事，时正黑统"，"三正以黑统初，正日月朔于营室，斗建寅"[2]。郊祀祭天，必以正月上辛者，因天最尊贵，"首一岁之事"。"时正黑统"，"斗建寅"，即用"三统"，行"夏时"，以"正月为岁首"。因此，《太初历》的制定，是董仲舒改制思想最好的应用和具体贯彻。

同时，必须指出的是，帮助汉武帝制定一整套封禅仪式和理论的是兒宽和褚大，而帮助汉武帝废旧历——《颛顼历》，造新历——《太初历》的主要是兒宽和司马迁。司马迁和褚大都是董仲舒弟子（学生），兒宽是褚大的弟子、董仲舒的再传弟子。根据董仲舒的教育思想，学生必须是"道师之言，靡能勿失"[3]，正如董仲舒的另一位弟子嬴公所说："守学不失师法"[4]。所以，汉武帝时期的封禅活动和改历事件，是根据董仲舒的思想进行的。

3. 董仲舒与谶纬的关系

阴阳五行化的今文经学的另一个基本特征是信谶纬。谶纬究竟是什么呢？据《四库全书总目提要》关于《易纬》说，谶是谶，纬是纬，并非一类。谶是诡为隐语，预决吉凶。《史记·秦始皇本纪》称，卢生奏录图书之语是其开始。纬是经的支流，衍及旁义。如《史记·太史公自序》引

---

〔1〕《春秋繁露义证》卷七《三代改制质文》，第182页。

〔2〕《春秋繁露义证》卷七《三代改制质文》，第188页。

〔3〕《汉书》卷五十六《董仲舒传》，第2519页。

〔4〕《汉书》卷八十八《儒林传》，第3616页。

《易》"失之毫厘，谬之千里"，《汉书·盖宽饶传》引《易》"五帝官天下，三王家天下"，注者均以为是《易纬》之文。秦汉以来，儒者推阐论说，各自成书，与经原不相比附。如伏胜《尚书大传》即为纬书。因有作者之名，故不能托诸孔子。其他私自撰述者，则往往杂以术数之言，但不知作者是谁，因而加以附会，故作神秘，又加以妖妄之辞，于是，便与谶合而为一。可见，在开始的时候，谶与纬是有分别的，谶是讲预言的，而纬是解经的，到后来才合而为一。

（1）谶纬的主要内容

谶纬讲预言神话，注重天人之际，主要内容是灾异、符瑞和阴阳、五行。谶始于秦，纬开始于西汉武帝之后，谶、纬结合而大盛于世是在两汉中后期，与董仲舒的思想言行也有关联。因为董仲舒是西汉最早研究阴阳灾异的专家，"汉兴推阴阳言灾异者，孝武时有董仲舒、夏侯始昌，昭、宣则眭孟、夏侯胜，元、成则京房、翼奉、刘向、谷永，哀、平则李寻、田终术。此其纳说时君著明者也。察其所言，仿佛一端。假经设谊，依托象类，或不免乎'亿则屡中'"[1]，与董仲舒的"因恶夫推灾异之象于前，然后图安危祸乱于后者，非《春秋》之所甚贵也"[2]，预言极为相似。

纬是解经的，六经是孔子所定，今文经学家以为，纬书中同样反映了孔子的微言大义。谶纬每每合而为一，所以谶纬议论的主要人物是孔子，尽力宣扬他的神明与英明，甚至比帝王更加伟大，从而使孔子成为教主、六经成为天书。那么，首先使孔子成为教主、六经成为天书的正是董仲舒。他说："孔子作《春秋》，上揆之天道，下质诸人情，……故《春秋》之所讥，灾害之所加也；《春秋》之所恶，怪异之所施也。书邦家之过，兼灾异之变，以此见人之所为，其美恶之极，乃与天地流通而往来相应，

---

〔1〕《汉书》卷七十五《眭两夏侯京翼李传》，第3194页。
〔2〕《春秋繁露义证》卷六《二端》，第153页。

此亦言天之一端也。"〔1〕 在董仲舒心目中，孔子何尝不是教主，《春秋》何尝不是天书，故王充曰："孔子将死，遗谶书曰：……又曰：'董仲舒乱我书。'其后江都相董仲舒，论思《春秋》，造著传记。"〔2〕

（2）董仲舒的阴阳、五行、灾异、符瑞思想

董仲舒关于阴阳、五行、灾异、符瑞等议论，遍于《春秋繁露》《贤良对策》《春秋阴阳》等著作。《春秋阴阳》中，董仲舒把自然界的各种灾变与人世间的事件相联系。关于火灾，如《春秋》鲁桓公十四年"八月壬申，御廪灾"，董仲舒以为，这是由于过去四国共伐鲁。鲁哀公四年"六月辛里，亳社灾"，董仲舒认为，这是预告了后来鲁国的灭亡。董仲舒说："亡国之社，所以为戒也。天戒若曰，国将危亡，不用戒矣。《春秋》火灾，屡于定、哀之间，不用圣人而纵骄臣，将以亡国，不明甚也。"〔3〕 董仲舒指出，灾变的产生，是阴阳失常的缘故，极阴生阳，导致火灾。

关于水灾。鲁庄公七年"秋，大水，无麦苗"，董仲舒说，是庄公母文姜与其兄齐襄公淫乱，并共杀鲁桓公，但庄公未报父仇而复娶齐女的映射。鲁桓公十三年夏的大水，董仲舒认为，是由于桓公弑兄隐公，民臣痛隐而贱桓，以及鲁与诸侯频频交兵结仇，伏尸流血，百姓怨恨所造成的。水灾的出现与阴阳失常相关，鲁庄公二十四年"大水"、鲁襄公二十四年"秋，大水"，是因"阴气盛"。鲁成公五年"秋，大水"，是由于"阴胜阳"。

关于雨雪雹。"大雨雪"是陪臣专政、妇人专权的表现，也是阴气盛。"大雨雹"是阴胁阳。鲁僖公十年冬"大雨雹"，董仲舒认为，是釐公在齐桓公威胁之下，"立妾为夫人，不敢进群妾，故专壹之象见诸雹，皆为有所渐胁也，行专壹之政云"〔4〕

---

〔1〕《汉书》卷五十六《董仲舒传》，第 2515 页。

〔2〕（汉）王充：《论衡》卷二十六《实知篇》，北京：中华书局，2017 年，第 1242 页。

〔3〕《汉书》卷二十七上《五行志上》，第 1330 页。

〔4〕《汉书》卷二十七中之下《五行志中之下》，第 1423 页。

关于降霜而草不死，也与阴阳有关。鲁僖公三十三年"十二月，陨霜不杀草"，董仲舒以为，九月阴气至，剥落万物，开始大杀。今十月陨霜而不能杀草，是君诛不行，舒缓之应。于是公子遂专权，"三桓"始世官，是违背"阴从命，臣受君令"的体现。

关于日食。鲁昭公七年"四月甲辰朔，日有食之"，董仲舒认为，是"楚灵王弑君而立，会诸侯，执徐子，灭赖。后陈公子招杀世子，楚因而灭之，又灭蔡，后灵王亦弑死"[1]的征兆。

关于彗星（孛）。鲁昭公十七年冬，有星孛于大辰。董仲舒以为，大辰是心为明堂、天子的象征，是后来王室大乱、三王分争的预示。

关于雷击。鲁僖公十五年九月己卯晦，震夷伯之庙，"董仲舒以为夷伯，季氏之孚也，陪臣不当有庙。震者雷也，晦暝，雷击其庙，明当绝去僭差之类也"[2]。这是对"阴为阳，臣制君"的警告。

《春秋繁露》中有大量关于五行的议论。董仲舒说，木为春，是万物生长的时候，如树木华美，瑞草茂生，鱼大为鳣，鲸不见，群龙下沉。这是君主重农爱民、轻徭薄赋、任贤选举、轻刑省罚的预兆。火为夏，是万物成长的时候，如甘露降，飞鸟大，赏有功，凤凰翔。这是由于君主"举贤良，进茂才，官得其能，任得其力，赏有功，封有德，出货财，振困乏，正封疆，使四方。恩及于火"[3] 土为夏中，是万物成熟的时候，五谷成而嘉禾兴。这是由于君主"生活有节，夫妻有别，亲戚有恩，百姓亲附"。金为秋，是杀气开始的时候，如凉风出，麒麟至。这是由于君主兴师动众，必应义理，存不忘危。水为冬，是万物收藏的时候，也是宗庙祭祀的开始，如醴泉出，鼋龟游。这是由于天子与诸侯祭祀适当，断狱执法合理。如果相反的话，春天，则茂木枯槁，民病疥疮；夏天，大旱，火

---

[1]《汉书》卷二十七下之下《五行志下之下》，第 1493 页。
[2]《汉书》卷二十七下之上《五行志下之上》，第 1445 页。
[3]《春秋繁露义证》卷十三《五行顺逆》，第 366 页。

灾，民生眼疾；夏中，五谷不成，民病舌烂；秋天，白虎妄搏，麒麟远去，民病咳嗽；冬天，民病孔窍不通，雾气冥冥，并有大水。这是由于君主有反常行为，损国害民所导致的。五行没有正常运行而发生错乱的话，也必然有灾变出现。如春雷开始得早，这是火犯木；鸟虫多伤，这是土犯木；兵荒马乱，这是金犯木；春有霜，这是水犯木。都是木被其他四行干扰的结果。在董仲舒看来，火、水、土、金各自被其他四行干扰时，也必然出现各种各样的自然灾变。由于阴阳失常和五行相互干犯所发生的自然灾变，既有先天灾后人事，又有先人事后天灾。前者是一种预言和征兆，后者是一种报应和惩罚。这与谶纬的预言、神话十分相似。

对于五行干犯、阴阳失常，必须进行挽救，即经过调整其恢复正常状态。《求雨》《止雨》两篇以及《奏江都王·求雨》《请雨》两篇中都有详尽的记载。董仲舒的求雨、止雨活动，仪式极为庄重，尤其重视调整五行，损益阴阳。董仲舒以五行配四季：春为木而色青，夏为火而色赤，季夏为土而色黄，秋为金而色白，冬为水而色黑。春旱求雨，为大苍龙一，小童八，斋三日，服青衣而舞；夏旱求雨，为大赤龙一，壮年七人，斋三日，服赤衣而舞；季夏求雨，为大黄龙一，丈夫五人，斋三日，服黄衣而舞；秋旱求雨，为大白龙一，鳏者九人，服白衣舞；冬旱求雨，为大黑龙一，老年人六人，穿黑衣而舞。春八，夏七，季夏五，秋九，冬六，实际上体现了木、火、土、金、水五行。《止雨》篇凌曙引郑玄注曰："五行自水始，火次之，木次之，金次之，土为后"，"木生数三，成数八"，"火生数二，成数七"，"土生数五，成数十，但言五者，土以生为本"，"金生数四，成数九"，"水生数一，成数六"。青（苍亦青）、赤、黄、白、黑五色，也体现了木、火、土、金、水五行。据《治水五行》记载，木用事，其气躁浊而青；火用事，其气惨阳而赤；土用事，其气湿浊而黄；金用事，其气惨淡而白；水用事，其气清寒而黑。

董仲舒调整五行的同时强调损益阴阳。求雨时，必须使属阳的男子藏匿，属阴的女子暴露，"丈夫欲藏匿，女子欲和乐"，在董仲舒看来，久旱不雨是亢阳而少阴，必须通过求雨活动加以调节。《奏江都王·请雨》中说："求雨之方，损阳益阴。愿大王无收广陵女子为人祝者一月租，赐诸巫者；诸巫毋大小皆相聚于郭门，为小坛，以脯酒祭；女独择宽大便处移被，被便无内丈夫，丈夫无得相从饮食；令吏妻各往视其夫，皆到即起，雨注而已。"[1] 久雨不晴，是阴盛少阳，故止雨时，必使属阴的女子藏匿，禁止妇女进入街市，属阳的男子必须暴露，"丈夫欲共和而乐"，"开阳而闭阴，阖水而开火"。

这些是巫觋与方士的活动，"亿则屡中"，《汉书·董仲舒传》载，董仲舒任国相时，也以《春秋》灾异之变，推阴阳求雨、止雨，每次都有效果。如元光二年的止雨活动，即江都易王刘非二十一年八月丙午日，担任江都相的董仲舒曾告诉内史、中尉说，阴雨太久，恐伤五谷，赶快止雨，"止雨之礼，废阴起阳"。这次止雨活动，遍及十七县八十乡，惊动了很多的王国官吏和县令。后又有"五仪元年，儒术奏施行董仲舒请雨事，始令丞相以下求雨雪，曝城南，舞童女，祷天神。五帝五年，始令诸官止雨，朱绳萦社击鼓攻之"[2] 这时董仲舒提倡求雨止雨活动，已经发展到全国范围。

汉武帝与群臣开始时都认为，董仲舒的这些灾异思想和实践活动十分愚昧，所以曾发生过将董仲舒下狱要处死的事情。但是，董仲舒所论灾异，是因阴阳失常所造成的自然灾变，表面上是批评阴气盛、阴胁阳、阴失节、阴为阳、极阴生阳、积阴生阳等异常现象，实际上是在责怪属于阴的臣子、妇女不安于本分，尽力维护属于阳的君、父、夫的尊严和三纲伦常。尤其是提高君主的地位和加强中央的权力，以抑止诸侯和地方官吏的目中无君和各自为政的行为。正如东汉王充所说，董仲舒作道术之书，颇言灾异政治所失，"书成文具，表在汉室"。为此，武帝又下诏赦免董仲

---

[1] 参见《后汉书》之《志第五·礼仪志中·请雨》注引。
[2] 《太平御览》卷五百二十六《礼仪部》，第2388页。

舒，复以为太中大夫。后来，淮南、衡山、江都三王谋反，武帝就更加相信董仲舒的推阴阳灾异可以促进国家的统一和加强中央集权。可见，推阴阳灾异有利于封建统治，被帝王接受，并予以推广。

董仲舒全力宣扬符瑞思想。《春秋繁露·符瑞》一篇专门讨论，"有非人力所能致而自致者，西狩获麟，受命之符也"。《贤良对策》亦大谈天瑞符命。董仲舒说："臣闻天之所大奉使之王者，必有非人力所能致而自至者，此受命之符也，天下之人同心归之，若归父母，故天瑞应诚而至。《书》曰：'白鱼入于王舟，有火复于王屋，流为乌'，此盖受命之符也。"[1] 这些言论为两汉谶纬盛行提供了理论依据。

董仲舒的灾异、符瑞与谶纬所讲的预言、征兆，一定程度上都有所关联，正如董仲舒的再传弟子眭孟所说，虽有继体守文之君，不影响圣人的受命，"汉家尧后，有传国之运。汉帝宜谁差天下，求索贤人，禅以帝位，而退自封百里，如殷周二王后，以承顺天命"[2] 由受命、禅位而得出"汉家尧后"，这岂不是谶纬一类的预言吗？

曾聆听董仲舒讲授孔子为什么作《春秋》的司马迁，发愤而撰《史记》，是为了"究天人之际"。《史记·高祖本纪》说，刘媪梦与蛟龙遇而产刘邦，刘邦斩蛇起义是赤帝子杀白帝子，流亡芒砀山泽之间，上有五彩云气，这些难道不是预言刘邦生来就是赤帝子，将代秦而为汉帝吗？

司马迁和眭孟宣扬预言神话，迎合帝王要求，是承董仲舒所言"仲尼之作《春秋》也，上探正天端王公之位，万民之所欲，下明得失，起贤才，以待后圣"[3] 的继承和发展。《春秋纬·汉含孳》也有类似的记载，孔子览史记，"为汉帝制法"；《后汉书·苏竟传》中记载孔丘秘经，为汉赤制，"火德承尧"；何休的"待圣汉之王以为法"等，皆是"以待后圣"

---

〔1〕《汉书》卷五十六《董仲舒传》第 2500 页。

〔2〕《汉书》卷七十五《眭两夏侯京翼李传》，第 3154 页。

〔3〕《春秋繁露义证》卷六《俞序》，第 155—156 页。

思想的传承。因此，董仲舒的阴阳、五行、灾异、符瑞等议论，虽不是谶纬，但为儒生制造谶纬准备了理论根据。《四库全书总目提要》也认为董仲舒的《春秋阴阳》，其文体就是纬书。不难看出，两汉谶纬大盛，实际发源于董仲舒的思想。

总之，董仲舒使素朴的原始儒学，发展为阴阳五行化的今文儒学，并具有受命改制和信谶纬两大基本特征，受命改制是董仲舒思想的重要内容，而谶纬的盛行，也与董仲舒思想密切相关。今文经学是中国哲学史上经学时期的开创与起源，也是古代封建统治进行改朝换代的理论根据，不仅为汉武帝的封禅改历创造了完备的理论，而且为近代的戊戌变法提供了历史借鉴。这种今文经学，以天命、符瑞来迎合帝王的要求，以阴阳灾异来提升孔子的地位，将之尊为圣人。使六经特别是《春秋》成为天书，使儒家学说理论化、宗教化，为谶纬的盛行开了先河。这是天人合一的神学目的论的反映，对此，要以批判的眼光和态度来看待。其在统一思想、加强集权、巩固汉王朝封建统治方面起了一定的作用。同时，谶纬也往往被人民群众所利用，作为反对封建王朝的号召，使地主阶级感到害怕。后来隋炀帝下令加以禁绝，其原因恐怕与此有关。所以在某种程度上，对于限制、约束地主阶级残酷剥削压迫农民，以及激起广大人民群众反封建暴政，也有一定意义。

（八）董仲舒哲学思想概要

现代著名经学史家蒙文通先生认为，经学就是讲哲学，"有秦以来儒者之理想言焉，所谓经学者实哲学也，此今古学所由判也"。[1] 可见哲学就是经学，是经学的重要内容。现简要地叙述董仲舒的哲学思想。

董仲舒的哲学思想，无论从认识论来看，还是从方法论来看，都是非常丰富和深刻的，而且是错综复杂和相互交叉的。

---

[1]《经学抉原》，第172页。

1. 既是唯心主义，又是唯物主义

认识论是讲物质与意识的关系问题，即第一性与第二性的问题。天与元是董仲舒认识论的最基本的东西与出发点。由元而天，由天而阴阳、五行、四时、人、情性、名号。元与天相关，天与阴阳、五行、四时、人、情性、名号相连，而且在他来看，元和天既是意识的，又是物质的。说是意识，是因为元和天有意志、有感情，富于人格化。元在天地之前，元能决定社会政治的好坏。天是最大的神，所谓"百神之君"[1]，天的一切行为都是有目的的，天有目的地创造了万物和人类。人的形体、组织、思想、道德与天相副，天与人之间相互感应，阴阳、五行、四时都被视为天的组成部分，因此也是有意志、感情、人格的。人的所作所为，不过是顺从天意而已，人的情性是天生的，群生、万物的名号是天定的。董仲舒把意识作为第一性的东西，是天人感应的神学唯心主义的表现。

再从物质的角度看，元和天是一种气，整个自然界由气组成，包括阴阳、四时、五行在内。气对于人来说是必需的，人与气的关系好比鱼跟水的关系，"气尽而立终"[2]，气可以促进一年四季的更替，可以使万物发生、发展、壮大、成熟和衰亡。自然现象变化，如风、雨、霜、雾、雪、雹等，均是气变化所致。名号非天生，而是人们根据物象而定。人的认识有其局限性，有许多事物尚未被认识，因而觉得奇怪。虽然奇怪，但也要承认其已存在，不以个人意志而转移。董仲舒把物质作为第一性的东西，无疑是唯物主义的表现。

董仲舒对人的认识，认为人超乎群生万物，"而最为天下贵也"[3]。人为什么能超乎群生万物呢？是因为人知仁义，有礼乐。人通过实践，能够认识客观事物。人通过主观努力，可以掌握客观规律为自己服务。如掌

---

[1] 《春秋繁露义证》卷十五《郊义》，第396页。

[2] 《春秋繁露义证》卷十六《循天之道》，第446页。

[3] 《春秋繁露义证》卷十七《天地阴阳》，第460页。

握、运用气在人体内的运动规律使人气多而治，延年益寿，董仲舒认为，人寿命长短与人主观努力与否有很大关系，而不单单是凭天命，否则"大惑"。

2. 既有形而上学观点，又有辩证法思想

方法论问题，是形而上学还是辩证法的问题，即变与不变的问题。变与不变，也就是经礼与变礼的区别，董仲舒说："《春秋》有经礼，有变礼。为如安性平心者，经礼也；至有于性，虽不安，于心，虽不平，于道，无以易之，此变礼也。"[1] 董仲舒方法论的主要内容，是关于"道"的理解问题，在他看来，道是从属于天的，天是既不变又可变的，故道也是既不变又可变的。

道的不变，表现为"万世无弊""中和不可及""天之道有伦有经""有常"，遵循道的"若夫大纲、人伦、道理、政治、教化、习俗、文义尽如故，亦何改哉？"[2]

在这种不变的思想指导下，对事物的看法，便产生了绝对化。舜的乐《韶》是尽善尽美的；圣人之善、斗筲之恶也是不变的；个别的事物必定适用于一般的事物；对事物的认识过程，也必然是从个别到一般，而没有从一般到个别。事实上，如善与恶这一对对立的概念，属于道德领域，在不同的时间、不同的民族、不同的阶级，都是不一样的，在不断变化当中。个别与一般的关系，也是在变化当中。正是由于事物范围极其广大，发展无限性，在一定场合为普遍性的东西，而在另一场合则变为特殊性。反之，在一定场合为特殊性的东西，而在另一场合则变为普遍性。

道的可变，表现为"天之道……有权""《春秋》之道……有变"等。遵循道的群生万物，当然也可变。然而这种变也有分别。有的虽有变，但它的基本思想没有违背"经""伦""常"，有些虽有变，但必在"可以然

---

〔1〕《春秋繁露义证》卷三《玉英》，第72页。
〔2〕《春秋繁露义证》卷一《楚庄王》，第18页。

之域"；变不过是暂时的，"毋以适遭之变疑平生之常，则所守不失，则正道益明"[1]，此不过是数量上、形式上的变化，没有性质上的变化。但有些变，既有量和形式的变，也有性质的变；既有从量变到质变，也有从质变到量变。同时，在变的时候还要注重"事""时"等条件的影响。这显然已不是形而上学的思想了。

在变的思想指导下，董仲舒以为，任何事物都是由相对立的两个方面组成，它们之间既相反又相成，"反而有相奉"[2]。相对的两个方面，是不平衡的，表现为性质不同，有主有从，而且在一定条件下可以实现转化。不仅祸福、吉凶可以转化，阴阳在一定条件下，也是可以转化的。董仲舒说："阴阳之时虽异，而二体长存。犹如一鼎之水而未加火，纯阴也；加火极热，纯阳也。纯阳则无阴，息火水寒，则更阴矣；纯阴则无阳，加火水热则更阳矣。"[3]

在变的思想指导下，董仲舒认为事物具有相对性。事物的肯定当中有否定，否定当中有肯定，"不义之中有义，义之中有不义"[4]。事物的肯定或否定，随着条件的改变而具有相对性。这种事物的相对性，内部相互对立的两个方面的不同性质，在一定条件下互相转化，以及对立面既相反又相成，无疑是辩证法的思想。

董仲舒论述了事物间"伍比"和"偶类"的两种关系。关于拟人的比附，董仲舒把人的道德品质，比拟于物的本能和属性。董仲舒之所以这样比拟，目的是对统治阶级提出较高的道德标准，以便约束和规范他们的言行。对于同类事物的关系，董仲舒也注意到了它们之间内在的联系，"气同则会，声比则应，其验皦然也。试调琴瑟而错之，鼓其宫而他宫应之，

---

〔1〕《春秋繁露义证》卷十二《暖燠常多》，第341页。

〔2〕《春秋繁露义证》卷十一《天容》，第325页。

〔3〕（晋）葛洪辑录：《西京杂记》卷五《雨雹对》，影印文渊阁《四库全书》本，第8a页。

〔4〕《春秋繁露义证》卷二《竹林》，第48页。

鼓其商而他商应之，五音比而自鸣，非有神，其数然也"[1] 重视外部现象之间的联系，把自然的变异看作社会兴衰的直接原因。

董仲舒的哲学思想中，辩证法、形而上学、唯物主义和唯心主义相互交叉。在方法论上，基本是形而上学的，但有很多的辩证法思想。当然，也是一种自发朴素和不完备的理论。

（九）结论

西汉初的以"黄老"无为思想为主、其他思想不统一的情况，削弱了王权，加剧了诸侯的分裂，放任了匈奴的侵略和百越的割据，使中国自秦统一之后，再度处于割据称雄、四分五裂的局面。董仲舒的"罢黜百家，独尊儒术"等主张，无论是从加强王权、统一思想，消除诸侯分裂来看，还是从改革吏治、调节贫富、重教轻刑等方面来看，都是为了西汉王朝封建政权的巩固，服务于当时的内外政策。

汉武帝对董仲舒思想的采纳和实施，迅速扭转了汉初外患内祸频仍的严重危机，使中国重新实现统一，巩固了中央集权制的封建国家，也保卫和发展了汉族的先进经济和文化。否则，如果不能摆脱封建分散和诸侯混乱的状态，任何一个国家都不可能保持自己的独立和真正发展经济和文化。只有统一的国家，才有可能保持自己的独立，有可能真正发展经济和文化。

因此，"罢黜百家，独尊儒术"之后的中央集权的西汉中期，比之"黄老"无为的割据分裂的西汉初期，是前进而不是"倒退"，是革新而不是"复古"。所以，董仲舒的思想并非"复古倒退"，而是前进的、革新的。

当然，董仲舒这种思想的产生，有其历史前提。既是借鉴于先秦、秦汉以来的思想学术成就，继承、发展、批判和总结了各家各派思想，又是

---

[1]《春秋繁露义证》卷十三《同类相动》，第351页。

时代发展的必然趋势，以当时的社会需求为背景。董仲舒思想也是他个人的独特见解，是对中国社会的重大贡献。之所以这样说，是因为董仲舒提出了符合时代需要、促进历史发展的主张。他的春秋公羊学，即阴阳五行化的今文经学，为地主阶级政权的巩固奠定了理论基础。所以董仲舒不但被称为"有王佐之才，虽伊吕无以加，管晏之属，伯者之佐，殆不及也"[1]，虽"无鼎足之位，知在公卿之上"[2]的大政治家。而且被尊为"为世儒宗，定议有益天下"[3]，"令后学者由所统壹，为群儒首"，"文王之文在孔子，孔子之文在仲舒"[4]，"汉儒唯董仲舒纯粹，其学甚正"[5]，"明于《春秋》，为群儒宗"[6]的大思想家。

毫无疑问，董仲舒是大政治家和大思想家。当时的西汉，在哲学方面，有朴素的辩证法和唯物主义思想；政治方面，有君主要为民、民可废杀暴君的思想；伦理方面，仁义中包含严以律己、宽以待人的思想；教育方面，有刻苦学习、全面发展、言教身教的思想；经济方面，有限制土地兼并、解放奴婢、轻徭薄赋、重视农业，以及限制贵族、官吏、豪强"与民争利"的思想；史学方面，有连续、统一、厚今薄古、重民的思想；法律方面，有重教轻刑、疑狱予民、执法不阿、刑上大夫的思想；军事方面，有把战争分为义与不义的思想；民族问题方面，有主张"爱及四夷"民族团结融合的思想，以及贯穿于各个方面的天意代表民意的思想；等等。这些思想和主张，不仅在当时的西汉，而且在中国历史上都产生了积极的影响，既有重大的现实意义，又有深刻的历史意义。

---

〔1〕《汉书》卷五十六《董仲舒传》，第2526页。

〔2〕《论衡》卷十三《别通篇》，第706页。

〔3〕《汉书》卷三十六《刘向传》，第1930页。

〔4〕《论衡》卷十三《超奇篇》，第718页。

〔5〕（宋）黎靖德：《朱子语类》卷一百三十七《战国汉唐诸子》，影印文渊阁《四库全书》本，第10b页。

〔6〕《春秋董氏学》之《自序》，第1页。

　　不可否认，董仲舒的"天不变，道亦不变""天人合一""天人感应"，经学上的讲符命、信神瑞，政治上的君权神授、防民"犯上"，伦理上的"三纲五纪""五常之道"，史学上的帝王造时势、终而复始，以及罢黜百家使"邪辟之说灭息"等，在后世产生了很多争议和误读。实际上，这些误读忽视了董仲舒思想的时代性，因此，更加需要用客观、辩证、批判和发展的眼光来研究董仲舒思想，需要站在时代的角度，更加系统全面地分析，"判断历史的功绩，不是根据历史活动家没有提供现代所要求的东西，而是根据他们比他的前辈提供了新的东西"[1]。从董仲舒的一生作为、思想、言行来看，他的确比他的前辈提供了更多更新的东西。对此，应该予以肯定，承认其历史功绩，特别是他在中国经学史上的重要地位。董仲舒不愧为经学大师，也是中国历史上伟大而著名的政治家和思想家。

四、张汤与赵禹

　　西汉初，叔孙通定朝仪、宗庙仪法及《傍章》十八篇等，是经学礼仪在西汉初的重要发展。但在当时，无论是朝觐聘享之礼，还是宗庙祭祀之礼，以及宫殿省禁之礼，尚不完善，也不严格。汉十一年（前196年）七月，淮南王英布反，高帝病卧禁中，令守门者不让群臣进入。但樊哙强行推开宫中小门，直接来到高帝的卧榻之旁，群臣也跟随而入，可见宫卫之禁不严，大臣没有很好地执行君命。封建王朝最高行政机构丞相府，也不够严肃。惠帝时，曹参为丞相，丞相府和小吏的房舍相邻，小吏们每日饮酒高歌，曹参不但不加禁止，还"取酒张坐饮，大歌呼与相和"[2]。至于诸侯王朝见天子之礼，也没有很好执行，如吴王刘濞，王三郡五十三城，

---

〔1〕　［俄］列宁：《列宁全集》第二卷，北京：人民出版社，1984年，第150页。

〔2〕　《汉书》卷三十九《曹参传》，第2020页。

称疾不朝达二十余年。景帝三年，平定吴、楚等七国之乱后，情况有所改变。武帝时，不仅重视郊祀、宗庙之礼，而且严格了宫殿省禁之礼和朝觐聘享之礼，以体现国家的真正统一和皇帝的至高无上，主要表现为张汤制定《越宫律》和赵禹制定《朝律》，完备和健全礼节与仪法。

（一）张汤重视郊祀、宗庙和尊卑贵贱之礼

张汤非常重视郊祀宗庙和尊卑贵贱之礼。张汤是西汉景帝武帝时人，虽无"尺寸之功"，但他既精于法，又谙于礼，武帝时，从长安县吏，步步晋升，至于廷尉、御史大夫，成为一个"起文墨小吏，致为三公"的显赫人物。

张汤重礼，好儒术，被准备立明堂、制礼服的丞相田蚡所赏识，以为丞相长史，后来又被举荐为侍御史。张汤任侍御史时，武帝陈皇后"擅宠骄贵"，无子而"挟妇人媚道"，又让使女穿楚服为巫蛊祠祭祝诅。张汤认为，这是违背君臣、夫妇之礼的"大逆无道"之行，他奉武帝诏，废后和严惩其周围目无礼仪制度的人。张汤也以此功绩升为太中大夫，"上以为能，迁太中大夫"。[1] 经学大师董仲舒，年老退休家居时，张汤经常受武帝之命，向董仲舒请教各种关于祭天、祭宗庙之礼，《春秋繁露·郊事对》中，张汤认真听取了董仲舒关于礼的四个方面的回答，这是张汤学礼、重礼的最好见证。

首先，张汤代表汉武帝以"郊事"（即祭天之礼）问董仲舒。董回答说，古代郊祀是天子礼中最为重要的。郊祀的时间以正月上辛日，祭天先于祭拜神，要居于前，即使有大丧，宗庙之祀可以暂停，但郊祀之祀不可停，郊祀重于宗庙，天尊于人。

其次问到鲁国（鲁为周公之子伯禽的封国），祀周公用白牲，是非礼行为吗？仲舒回答说，是依礼而为。因为《春秋》曰："鲁祭周公，用白

---

〔1〕《汉书》卷五十九《张汤传》，第2638页。

牲"，色白是纯洁珍贵的体现。接着问到：周天子祀宗庙用骍牷（纯一赤色），群公祀宗庙牲毛不纯，周公是诸公，怎么能用牲毛纯一色（即白牲）？仲舒回答说，因周公"德渐天地，泽被四海"，故成王十分礼贤而尊敬他。《诗》也说，无德不报。所以成王使祭周公以白牲，上不得与天子同色，下与诸侯群公也有差异，这是"报德之礼"。

张汤接着问：按礼天子祭天，诸侯祭土，鲁国为什么能够祭郊（即祭天）？仲舒回答说，因为周公也是圣人，当然也有祭天之道，故成王令鲁可以郊祭。接着又问，既然鲁祭周公白牲，那么祭郊用什么颜色的牺牲？仲舒回答说："鲁郊用纯骍牷。周色上赤，鲁以天子命郊，故以骍"[1]，既然周公有祭天之道，周公之后的鲁能郊祭天，当然可以与周天子郊祀一样"色上赤"，而用"纯骍牷"。

张汤问：祀宗庙，有的人以野鸭当家鸭，野鸭不是家鸭，这可以用吗？仲舒回答说：野鸭不是家鸭，家鸭不是野鸭。我听说孔子入太庙，十分谨慎，每件事都要询问求证。今皇帝亲自祭祀吃斋沐浴，非常恭敬，以祭祖先，怎能以家鸭当野鸭、野鸭当家鸭，"以承太庙"呢？董仲舒认为不可，称物不相应，这是名实不相副。

董仲舒以上关于祭天、祭宗庙之礼；天子、诸侯祭宗庙不同之礼；鲁祭天祭宗庙，既不同于天子，也不同于诸侯，又同于天子之礼：十分复杂，很有道理。张汤对此十分赞赏，称董仲舒所对，既明礼，又明法。

张汤好儒家经义，"汤决大狱，欲傅古义，乃请博士弟子治《尚书》《春秋》，补廷尉史，平亭疑法，奏谳疑"[2]。也就是说，廷尉张汤重视儒家的《尚书》《春秋》经义决狱。

张汤任廷尉时，《尚书》专家兒宽曾为廷尉掾史决疑奏，令人信服。张汤得知后，"大惊，召宽与语，乃奇其材，以为掾。上宽所作奏，即时

---

〔1〕《春秋繁露义证》卷十五《郊事对》，第411页。

〔2〕《汉书》卷五十九《张汤传》，第2639页。

得可。……汤由是乡学,以宽为奏谳掾,以古法义决疑狱,甚重之。及汤
为御史大夫,以宽为掾,举侍御史"〔1〕 可见,张汤是经过《春秋》专家
董仲舒、《尚书》专家兒宽的熏陶、启发和教育,逐渐重视信仰儒家学说,
并以儒家经义理政治狱的。

元狩三年,张汤升为御史大夫,尊宠在丞相之上,张汤更加重视尊卑
贵贱和宗庙祭祀之礼,对于儒家的礼义学说也更加尊重,也就是进一步
"独尊儒术"而大讲经学。元狩六年,他与丞相严青翟等,请武帝立皇子
闳、旦、胥为诸侯王。武帝认为,周封八百,姬姓并列,或子、男、附
庸,《礼》有"支子不祭",没有听说"并建诸侯所以重社稷",所以,武
帝想将皇子封为列侯,而不封为诸侯王。对此,张汤等议曰:周封八百,
姬姓并列,是为了尊奉天子。康叔以祖考显,伯禽被封为周公,都是建国
诸侯。而且认为,支子不得奉祭祖宗是礼所定,但封建使守卫藩国,"帝
王所以扶德施化"。何况根据武帝的推恩令,诸侯王可以推私恩分子弟户
邑,赐号建国一百多,"家皇子为列侯,则尊卑相逾,列位失序,不可以
垂统于万世"〔2〕为此,当立皇子闳、旦、胥为诸侯王。

对此,武帝仍没有同意,武帝认为,康叔亲属有十而独尊,是"褒有
德"。周公祭天命郊,故鲁祭周公,牲用白牡,鲁公用骍犅,而群公祭祀
牲不纯色,这是贤与不肖的差别。所以,皇子还是封列侯好。张汤等又接
着商议,认为皇子有的年纪尚幼,还在襁褓,立为诸侯王以奉承天子是万
世法则,不可更易。当今诸侯支子封至诸侯王,而皇子仅封为列侯,这是
尊卑失序,会令天下对皇帝失去希望,要求根据封王的礼仪和程序,封皇
子为诸侯王。最后,张汤等请曰:"臣请令史官择吉日,俱礼仪上,御史
奏舆地图,他皆如故事。"〔3〕由于张汤等再三坚持尊卑贵贱有别之礼,要

---

〔1〕《汉书》卷五十八《公孙弘卜式兒宽传》,第 2629 页。

〔2〕《史记》卷六十《三王世家》索隐曰:"谓诸侯王子已为列侯,而今又家皇子为列侯,
是尊卑相逾越矣",第 2107 页。

〔3〕《史记》卷六十《三王世家》,第 2110 页。

求皇子与诸侯王子所封有异,诸侯王子卑封列侯,皇子尊封诸侯王,武帝也只好同意,于元狩六年四月,封皇子闳为齐王、皇子旦为燕王、皇子胥为广陵王。

由上可见,张汤十分重视宗庙之礼、尊卑贵贱之礼、君臣父子夫妇之礼,并以法来惩治背礼违礼的行为,非常尊敬"进退客止,非礼不行"的经学大师、《春秋》权威董仲舒,以及《尚书》专家兒宽。

(二)官卫之礼:《越宫律》

张汤重视礼仪,健全完善官苑省禁制度,以法捍卫礼仪的集中表现就是制定《越宫律》二十七篇。《晋书》撰于唐初,可见张汤的《越宫律》至唐初仍然保存,但是具体完整的内容已散佚,目前仅存近代著名法律家沈家本所辑残目三十二条。据沈氏《历代刑法考》所说是:阑入宫门殿门;阑入甘泉上林;失阑;衣襜褕入宫;无引籍不得入宫司马殿门;宫中有罪禁止不得出亦不得入;从官给事司马中者得为大父母父母兄弟通籍;卫宫;诸出入殿门及公车司马门者皆下,不如令罚金四两;酎宗庙骑至司马门;部署诸庐者舍其所居寺;跸先至而犯者罚金四两;卫士填街跸;执金吾下至令尉奉引;出入属车间;卒辟车;三公出城郡督邮盗贼道;无故擅入官府,漏泄省中语;泄秘书;刺探尚书事;挟诏书;尚书入省事;尚书作诏文;上书;举奏非是;议不正;不举奏;触讳;骑乘车马行驰道中已论者,没入车马被具;诸使有制得行驰道中者,行道旁无得行中央三丈;太子得绝驰道;吏卒不得系马宫门树等。

所存条目虽不多,但涉及的面却甚广,包括宫殿、苑园、省禁、乘舆、车马、驰道、街巷、宫门、殿门、司马门、籍引、泄秘、触讳、诏书、上疏、议政、举奏、警跸等,均制定了严格的礼仪制度,违反者必须惩罚。保证了皇帝、太子、后宫及贵族、大臣的安全,维护了皇帝的尊严,也保证了宫殿、省禁及政府要害部门工作的正常进行,从而稳定了京师的社会秩序,也象征了专制主义中央集权封建国家的威武庄严。

由上可知，张汤的《越宫律》，是在汉初一些宫殿、省禁等有关礼仪制度上的发展，有些是新创，使其更加完备、健全。并且，在武帝以后的西汉与东汉，予以全面实行。必须指出，《越宫律》不但有针对贵族、官吏的，如"阑入宫门殿门""酎宗庙骑至司马门""漏泄省中语""泄秘书""刺探尚书事""挟诏书""举奏非是"等；也有针对一般平民的，如"阑入甘泉上林""卫士填街蹕""蹕先至而犯者罚金四两""三公出城郡督邮盗贼道""触讳"等，是涉及社会各方面的礼仪制度。

《越宫律》不但在两汉得以全面贯彻，而且对以后各代的影响也很大，特别对礼法结合、以礼入法的《唐律》的影响尤大。

《唐律·卫禁上》记载，《卫宫律》是酌汉、魏之律，随事增损而成，那么，张汤的《越宫律》无疑也在被采用之列。北齐在《卫宫律》之外，加上关禁，称为《禁卫律》。隋继齐，将《禁卫》改名《卫禁》。唐承隋制，仍名《卫禁》。因此可以说，张汤《越宫律》是《唐律·卫禁》的重要依据。

将《越宫律》残目与《唐律》相比较，它不仅是《唐律·卫禁》的重要依据，也是《唐律》之《职制律》和《诈伪律》的依据之一。以《职制律》来说，《越宫律》的"漏泄省中语"，应是《职制律》的"诸漏泄大事，应密者绞"的依据；《越宫律》的"不举奏"，是《职制律》的"诸事应奏而不奏"的依据。以《诈伪律》来说，《越宫律》的"上书""举奏非是"等，是《诈伪律》"诸对制及奏事上书，诈不以实者徒二年"等的依据。

因此，张汤为了维护和完善儒家的六经经义、礼仪制度而制定的《越宫律》，不仅在两汉时期得到了很好的贯彻，起到了确立皇帝尊严、加强中央集权的作用，而且在德主刑辅、礼法结合的中国法律史上，也具有创制某些律条先例的重要地位。

（三）朝聘之礼：《朝律》

《朝律》是汉初叔孙通为汉高祖所定朝仪的发展与完善。《晋书·刑法志》载有赵禹的《朝律》六篇，早已散佚，现仅存所辑残目十四条。赵禹是汉文帝至汉武帝时期人。武帝时，迁为御史，曾得到武帝好评，任中大夫，后又升为廷尉，同张汤一起共定礼仪、律令。据近代著名法律家沈家本《历代刑法考·汉律摭遗十六·朝律》所载，有朝请；十月朝献；不朝；不使人为秋请；不请长信；月朔大朝；飨遣故卫士仪；归印绶；封上印绶；上书还印符随方士；朝私留他县；皮币率鹿皮方尺直黄金一斤；司徒府中百官朝会殿；侍曹伍百传吏朝等。兹举例分析数条，以见其一斑。

关于"朝请"。西汉之初，袭秦正朔，以十月为一岁之始，所以诸侯在冬十月朝见。如汉高祖九年十月，淮南王、梁王、赵王、楚王在未央宫朝，置酒前殿。文帝时，吴王刘濞称病不朝二十余年。后来，自己仍不参加朝请，"使人为秋请"[1]。可见，汉初是冬朝秋请。但此条三国时人孟康注曰："律，春曰朝，秋曰请，如古诸侯朝聘也"[2]，这是武帝太初元年改历以后的事，因《太初历》以正月为岁首，故说春朝秋请，武帝天汉四年（前97年）春正月，朝诸侯王甘泉宫即是。

诸侯王朝见天子之礼，据汉制凡四见：刚到入见天子叫作小见。到正月朔旦，奉皮荐璧，祝贺正月，叫作法见。后三天又见，天子为王摆酒设宴，赐金钱财物。后二日，复入见，然后辞去。前后滞留京师长安，不过二十日，"小见者，燕见于禁门内，饮于省中，非士人所得入也"，而"今汉之仪法，朝见贺正月者，常一王与四侯俱朝见，十余岁一至"[3]，这是褚先生补《史记》所言，褚为元帝、成帝时人，他所说的朝见仪式，当为

---

〔1〕《汉书》卷三十五《吴王濞传》，第1906页。
〔2〕《史记》卷一百六《吴王濞列传》，第2823页。
〔3〕《史记》卷五十八《梁孝王世家》，第2091页。

武帝时赵禹所定。

朝请之礼，不仅诸侯王、列侯等对皇帝十分恭敬有礼，皇帝会见诸侯王、列侯，也要以礼相待。皇帝见诸侯王、列侯当起立，侍中称，皇帝为诸侯王、列侯起，先起立，然后入坐。太常赞曰，谨谢行礼。又行朝请之礼。作为仪式之一，还有音乐歌舞伴奏。据汉哀帝时丞相孔光、大司空何武说：治竽员五人，楚鼓员六人，常从倡三十人，常从象人四人，诏随常从倡十六人，秦倡员二十九人，秦倡象人员三人，诏随秦倡一人，雅大人员九人，朝贺置洒为乐。《汉书·匡衡传》也说，诸侯正月朝觐天子。

可见，"朝请"规定皇帝与诸侯王、列侯之间，相互以礼相待；王侯向皇帝进贡礼品，皇帝赐金钱财宝；不仅有礼仪，也有乐舞相伴。当然，不行朝请之礼必须惩罚，如元狩二年，河间献王子重侯刘担，因不使人秋请而免爵位。元鼎二年，建成侯刘拾，因不朝，以"不敬"严惩，免侯国，除为庶人。

朝贡之物鹿皮币，是诸侯王、列侯朝见皇帝的一种礼物，也称之为贽。朝见时，必须执鹿皮朝贺，才算有礼。据《汉书·食货志下》载，武帝时禁苑有白鹿，而少府多银锡。银锡可以铸钱，所以民间盗铸极多。"铸益多而轻，物益少而贵"[1]，何况古代诸侯聘享就有用皮币而不用金银的，于是"以白鹿皮方尺，缘以缋，为皮币，直四十万。王侯宗室朝觐聘享，必以皮币荐璧，然后得行"[2]。《史记·孝武本纪》索隐也有记载，当时黄金一斤，大约等四十万钱。王侯朝贺必须用皮币以代替过去的璧，这是一种新规定的礼仪制度，如果有非难指斥，应予以惩治。大司农颜异说："今王侯朝贺以仓璧，直数千，而其皮币反四十万，本末不相称"[3]，武帝十分不高兴，结果论以腹非罪。坚持王侯朝见天子以鹿皮为礼品，对

---

〔1〕《汉书》卷二十四下《食货志下》，第1163页。
〔2〕《汉书》卷二十四下《食货志下》，第1163页。
〔3〕《汉书》卷二十四下《食货志下》，第1168页。

于那些批评、指责者加以惩罚，维护了朝聘礼仪制度的执行。

不难看出，赵禹的《朝律》，是以叔孙通所定《朝仪》及汉初朝觐聘享之礼为基础，使其更加健全、完备。当然，除了前面所说的王侯朝之外，还有百官朝、吏朝。除了春朝，又有秋请。百官朝又分大朝、外朝、中朝、东朝，仪式隆重，处理不同的朝政国务。

皇帝对待王侯官吏之礼，见丞相也要起立，谒者称曰，皇帝为丞相起立乃坐。太常赞曰："敬谢行礼"，再如"御史大夫见，皇帝称谨谢；将军见，皇帝称谢；中二千石见，皇帝称谢"[1]，这些礼仪，对于调整封建统治阶级内部关系，缓和统治阶级内部矛盾，以巩固封建统治，具有重要意义，两汉时期得以全面贯彻施行。

除了东汉卫宏的《汉官旧仪》讲到《朝律》有关礼仪制度外，东汉蔡质的《汉官典职仪式》、蔡邕的《独断》，郑玄注的《周礼》以及《后汉书·礼仪志》等，都曾提到《朝律》的有关内容。赵禹的《朝律》，不仅施行于两汉，而且影响到后代，特别是唐朝的礼与法，都受到其深刻警示。唐德宗时，有官吏建议，基本上采取汉朝诸侯王、列侯朝见天子之礼，德宗也表示赞同，"有司上言，按《汉仪注》，朝贺正月，常一王四侯，十余载一至。又按《史记》，诸侯王朝凡四见，留长安不过二十日。今诸王入朝者甚多，非其示之简要，弘之礼节，既乖古制，有亏前典。臣请每岁二王入朝，礼毕还藩，敢以义请。从之"[2]。《朝律》也影响到《唐律》，如"上书还印符随方士"，随方士，即私自学仙而入道，应是《唐律·户婚律》"私入道"的重要借鉴和依据。《朝律》的"朝私留他县"，应是《唐律·职制律》"公事应行稽留"的依据，"诸公事应行稽留，及事有期会而违者，一日笞三十，三日加一等，过杖一百，十日加一

---

〔1〕（汉）卫宏：《汉官旧仪》卷上，影印文渊阁《四库全书》本，第7a页。
〔2〕（宋）王溥：《唐会要》卷二十四《诸侯入朝》，北京：中华书局，1955年，第459页。

等，罪止徒一年半"[1]。

因此，张汤和赵禹是汉武帝时期的两大礼学家，通礼又懂法，所以，他们所著的《越宫律》（宫苑礼）和《朝律》（朝聘礼），往往是礼法结合，既是礼又是法。这使汉代宫苑、省禁、朝觐、聘享之礼以及文武百官之仪进一步健全，是在萧何定《九章律》、叔孙通益律所不及而作《傍章》十八篇之后，对汉代礼仪制度的进一步完善，也是唐朝的礼仪制度，以及礼法合一的《唐律》的重要借鉴和依据。

五、司马迁

司马迁，字子长，夏阳（今陕西韩城南）人。汉武帝时历任郎中、太史令、中书令等职。自幼勤学好问，曾跟从他的父亲司马谈学习道家之学，也更喜爱儒家与六经，他推崇孔子与其弟子、孟子、荀卿以及汉初的叔孙通、陆贾、伏胜、贾谊等儒家学者，以董仲舒为师，学《春秋公羊》。喜欢调查研究，曾到全国各处实地考察，特别是详细调查孔孟家乡的古迹礼器遗物，瞻仰夫子之遗风。因此，司马迁非常重视礼乐仁义。后来，他在父亲的治史经验，以及充分掌握国家文献和民间资料的基础上，写成了中国历史上第一部正史——《史记》。《史记》的宗旨是为了嗣孔子，继《春秋》，本《诗》《书》《礼》《乐》《易》，特别是《春秋》和《礼》《乐》的儒家思想，在《孔子世家》《仲尼弟子列传》《孟子荀卿列传》《儒林列传》《太史公自序》等各篇中，都特别重视对儒家学者与思想的记载与评论。

（一）《孔子世家》

《史记》的体例有本纪、世家、表、书、列传。按规定，世家应该写

---

[1] （唐）长孙无忌：《唐律疏议》卷十《职制》，北京：中华书局，1983年，第320页。

王、侯、将、相，孔子无侯伯之位而称世家，是因为司马迁认为，孔子以布衣（平民百姓）传十余世，学者崇之，自天子王侯到官吏平民，中国言六艺的都尊崇孔子，可谓至圣，故为《世家》。

《孔子世家》记述了儒家创始人孔子的生平简历和主要的政治、学术活动以及儒学方面的思想。孔子生于鲁国邹邑县昌平乡阙里，鲁襄公二十二年生，先祖宋人，商代后裔。名曰丘，字仲尼，姓孔氏。孔子十七岁时，被人称为圣人（商汤）之后，并有人向孔子学礼，孔子开始以礼教授弟子。孔子在鲁为季氏史及司空之后，曾到周（天子所在地）问礼，见过老子。返回后，进一步从事教育活动，弟子也更多了。孔子三十岁时，回答了齐景公关于秦穆公为何能称霸之问。孔子三十五岁，到齐国，与齐太师谈乐，闻《韶》音（舜时乐）学之，三月不知肉味，齐人称颂之。齐景公多次问政于孔子，孔子先回答"君君、臣臣、父父、子子"，后回答"政在节财"，得到景公称赞。但齐相晏婴批评儒家，反对任用孔子，"今孔子盛容饰，繁登降之礼，趋祥之节，累世不能殚其学，当年不能究其礼。君欲用之以移齐俗，非所以先细民也"[1]。齐景公未能任用孔子，孔子去齐返鲁。

孔子四十二岁，鲁季桓子穿井得土缶，问孔子，孔子说是"土之怪坟羊"。吴伐越时，得到骨节专车，吴使便问孔子，何骨最大，谁为神人，人长几何，孔子都一一回答，吴客称孔子为"圣人"。鲁季氏僭公室，陪臣执政，孔子辞职不仕。退而研究《诗》《书》《礼》《乐》，专心教育来自四方的弟子。孔子五十岁，公山不狃以费畔，使人召孔子，孔子欲往，是为了兴周道于东方。

鲁定公时，孔子由中都宰升为司空、大司寇，兼摄相事。定公十年，齐鲁夹谷之会，孔子批评齐用夷狄之乐、优倡之戏。使齐景公也深深感到：鲁是以君子之道辅君，而齐以夷狄之道辅君，对鲁君有所得罪。定公

---

[1]《史记》卷四十七《孔子世家》，第1911页。

十三年，孔子坚持君臣有别，臣无藏甲，大夫不应有百雉之城。于是堕季孙、叔孙、孟孙三家邑。孔子五十六岁，摄相事，诛鲁大夫乱政者少正卯。参与国政三月，男女在路上行走而有别，道不拾遗。后来，鲁国接受齐国所送女乐，女子八十人，衣着华美而舞《康乐》，文马三十驷。鲁君三日不听政，孔子离开鲁国。孔子在匡被阻，感叹文王与天命，匡人也不能把他怎么样。在卫国，不得已朝见南子，出行时为卫灵公与其夫人次乘，因此感叹："未见好德如好色者也。"到蔡地，与弟子习礼于大树下。又过卫，卫灵公怠于政，不用孔子。孔子叹曰："苟有用我者，期月而已，三年有成"，意思是诚有用我改事者，一年而可以行其政教，必三年乃有成就。

孔子学琴师襄子，习其曲，习其数，得其志，又得其为人也，"黯然而黑，几然而长，眼如望羊，如王四国，非文王其谁能为此也!"[1] 孔子所学正是一曲《文王操》，孔子实际是在学文王的为人。孔子批评赵简子杀晋国贤大夫窦鸣犊、舜华，是过河拆桥，"赵简子未得志之时，须此两人而后从政；及其已得志，杀之乃从政"。[2]

孔子六十岁返鲁，批评弟子好进取、穿凿，而不知约束自己，"归乎归乎! 吾党之小子狂简，斐然成章，吾不知所以裁之"。[3] 孔子答叶公问政，说"政在来远附迩"。[4] 孔子在陈蔡绝粮，讲论诗书礼乐，讲诵之声与弦歌不绝。孔子以《诗》"匪兕匪虎，率彼旷野"，问子路、子贡、颜回三位弟子，颜回答道："不容何病，不容然后见君子"，孔子甚喜，曰："有是哉颜氏之子，使尔多财，吾为尔宰。"[5]

孔子六十三岁，又至卫。子路问孔子，若为政，何先? 孔子说，为政

---

〔1〕《史记》卷四十七《孔子世家》，第 1925 页。

〔2〕《史记》卷四十七《孔子世家》，第 1926 页。

〔3〕《史记》卷四十七《孔子世家》，第 1927 页。

〔4〕《史记》卷四十七《孔子世家》，第 1928 页。

〔5〕《史记》卷四十七《孔子世家》，第 1932 页。

必先正名，"名不正则言不顺，言不顺则事不成，事不成则礼乐不兴，礼乐不兴则刑罚不中，刑罚不中则民无所错（措）手足"[1]孔子去鲁十四岁返归，鲁哀公问政，孔子回答："举直错诸枉，则枉者直。"季康子问政，孔子回答："苟子之不欲，虽赏之不窃。"[2]

最后，是孔子对六经的研究、整理和总结。

孔子之时，周室微而《礼》《乐》废，《诗》《书》缺。孔子追迹三代之《礼》，序《书传》，上纪唐虞之际，下至秦穆，编次其事，曰："夏礼吾能言之，杞不足征也。殷礼吾能言之，宋不足征也。文献不足故也，足，则吾能征之矣。"[3]《书传》《礼记》自孔氏传。

关于《乐》，孔子语鲁大师曰："乐其可知也。始作翕如，纵之纯如，皦如，绎如也，以成。""吾自卫返鲁，然后乐正，《雅》《颂》各得其所。"[4]

古《诗》有三千余篇，及至孔子，去掉重复的篇章，取可施于礼义之篇，上采契、稷，中述殷周之盛，至幽厉之缺，始于衽席，"故曰'《关雎》之乱以为《风》始，《鹿鸣》为《小雅》始，《文王》为《大雅》始，《清庙》为《颂》始。'三百五篇孔子皆弦歌之，以求合《韶》《武》《雅》《颂》之音。《礼》《乐》自孔子可得而传述，以备王道，成六艺"[5]

孔子晚年喜《易》，作序《彖》《系》《象》《说卦》《文言》，读《易》韦编三绝。曰："假我数年，若是，我于《易》则彬彬矣。"[6]

孔子因史记作《春秋》，上自隐公，下讫哀公十四年，凡十二公。据

〔1〕《史记》卷四十七《孔子世家》，第 1934 页。
〔2〕《史记》卷四十七《孔子世家》，第 1935 页。
〔3〕《史记》卷四十七《孔子世家》，第 1936 页。
〔4〕《史记》卷四十七《孔子世家》，第 1936 页。
〔5〕《史记》卷四十七《孔子世家》，第 1936 页。
〔6〕《史记》卷四十七《孔子世家》，第 1937 页。

鲁、亲周、故殷，运之三代，约其文辞而指博。故吴、楚之君自称王，而《春秋》贬之曰"子"；践土之会实召周天子，《春秋》讳之曰："天王狩于河阳"，推此类以绳当世，贬损之义，后有王者举而开之，《春秋》之义行，则天下之乱臣贼子惧。

《春秋》是孔子独立的制作，充分表达自己的观点，笔则笔，削则削，子夏之徒不能赞一辞。弟子受《春秋》，孔子曰："后世知丘者以《春秋》，而罪丘者亦以《春秋》。"[1]

孔子以诗书礼乐教弟子三千人，身通六艺者有七十二人。孔子主张"四教"：文、行、忠、信；绝四：毋意，毋必，毋固，毋我。孔子待人接物，祭祀礼宾，不同场合，礼仪心态各不同。食、坐、哭不同，不语怪力乱神。颜回说孔子，循循然善诱人，博我以文，约我以礼，欲罢不能。孔子年七十三，鲁哀公十六年四月己丑卒。

《孔子世家》还记载了鲁哀公到汉武帝时期，孔子及其子孙的后系。孔子的儿子，字伯鱼；孙子思，作《中庸》；三世孙字子上；四世孙字子家；五世孙字子京；六世孙字子高；七世孙字子慎；八世孙鲋，鲋弟子襄；九世孙忠；十世孙武；十一世孙延年及安国，安国为汉武帝时博士；十二世孙卬，安国生；十三世孙，卬生。

司马迁之所以列孔子为世家，是因为对孔子的崇拜，称其为"至圣"，"余读孔氏书，想见其为人"，司马迁曾亲到鲁国，"观仲尼庙堂车服礼器，诸生以时习礼其家，余祗回留之不能去云。天下君王至于贤人众矣，当时则荣，没则已焉。孔子布衣，传十余世，学者宗之。自天子王侯，中国言六艺者折中于夫子，可谓至圣矣！"[2]

(二)《仲尼弟子列传》

《仲尼弟子列传》介绍与论述孔子弟子的生活与主张，以及孔子对他

---

[1]《史记》卷四十七《孔子世家》，第 1944 页。
[2]《史记》卷四十七《孔子世家》，第 1947 页。

们的教育与评论。孔子的学生，身通六艺者七十二人，从颜回到公孙龙三十五人的年龄、姓名、籍贯，跟随孔子学六艺，接受教育的经历均见于书传；从丹季到公西葳，仅见姓氏，不见于书传。前面三十五人，基本上分德行、政事、言语、文学"四科"。德行：颜回、闵子骞、冉伯牛、仲弓等；政事：冉有、季路等；言语：宰我、子贡等；文学：子游、子夏等。

其中有成就与影响的十几位孔子学生如下：

首先是颜回，鲁人，字子渊。孔子教他行仁，克己复礼，天下归仁。赞颜回安贫乐道，与孔子想法一致。颜回有贤德，一箪食一瓢饮，在陋巷，人们都不堪忍受忧愁，颜回却不改其乐。能做到可行则行、可止则止的，孔子称"唯我与颜回同也"。颜回短命，二十九岁就死了。孔子十分痛心，独称他好学，颜回能让弟子们更团结，"有颜回者好学，不迁怒，不贰过"，"自吾有回，门人益亲"。[1]

闵损，字子骞，孔子说他十分孝悌，"孝哉，闵子骞"，上事父母，下顺兄弟，动静尽善，故人不得有非间之言。

仲由，字子路，卞人。子路本性粗暴，孔子设礼诱导子路，子路着儒服拜孔子为师。子路属政事科，故首先问政事，孔子的回答是"先之，劳之"，先导之以德，使民信之，然后劳之。子路又问"勇"的问题，孔子说，义以为上，"君子好勇而无义则乱，小人好勇而无义则盗"，称子路听讼，偏信一言便可折狱。子路不可为大臣，只能是具臣而已。教育子路要"恭以敬，可以执勇；宽以正，可以比众；恭正以静，可以报上"。[2] 子路为卫国大夫孔悝宰，欲阻止孔悝作乱，结果遇难而死。死时，仍要衣冠整齐，"君子死而冠不免"，于是结缨而死。孔子知卫乱，也预见到了子路之死。孔子认为，他有了子路这位弟子，维护了他的尊严，"自吾得由，

〔1〕《史记》卷六十七《仲尼弟子列传》，第2188页。
〔2〕《史记》卷六十七《仲尼弟子列传》，第2193页。

恶言不闻于耳"。[1]

宰予，字子我，利口辩辞。在三年之丧的问题上，宰予与孔子认识不同。宰予认为丧三年太久，一年就可以了。他说，君子三年不为礼，礼必坏，三年不为乐，乐必崩，所以守一年丧就可以了。孔子表示反对，"君子居丧，食旨不甘，闻乐不乐"，一年之丧你能安心吗？批评宰予"不仁"，三年丧是自天子达于庶人的天下通义。因为"子生三年然后免于父母之怀"[2]。

子贡，端木赐，卫人，字子贡。子贡利口巧辩，孔子常批评其好辩，说他是"器用之人"，是庙里放祭品的贵器。子贡说孔子"温良恭俭让"，孔子教育子贡"贫而乐道，富而好礼"。时田常作乱于齐，欲以兵伐鲁。孔子要保父母之国鲁，同意子贡出使游说齐、吴、越、晋等国，结果吴胜齐，与晋会黄池，后晋胜吴，越袭吴杀其王，"故子贡一出，存鲁，乱齐，破吴，强晋而霸越。子贡一使，使势相破，十年之中，五国各有变"[3]。

子游，言偃，吴人，字子游，子游好礼乐弦歌，牢记孔子所教，君子学礼乐则爱人，小人学礼乐则易使。因乐以和人，人和则易使。孔子对于跟随他的学生说，言偃所说有理，并"以为子游习于文学"。

子夏，卜商，卫人，字子夏。子夏好《诗》，不忘孔子所诫：美女虽有倩盼美质，亦须礼以成之。孔子说，"商始可与言《诗》已矣"，子夏可以一起讨论《诗》了。教育子夏应当做君子儒，不要做小人儒，也就是当明德而不矜名。司马迁批评子夏，其子死后太过伤心，以致哭瞎眼睛，"孔子既没，子夏居西河教授，为魏文侯师。其子死，哭之失明"[4]。

子张，颛孙师，陈人，字子张。子张问干禄，孔子教子张多闻阙疑，多见阙殆，谨言慎行，则寡尤寡悔。言行如此，是得禄之道。教育子张言

〔1〕《史记》卷六十七《仲尼弟子列传》，第2194页。

〔2〕《史记》卷六十七《仲尼弟子列传》，第2194页。

〔3〕《史记》卷六十七《仲尼弟子列传》，第2201页。

〔4〕《史记》卷六十七《仲尼弟子列传》，第2203页。

忠信、行笃敬，可通于家乡与外国。子张问"达"，孔子授之以"达者，质直而好义，察言而观色，虑以下人，在国及家必达"[1]。

曾参，南武城人，字子舆。孔子以其能通孝道，故授之业，作《孝经》，死于鲁。

子羽，澹台灭明，武城人，字子羽。子羽状貌甚丑，孔子以为"材薄"。子羽受业之后，注意个人修养，既公正又大方，教授弟子三百余人，名闻诸侯。孔子也感到自己对弟子的认识不深入，"吾以言取人，失之宰予；以貌取人，失之子羽"[2]。

商瞿，鲁人，字子休。商瞿学习与传授孔子关于《易》的研究。孔子传《易》于商瞿，商瞿传楚人馯臂子弘，弘传江东人矫子庸疵，疵传燕人周子家竖，竖传淳于人光子乘羽，羽传齐人四子庄何，何传东武人王子中同，同传菑川杨何。杨何以治《易》为汉中大夫。

樊迟，樊须，字子迟。樊迟请学稼，孔子以为礼义与信，足以成德，何必教民学稼，"上好礼，则民莫敢不敬；上好义，则民莫敢不服；上好信，则民莫不用情。夫如是，则四方之民襁负其子而至矣，焉用稼！"[3]同时，回答了樊迟关于仁与智的提问，说仁是爱人，智是知人。

有若，相貌与孔子相似，孔子去世后，弟子一度相与共立之为师，待其如夫子。孔子曾赞赏有若关于礼义信的论述，说：人知礼贵和，而每事从和，不以礼为节，亦不可以行。信必近于义，以其言可覆，故曰近义，而恭不合礼，非礼，合礼之恭敬可远耻辱，故曰近礼。所亲不失其亲，亦可宗敬。

巫马施，字子期，陈人。有陈大夫问孔子："鲁昭公知礼乎？"孔子曰："知礼。"陈大夫又谓巫马期曰："鲁君娶同姓吴女为夫人，命之为孟

〔1〕《史记》卷六十七《仲尼弟子列传》，第2204页。
〔2〕《史记》卷六十七《仲尼弟子列传》，第2206页。
〔3〕《史记》卷六十七《仲尼弟子列传》，第2215页。

子，孟子姓姬"，"鲁君知礼，孰不知礼！"巫马施告诉了孔子，孔子教育其说："臣不可言君亲之恶，为讳者，礼也。"[1]

司马迁称赞孟子、荀子宣扬儒家的思想与活动。

孟轲，邹人，受业于孔子之孙子思的门人。时或战国，天下忙于合纵连横。孟子虽不为诸国所用，但能述唐虞三代之德，与弟子万章之徒，序《诗》《书》，述仲尼之意，作《孟子》七篇。司马迁读《孟子》梁惠王问"何以利吾国"时，赞叹不已，司马迁认为，利诚为乱之始，所以孟子罕言利，实为防乱之原。称赞《孟子》所言"放于利而行，多怨"，批评"卫灵公问陈，而孔子不答；梁惠王谋欲攻赵，孟轲称大王去邠"。[2] 司马迁说，这是持方柄内圆凿，不可入。

荀卿，赵人，五十岁才到齐国游学。荀卿在齐，前后三度列为大夫康庄之位，受到尊重，"三为祭酒"，后来又到楚，春申君以为兰陵令。春申君死而荀卿失职。称赞荀卿嫉恨浊世之政，那些亡国乱君相属，不遂大道而营于巫祝之鄙儒。荀卿虽没有得到重用，但将他的思想写成《荀子》一书，推儒、墨道德之行事兴坏，序列数万言而卒。

（三）经义传承和礼乐活动

司民迁介绍与论述了从孔子到汉武帝时期，儒生、博士研究儒家经义，实行儒家礼乐等活动。

周室衰弱，礼乐崩坏，孔子悲悯王政废，邪道兴，于是论次《诗》《书》，修《礼》《乐》，因史记作《春秋》，以当王法。谈孔子弟子，以及再传弟子散游诸侯，有的为官，有的传艺教授。战国至秦，儒术基本被黜，但齐、鲁之间与各地不同。如齐威王、齐宣王时，孟子、荀卿等都尊奉孔子之儒术而润色之，以学显于当世。批评秦始皇焚书坑儒，六艺从此

---

〔1〕《史记》卷六十七《仲尼弟子列传》，第2218页。
〔2〕《史记》卷七十四《孟子荀卿列传》，第2345页。

缺失。儒生对秦也积怨发愤，陈胜起义后，鲁国儒生包括孔子八世孙孔甲（孔鲋），皆持孔氏之礼器前往归附陈王。

汉初，汉高祖打败项羽统一中国，鲁中诸侯尚讲诵习礼乐，弦歌之音不绝。孔甲学生叔孙通，为汉作礼仪，但天下未定，所以还谈不上办学校行教化。特别是窦太后（文帝妻、景帝母）好黄老刑名，不任用儒生，所以朝廷虽设有博士，只是具官而言，没有进用。到汉武帝时，才真正开始重儒，招募方正贤良文学等儒者为官任职，如公孙弘以好《春秋》为天下三公，封平津侯，并建议汉武帝立博士弟子员（太学），学习经艺，通一经即可入仕为官。

同时，《史记》也论述了五经自汉初以来至武帝时期的研究、传授与发展。

《诗》学传承。申公为《鲁诗》的鼻祖。记载了从汉高祖到汉武帝时，拜师、治学、教授弟子以及参与议论明鉴等等。申公弟子百余人，博士者十余人，甚至有的位居公卿大臣。辕固为《齐诗》的鼻祖。汉景帝时，辕固与黄生争论"汤武受命"，依儒家观点，批评黄生、窦太后，最终得到景帝的庇护才幸免于难。还批评公孙弘"曲学""阿世"。辕固的弟子，基本上都是齐人，"齐言诗"，诗学皆本于辕固生，以《诗》而显贵的也大都是辕固弟子。韩婴为《韩诗》鼻祖，文帝时为博士，景帝时为常山王太傅。作《内外传》数万言，"燕赵间言《诗》者由韩生"，韩婴与齐、鲁不同，自成一家，流传于燕、赵之间。

《书》学传承。开始于济南伏胜，秦焚书时壁藏《尚书》，后仅得二十九篇，其余亡佚。伏胜以二十九篇，在齐、鲁之间授学，传授极广，"诸山东大师无不涉《尚书》以教矣"[1]，伏胜以《尚书》传授晁错、张生、欧阳生，欧阳生传授兒宽，兒宽为汉武帝"语经学"并官至御史大夫。另外，周霸、孔安国、贾嘉等也能言《尚书》，孔安国能以今文读古文《尚

---

[1]《史记》卷一百二十一《儒林列传》，第 3125 页。

书》。还有逸《书》八十余篇。

《礼》学传承。鲁国高堂生是最早言《礼》的。《礼》自孔子时，其经不具，至秦焚书，散亡得就更多了，独有《士礼》保存下来，高堂生能言之，包括行礼的容貌、仪态即礼容。礼容开始于文帝，礼官大夫徐生，徐氏子孙虽不能通经，但善为礼容。徐氏又以礼容传授弟子，都担任汉礼官大夫。

《易》学传承。孔子弟子商瞿从孔子受《易》。从商瞿起，师徒相传六世至汉田何，田何传弟子王同，王同传弟子杨何。杨何于汉武帝元光六年以《易》征召，官至中大夫。武帝时传杨何《易》者，有即墨成、孟但、周霸、衡胡、主父偃等，官至诸侯相、二千石不等。

《春秋》学传承，有董仲舒、胡毋生、瑕丘江公三人，司马迁重点谈到董仲舒。董仲舒治《春秋》，孝景帝时为博士。专研《春秋》，传授弟子。当时的弟子、士人都尊其为师。武帝初，对策第一，任江都相，"以《春秋》灾异之变推阴阳所以错行。故求雨闭诸阳，纵诸阴，其止雨反是，行之一国，未尝不得所欲"[1] 丞相公孙弘治《春秋》不如董仲舒，董仲舒又不满公孙弘的阿谀奉承，因此被公孙弘妒忌、排斥，被迫出任胶西相。但是，董仲舒为人廉直，学问渊博，得到胶西王的尊重。晚年以修学著书为事，终生不治产业。汉初以来，董仲舒研究《春秋公羊》最为著名，"汉兴至于五世之间，唯董仲舒名为明于《春秋》，其传公羊氏也"。董仲舒培养了大量的弟子，著名者如褚大、殷忠、吕步舒等人，为官任职者以百数，董仲舒的子孙也皆以学问至大官。

胡毋生，齐人。景帝时以治《春秋》为博士，后来老归教授。齐地治《春秋》者，大多是胡毋生的弟子。丞相公孙弘，也曾从胡毋生受《春秋》。

瑕丘江生（江公），对《穀梁春秋》极有研究，得到汉武帝的重视。

---

[1]《史记》卷一百二十一《儒林列传》，第3128页。

由于丞相公孙弘本为公羊学，故多赞公羊经义，于是用董仲舒而尊公羊学，"自公孙弘得用，尝集比其义，卒用董仲舒"[1]。

（四）《太史公自序》

司马迁开篇言，牢记父亲司马谈的遗言："孝始于事亲，中于事君，终于立身，扬名于后世，以显父母，此孝之大者。夫天下称诵周公，言其能论歌文武之德，宣周邵之风，达太王王季之思虑，爰及公刘，以尊后稷也。幽厉之后，王道缺，礼乐衰。孔子修旧起废，论《诗》《书》，作《春秋》，则学者至今则之。自获麟以来，四百有余岁，而诸侯相兼，史记放绝。今汉兴，海内一统，明主贤君忠臣死义之士，余为太史而弗论载，废天下之史文，余甚惧焉，汝其念哉！"司马迁俯首流涕曰："小子不敏，请悉论先人所次旧闻，弗敢阙。"[2]

司马迁牢记父亲司马谈的《论六家之要指》。六家之阴阳、儒、墨、名、法、道，特别是阴阳、儒两家，他说："阴阳、四时、八位、十二度、二十四节，各有教令，顺之者昌，逆之者不亡则死，未必如此。故曰：'使人拘而多畏'。夫春生夏长，秋收冬藏，此天道之大经也，弗顺则无以为天下纲纪，故曰：'四时之大顺，不可失也'。夫儒者，以六艺为法。六艺经传以千万数，累世不能通其学，当年不能究其礼，故曰：'博而寡要，劳而少功'。若夫列君臣父子之礼，序夫妇长幼之礼，虽百家弗能易也。"[3]

司马迁最大的心愿是继孔子，本六艺，论《春秋》，"先人有言：'自周公卒五百岁而有孔子，孔子卒后至于今五百岁，有能绍明世，正《易传》，继《春秋》，本《诗》《书》《礼》《乐》之际？'意在斯乎！意在斯

---

[1]《史记》卷一百二十一《儒林列传》，第 3129 页。

[2]《史记》卷一百三十《太史公自序》，第 3295 页。

[3]《史记》卷一百三十《太史公自序》，第 3290 页。

乎！小子何敢让焉。"[1] 又上大夫壶遂问道：当初孔子为何作《春秋》？太史公（司马迁）回答说："余闻董生（董仲舒）曰：'周道衰废，孔子为鲁司寇，诸侯害之，大夫壅之。孔子知言之不用，道之不行也，是非二百四十二年之中，以为天下仪表，贬天子，退诸侯，讨大夫，以达王事而已矣。'"所以孔子说，我欲载之空言，不如见之于行事之深切著明也。[2]

司马迁从学于董仲舒，听闻关于儒术六经的论述："夫《春秋》上明三王之道，下辨人事之纪，别嫌疑，明是非，定犹豫，善善恶恶，贤贤贱不肖，存亡国，继绝世，补敝起废，王道之大者也。《易》著天地阴阳四时五行，故长于变；《礼》经纪人伦，故长于行；《书》记先王之事，故长于政；《诗》记山川溪谷禽兽草木牝牡雌雄，故长于风；《乐》乐所以立，故长于和；《春秋》辩是非，故长于治人。是故《礼》以节人，《乐》以发和，《书》以道事，《诗》以达意，《易》以道化，《春秋》以道义。"

司马迁崇儒术，尊孔子，颂六经，最为重视《春秋》，认为《春秋》是礼义的"大宗"。他说：

> 拨乱世反之正，莫近于《春秋》。《春秋》文成数万，其指数千，万物之散聚皆在《春秋》，《春秋》之中，弑君三十六，亡国五十二，诸侯奔走不得保其社稷者不可胜数。察其所以，皆失其本已。故《易》曰："失之豪厘，差以千里"。故曰："臣弑君，子弑父，非一旦一夕之故，其渐久矣"。故有国者不可以不知《春秋》，前有谗而弗见，后有贼而不知。为人臣者不可以不知《春秋》，守经事而不知宜，遭变事而不知权。为人君父而不通于《春秋》之义者，必蒙首恶之名。为人臣子而不通于《春秋》之义者，必陷篡弑之诛，死罪之名。其实皆以为善，为之不知其义，被之空言而不敢辞。夫不通礼义之

〔1〕《史记》卷一百三十《太史公自序》，第3296页。

〔2〕《史记》卷一百三十《太史公自序》，第3297页。

旨，至于君不君，臣不臣，父不父，子不子。夫君不君则犯，臣不臣则诛，父不父则无道，子不子则不孝。此四行者，天下之大过也。以天下之大过予之，则受而弗敢辞。故《春秋》者，礼义之大宗也。夫礼禁未然之前，法施已然之后；法之所为用者易见，而礼之所为禁者难知。[1]

(五)《礼书》《乐书》

《史记》五种体裁之三——《八书》的第一和第二，即《礼书》和《乐书》。

司马迁认为，三代之礼，所损益大有不同，相差殊远，然而都以近性情、通王道为其要旨。所以礼因人性之本质而为之节文，略协古今之变，作《礼书》第一。"《乐》者，所以移风易俗也。自《雅》《颂》声兴，则已好《郑》《卫》之音，《郑》《卫》之音所从来久矣。人情之所感，远俗则怀。比《乐书》以述来古，作《乐书》第二。"[2]

1. 礼的产生、内容及其作用

《汉书》说，《史记》十篇，"有录无书"。后世的注释家们认为，后来这十篇是由西汉元帝、成帝时褚少孙（即褚先生）所补，除了《武帝纪》《三王世家》《日者列传》以及《龟策列传》补得不合司马迁本意外，其余六篇（即《礼书》《乐书》《律书》《景帝纪》《将相名臣年表》以及《傅靳列传》）皆符合司马迁原意。清代著名考据史学家王鸣盛(《十七史商榷》的作者)认为，只有《武帝纪》全亡，《三王世家》《日者列传》《龟策列传》只能说是缺，不能说亡。其余六篇是司马迁所撰，根本没有亡佚，也不存在褚少孙补书之事。因此，无论如何，《礼书》《乐书》是司马迁所撰，是其礼乐思想的反映。

---

[1]《史记》卷一百三十《太史公自序》，第3298页。

[2]《史记》卷一百三十《太史公自序》，第3305页。

关于礼，司马迁认为，礼是根据人的情性而定，"缘人情而制礼，依人性而作仪"，礼由人起。司马迁之所以这样说，是因为"礼"就是养，"礼者养也"，"先王恶其乱，故制礼义以养人之欲，给人之求，使欲不穷于物，物不屈于欲。二者相待而长，是礼之所起也，故礼者养也"[1] 在司马迁看来，人从生下来就有其需求欲望，有需求欲望不能得到，则不可能不恼怒怨恨，恼怒愤恨超过限度，必然发生纷争，有纷争则混乱不安，社会的正常秩序将遭到破坏。为此，先王担忧混乱导致社会秩序不稳定，故制定礼义，以满足人的需求和欲望。

礼不仅养人，而且有等级差别，"君子既得其养，又好其辨也。所谓辨者，贵贱有等，长少有差，贫富轻重皆有称也"[2] 因此，君臣朝廷尊卑贵贱之序，下及黎庶、车舆、衣服、宫室、饮食、嫁娶、丧祭之文，皆有其宜。

礼分尊卑贵贱，立礼行礼必须从本。如创世之王为太祖以配天，则王之子孙为诸侯者不敢思其父祖；作为诸侯——别子之后的大夫士，则以别子为祖，继别为宗。如此则贵贱有别，"贵贱治，得之本也"，所以，天子得祭天，诸侯以下至大夫得祭社，"辨尊者事尊，卑者事卑，宜巨者巨，宜小者小"，为了立礼行礼从本，司马迁特别提倡荀子所说的"礼有三本"，"三者偏亡，则无安人。故礼，上事天，下事地，尊先祖而隆君师，是礼之三本也"[3]

"礼者，人道至极也"，因而不法礼不足礼者，为无道之民，法礼足礼者为有道之士。人不但能思念礼，而且能维护礼，并更加爱好礼，那就能成为圣人，"圣人者，道之极也"[4] 关于圣人，司马迁还指出："于是中

〔1〕《史记》卷二十三《礼书》，第1161页。
〔2〕《史记》卷二十三《礼书》，第1161页。
〔3〕《史记》卷二十三《礼书》，第1167页。
〔4〕《史记》卷二十三《礼书》，第1172页。

焉，房皇周浃，曲得其次序，圣人也。"[1]

除了圣人、无道之民、有道之士外，根据对礼的认识、行为的不同，司马迁将人分为圣人、君子、士、民等。他说，处于凡人之域中，能知礼义之域限，即为士及君子。君子，心内常守礼义，如守宫廷。礼义之外，别为他行，即是民（小人）。

礼之贵贱尊卑有别十分重要，对个人来说，司马迁认为，贪生好利无礼之人，必至于"死""害""危""灭"的境地；重义轻利、勤勉尚礼之人，必能养其"生""财""安""情"，"一之与礼义，则两得之矣；一之于情性，则两失之矣"，"儒者使人两得之者也，墨者将使人两失之者也。"儒家以礼义养人欲、节人欲，故礼义、人欲"两得之"。墨家只依人的情性，而一味贪生贪利，但尚礼义。所以，礼义和人欲"两失之"。[2]

从国家与天下来说，司马迁认为，用礼义来治国，必然四方钦仰，没有战乱攻伐。安定太平，是国家强大而坚固之本。用礼义来导引天下，必然天下归顺，是威行之道。用礼义以为天下表率，则天下必遵循向慕，是功名之总，"天下从之者治，不从者乱；从之者安，不从者危"。[3]

礼义对于维系君臣父子的人伦关系，更显得重要。司马迁认为《春秋》是"礼义之大宗"，不讲礼义必然导致不忠不孝和犯上作乱。

司马迁在强调礼的重要性的同时，指出，礼也不是一成不变的，三代之礼，各有所损益。礼根据人的性情而定，可以养人、治人、治家、治天下。

2. 乐的由来、内容及其意义

关于乐的由来，司马迁认为，乐由音而起，由人而生。人心之所以被触动，是由于被外界善恶之事影响造成的。一旦被外界哀乐喜怒之事感

---

[1]《史记》卷二十三《礼书》，第 1173 页。

[2]《史记》卷二十三《礼书》，第 1163 页。

[3]《史记》卷二十三《礼书》，第 1171 页。

动，则必见于声。单声不足，故变杂五声，使交错成文，乃谓之音。"比音而乐之，及干戚羽旄，谓之乐也。"〔1〕

乐，原初就是人心为外界事物感触而生，外苦痛，则其心哀戚，哀戚在心，故乐声踧急而杀；外美乐，则其心欢乐，欢乐在心，故乐事必随而宽缓；外乖失，则己心怒恚，怒恚在心，心随怒而发扬，故无辍砾，故乐声粗而严厉；外怜慕，故己心爱惜，爱惜在内，则乐和柔。声随外界事物的不同而变化，由声"成文"的音，也与政治的好坏、社会治乱等外界相关，"治世之音安以乐，其正和；乱世之音怨以怒，其正乖；亡国之音哀以思，其民困。声音之道，与正（政）通矣"〔2〕

那么，音的变化如何与国家政治社会秩序相关呢？司马迁将五音中的宫比拟为君，商比拟成臣，角比拟为民，徵比拟为事，羽比拟为物。君、臣、民、事、物五者各得用，不相坏乱，则五音之响无弊败。宫乱，则其声放散，由君的骄溢所致；商乱，其声欹邪不正，由于臣的不尽职所致；角乱，其声忧愁，由于政虐民怨所致。宫、商、角、徵、羽五音不和，则君臣上下互相侵陵逾越，国之灭，也就在眼前了。

声、音与社会政治相关，乐亦如此。司马迁说，先王制乐，并非满足人的口腹耳目之欲，而是教民平于好恶之理，去恶归善，反归人之正道，以通晓人伦道理，使各尽其类分。所以，不知声者不可与言音，不知音者不可言乐，"审声以知音，审音以知乐，审乐以知政，而治道备矣"〔3〕只有知政而通于道理的君子，才能知乐。

乐应通人伦道德，"乐者，所以象德"。在司马迁看来，舜作五弦之琴，以歌《南风》，实际是怀念父母养育自己的恩德。舜有孝行，故以五弦琴歌《南风》诗，以教化天下行孝。夔为舜作乐，是为了奖赏诸侯之有

〔1〕《史记》卷二十四《乐书》，第1179页。
〔2〕《史记》卷二十四《乐书》，第1181页。
〔3〕《史记》卷二十四《乐书》，第1184页。

德者，"德盛而教尊，五谷时熟，然后赏之以乐。故其治民劳者，其舞行级远；其治民佚者，其舞行级短。故观其舞而知其德，闻其谥而知其行"[1]乐象德，故乐为外，德为内。金石丝竹，为乐之器。诗言其志，歌咏其声，舞动其容。志、声、容三者本于心，然后诗歌舞可观，乐气从之。为此，乐内外符合而无虚假，"是故情深而文明，气盛而化神，和顺积中而英华发外，唯乐不可以为伪"[2]

夏所谓新乐、古乐、德音、溺音之分。古乐俱进俱退，整齐划一，没有奸声；弦匏笙簧皆待拊为节；始奏以文，止乱以武；整其乱行，节之以相；赴敌迅疾，趋之以雅；修身治家，平均天下。新乐是进曲退曲不齐一，奸声淫，使人溺而不能自止，短人猱猴相舞，乱男女尊卑。所以，旧乐是雅正之乐，而新乐是淫乱之乐。

德音在天地顺四时当，君臣父子夫妇纲纪正，天下安定的情况下，"正六律，和五声，弦歌《诗》《颂》"[3]，是彰本德音的体现。溺音，是"淫于色而害于德"。如郑音好滥淫志，宋音燕女溺志，卫音趋数烦志，齐音敖辟乔志即是。这种溺音淫声的出现，与世乱有关，"世乱则礼废而乐淫"，司马迁认为，好滥淫志的郑音、促速烦心的卫音，都是乱世之音；殷纣王使师延作长夜靡靡之乐的"桑间濮上之音"，是亡国之音。

乐又可分为君子乐与小人乐。司马迁说，君子乐在行仁义，小人乐在得邪淫。如果君子乐用仁义来绝断小人之欲，则天下安乐而小人不敢为乱。若小人在上，君子在下，则小人肆纵其欲，忘其正道，而天下从化，皆为乱惑，不得安乐，"是故君子反情以和其志，广乐以成其教，乐行而民乡方，可以观德矣"[4]行君子之乐，则天下之民皆慕仁义而崇道德。

乐是人所不能缺少的，对社会的安定极为重要，"乐在宗庙之中，君

[1]《史记》卷二十四《乐书》，第 1197 页。

[2]《史记》卷二十四《乐书》，第 1214 页。

[3]《史记》卷二十四《乐书》，第 1223 页。

[4]《史记》卷二十四《乐书》，第 1212 页。

臣上下同听之，则莫不和敬；在族长乡里之中，长幼同听之，则莫不和顺；在闺门之内，父子兄弟同听之，则莫不和亲。故乐者……所以合和父子君臣，附亲万民也"。[1]

上古明王作乐，并非以娱心自乐，快乐恣欲，而是"将欲为治也"。政教者皆始于音，音正而行正。故音乐者，所以动荡血脉，通流精神而和正心。宫动脾而和正圣，商动肺而和正义，角动肝而和正仁，徵动心而和正礼，羽动肾而和正智。五音和五常相连，是五常仁义礼智信的体现，当然最有利于治国治民，"乐所以内辅正心而外异贵贱；上以事宗庙，下以变化黎庶也"。[2]

3. 礼乐之关系

关于礼乐之相异，司马迁说，"乐由中出，礼自外作"，为人在中，和在心，和有未足，故生此乐；为人在外，敬在貌，敬有未足，故生此礼。乐在和心，在内，故静；礼肃人貌，貌在外，故动。"乐者为同，礼者为异"[3]，乐使天下和洽，为同；礼使父子殊别，为异。故同则相亲，异则相敬，礼义立则贵贱有等级，乐文同则上下并和。"乐者，天地之和也；礼者，天地之序也"，乐法天地之气，故云天之和也；礼法天地之形，故云天之序。和则百物皆化（生），序则群物皆别。因此，乐由天作，礼以地制。"功成作乐，治定制礼"，帝王创业成功则作乐，天下太平安定则制礼。故功大者其乐备，治辨者其礼具。"乐著太始，而礼居成物"，乐能明太始是法天，礼能成万物是法地。乐在气化，处于运生不息之中，以配天；而礼制尊卑定位，成养万物，处于不动之中，以配地。"乐者所以象德也；礼者，所以闭淫也"，乐之所施于人，本有和爱之德；礼之所施于人，本止邪淫过失。"乐也者，情之不可变者也；礼也者，理（理犹事）

---

[1]《史记》卷二十四《乐书》，第1220页。
[2]《史记》卷二十四《乐书》，第1236页。
[3]《史记》卷二十四《乐书》，第1187页。

之不可易者也"，以乐主情，乐变则情变，故云情之不可变；礼主事礼别，故云事之不可易。因此，穷本知变，乐之情；明诚去伪，是礼之常，"礼以导其志，乐以和其声"，"礼节民心，乐和民生"。[1]

礼乐相近，乐包括于礼中，相互一致，"知乐则几于礼矣"[2]"礼者养也"，礼有五养，其中"钟鼓管弦，所以养耳也"[3] 乐也是养人之需，属于礼的一部分。另外，相行丧祭之礼，需要乐器和乐歌相伴。

乐需礼的调整和节制，"先王有大事，必有礼以哀之；有大福，必有礼以乐之；哀乐之分，皆以礼终"[4] 民有丧，则先王自衰麻哭泣之礼以节之，使各遂其哀情，以礼表达哀情；民有庆，必歌舞饮食，祭祀之礼使不为过，而各遂欢乐，以礼表达快乐。哀乐之情虽然相反，皆用礼来节制，各终其分，所以，皆以礼终。

礼乐也是一致的，"礼得其报则乐，乐得其反则安。礼之报，乐之反，其义一也"[5] 仁近于乐，义近于礼，"春作夏长，仁也；秋敛冬藏，义也"，春生夏长，秋收冬藏，终而复始，乐之仁、礼之义，相互配合一致。礼、乐都是为了约束、抑止自己，"谦退为礼"，"损减为乐"。

礼使"贵贱有等，长幼有差，贫富轻重皆有称"，作乐大小称十二律，始于宫，终于羽，宫为君，商为臣，使"亲疏贵贱长幼男女之理皆形见于乐"[6]。可见，礼、乐都是为了尊卑上下秩然有序，都主张适时、合宜，"五帝殊时，不相沿乐；三王异世，不相袭礼，乐极则忧，礼粗则偏矣"[7]

---

[1]《史记》卷二十四《乐书》，第1186页。

[2]《史记》卷二十四《乐书》，第1184页。

[3]《史记》卷二十三《礼书》，第1161页。

[4]《史记》卷二十四《乐书》，第1200页。

[5]《史记》卷二十四《乐书》，第1219页。

[6]《史记》卷二十四《乐书》，第1208页。

[7]《史记》卷二十四《乐书》，第1193页。

所以，将礼乐相结合，意义更为重大，影响更为深远。乐近于人，礼近于义，行礼乐，以仁爱之，以义正之，那么，则顺理而正行，"揖让而治天下者，礼乐之谓也"〔1〕知礼乐之情，识礼乐之文，则可像尧、舜、禹、汤一样圣，子游、子夏一样明，使天下大治。礼乐能节制人欲，使去恶为善。先王制礼乐，以为人节制，"衰麻哭泣，所以节丧纪也；钟鼓干戚，所以和安乐也；婚姻冠笄，所以别男女也；射乡食飨，所以正交接也"〔2〕

因此，对每个人来说，礼乐都是不可缺少的。乐能治心，礼能治身，身治则庄敬，心治则和人。心中有一丝不和不乐，则"鄙诈之心入之矣"；身有半点不庄不敬，则"慢易之心入之矣"，所以，礼乐不可"斯须去身"，特别是对于天子、诸侯、公卿大夫等所谓君子来说，更是如此，"君子不可须臾离礼，须臾离礼则暴慢之行穷外；不可须臾离乐，须臾离乐则奸邪之行穷内"〔3〕

4.《尚书》

司马迁对于《尚书》也作了广泛深入的探讨，包括今文、古文。司马迁从孔安国受古文《尚书》，当属古文经学。

孔氏有古文《尚书》，孔安国以今文读之，因以起其家逸《书》，得十余篇，遭武帝时巫蛊之祸，未立于学官。"安国为谏大夫，授都尉朝，而司马迁亦从安国问故。迁书载《尧典》《禹贡》《洪范》《微子》《金縢》诸篇，多古文说。"〔4〕

从孙星衍的《尚书今古文注疏》可知，司马迁对《尚书》的研究，不但范围广泛，而且深入。如《书序》第三十下《周书》曰，周公在丰，将没，欲葬成周。薨，成王葬于毕，告周公，作亳姑。司马迁注曰：

---

〔1〕《史记》卷二十四《乐书》，第1188页。
〔2〕《史记》卷二十四《乐书》，第1186页。
〔3〕《史记》卷二十四《乐书》，第1237页。
〔4〕《汉书》卷八十八《儒林传》，第3607页。

　　周公在丰病，将没，曰：“必葬我成周，以明吾不敢离成王。”周公既卒，成王亦让，葬周公于毕，从文王，以明予小子不敢臣周公也。周公卒后，秋未获，暴风雷雨，禾尽偃，大木尽拔。周国大恐。成王与大夫朝服以开金縢书，王乃得周公所自以为功，代武王之说。二公及王乃问史百执事，史百执事曰：“信有。昔周公命我勿敢言。”成王执书以泣曰：“自今后，其无缪卜乎，昔周公勤劳王家，惟予幼，人弗及知，今天动威以彰周公之德，惟朕小子其迎，我国家礼亦宜之。”王出，郊，天乃雨，反风，禾尽起。二公命国人，凡大木所偃，尽起而筑之。岁则大熟。于是成王乃命鲁得郊祭文王，鲁有天子礼乐者，以褒周公之德也。[1]

　　《大传》说，三年之后，周公老于丰，心不敢远成王，而欲事文武之庙。然后周公疾，曰：“吾死，必葬于成周，示天下臣于成王。”周公死，天乃雷雨，以风，禾尽偃，大木斯拔，国恐，王与大夫开金縢之书，执书以泣曰：“周公勤劳王家，予幼，人弗及知。”又说成王曰：“周公生欲事宗庙，死欲聚骨于毕。”毕者，文王之墓，故周公死，成王不葬于周，而葬之于毕，示天下不敢臣也。所以明有功，尊有德，故忠孝之道，咸在成王、周公之间。故鲁郊，成王所以礼周公也。[2]

　　司马迁对《尚书》不仅有深入的研究，而且这也是对儒家所称道的先圣先贤的颂扬，充分体现了周公忠诚于周、忠诚于成王，成王也以十分的礼义对待周公，德敬于周公，令周公之后鲁可行只有天子才有的郊社祭天之礼和祭文王之礼，一般的诸侯公卿不得行此礼。

　　总之，司马迁是经学大师董仲舒的学生，尤好今文经学。对于儒家的先圣如五帝、三王、周公、孔子，儒家先贤孔子的弟子、孟子、荀子等，

---

〔1〕《史记》卷三十三《鲁周公世家》，第1522—1523页。
〔2〕《尚书今古文注疏》卷三十《书序第三十下周书》，第1095—1097页。

都十分敬重称道。对于西汉一代，高祖到武帝时期的儒家学者、经师儒生，《史记》都有普遍的介绍与论述。对于六经中的《礼》《乐》《尚书》《春秋》等，有深入的研究与论述，特别是对《春秋》，司马迁同样也表达了自己的认识和看法，称其为"礼义之大宗"。司马迁好今文经学的同时，也努力学习古文经学，从孔子世孙孔安国学古文《尚书》。所以，司马迁无疑是两汉经学史中的重要人物。

六、武帝时的经学

汉武帝时，朝廷多贤才，武帝问东方朔，曰："方今公孙丞相（公孙弘）、兒大夫（兒宽）、董仲舒、夏侯始昌、司马相如、吾丘寿王、主父偃、朱买臣、严助、汲黯、胶仓、终军、严安、徐乐、司马迁之伦，皆辩知闳达，溢于文辞，先生自视，何与比哉?"[1] 武帝所说的十五人之中，公孙弘、兒宽、董仲舒、夏侯始昌、司马相如、吾丘寿王、严助、终军、司马迁等九人，都是著名经学家。兒宽、司马相如须补充一些，夏侯始昌、吾丘寿王、终军等人，也要作较为详细的介绍。

（一）司马相如与兒宽

司马相如，字长卿，蜀郡成都人。景帝、武帝时人，好辞赋，是两汉时期著名的辞赋家。司马相如遗书有"封禅事"，武帝与兒宽、兒宽之师褚大，曾一起探讨研究，激励武帝搞封禅活动。曾向武帝呈上《子虚赋》，其中有天子命有司曰："出德号，省刑罚，改制度，易服色，革正朔，与天下为始。"[2] "于是历吉日以斋戒，袭朝服，乘法驾，建华旗，鸣玉鸾，游于六艺之囿，驰骛乎仁义之涂，览观《春秋》之林，射《狸首》，兼

---

〔1〕《汉书》卷六十五《东方朔传》，第 2863 页。
〔2〕《汉书》卷五十七上《司马相如传上》，第 2572 页。

《驺虞》，弋玄鹤，舞干戚，载云罕，揜群雅，悲《伐檀》，乐乐胥，修容乎《礼》园，翱翔于《书》圃，述《易》道，放怪兽，登明堂，坐清庙，恣群臣，奏得失，四海之内，靡不受获。于斯之时，天下大说，乡风而听，随流而化，芔然兴道而迁义，刑错而不用，德隆于三皇，功羡于五帝。"[1]

此赋完全是谈论儒家所宣扬的《春秋》《诗》《礼》《书》《易》《乐》等六经的仁义道德，赞扬儒家所歌颂的三皇与五帝。后来，"唐蒙使略通夜郎、西僰中，发巴蜀吏卒千人，郡又多为发转漕万余人，用军兴法诛其渠率"，巴蜀民大为惊恐。武帝得知，派遣司马相如责唐蒙等，谕告巴蜀人民，并上皇帝之意。司马相如所作《檄》中说："今闻其乃发军兴制，惊惧子弟，忧患长老。郡又擅为转粟运输，皆非陛下之意也。当行者或亡逃自贼杀，亦非人臣之节也"，又"父兄之教不先，子弟之率不谨，寡廉鲜耻，而俗不长厚也"，"陛下患使者有司之若彼，悼不肖愚民之如此，故遣信使，晓谕百姓以发卒之事，因数之以不忠死亡之罪，让三老孝弟以不教诲之过，……恐远所溪谷山泽之民不遍闻，檄到，亟下县道，咸喻陛下之意，毋忽！"[2] 司马相如以君臣之礼义，父兄、子弟的孝悌仁爱之情来安抚民众。

班固认为，司马相如的赋，与六艺之《诗》一样，具有讽谏的作用与意义："相如虽多虚辞滥说，然要其归引之于节俭，此亦《诗》之风谏何异？"[3]

兒宽曾与廷尉张汤以经文决狱，武帝从问《尚书》，司马相如遗书"封禅事"，兒宽也曾与武帝一起分析研究过，后来便有武帝封泰山禅梁父之事。兒宽，千乘人，先治《尚书》，事欧阳生。又以郡国选诣博士，受

---

[1] 《汉书》卷五十七上《司马相如传上》，第2573—2574页。
[2] 《汉书》卷五十七下《司马相如传下》，第2580页。
[3] 《汉书》卷五十七下《司马相如传下》，第2609页。

业孔安国。贫困无资,与学生一边耕作一边读经,"贫无资用,尝为弟子都养。时行赁作,带经而锄,休息辄读诵,其精如此"[1]。后以射策为掌故,功次,补廷尉文学卒史。但不署为列曹,除为从史,到北地视畜数年。还回廷尉府,仅是文计而已。会廷尉有疑奏,兒宽以《尚书》经义作奏,奏成,读之皆服。廷尉张汤,便以为掾。便有"汤由是乡学,以宽为奏谳掾,以古法义决疑狱,甚重之。及汤为御史大夫,以宽为掾,举侍御史。见上,语经学。上悦之,从问《尚书》一篇。擢为中大夫,迁左内史"[2]。兒宽为左内史,爱民劝业,缓刑罚,卑体下士,务在得人心;选择任用仁厚之士,推情与下,不求名声,获吏民之大信爱。"后有军发,左内史以负租课殿,当免。民闻当免,皆恐失之,大家牛车,小家担负,输租繦属不绝,课更以最。上由此愈奇宽。"[3] 说到议论欲仿古巡狩封禅之事,兒宽建议由天子自定,以顺成天庆,垂万世之基。

兒宽升为御史大夫,从东封泰山,登明堂。兒宽上寿曰:"臣闻三代改制,属象相因。间者圣统废绝,陛下发愤,合指天地,祖立明堂辟雍,宗祀泰一,六律五声,幽赞圣意,神乐四合,各有方象,以丞嘉祀,为万世则,天下幸甚。……臣宽奉觞再拜,上千万岁寿。"[4] 得到武帝的赞赏。

太史令司马迁等言"历纪坏废,汉兴未改正朔,宜可正",武帝下诏兒宽与司马迁等共定《太初历》。读经射策,封禅改历,是儒家之大事,经师毕生所追求,兒宽被武帝赏识,先为中大夫,迁左内史,接着拜为三公之一——御史大夫,先后从欧阳生学今文《尚书》,从孔安国学古文《尚书》。

---

[1] 《汉书》卷五十八《公孙弘卜式兒宽传》,第 2628 页。

[2] 《汉书》卷五十八《公孙弘卜式兒宽传》,第 2629 页。

[3] 《汉书》卷五十八《公孙弘卜式兒宽传》,第 2630 页。

[4] 《汉书》卷五十八《公孙弘卜式兒宽传》,第 2632 页。

（二）夏侯始昌、吾丘寿王、终军

夏侯始昌，"鲁人也，通五经，以《齐诗》《尚书》教授。自董仲舒、韩婴死后，武帝得始昌，甚重之。始昌明于阴阳，先言柏梁台灾日，至期日果灾。时昌邑王以少子爱，上为选师，始昌为太傅。年老，以寿终"〔1〕。

夏侯始昌"通五经，善推《五行传》，以传族子夏侯胜，下及许商，皆以教所贤弟子。其传与刘向同，唯刘歆传独异"〔2〕。夏侯始昌所推崇的《五行传》，主张"貌之不恭，是谓不肃。肃，敬也。内曰恭，外曰敬。人君行己，体貌不恭，怠慢骄蹇，则不能敬万事，失在狂易，故其咎狂也。上嫚下暴，则阴气胜，故其罚常雨也。水伤百谷，衣食不足，则奸轨并作，故其极恶也。……于《易》，《巽》为鸡，鸡有冠距文武之貌。不为威仪，貌气毁，故有鸡祸。……于《易》，《震》在东方，为春为木也；《兑》在西方，为秋为金也；《离》在南方，为夏为火；《坎》在北方，为冬为水也。春与秋，日夜分，寒暑平，所以金木之气易以相变，故貌伤则致秋阴常雨，言伤则致春阳常旱也。至于冬夏，日夜相反，寒暑殊绝，水火之气不得相并，故视伤常奥，听伤常寒者，其气然也。逆之，其极曰恶；顺之，其福曰攸好德"〔3〕。

武帝时，精通《诗》《书》《礼》《易》《春秋》五经的只有两人，一个是董仲舒，另一个就是夏侯始昌。所以董仲舒死后，武帝特别看重夏侯始昌。夏侯胜跟从夏侯始昌学习，是《尚书五行传》的专家，影响到许商、刘向。《齐诗》始于辕固，后来夏侯始昌最为明了。《礼》，宣帝时后苍最明，他的学生戴德、戴胜创《大戴礼记》《礼记》。后苍也明《诗》，后苍也是以夏侯始昌为师。

---

〔1〕《汉书》卷七十五《眭两夏侯京翼李传》，第3154页。
〔2〕《汉书》卷二十七中之上《五行志中之上》，第1353页。
〔3〕《汉书》卷二十七中之上《五行志中之上》，第1353—1354页。

吾丘寿王，字子赣，赵人。年少好学，以善于下格五棋召待诏。武帝诏使从中大夫董仲舒受《春秋》。才高聪慧，迁侍中中郎。后犯法获罪，被免职。久之，吾丘寿王上疏，称愿出兵抗击匈奴，武帝诏问情状，寿王对答良善，复召为郎。稍迁，正遇东郡盗贼兴起，吾丘寿王拜为东郡都尉，不复置太守。太守兼都尉，在当时是少有的。武帝曾诏赐寿王玺书曰："子在朕前之时，知略辐凑，以为天下少双，海内寡二，及至连十余城之守，任四千石之重。"[1] 后征入为光禄大夫侍中。丞相公孙弘奏言"民不得挟弓弩"，武帝令公卿大臣与官吏们上下共议。寿王对以《诗》《书》之义、孔子之道，予以驳斥，认为"大不便"。公孙弘也表示"诎服"。

汾阴得一宝鼎，武帝嘉善之，供奉于宗庙，藏于甘泉宫。群臣皆上寿表示祝贺得一周鼎，独有吾丘寿王认为"非周鼎"。武帝召而问之，"有说则可，无说则死"，寿王回答说："臣安敢无说！臣闻周德始乎后稷，长于公刘，大于大王，成于文武，显于周公，德泽上昭，天下漏泉，无所不通。上天报应，鼎为周出，故名曰周鼎。今汉自高祖继周，亦昭德显行，布恩施惠，六合和同。至于陛下，恢廓祖业，功德愈盛，天瑞并至，珍祥毕见。昔秦始皇亲出鼎于彭城而不能得，天祚有德而宝鼎自出，此天之所以与汉，乃汉宝，非周宝也。"武帝听后称"善"，赐寿王黄金十斤[2]。

总之，吾丘寿王是董仲舒的学生，好《公羊春秋》。《公羊春秋》是当时最重要的儒家学说。吾丘寿王以《诗》《书》、孔子之道，驳斥丞相公孙弘的"禁民不得挟弓弩"。公孙弘表示屈服。在宝鼎问题上，大力赞扬儒家先圣稷、文王、周公，不称"周鼎"而称"汉宝"。为此，不仅武帝称"善"，文武百官"皆称万岁"。

终军，字子云，济南人。年少好学，以能言善辩，博学多才，擅长写

---

〔1〕《汉书》卷六十四上《严朱吾丘主父徐严终王贾传上》，第2795页。

〔2〕《汉书》卷六十四上《严朱吾丘主父徐严终王贾传上》，第2798页。

文章而闻名于郡中，十八岁被选为博士弟子。至郡府接受遣送，太守听闻其有与众不同的才能，便召见终军，惊奇于终军的才华，欲与之交结。终军揖辞太守而离去。至长安上书言事，武帝认为他的文章很特别，拜终军为谒者给事中。

终军跟从武帝幸雍祠五畤，获白麟，一角而五蹄。时又得奇木，其枝旁出，辄复合于木上。武帝认为这两件物品很奇特，交给群臣商讨。终军上对曰："臣闻《诗》颂君德，《乐》舞后功，异经而同指，明盛德之所隆也。……东瓯内附，闽王伏辜，南越赖救。北胡随畜荐居，禽兽行，虎狼心，上古未能摄。大将军秉钺，单于奔幕；票骑抗旌，昆邪右衽，是泽南洽而威北畅也"[1]，过去的明王圣帝不可比。"昔武王中流未济，白鱼入于王舟，俯取以燎，群公咸曰'休哉！'今郊祀未见于神祇，而获兽以馈，此天之所以示飨，而上通之符合也。宜因昭时令日，改定告元"，让史官记录下来。"今野兽并角，明同本也；众支内附，示无外也。若此之应，殆将有解编发，削左衽，袭冠带，要衣裳，而蒙化者焉。"[2] 终军奏毕，武帝甚为惊异，于是改元为元狩。后来数月间，越地及匈奴名王有率众来降者，皆被终军言中。

元鼎中，博士徐偃到各地出行巡视风俗，假意受诏，使胶东、鲁国鼓铸盐铁。御史大夫张汤弹劾徐偃矫制有大害，依法应当处死。武帝下诏，而徐偃却认为，《春秋》经义，大夫出疆，可以自作主张。终军便以"《春秋》用王者无外""《孟子》称其不可"，一一驳斥徐偃。武帝表示赞赏，认为终军反驳得很好。终军又受武帝诏，出使匈奴、南越，取得成功，得到武帝的嘉奖好评。

终军好《诗》《乐》《春秋》《孟子》等经义，推崇儒家所称颂的明王圣帝如文王、成王，多次受到武帝赞扬，"对奏，上甚异之"，"上善其

〔1〕《汉书》卷六十四下《严朱吾丘主父徐严终王贾传下》，第2813—2814页。
〔2〕《汉书》卷六十四下《严朱吾丘主父徐严终王贾传下》，第2816—2817页。

诘"，"还奏事，上甚悦"，"上奇军对"。社会评价也极高，终军死时年仅二十多岁，后世称之为"终童"。

七、儒家内部争论

（一）董仲舒与韩婴、江公之辩

韩婴，燕人，文帝时为博士，景帝时至常山王刘舜太傅。韩婴推诗人之意，作内外传数万言，与齐、鲁间殊，然而，内容思想一致。淮南贲生受之。燕、赵间言《诗》者由韩生。韩生业以《易》授人，推《易》意为之传。燕、赵向好《诗》，故其《易》微，唯韩氏传之。董仲舒通五经，故对《诗》《易》均有研究。与好《诗》《易》的韩婴，也有不同看法，"武帝时，婴尝与董仲舒论于上前，其人精悍，处事分明，董仲舒不能难也"[1]。瑕丘江公受《穀梁春秋》及《诗》于鲁申公，传子至孙为博士。"武帝时，江公与董仲舒并。仲舒通五经，能持论，善属文。江公呐于口，上使与仲舒议，不如仲舒。而丞相公孙弘本为《公羊》学，比辑其议，卒用董生。于是上因尊《公羊》家，诏太子受《公羊春秋》，由是《公羊》大兴。太子既通，复私问《穀梁》而善之。"[2] 司马迁从董仲舒受《公羊春秋》，为今文经学，从孔安国受古文《尚书》，为古文经学。

孔氏有古文《尚书》，孔安国以今文读之，以起其家逸《书》得十余篇。后来遭巫蛊之祸，没能立于学官。兒宽既从欧阳生学今文《尚书》，又从孔安国学古文《尚书》。

（二）吾丘寿王与公孙弘的争议

吾丘寿王与公孙弘就"民是否可以挟带弓弩"一事展开辩驳。

---

〔1〕《汉书》卷八十八《儒林传》，第3613页。
〔2〕《汉书》卷八十八《儒林传》，第3617页。

吾丘寿王受诏跟从中大夫董仲舒学习《春秋》，为东郡太守，食禄四千石，后又征入为光禄大夫侍中。当时丞相公孙弘奏言，曰："民不得挟弓弩，十贼彍弩。百吏不敢前，盗贼不辄伏辜，免脱者众，害寡而利多，此盗贼所以蓄也。禁民不得挟弓弩，则盗贼执短兵，短兵接则众者胜。以众吏捕寡贼，其势必得。盗贼有害无利，且莫犯法，刑错之道也。臣愚以为禁民毋得挟弓弩便。"[1]

汉武帝将公孙弘所奏交与群臣讨论，诏问是否可取。吾丘寿王表示了不同的看法。他对武帝说：

> 臣闻古者作五兵，非以相害，以禁暴讨邪也。安居则以制猛兽而备非常，有事则以设守卫而施行阵。及至周室衰微，上无明王，诸侯力政，强侵弱，众暴寡，海内抗敝，巧诈并生。是以知者陷愚，勇者威怯，苟以得胜为务，不顾义理。故机变械饰，所以相贼害之具不可胜数。于是秦兼天下，废王道，立私议，灭《诗》《书》而首法令，去仁恩而任刑戮，堕名城，杀豪杰，销甲兵，折锋刃。其后，民以鉏锄棰梴相挞击，犯法滋众，盗贼不胜，至于赭衣塞路，群盗满山，卒以乱亡。故圣王务教化而省禁防，知其不足恃也。

> 今陛下昭明德，建太平、举俊才，兴学官，三公有司或由穷巷，起白屋，裂地而封，宇内日化，方外乡风，然而盗贼犹有者，郡国二千石之罪，非挟弓弩之过也。《礼》曰男子生，桑弧蓬矢以举之，明示有事也。孔子曰："吾何执，执射乎？"大射之礼，自天子降及庶人，三代之道也。《诗》曰："大侯既抗，弓矢斯张，射夫既同，献尔发功"，言贵中也。愚闻圣王合射以明教矣，未闻弓矢之为禁也。且所为禁者，为盗贼之以攻夺也。攻夺之罪死，然而不止者，大奸之于重诛固不避也。臣恐邪人挟之而吏不能止，良民以自备而抵法禁，是

---

[1]《汉书》卷六十四上《严朱吾丘主父徐严终王贾传上》，第2795页。

擅贼威而夺民救也。窃以为无益于禁奸而废先王之典，使学者不得习行其礼，大不便。[1]

吾丘寿王以《诗》《礼》、大射之仪、孔子之道、三代之道、先王之典、圣教之义，狠批秦代暴政，废王道，灭《诗》《书》，批评丞相公孙弘为了镇压盗贼，"民不得挟弓弩"的邪论。吾丘寿王的议论，得到汉武帝的赞同与支持，丞相公孙弘也认错屈服。

（三）终军与博士徐偃的辩论

武帝元鼎中，博士徐偃巡行风俗，假称受诏命，使胶东、鲁国鼓铸盐铁。回来后还徙为太常丞。御史大夫张汤极为反对，弹劾徐偃，依法当死。徐偃以为，据《春秋》之义，大夫出疆，可以安社稷，存万民，专断是可以的。张汤虽然认为徐偃应被"致其法"，但又不能从义理上予以辩驳。

武帝就诏问终军。终军以《春秋》之义向徐偃问难：

> 古者诸侯国异俗分，百里不通，时有聘会之事，安危之势，呼吸成变，故有不受辞造命颛己之宜；今天下为一，万里同风，故《春秋》"王者无外"。偃巡封域之中，称以出疆何也？且盐铁，郡有余臧，正二国废，国家不足以为利害，而以安社稷存万民为辞，何也？……胶东南近琅邪，北接北海，鲁国西枕泰山，东有东海，受其盐铁。偃度四郡口数田地，率其用器食盐，不足以并给二郡邪？将势宜有余，而吏不能也？何以言之？偃矫制而鼓铸者，欲及春耕种赡民器也。今鲁国之鼓，当先具其备，至秋乃能举火。此言与实反者非？偃已前三奏，无诏，不惟所为不许，而直矫作威福，以从民望，干名

---

[1] 《汉书》卷六十四上《严朱吾丘主父徐严终王贾传上》，第2795—2797页。

采誉，此明圣所必加诛也。"枉尺直寻"，孟子称其不可；今所犯罪重，所就者小，偃自予必死而为之邪？将幸诛不加，欲以采名也？[1]

终军以《春秋》"王者无外"批偃巡封域之中，不能称以出疆，以"枉尺直寻"孟子称其不可而驳倒徐偃，徐偃理屈辞穷，表示服罪当死。武帝也非常满意，赞赏终军的诘问。

（四）狄山与张汤之辩

武帝时，匈奴请求和亲，群臣议论于帝前，博士狄山赞同和亲，"和亲便"，认为兴兵作战会让人民陷入困乏，狄山说："兵，凶器，未易数动，高帝欲伐匈奴，大困平城，乃遂结和亲。孝惠、高后时，天下安乐，及文帝欲事匈奴，北边萧然苦兵。孝景时，吴楚七国反，景帝往来东宫间，天下寒心数月。吴楚已破，竟景帝不言兵，天下富实。今自陛下兴兵击匈奴，中国以空虚，边大困贫。由是观之，不如和亲。"武帝又问张汤，张汤曰："此愚儒无知。"狄山辩解道："臣固愚忠，若御史大夫汤，乃诈忠。"狄山认为自己是"愚忠"，而批评张汤是"诈忠"。于是，武帝严肃地问狄山："吾使生居一郡，能无使虏入盗乎？"如果派你去治理一个郡国，能保证不让匈奴来犯吗？狄山表示"不能"，武帝接着问，那么"居一县"如何？狄山仍称"不能"。武帝又说"居一鄣间"，驻守边塞要地，如何？狄山自知辩穷，只得答"能"。于是，武帝派狄山治理边塞之鄣，结果一个多月后，匈奴犯边，狄山被斩。这件事令群臣震惊。[2]

董仲舒与韩婴关于《诗》《易》的争论，江公与董仲舒关于《穀梁》《公羊》的争论，吾丘寿王与公孙弘关于"民不得挟弓弩"的争论，都是平等自由的。终军与徐偃关于胶东、鲁国是否可以鼓铸盐铁的争辩，博士

〔1〕《汉书》卷六十四下《严朱吾丘主父徐严终王贾传下》，第2818页。

〔2〕《汉书》卷五十九《张汤传》，第2641—2642页。

狄山与御史大夫张汤关于匈奴和亲的不同看法，虽可畅论自己的看法，但不符合武帝的旨意要求的，都被处死，徐偃"服罪当死"，狄山被匈奴斩首，这些辩论不是自由争论的体现。

八、独尊儒术的意义及其深远影响

董仲舒贤良对策所提出的独尊儒术，从治理国家的角度而言意义重大，影响深远。董仲舒说，可以"统纪可一而法度可明，民知所从矣"。

（一）政治统一

政治统一，加强中央集权，张大皇帝权威。根据《春秋》之义，应严厉约束诸侯王与公卿大臣，可外内大治、太平。武帝建元六年丁酉，辽东高庙灾。四月壬子，高园便殿火。董仲舒对汉武帝说：

> 《春秋》之道举往以明来，是故天下有物，视《春秋》所举与同比者，精微眇以存其意，通伦类以贯其理，天地之变，国家之事，粲然皆见，亡所疑矣。按《春秋》鲁定公、哀公时，季氏之恶已孰，而孔子之圣方威。夫以盛圣而易孰恶，季氏虽重，鲁君虽轻，其势可成也。故定公二年五月两观灾。两观，僭礼之物，天灾之者，若曰，僭礼之臣可以去。已见罪征，而后告可去，此天意也。定公不知省，至哀公三年五月，桓宫、釐宫灾。二者同事，所为一也，若曰燔贵而去不义云尔。哀公未能见，故四年六月亳社灾。两观、桓、釐庙、亳社，四者皆不当立，天皆燔其不当立者以示鲁，欲其去乱臣而用圣人也。季氏亡道已久，前是天不见灾者，鲁未有贤圣臣，虽欲去季孙，其力不能，昭公是也。至定、哀乃见之，其时可也。不时不见，天之道也。

董仲舒接着说：

> 今高庙不当居辽东，高园殿不当居陵旁，于礼亦不当立，与鲁所
> 灾同。……昔秦受亡周之敝，而亡以化之；汉受亡秦之敝，又亡以化
> 之。夫继二敝之后，承其下流，兼受其猥，难治甚矣。又多兄弟亲戚
> 骨肉之连，骄扬奢侈恣睢者众，所谓重难之时者也。陛下正当大敝之
> 后，又遭重难之时，甚可忧也。故天灾若语陛下："当今之世，虽敝
> 而重难，非以太平至公，不能治也。视亲戚贵属在诸侯远正最甚者，
> 忍而诛之，如吾燔辽东高庙乃可；视近臣在国中处旁仄及贵而不正
> 者，忍而诛之，如吾燔高园殿乃可"云尔。在外而不正者，虽贵如高
> 庙，犹灾燔之，况诸侯乎！在内不正者，虽贵如高园殿，犹燔灾之，
> 况大臣乎！此天意也。罪在外者天灾外，罪在内者天灾内，燔甚罪当
> 重，燔简罪当轻，承天意之道也。[1]

董仲舒根据《春秋》经义，认为鲁定公、鲁哀公时，季氏专权，僭越
为恶，而孔子之圣方盛。两观，桓、釐庙，亳社皆不当立。哀公三年五
日，桓宫、釐宫灾；哀公四年六月，亳社灾。这是昭公用乱臣而不用圣
人，天降以灾害，表示惩罚。武帝建元六年，辽东高庙灾，高园便殿火，
董仲舒根据《春秋》经义，认为是老天对诸侯专横作乱、公卿大臣为恶不
正惩罚。这是天意要国家统一，天下太平，万民乐业。董仲舒将武帝建元
六年的灾害，比之鲁哀公三年、四年的灾害，也是他研究《公羊春秋》的
心得体会。可见，董仲舒根据儒家《春秋》经义，作《高庙园灾对》，是
为了国家的统一集权，提高皇帝的地位，而有益于广大人民。然而，这一
论述却招致怨恨妒忌，主父偃看到董仲舒奏表的草稿，"嫉之，窃其书而

---

[1]《汉书》卷二十七上《五行志上》，第 1331—1332 页。

奏焉……于是下仲舒吏，当死，诏赦之"。〔1〕到元朔元年，淮南、衡山王
谋反，胶东、江都王皆知谋，暗地治兵弩，欲响应。这时，汉武帝才真正
体会到，董仲舒的"高庙园灾对"有益于国家与人民。因此，独尊儒术，
表彰六经，特别是宣扬《春秋》，有益于国家统一，加强中央集权，体现
皇帝的权威。

（二）促进各少数民族与汉族的融合，以及汉与邻国的友好

对西域、西南夷，也提倡六经，独尊儒术，宣扬五常，以三纲、五常
之仁义思想对待。董仲舒亲见四世（吕后、惠帝、文帝、景帝）之事，对
匈奴等异族，犹复欲守旧文，颇增其约，认为"义动君子，利动贪人，如
匈奴者，非可以仁义说也，独可说以厚利，结之于天耳。故与之厚利以没
其意，与盟于天以坚其约，质其爱子以累其心，匈奴虽欲展转，奈失重利
何，奈欺上天何，奈杀爱子何。夫赋敛行赂不足以当三军之费，城郭之固
无以异于贞士之约，而使边城守境之民父兄缓带，稚子咽哺，胡马不窥于
长城，而羽檄不行于中国，不亦便于天下乎！"〔2〕董仲舒以义利争取各族
与各国。

武备不可少，但主要以仁义、厚利说服各族乃至境外各国。呼韩邪单
于率部归汉。百越（东瓯、闽越、南越、南海、骆越）稍经战争，后来亦
都内属，西南夷、西域更是如此。

如会唐蒙使略通夜郎、西僰，以军兴法诛其率，引发巴蜀人民的惊
恐。武帝让司马相如为中郎将，责难唐蒙，并喻告巴蜀人民，并非上意如
此。唐蒙等"发军兴制，惊惧子弟，忧患长老，郡又擅为转粟运输，皆非
陛下之意也。当行者或亡逃自贼杀，亦非人臣之节也"。〔3〕父兄之教不先，

〔1〕《汉书》卷五十六《董仲舒传》，第2524页。
〔2〕《汉书》卷九十四下《匈奴传下》，第3831页。
〔3〕《汉书》卷五十七下《司马相如传下》，第2578页。

子弟之率不谨，寡廉鲜耻，而"俗不长厚也"，同时晓谕百姓以发卒之事，因数以不忠死亡之罪，责让三老孝悌以不教诲之过。

著书谕巴蜀通西南夷，是为中外之福，万民之利。贤君之思践位，必将崇论闳义，创业垂统，以为万世之规。谕书引《诗》"普天之下，莫非王土；率土之滨，莫非王臣"，表明"封疆之内，冠带之伦，咸获嘉祉，靡有阙遗矣。而夷狄殊俗之国，辽绝异党之域，舟车不通，人迹罕至，政教未加，流风犹微，内之则犯义侵礼于边境，外之则邪行横作，放杀其上。君臣易位，尊卑失序，父兄不辜，幼孤为奴虏，系累号泣。内乡而怨，……故北出师以讨强胡，南驰使以诮劲越，四面风德，二方之君鳞集仰流，愿得受号者以亿计。……遐迩一体，中外褆福，不亦康乎？夫拯民于沉溺，奉至尊之休德，反衰世之陵夷，继周氏之绝业，天子之急务也。百姓虽劳，又恶可以已哉？"[1]

张骞在武帝时两次出使西域。第一次在建元、元光期间。返回汉廷，拜张骞为中大夫，张骞向武帝汇报了通西域的情况。第二次于元狩年间，武帝拜张骞为中郎将，率领三百人，马各二匹，牛羊数以万计，币帛值巨万。张骞返回后被拜为大行。张骞的出使，打通了汉廷与西域各国的交通往来，"其所遣副使通大夏之属者皆颇与其人俱来，于是西北国始通于汉矣。……外国由是信之。其后，乌孙竟与汉结婚"[2]通西域主要是通讲仁义，予之以厚利，并非用战争的手段。结果西域内属于汉，匈奴分南北，匈奴呼韩邪单于归汉，当时东北部乌桓等国也内属中国，与董仲舒的以儒家仁义为其根本不无相关。

（三）举荐贤才，为国所用

独尊儒术、表彰六经，特别是颂扬《春秋》，也使广大知识分子不再

---

〔1〕《汉书》卷五十七下《司马相如传下》，第2585—2586 页。

〔2〕《汉书》卷六十一《张骞李广利传》，第2693 页。

为王侯相所用，而为皇帝所有，为国家的统一、经济繁荣、科技发展、社会安定出力。武帝时，闻名天下的大将军卫青、霍去病，认为天下的知识分子应归皇帝所有，史学家班固也有这种评论和记载。

知识分子为国家所有，不再如汉初时被王侯将相所养所用，而是直接服务于国家和皇帝，不会再发生如汉初时"此不北走胡即南走越耳"[1]的情况。六经内容广博，天文、地理、科技、人文、经史、医学等应有尽有，为培养、选拔各方面的人才提供了可能，进一步推动了社会发展和国家的统一强大。

独尊儒术，儒家强调三纲、五常、六经。六经以教育诱导为主，被董仲舒称之为"圣化"，"五常"的一个重要思想为仁与义，严于律己，宽以待人。独尊儒家，以仁义思想和教育诱导方法对待各家各派，各家各派都会支持儒家独尊、国家统一，以及皇帝的最高权威。各种人才，当然能为国家贡献才能。因而，人才辈出，军事强大，经济繁荣，科学技术、文化艺术的大发展，在中国历史上空前未有。

武帝时朝廷有贤才十五人，公孙弘、兒宽、董仲舒、夏侯始昌、司马相如、吾丘寿王、主父偃、严助、朱买臣、汲黯、胶仓、终军、严安、徐乐、司马迁等，也包括儒家之外的人才，当然不止这些。当时有这样的记载："汉之得人，于兹为盛，儒雅则公孙弘、董仲舒、兒宽，笃行则石建、石庆，质直则汲黯、卜式，推贤则韩安国、郑当时，定令则赵禹、张汤，文章则司马迁、相如，滑稽则东方朔、枚皋，应对则严助、朱买臣，历数则唐都、洛下闳，协律则李延年，运筹则桑弘羊，奉使则张骞、苏武，将率则卫青、霍去病，受遗则霍光、金日磾，其余不可胜纪。"[2] 人才辈出，既有著名政治家、军事家、思想家、法律家、外交家、经济家、农学家、水利家、文学家、史学家、艺术家，又有品行端正、为人耿直、乐于荐

---

〔1〕《史记》卷一百《季布栾布列传》，第2729页。
〔2〕《汉书》卷五十八《公孙弘卜式兒宽传》，第2634页。

贤、堪任重托、善于谏说的人才。武帝独尊儒术之后，操纵全国政权的宰相都由主张统一、维护皇权的儒家代表人物担任。

儒家的纲常伦理、仁义道德，是汉民族形成的重要因素，也深刻影响了周围的少数民族，包括西域的许多国家，要求入属中国。所以，汉武帝与董仲舒提倡经学，独尊儒术，主张纲常伦理，对于中国的统一强大、周围少数民族的归附，以及许多西域与海外国家的向望友好，具有极大的积极意义。

第三章　昭帝、宣帝时期的经学

一、昭帝与经学

昭帝刘弗陵曾跟从邹鲁大儒、博士韦贤学《诗》，通读《保傅传》《孝经》《论语》《尚书》等。当时昭帝与大将军霍光都主张重用明六经的儒家学士，"公卿大臣当用经术明于大谊"[1]，地方郡县与诸侯王国官吏，也任命那些通经、好礼之士，选拔郡国中好儒术、通礼仪的学士为贤良文学，允许他们畅谈社会治乱及民间疾苦，并参与讨论盐铁酒国家专卖的利弊得失，以"舒六艺之风"[2]，使教化大兴。为劝学兴利，规定太学以六经为教育内容，学生（即博士弟子）由武帝时的五十人发展到了一百人。

昭帝继惠帝之后，举行了比较完整的冠礼。据《通典》记载，汉改皇帝冠礼为"加元服"。惠帝加元服，用正月甲子若景子为吉。昭帝也行冠礼，其冠辞曰："陛下摛著先帝之光辉，以承皇天之嘉祐，钦奉仲春之吉辰，普尊大道之郊域，秉率万福之丕灵，始加昭明之元服。推远冲孺之幼志，蕴积文武之就德，肃勤高祖之清庙，六合之内，靡不蒙福，承天无极。"[3] 可见，当时行冠礼的仪式十分庄重。

---

〔1〕《汉书》卷七十一《隽疏于薛平彭传》，第3038页。

〔2〕《汉书》卷六十六《公孙刘田王杨蔡陈郑传》，第2903页。

〔3〕《通典》卷五十六《礼·天子加元服》，第321页。

民间举行冠礼的仪式也很隆重，参加人员众多。据《仪礼·士冠礼》记载，士冠礼，首先要在庙门前占筮加冠的吉日。主人头戴玄冠，身着朝服，腰中束黑色大带，饰以白色蔽膝，面朝西方，在庙门东边就位。有司如主人穿戴一样，在西方就位，面向东而立，以北为上。筮与草席、占卦所用的器具都陈列于西塾，在门槛偏西的地方铺上席子，面向西方。筮人手执蓍草，抽开盛放蓍草的筒盖，双手执蓍草和蓍筒，进前接受主人的指令。宰从右方稍稍靠后的地方，辅助主人发布卜命。筮人接受指令后，向右返回即席而坐，面向西方。卦者在左边，占筮完毕后，将所得的卦写下来拿给主人看。主人看后仍还给筮人。筮人返回来后，面向东方，一起进行占筮，完毕后向主人汇报吉。如果占筮结果为"不吉"，那么就占筮以后的日期，仪式与之前一样。撤下筮席，宗人宣布占筮吉日一事完毕。主人前往告诉各位宾客举行冠礼的日期，邀请参加，宾客辞谢并应许。主人两次拜谢，宾客回拜。祝辞中表示，选择吉日加冠，是为了去童稚之心，谨慎修养德行，保佑高寿吉祥，希冀上天赐给大福。可见，冠礼仪式不只是关系到本人，还牵涉父母兄弟姐妹、伯叔姑乃至整个家族以及地方官吏，同时包括主人、祖宗、家庙、宾客、有司、筮人、宗人、宰人、卦者、祝者等等。

二、盐铁会议

盐铁国有始于武帝时期，御史大夫张汤、治粟都尉桑弘羊以及大农丞东郭咸阳、孔仅都是积极倡导者，认为可以增加财政收入，以保证北伐匈奴、南定百越、西通西域的庞大军费开支。为实行盐铁国有，禁止民间私自煮盐冶铁、自由买卖，制定了严厉的刑法，"敢私铸铁器煮盐者，鈦左趾，没入其器物"[1]，盐铁国有以及实行的严刑峻法，在当时就遭到著名

---

[1]《汉书》卷二十四下《食货志下》，第1166页。

经学家董仲舒和御史大夫卜式的反对。董仲舒提出"盐铁皆归于民",卜式认为,"郡国多不便县官作盐铁",甚至要"烹弘羊",一般官吏、儒生、人民,反对者更多。到昭帝时,这种情况继续存在。为了安定民心,巩固封建统治,汉廷主张罢盐铁酒榷,下诏书要求郡国所推荐的贤良文学等儒生,谈谈民间对盐铁国有的意见。于是在昭帝始元六年(前181年),召开了盐铁会议。参加者有贤良、文学等民间代表六十余人,御史大夫桑弘羊、丞相车千秋,以及丞相、御史两府的不少官吏,丞相史、御史也参与了会议。这次会议,充分体现了当时经学思想的分歧与矛盾。盐铁会议主要讨论以下三个问题。

(一)义利之争

贤良文学主张察仁义德礼,抑制货殖财利。他们认为,礼义是国家的基础,财利是政治的残贼,作为帝王天子,要行仁义,不爱财利,就可一统天下,并使人民归附。文学曾这样指出,孔子说过:有国有家者,不患寡而患不均,不患贫而患不安,即不在财货多少,而是否坚持实行仁义。所以,对于人民,如能以仁义来开导启发他们,以德教来关心怀柔他们,一定是近者亲附而远者悦服,"王者行仁政,无敌于天下,恶用费哉?"[1]

孟子到魏国,梁惠王问以财利,孟子答以仁义,并批评利吾国、利吾家、利吾人。夏、商、周三代之王,贱利轻财,所以"夏忠、殷敬、周文,庠序之教,恭让之礼,粲然可得而观也"[2]夏商周因贱财轻利而重仁义,所以衰落了还能再扶起,倾倒了还能再安定。

文学认为,君子入仕为官,并非为了乐其财利和权势,而是为了行其礼义。古代的大夫、君于贱利重义,近代的公卿也是如此。如楚相袁盎亲于景帝,"秩马不过一驷";公孙弘为武帝时丞相,身为三公封侯,"家不

---

〔1〕《盐铁论校注》卷一《本议》,第2页。
〔2〕《盐铁论校注》卷一《错币》,第56页。

过十乘"。如果不重仁义而重财利，那么"苟先利而后义，取夺不厌。公卿积亿万，大夫积千金，士积百金，利已并财以聚。百姓寒苦，流离于路"[1]。

盐铁国有，是最违背德礼仁义、危害人民的。贤良说，盐铁国有之前，人民只要交些租税就可以冶铁煮盐，价格便宜，质量好，"盐与五谷同贾（价），器和利而中用"。现在盐铁国有，由国家设官雇民工冶铁煮盐，不仅质量差，而且非常浪费资金、劳动力、质量差、价格贵，不但影响人民健康，也有碍于发展生产，还增加人民徭役负担，"盐、铁贾贵，百姓不便。贫民或木耕手耨，土耰淡食。铁官卖器不售或颇赋与民。卒徒作不中呈，时命助之。发征无限，更繇以均剧，故百姓疾苦之"[2]。

崇礼义，抑财利，并非不要财利，没有一定的财利，百姓也难以坚持礼义。贤良说，周公相成王时，百姓从事耕织，轻徭薄赋，而国无穷人，上足以供奉君亲，下足以养妻子，无饥寒之忧，则乐于以仁义之教，可施而成，正如《论语》所说"既富矣，何加焉？曰教之"，《管子》所言"仓廪实而知礼节，衣食足而知荣辱"。所以，礼义立则耕者让于野，礼义坏则君子争于朝，"富则仁生，赡则争止"[3]，"富民易与适礼"[4]。

贤良文学主张德礼仁义第一，而货殖财利其次，崇礼义而抑财利。当然，一定的财利也是礼义的基础。而桑弘羊等批评贤良文学宣扬德礼仁义不切合实际，而且认为没有什么作用。丞相史说，儒者华而不实，繁于乐而舒于民，久丧而害生，厚葬以伤业，礼烦而难行。桑弘羊说，孔子门徒七十人，虽说受圣人之求，学孔门礼义，有卿相之人，但真正能做官的有几人？御史还认为，因德礼仁义无益于国治民安，邹衍以儒术说世主而不用；孟轲守旧术，不知世务，故困于梁、宋；孔子能方不能圆，故饥于黎

---

[1]　《盐铁论校注》卷四《地广》，第209—210页。
[2]　《盐铁论校注》卷六《水旱》，第430页。
[3]　《盐铁论校注》卷六《授时》，第422页。
[4]　《盐铁论校注》卷六《授时》，第423页。

丘。汉武帝之初，赵绾、王臧曾以儒术擢为上卿，但都被诛杀而死，而公孙弘以《春秋》说武帝，任为丞相，封侯，据三公之位，处周公、邵公之列，为了节俭行礼，"衣不重彩，食不兼味，以光天下，而无益于治"[1]。桑弘羊指出，贤良文学等所谓崇仁义、抑财利，不过是使不轨之民，挠公利，擅山泽，至于财利均归于民，而国家一无所有。因此，这种崇礼义抑财利，是根本谈不上礼与义的。像子贡、陶朱公等人，善于经商，大积财富，天下闻名，君民皆知，这才是真正的德礼仁义，被人称扬，"故上自人君，下及布衣之士，莫不戴其德，称其仁"[2]

因此，在他们看来，盐铁国有，增加国家财富，于国于民均为有益。御史说，桑大夫运筹策，建国用；笼天下盐铁诸利，以排斥富商大贾；可以建本抑末，绝兼并之路。同时，由于财富的积累，也解决了边境军费的开支，不增加人民的负担，"兵革东西征伐，赋敛不增而用足"[3]。

而且，盐铁均输为国家聚生利，是武帝所定，擅自改度先帝意志，是不忠不孝，是真正的非礼无义。桑弘羊强调指出，为人臣当尽忠以顺职，为人子当致孝以承业。故君死，臣不变君主之政；父死，则子不改父之道。因此，"今盐、铁、均输，所从来久矣，而欲罢之，得无害先帝之功，而妨圣主之德乎？"[4] 从忠孝方面来看，盐铁国有，也不可废止。

御史大夫桑弘羊和丞相、御史两府的官吏认为，贤良文学的主张不能信，只有重货殖财利并且归国有，才能起到富国强兵、国泰民安的作用。所以，盐铁不能罢。

(二) 奢俭之争

关于居室、衣服等生活条件的好与差，以及赡养父母从俭从奢，哪个

---

[1]《盐铁论校注》卷二《刺复》，第131页。
[2]《盐铁论校注》卷四《贫富》，第221页。
[3]《盐铁论校注》卷三《轻重》，第179页。
[4]《盐铁论校注》卷二《忧边》，第162页。

更符合礼，贤良、文学与大夫、丞相史、御史也有不同看法。

贤良文学等认为，居室、舆马、衣服、器械、饮食、声色、玩好，是人情所欲而不能禁止。为此，圣人规定了限度（制度），不可超越，加强堤防，使其合乎礼义，故从俭。在食物、居室、衣服、器械、饮具、酒食、牺牲、房寝、床席、车舆、鞍马等方面，贤良全面称赞古代合理俭朴并遵循制度，严厉批评"今"之非礼、逾制与奢僭的行为。而且对于"今"之奢侈逾制，认为不仅是非礼行为，更是浪费财物、伤害人体的蛀虫，"宫室奢侈，林木之蠹也。器械雕琢，财用之蠹也。衣服靡丽，布帛之蠹也。……丧祭无度，伤生之蠹也"[1]。挽救的办法，是"救文者以质"，应该像古代晏子相齐一狐裘穿三十年那样，以节俭示范。俭比较近乎礼，与孔子所说"礼与其奢也，宁俭；丧与其易也，宁戚"[2] 的思想一致。

子孙对父祖的供养包括饮食、衣服等，不能以奢侈、挥霍为孝，而是以节俭、尽孝为礼。文学指出："上孝养志，其次养色，其次养体。贵其礼，不贪其养，礼顺心和。……故富贵而无礼，不如贫贱之孝悌"[3]，子孙供养父祖，只要尽心尽力，温饱俭约，即为孝而有礼。对于窃取之禄、盗来之食，而供养丰盛，奢侈无度，还不如以自己耕织所得之素朴衣食供养父祖为好。与孔子关于"今之孝者是谓能养，至于犬马皆能有养，不敬何以别乎？"[4] 的思想一脉相承。

桑弘羊等与贤良文学的观点正相反。他们认为，古代宫室有具体的规定和制度，车马、衣服、食用根据功劳大小而定，十分俭朴，采椽茅茨，"非先王之制"，君子"节奢刺俭"。所以，孙叔敖为楚相，妻不衣帛，马

〔1〕《盐铁论校注》卷六《散不足》，第356页。

〔2〕（宋）朱熹：《四书章句集注·论语集注》卷二《八佾》，北京：中华书局，2012年，第62页。

〔3〕《盐铁论校注》卷五《孝养》，第308页。

〔4〕《四书章句集注·论语集注》卷一《为政》，第55页。

不食粟，孔子就认为太过节俭，不合适。节俭也不符合《管子》的"不饰宫室，则材木不可胜用，不充庖厨，则禽兽不损其寿。无末利，则本业无所出。无黼黻，则女工不施"[1]，所以，过分节俭，既非先王之利，也不是圣贤之志，并非合于礼。

桑弘羊等并不认为，尽心俭养就是为孝有礼。丞相史说，年七十以上的老人，食非肉不饱，衣非帛不暖，作为孝子孝孙，应该以鲜嫩肥美的肉养父祖之口，以轻暖的丝绵皮毛养父祖之体，如无轻暖衣服鞋帽，虽公西赤，"不能以为容"；没有好的菜肴酒肉，虽闵子骞、曾参"不能以卒养"，所以与其礼有余而养不足，不如养有余而礼不足，"老亲之腹非唐园，唯菜是盛。夫蔬粝，乞者所不取，而子以养亲，虽欲以礼，非其贵也"[2]。

儒生所说的合乎礼的孝，"上孝养色，其次安亲，其次全身"，丞相史认为，这是不切实际的。因为，花言巧语、谈色养、安亲、全身，都是虚伪的不实之礼，于父祖和自己都无益。子孙对于父祖真正的孝和礼，不在色貌、语言，而在衣食住行用等供养，应丰盛而奢侈地供养，而不是俭约地供养。

（三）刑德之争

贤良文学认为，阴阳、五行、四时与刑德是密切相关的。阳为德，阴为刑，德为主，刑为辅。治国理民，当以德教为主，德教的作用与意义比刑罚要大得多。他们以天人关系来进行说明，认为，不仅天类似人，人也像天，"四时代序而人则其功，星列于天而人象其行"[3]，既然天人相应，人的行为像天，天道好生恶杀，好赏恶罚，使阳居于实而宣德施，阴藏于虚而为阳佐辅，所以"王者南面而听天下，背阴向阳，前德而后刑也"[4]。

〔1〕《盐铁论校注》卷一《通有》，第43页。
〔2〕《盐铁论校注》卷五《孝养》，第309页。
〔3〕《盐铁论校注》卷九《论灾》，第556页。
〔4〕《盐铁论校注》卷九《论灾》，第557—558页。

春夏秋冬的四时与德教刑罚有什么关系呢？文学说："春夏生长，圣人象而为令。秋冬杀藏，圣人则而为法。故令者教也，所以导民人；法者刑罚也，所以禁强暴也。"[1] 主要是以德教启发开导民众。文学极为赞赏董仲舒关于阴阳五行四时与刑罚德教的相关思想。他们说，始江都相董生推言阴阳，四时相继。父生之，子养之，母成之，子藏之。故春生，仁；夏兴，德；秋成，义；冬藏，礼。这是四时运行的次序，也是圣人效法的原则。因此，要广施德教。治民之所以要重德教，是因为离开了德教，君主就无法治理天下。文学指出，正像《管子》所说"四维（礼义廉耻）不张，虽皋陶，（尧时为士，即法官）不能为士"，治国导民者，应像三王、周公、孔子那样，以仁而不以刑罚，"为君者法三王，为相者法周公，为术者法孔子，此百世不易之道也"[2] 德教礼义，是百世不易之道，好比是可以防止水灾的堤坝，能"塞乱源而天下治"，上与日月俱照，下与天地同流，长存不破。而严刑峻法，不能使天下太平，也不能使官吏尽职、百姓从善，"法能刑人而不能使人廉，能杀人而不能使人仁"[3]。

即使有法有刑，也是为了教化人而不是为了杀人，是使人避刑从善。贤良指出，圣人假法以成教，教成而刑不施。故威厉而不杀，刑设而不犯，如孔子所说："听讼，吾犹人也，必也使无讼乎！"所以，治国理民，当急于教，缓于刑。刑一而正百，杀一而慎万。历史上，周公只诛管叔、放蔡叔而定乱，子产只诛邓晳而安郑，便是先例。

御史大夫桑弘羊等则相反。他们首先反驳天人相应及阴阳、四时、五行与刑德相关的说法，认为这种巫祝、儒生所说的不可信。并且强调指出，严刑峻法对于治国理民是十分必要的。政令可以教导民众，刑法可以督奸。令严而民慎，法设而奸禁。网疏则兽失，法疏则罪漏。罪漏则民放

---

[1] 《盐铁论校注》卷十《诏圣》，第595页。
[2] 《盐铁论校注》卷十《刑德》，第568页。
[3] 《盐铁论校注》卷十《申韩》，第580页。

佚而轻犯。故禁不严，则狂夫侥幸；诛戮必行，则跖蹻不犯，古者作五刑，刻肌肤，而民众不敢逾矩，而且要像商鞅那样罪小而刑重，路上抛些垃圾、灰尘，也要判刑，从而达到秦国的民治，"盗马者死，盗牛者加，所以重本而绝轻疾之资也。……盗伤与杀同罪，所以累其心而责其意也"。[1] 御史认为，国家有法令好比马有辔衔，国家有刑罚好比船有维楫，辔衔不饬，虽善驭者王良不能致远；维楫不设，虽好的船工不能渡水。国家无法令刑罚，则君主无法制御其臣下，更不能富国强兵和抵敌御难。能把国家治好的是法令刑罚而不是德教礼义，单靠德教礼义不能使民改恶从善，"孔子倡以仁义而民从风，伯夷遁首阳而民不可化"。[2] 同时指出，严格的法令所起到的作用，是礼义所不能达到的。法令可使人仰望而不可逾，可临而不可入。君主只要依法办事，就能长制群下而久守其国。而礼义难以保障国家的安定，如鲁好礼而有季孟之难，燕哙好让而有子之乱，礼让不能禁邪，而刑罚却可以止暴。

可见，在桑弘羊与御史、丞相两府的官吏看来，想要天下安定太平，只能依靠严刑峻法，而不是德教仁义。刑罚如同农民除草的锄，农民要种好田，并获得丰收，离不开锄头。君主要治国，使社会安定、百姓乐业，也离不开以刑制暴，"锄一害而众苗成，刑一恶而万民悦。……故刑所以正民，锄所以别苗也"。[3]

以上盐铁会议上关于仁义与财利之争、德教与刑罚之争，以及奢俭之争，看来好像是重礼的儒家与重利的杨朱、墨家及重罚的法家之争，实际并不如此。自汉武帝听从董仲舒独尊儒术、罢黜百家之后，治申、商、韩非、苏秦、张仪之言，扰乱国政者皆罢，而独尊的儒家，是兼包并蓄了各家各派对封建统治有利的思想与主张，也称之为儒表法里，或德主刑轻。

---

〔1〕《盐铁论校注》卷十《刑德》，第 566 页。
〔2〕《盐铁论校注》卷十《申韩》，第 580 页。
〔3〕《盐铁论校注》卷六《后刑》，第 419 页。

以礼义德教为主，主张治理天下的帝王要以教化为大务，同时认为，德教不得刑罚之助，也不可成"治世"。《春秋决狱》更是重法的体现。后来汉宣帝说："汉家自有制度，本以霸王道杂之，奈何纯任德教，用周政乎!"[1] 其中王道指儒家，霸道指法家。

董仲舒主张帝王、贵族、官吏不要仗势与民争利，但不争利并不等于不讲财利，只是让食禄之家"不与民争业，然后利可均布，而民可家足"[2]。董仲舒指出，财利必不可少，可使民"内足以养老尽孝，外足以事上共税，下足以畜妻子极爱"[3]。董仲舒的学生司马迁认为礼就是养，养就是以财货满足人衣食住行等需要。可见，儒家并不否认财利的重要。

武帝临终，以霍光、车千秋、桑弘羊等受遗诏辅少主昭帝。武帝既然提倡独尊儒术，怎么会让一些反对儒家的人来辅佐呢？实际当时朝政把控在大将军霍光手中，"政事一决于光"，霍光重视儒家礼义和经术。宣帝初，由太后暂时执政，霍光要求"太后省政，宜知经术"。丞相车千秋也"谨厚有重德"，并要求"缓刑罚"。御史大夫桑弘羊，以及丞相、御史大夫两府的官吏，不可能否定"独尊儒术"而另立他家。

因此，御史大夫桑弘羊、御史、丞相史是儒家中偏重财利的一方，而贤良文学是儒家中偏重礼义的一方。大夫、御史等重财利，则以子贡为例，证明若反对盐铁国有，是不忠不孝。他们以儒家人物的行为和儒家忠孝的标准来维护其重财利的观点。重刑罚的一方，主张"锄一害而众苗成，刑一恶而万民悦"，与主张重教轻刑的贤良文学"刑一而正百，杀一而慎万"的说法，没有什么不同。供养父母之孝，重在衣食，是依儒家先贤孟子所说"七十者可以食肉矣"[4]。供养从奢不从俭，也是以孔子的"大俭极下"为根据。所以一切纷争，说到底不过是儒家内部对礼义的不

---

〔1〕《汉书》卷九《元帝纪》，第 277 页。

〔2〕《汉书》卷五十六《董仲舒传》，第 2521 页。

〔3〕《汉书》卷二十四上《食货志上》，第 1137 页。

〔4〕《四书章句集注·孟子集注》卷一《梁惠王上》，第 212 页。

同看法和争论。

然而，盐铁国有，价贵质差，的确使一般人民受害遭殃，老百姓贫困购买不起，也影响了农业和手工业生产的发展与繁荣。

三、著名经学家

（一）隽不疑

隽不疑，字曼倩，渤海人，治《春秋》，为郡文学，进退必以礼，名闻州郡。武帝末，拜为青州刺史。昭帝即位，擢京兆尹，赐钱百万。始元五年，有一个男子来到皇宫北阙，自称是卫太子（即武帝戾太子刘据，已死）。公车令马上上奏，昭帝使公卿将军二千石等官吏前去辨识，长安城中官吏、百姓聚集观看者数万人。前来辨认的丞相、御史、中二千石等都不敢发言。京兆尹后来才到，他根据古代卫灵公太子蒯聩违抗父命出奔，其子辄继承王位后拒绝蒯聩复位的要求，认为"《春秋》是之"，于是，将此人送入监狱[1]。

昭帝与大将军霍光都称赞隽不疑能以经术明大义，于是隽不疑名声重于朝廷，在位者皆自以为不及。不疑为京兆尹时，京师吏民敬其威信，每行县录囚徒，"多有所平反"。不疑为吏，"严而不残"。大将军霍光想把女儿嫁给他，不疑坚决请辞，不肯接受。

（二）王吉

王吉，字子阳，琅邪皋虞人。少好学明经，以郡吏举孝廉为郎，补若卢（诏狱）右丞，迁云阳令。举贤良为昌邑中尉，昌邑王刘贺好游猎，驱驰国中，行为无节制。王吉上疏，以诗书仁义、圣人尧舜以及召公等言劝谏。他说：臣闻古者师日行三十里，吉行五十里。《诗》云"匪风发兮，

---

[1]《汉书》卷七十一《隽疏于薛平彭传》，第3037页。

匪车揭兮，顾瞻周道，中心怛兮"，不能跑得太快，费人力马力。"今大王幸方与，曾不半日而驰二万里，百姓颇废农桑，治道牵马，臣愚以为民不可数变也。"应该以召公为榜样，节省民时民力，因而传颂后代，"昔召公述职，当民事时，舍于棠下而听断焉。是时人皆得其所，后世思其仁恩，至乎不伐甘棠，《甘棠》之诗是也"[1]。

对于大王的乐逸游，王吉认为，此非所以全寿命之宗，又非所以进仁义之隆。"上论唐虞之际，下及殷周之盛，考仁圣之风，习治国之道。"大王诚留意如此，则"心有尧舜之志"。昌邑王刘贺虽不遵道，但是，对王吉以礼相敬。刘贺放纵自若，王吉就力谏以争，甚得辅弼之义，国中之人莫不敬重，只是刘贺并没有听从王吉的劝谏之言。后来昭帝死，昌邑王即位，二十多天就以行淫乱废。昌邑群臣因在诸侯国时不举王之罪过，令汉朝不得闻知，又不能辅之以道，大都下狱诛杀。唯有王吉与郎中令龚遂以忠直数谏正，得以免死，髡为城旦，剃发修城。

王吉认为，"夫妇，人伦大纲，夭寿之萌"，世俗嫁娶太早，还不懂得为人父母之道就有孩子，是教化不明而使人民多夭。王吉还以舜、汤及诗《伐檀》，主张明选求贤，除去有世卿之意的任子令。"吉兼通五经，能为驺氏《春秋》，以《诗》《论语》教授，好梁丘贺说《易》。"[2]

西汉中期，通五经的只有董仲舒与夏侯始昌。昭、宣之时，王吉精通五经，对夫妇婚姻之礼有研究。王吉年少时在长安居住，东边邻居家有大枣树，垂在王吉的庭院中，王吉妻子取枣给王吉吃。王吉后来得知，则去其妻。东家听说了，想砍掉枣树，邻里都阻止他，坚持请王吉将妻子请回，里中传言："东家有树，王阳妇去；东家枣完，去妇复还"，可见王吉如此励志。[3]

---

〔1〕《汉书》卷七十二《王贡两龚鲍传》，第3058页。

〔2〕《汉书》卷七十二《王贡两龚鲍传》，第3066页。

〔3〕《汉书》卷七十二《王贡两龚鲍传》，第3066页。

（三）眭弘

眭弘，字孟，鲁国蕃人。年少时好侠，喜欢斗鸡走马，长大后有所改变，从嬴公（董仲舒的学生）受《春秋》，以明经为议郎，至符节令。昭帝元凤三年正月，泰山莱芜山南发出好像有几千人的喧吵声，百姓前去观看，只见有一块大石自立，高丈五尺，大四十八围，入地深八尺，三石为足。还有数千白鸟集落在立石旁边。当时昌邑社庙中有枯木倒地后又复生，有上林苑中的大柳树折断枯萎后又自立而生，有虫子啃食树叶而成文字："公孙病已立"。眭孟推《春秋》之义，以为石头、柳树皆阴类，是下民之象。而泰山岱宗之岳，是王者易姓告代之处。今大石自立，僵柳复起，并非人力所为，应当有从匹夫为天子者。枯社木复生，故被废三家公孙当复兴，眭孟意亦不知其所在，说："先师董仲舒有言，虽有继体守文之君，不害圣人之受命。汉家尧后，有传国之运。汉帝宜谁差天下，求索贤人，禅以帝位，而退自封百里，如殷周二王后，以承顺天命。"[1] 眭孟使友人内官长赐替他呈上此书。当时昭帝年幼，大将军霍光秉持朝政，自然很疾恶眭孟和赐之所为，将奏书下发给廷尉，并上奏赐与眭孟妖言惑众，大逆不道，两人被处死。后五年，孝宣皇帝兴于民间，即位，就征召眭孟的儿子为郎。

眭孟提到的"汉家尧后，有传国之运……如殷周二王后，以承顺天命"，实际上就是董仲舒的"三统说"与"三教说"，也正如孔子所说："殷因于夏礼，所损益可知也；周因于殷礼，所损益可知也；其或继周者，虽百世可知也。"[2] 现在汉室继秦大乱之后，应当损益周之文而用夏之忠。根据"三教说"，汉当继承夏朝的文物制度，"如殷周二王后，以承顺天命"。昭帝死后，昌邑王荒淫无度，当有民间贤君出现，后拥立汉宣帝，

---

〔1〕《汉书》卷七十五《眭两夏侯京翼李传》，第3154页。
〔2〕《四书章句集注·论语集注》卷一《为政》，第59页。

便是这一思想的体现。

（四）夏侯胜

夏侯胜是昭帝、宣帝时期著名经学家。

夏侯胜，鲁人，字长公，是夏侯始昌的族人。当初鲁共王分鲁西宁乡以封子节侯，别属大河。大河后更名东平，夏侯胜为东平人。年少时，夏侯胜就成为孤儿，勤奋好学，跟从夏侯始昌受《尚书》及《洪范五行传》，言说灾害。又事简卿，从欧阳氏问。为学精熟，所问非一师。善说礼服（礼之丧服），征为博士、光禄大夫。昭帝崩，昌邑王嗣立，皇帝经常外出游玩。夏侯胜在乘舆前劝谏说，天久阴而不下雨，是有臣下欲谋上者。王怒，欲治夏侯胜的罪责。霍光听闻后，并没有惩罚夏侯胜，因为当时霍光与车骑将军张安世谋划想要废除昌邑王。于是召夏侯胜问及此事，夏侯胜对曰："在《洪范传》曰：'皇之不极，厥罚常阴，时则下人有伐上者。'恶察察言，故云臣下有谋。"[1] 霍光、张安世听闻大为惊恐，因此更加重视经术士。果然，十几天后，霍光与张安世奏请太后，废昌邑王，尊立宣帝。霍光以为群臣奏事东宫，太后省政，宜知经术，夏侯胜得到重用，即迁长信少府，赐爵关内侯，以与谋废立，定策安定宗庙，又增益千户。儒生赐关内侯，封千户，也是不多见的。

夏侯胜虽官二千石，爵关内侯，封千户，但他还是坚持实事求是，不会为了保官位保爵位而拍马奉承。宣帝欲褒奖先祖孝武皇帝，下诏欲列侯、二千石、博士议。群臣大议廷中，都认为应当按照诏书执行，唯独长信少府夏侯胜表示不同看法。他说："武帝虽有攘四夷广土斥境之功，然多杀士众，竭民财力，奢泰无度，天下虚耗，百姓流离，物故者半。蝗虫大起，赤地数千里，或人民相食，畜积至今未复，亡德泽于民，不宜立庙

---

〔1〕《汉书》卷七十五《眭两夏侯京翼李传》，第3155页。

乐。"〔1〕

武帝时，实行盐铁国有专卖，导致"贫民或木耕手耨，土耰淡食"，发生两次大水灾，甚至出现人相食的情况。第一次是建元三年春，"河水溢于平原，大饥，人相食"〔2〕《汉书·汲黯传》也有记载，说"河南贫人伤水旱万余家，或父子相食"。第二次是元鼎三年夏四月，"雨雹，关东郡国十余饥，人相食"，也见于《汉书·五行志中之下》："元鼎三年三月水冰，四月雨雪，关东十余郡人相食。"

当时众公卿一起为难夏侯胜，说是皇帝的诏书，不能反对，夏侯胜却说：就算是诏书，也不可用。人臣之道，宜直言正论，非苟阿意顺指。议已出口，虽死不悔。于是丞相蔡义、御史大夫田广明，弹劾夏侯胜非议诏书，诋毁先帝之道。丞相长史黄霸支持夏侯胜，没有举劾，因此二人一起被下狱治罪。夏侯胜在狱中依然坚持学经、讲经不变。至四年夏，关东四十九郡地动山崩，杀六千余人，逢大赦，夏侯胜出为谏大夫给事中，黄霸为扬州刺史。

夏侯胜为人质朴守正，简易而无威仪。朝廷每有大议，皇帝知道夏侯胜素来正直，曰："先生通正直，无惩前事"，不再谈武帝庙乐而受罚之事。后来，夏侯胜复为长信少府，迁太子太傅。受诏撰《尚书》《论语》义疏。九十岁卒于官职，赐冢茔，葬平陵。太后赐钱二百万，为他素服五日，以报师傅之恩，儒者以此为荣。夏侯胜授课时，常对诸生曰："士病不明经术；经术苟明，其取青紫如俯拾地芥耳，学经不明，不如归耕。"〔3〕"青紫"，指公卿大夫之官服，只要认真读经，做官是容易的，鼓励弟子读经重经。

昭帝在位时间不长，主要是由大将军霍光执政，这期间儒家活动很频

〔1〕《汉书》卷七十五《眭两夏侯京翼李传》，第3156页。

〔2〕《汉书》卷六《武帝纪》，第158页。

〔3〕《汉书》卷七十五《眭两夏侯京翼李传》，第3159页。

繁。昭帝进行冠礼：六十多个民间儒生充分发表意见，与儒家中掌权的御史大夫、丞相及两府的官吏，进行针锋相对的争论，畅所欲言，各抒己见。这种现象在历史上并不多见，即使在两汉经学史中，也只是为数不多的几次而已。

隽不疑的儒学活动，皇帝与执政大臣皆称赞其"公卿大臣当用经术明于大谊"；王吉"通五经"，为两汉极少数通五经者之一；眭孟好《春秋》，是董仲舒的再传弟子，继承了董仲舒的"三统说"与"三教说"；夏侯胜更是一个实事求是的经学家，对于汉武帝的评价，也要从实际出发，不可吹捧，宁可坐牢受罪，也要坚守"朝闻道，夕死可矣"。实事求是，坚持真理，是作为经师的最重要原则。

四、宣帝与经学

宣帝从小受儒家经传与礼仪道德的熏陶，不仅行礼，也重乐。少时立博士，注重经学的研讨。宣帝是武帝的曾孙，刚即位就想要尊孝武庙为世宗庙，奏《武德》《文始》《五行》之舞，天子世世献纳。武帝巡狩所过的四十九郡国，皆为之庙，如高帝、文帝那样。十分重视宗庙寝园的祭祀，努力贯彻《越宫律》与宗庙仪法。甘露元年（前53年），魏弘坐酎宗庙骑至司马门，"大不敬，削爵一级"；邴显坐酎宗庙骑至司马门，"不敬，夺爵一级"；韦弘为太常丞，职奉宗庙，典诸陵邑，烦剧多罪过，"竟坐宗庙事系狱"；韦玄成以列侯侍祀惠帝庙，当晨入庙，正遇大雨，因"不驾驷车而骑至庙下"，结果被削爵为关内侯[1]。

宣帝非常注意郊祀祭天之礼，亲祀六次。五凤二年（前56年）三月，幸雍，祠五畤一次；神爵元年（前61年）正月，五凤元年正月，甘露元

---

[1]　（宋）徐天麟：《西汉会要》卷十二《礼六》，上海：上海古籍出版社，2006年，第120页。

年正月、三年正月，黄龙元年（前49年）正月，幸甘泉，郊泰畤五次。元康四年（前62年）下诏说，天子尊事天地，修祀山川，古今同礼。重视山川祭祀，宣帝于神爵元年，制诏太常说："夫江海，百川之大者也，今阙焉无祠。其令祠官以礼为岁事，以四时祠江海雒水，祈为天下丰年焉。"[1] 自此以后，五岳、四渎都依常礼而祠。

王侯宗室朝觐聘享之礼，也定期举行。诸侯正月朝觐，天子观礼，"飨醴乃归"。朝觐除了诸王、列侯、宗室之外，也包括了蛮夷王侯君长。神爵元年六月诏说："军旅暴露，转输烦劳。其令诸侯王、列侯、蛮夷王侯君长当朝二年者，皆毋朝。"后来，匈奴单于也要求参加朝觐，于是就有了关于单于朝觐时所用的礼仪的议论。大臣们认为，单于非正朔所加，王者所客，礼仪宜如诸侯王，称臣昧死再拜，位次诸侯王下。宣帝却认为，单于的礼仪应该在诸侯王之上，"盖闻五帝三王，礼所不施，不及以政。今匈奴单于称北藩臣，朝正月，朕之不逮，德不能弘覆，其以客礼待之，位在诸侯王上"[2] 自此开始，匈奴单于每隔年正月行朝见汉天子之礼。

宣帝不仅重视礼，而且重乐，想兴办协律之事。当时丞相魏相曾奏举知音喜欢鼓琴者，如渤海赵定、梁国龚德，皆召见以为待诏。益州刺史王襄为了宣扬风仪，使王褒作《中和》《乐职》《宣布》诗，并"选好事者令依《鹿鸣》之声习而歌之"[3]，又选善歌者为僮子，使学于长安，歌太学之下。宣帝得知后，立即召见何武等人，赐帛以为赏，称赞此为盛德之事，褒奖他们既能作诗以美盛德，又能解释颂歌之义和作者之旨，擢为谏大夫。

宣帝重视儒学经典的研究，他在位期间，召开了两次儒家经典的学术

〔1〕《汉书》卷二十五下《郊祀志下》，第1249页。
〔2〕《汉书》卷八《宣帝纪》，第270页。
〔3〕《汉书》卷六十四下《严朱吾丘主父徐严终王贾传下》，第2821页。

讨论会，即甘露元年的《公羊春秋》与《穀梁春秋》异同的讨论会，以及甘露三年议五经异同的石渠阁会议。其中《公羊春秋》与《穀梁春秋》讨论会，是在甘露元年，汉宣帝召集五经名儒、太子太傅萧望之等大议殿中，"平《公羊》《穀梁》同异，各以经处是非"。《公羊》《穀梁》每方各推五人为代表：《公羊》方面有博士严彭祖、侍郎申辄、伊推、宋显，后又增侍郎许广；《穀梁》有议郎尹更始、待诏刘向、周庆、丁姓，后又增加王亥，再加上太子太傅萧望之，共十一人。大家各以经义对答辩论，讨论了三十多事。因为多数称道《穀梁》，于是《穀梁》之学大盛，立周庆、丁姓为《穀梁》博士。

在儒家五经的今文博士中，宣帝立了六家博士，其中《书》增加了两家，《礼》增加了一家，《易》增加了两家，《春秋》增加了一家。同时，在今文十四博士之外，增加了《穀梁春秋》博士，实际上增加了七家。由博士教授的太学生（即博士弟子），到宣帝末年，已增长到二百人。宣帝十分尊重熟悉礼仪儒术的"经学之士"，本始四年（前70年）夏四月之诏即是。前面已有介绍，今从简。

五、石渠阁会议

宣帝甘露三年，汉宣帝亲自主持召开石渠阁会议，太子太傅萧望之等十四人参加（正式代表为十四人，再加上汉宣帝。当然，还有不少到席会议的公卿大臣，如黄门侍郎等），讲论五经异同。凡是参加过石渠阁会议的，有关《纪》《传》《志》中都有说明。

参加石渠阁会议的十四名儒家学者，全部精于《易》《书》《礼》《诗》《春秋》《论语》等儒家经典，其中尤以研究《书》《春秋》《礼》者为多。参与者各抒己见，充分研讨，最后形成了丰硕的成果，据《汉书·艺文志》记载，有《五经杂议》十八篇、《书议奏》四十二篇、《礼议奏》三十八篇、《春秋议奏》三十九篇、《论语议奏》十八篇。《五经杂议》《书议奏》《春秋议奏》《论语议奏》均已散佚，仅存《礼议奏》三十八篇。根据保存的材料，现将石渠阁五经异同讨论会，分以下三个方面来介绍。

（一）会议概况

甘露三年三月，汉宣帝下诏召开石渠阁会议，宣帝亲自参加，并且发表了意见。《汉书·宣帝纪》记载：甘露三年三月，召诸儒讲五经同异，太子太傅萧望之等平奏其议，"上亲称制临决焉"。通晓《礼经》的大儒韦玄成，也受诏参加会议，"玄成受诏，与太子太傅萧望之及五经诸儒杂论同异于石渠阁，条奏其对"[1]。石渠阁在长安未央宫北，是国家藏图书秘籍的地方。据《三辅黄图·阁》载，石渠阁是汉丞相萧何所造，其下垒石为渠以导水，就像后来的御沟，以此为阁名。石渠阁储藏了刘邦率农民起义军入关后，萧何所得的古代与秦代的图书秘籍，以及汉初以来发现和民间捐赠的经典古籍。因此，这次会议在当时汉朝最大的国家图书馆召开，有利于会议参加者引经据典，进行辩论、对答和奏议。

参加石渠阁会议、讨论五经异同的儒家著名学者有十四人，加上汉宣帝共是十五人。主要的会议参加者的思想学术和为官任职情况如下：

萧望之，字长倩，东海兰陵人。曾任大鸿胪、领尚书事、御史大夫、太子太傅等职。以治《齐诗》、《论语》、《礼》之《丧服》闻名，也好《书》《春秋》诸经，被称为"五经名儒"[2]。善于根据礼义来处理、决定日常发生之事，包括内政、外交及人际关系等。

韦玄成，字少翁，鲁国邹人。曾任太常、淮阳中尉、御史大夫、丞相等职。明《诗》《礼》《尚书》。元帝时为丞相，参与了宗社废立的议论（详下）。通过作《诗》，宣扬父祖功绩，歌颂天子功德，检讨自己的过失和耻辱，告诫子孙尽忠尽孝。只有对先人尽孝，才可有"面目以奉祭祀"；

---

〔1〕《汉书》卷七十三《韦贤传》，第3113页。
〔2〕《汉书》卷八十八《儒林传》，第3618页。

对天子尽忠，才可以列侯侍祀汉祖宗庙。韦玄成写诗，既是乐的一种表现形式，又是礼的一种反映。

施雠，字长卿，沛人。从田王孙受《易》，并能成一家之言，被同窗少府梁丘贺所称赞，"结发事师数十年，贺不能及"。宣帝时，诏拜为博士，成为经今文十四博士之一，"甘露中与五经诸儒杂论同异于石渠阁"[1]。

梁丘临，今文十四博士之一，梁丘《易》创始人梁丘贺之子。自少传父学，宣帝时黄门郎。甘露三年，奉使参加石渠阁会议。

欧阳地余，字长宾，千乘人。从祖父欧阳高受《欧阳尚书》。宣帝初，为太子中庶子，以《尚书》授太子。后为博士，于石渠阁参加议论。又任侍中、少府等职。

林尊，字长宾，济南人。从欧阳高受《尚书》，宣帝时"为博士，论石渠"[2]，后历任少府、太子太傅等职。

周堪，字少卿，齐人。从大夏侯胜受《尚书》，宣帝时为译官令，"论于石渠，经为最高"[3]，后历任太子少傅、光禄大夫、领尚书事等职。

张山拊，字长宾，平陵人。跟从小夏侯建受《尚书》，宣帝时"为博士，论石渠"，后任少府等职。

假仓，字子骄，陈留人。从张山拊受小夏侯《尚书》，宣帝时，"以谒者论石渠"，后任胶东相等职。

张长安，字幼君，山阳人。对《鲁诗》研究有贡献，曾发展为《鲁诗》张氏学。宣帝为博士，"论石渠，至淮阳中尉"。

薛广德，字长卿，沛郡相人，以《鲁诗》教授楚国，授龚胜、龚舍。为萧望之所器重，认为经明行修，宜于本朝任职。宣帝时"为博士，论石

〔1〕《汉书》卷八十八《儒林传》，第3598页。
〔2〕《汉书》卷八十八《儒林传》，第3604页。
〔3〕《汉书》卷八十八《儒林传》，第3604页。

渠，迁谏大夫。代贡禹为长信少府、御史大夫"。[1]

戴圣，字次君，梁人，著名礼学家戴德的从兄之子，戴德与戴圣是堂叔侄关系，戴德被称为"大戴"，戴圣为"小戴"。戴圣从后仓受《礼》，宣帝时，"以博士论石渠，至九江太守"。[2]

闻人通汉，字子方，沛人，与戴圣同窗，也从后苍受《礼》。宣帝时，"以太子舍人论石渠，至中山中尉"。

刘向，字子政，本名更生，楚元王之后。精通《穀梁春秋》，又"明经有行"，宣帝时，为谏大夫给事。当时"会初立《穀梁春秋》，征更生受《穀梁》，讲论五经于石渠"。[3]

（二）主要内容

石渠阁会议讨论的成果，共有五个方面，仅存《礼议奏》的一部分，其他均散佚，没有保存下来。两汉之后的六朝至唐朝，十分重礼，特别重丧服，所以《礼议奏》三十八篇，唐朝时尚有保存。唐人著述中摘引《礼议奏》中部分议论，是现在研究石渠阁会议、探讨会议中礼学活动及思想的主要依据。唐人保存下来的石渠阁会议《礼议奏》的内容仅十三处，主要是有关丧、祭之礼及射礼、嗣礼等方面。可以分为以下两部分。

1. 丧服之礼

丧服依据亲疏轻重，分为五服：斩衰是最重的一种，穿用非常粗的生麻布制成的衣，不缝边，无修饰；齐衰仅次于斩衰，穿用粗麻布制成的衣，缝边，所以称齐衰；大功，穿用熟麻布制成的衣，麻布细于齐衰而粗于小功，所以称大功；小功，穿用细于大功的麻布制成的衣，服较轻；缌麻是五服中最轻的一种，穿用细麻布制成的衣。

---

〔1〕《汉书》卷七十一《隽疏于薛平彭传》，第3047页。

〔2〕《汉书》卷八十八《儒林传》，第3615页。

〔3〕《汉书》卷三十六《楚元王传》，第1929页。

　　石渠阁会议在丧服方面的讨论内容有：诸侯之大夫为天子、大夫之臣为国君是否有服；子为改嫁之母当何服；嫡子为庶母当何服；乳母是否降服；为姑姊妹、女子子无主后者何服等。

　　诸侯之大夫为天子、大夫之臣为国君是否有服？当有人提出这个问题时，戴圣就回答说，诸侯之大夫为天子当服缌衰（此服在小功之上，穿细而疏的麻布做成的服丧），一旦下葬，立即除服。因为诸侯之大夫，能以时被天子接见，故有服。大夫之臣无接见之义，故不当为国君服丧。闻人通汉也说，大夫之臣是陪臣，没有听到过陪臣为国君服丧的规定。又有人问，庶人尚且有服，大夫之臣为国君，为官食禄反而无服，这是什么原因？闻人通汉回答说，根据《记》所载，庶人是指仕于家，而"出乡不与士齿"的庶人在官者，庶人为国君服三月，"制曰，从庶人服是也"。又有人问，诸侯之大夫以时被天子接见，故为天子服缌衰，那么，诸侯大夫之臣，有时也被诸侯接见。当时，梁丘临、闻人汉通等都以为大夫之臣，也有被诸侯接见之义。但戴圣不同意，认为即使有也是偶然，不能被称为接见，"圣对曰：诸侯大夫臣，无接见诸侯义，诸侯有时使臣奉贺，乃非常也，不得为接见。至于大夫有年献于君，君不见，亦非接见也"[1]。

　　对于诸侯之大夫为天子服缌衰，意见是一致的。诸侯大夫之臣，即陪臣，对诸侯（国君）是否有服有争论。戴圣、闻人通汉以为无服，而一再提出问题的人，当然是认为有服。戴圣认为，诸侯大夫之臣没有被诸侯接见之义，梁丘临、闻人通汉却不以为然。这就是说，有服无服的根据，不一定是被接见或不被接见，这一点在当时存有争论。

　　子为改嫁之母当服何服？有人问到父死母嫁、子为改嫁之母何服时，萧望之就回答说当服周（即齐衰一周年）；如子为父之嗣，则不服。但韦玄成认为，父死则母无出之义，若改嫁则是无义，王者不应为无义之制礼。若服齐衰一周年，"是子贬母也"，故不当制服。汉宣帝对于韦玄成的

─────────────

〔1〕《通典》卷八十一《礼·诸侯之大夫为天子服议》，第439页。

意见立即表示赞同，认为妇人夫死之后，对公婆对子女对祖宗应当尽责，如不尽责当然无服，"宣帝诏曰：妇人不养舅姑（公婆），不奉祭祀，下不慈子，是自绝也，故圣人不为制服。明子无出母之义，玄成议是也"[1]又有人问，如夫死之后，妻稚子幼，妻带了幼子改嫁，而对改嫁之母何服？韦玄成回答说，与出妻（被离弃之妻）之子同服，子为改嫁之母齐衰一年，这是根据《仪礼·丧服》中"出妻之子为母期"，但有人不同意，认为子绝母之义应服斩衰三年。对于改嫁之母服丧期的长短和有无，大家持不同看法，虽然皇帝出面表示赞同韦玄成的意见，但也没有形成定论。因为，对于不养舅姑、不奉祭祀而携子改嫁之母，仍有人认为应服斩衰三年。

嫡子为庶母应何服？戴圣回答说，大夫之子为庶母慈己者，即大夫嫡妻之子无母，因父命而为妾（庶母）所慈养者，据礼大夫不该为贱妾服，但因曾经慈养过自己，故可以服缌麻。这是五服中最轻的一种，期限为三月。

乳母是否要降服？根据周朝的制度为乳母服缌麻三月，以其乳养于己而有母名，大夫之子当为乳母服。有人问及大夫是否应降乳母之服，闻人通汉就说，为了报答乳养之义不能降，但对于始封的大夫可以例外，"闻人通汉对曰：乳母所以不降者，报义之服，故不降也。则始封之君及大夫皆降乳母"[2]

以上两议，嫡子不当为庶母服，但庶母对己有养育之恩，则可服缌麻；乳母因有养育之义，故不当降服。服与不服，在一定程度上，也可以根据恩义而定。但始封之君及大夫，虽同样有养育之义，仍可降乳母之服。因为，始封之君（国君即诸侯）与大夫是太祖，"别子为祖"，他们的地位特别高，不同于后来继承的诸侯与大夫，故可以降乳母之服，这是特

---

〔1〕《通典》卷八十九《礼·五服年月降杀之二·父卒为嫁母服》，第488页。
〔2〕《通典》卷九十二《礼·五服年月降杀之五·缌麻成人服三月》，第501页。

殊情况下的变礼。

为姑姊妹，女子子无主后者何服？有人提问，《礼记》（其实是《仪礼·丧服》）说大夫之子，为姑姐妹，女子子无主后者，为大夫命妇者，为什么不还报降服，"唯子不报何？"戴圣回答说："唯子不报者，言命妇不得降，故以大夫之子为文。唯子不报者，言犹断周，不得申其服也。"[1]命妇不得降服，无祭主哀怜之，不忍降服。女子适人者，当为其父母服齐衰一周年，这是礼规定的，故不必申报服期。根据《仪礼·丧服》，《传》曰："大夫者，其男子之为大夫者也。命妇者，其妇人之为大夫妻者也。无主者，命妇之无祭主也。何以言唯子不报也？女子子适人者，为其父母周，故不言报也。言其余皆报也。何以周也，父之所不降，子亦不敢降也。大夫曷为不降，命妇也。夫尊于朝，妻贵于室矣。"[2]对此，宣帝也表示赞同，认为女子适人（出嫁）者，当为父母服齐衰一周年。

服期既要根据礼的规定，又要根据实际情况。如命妇与一般女子不同，女子有后与无后（即有无子孙为丧主、祭主者）也不同。戴圣与汉宣帝讲礼，都从实际出发。

关于除服，根据周朝的制度，就丧而不葬者，只有子孙等主丧者不除服，其余旁亲以麻合终其月数，即到丧服的月数就除服。在石渠阁会议上，也有这方面的讨论。萧望之提出，以麻终月数者，以其未葬，除无文节，故不变其服期。但到期未葬而除丧服的，一旦下葬，应重服丧衣，庶人为国君也应如此。汉宣帝表示支持，认为会葬当服丧衣。当时又有人问，久丧不葬，只有主丧者不除服，那么如果十年不葬，主丧者仍不除服吗？萧望之的回答是坚持主丧者不能除服。因为在他看来，"所谓主丧者，独为子耳。虽过期不葬，子义不可以除"[3]，特别强调了死者的子孙，据

---

〔1〕《通典》卷九十九《礼·为姑姊妹女子子无主后者服议》，第529页。
〔2〕《通典》卷九十《礼·五服年月降杀之三·齐缞不杖周》，第529页。
〔3〕《通典》卷一百三《礼·久丧不葬服议》，第545页。

父子、祖孙之义，当重服，久丧。

关于丧谥的争论，闻人通汉先提问说，《记》曰，君死曰不禄，夫人死曰寡小君不禄，大夫士或曰卒死，都不十分明白。戴圣回答说，君死未葬曰不禄，即葬曰薨。又有人问，代表死者受祭的"尸"，为什么穿死者上衣？士死当曰不禄，为什么言卒？戴圣立即回答说："夫尸者，所以象神也，其言卒而不言不禄者，通贵贱尸之义也。"[1] 闻人通汉也回答说，尸是像神，故服死者之衣，士曰不禄是一种讳辞，如孝子讳死曰卒一样。戴圣与闻人通汉，既有一致的地方，但也有不同的看法。

2. 关于嗣、祭、射之礼

关于家从嫡长子的议论。会议上，戴圣先说，大夫在外，因三次谏说国君而不听从，结果被迫离去。但国君不取消其俸禄爵位，而使其嫡妻之长子承继，以奉其宗庙祭祀。因为"承宗庙宜为长子为文"。萧望之同意戴圣的说法，他指出："长子者，先祖之遗体也，大夫在外，不得亲祭，故以重者为文。"[2] 当时，汉宣帝也以嫡长子承继为是，"以在故言长子"，可见，关于嫡长子的承嗣，大家的意见是统一的。

关于族宗子的议论。在古代宗法制社会里，一族中世袭的嫡长子，为族人兄弟叔伯所共宗共尊，称为"宗子"。在石渠阁会议上，有人问到，《礼经》说宗子孤为殇，而称孤，这是为什么？闻人通汉回答说，根据师傅说，未到成年就死去，谓"殇"，称孤，如男子到二十冠年而死，就不叫作殇，也不称为孤。所以，孤是"因殇而见之"。但戴圣有不同看法，认为宗子就是称孤，"凡为宗子者，无父乃得为宗子。然为人后者，父虽在，得为宗子，故称孤"[3] 与闻人通汉辩驳说，照你的说法，未到成年死去称孤，而到二十冠年死去的不称孤，那么《曲礼》曰："孤子当室，

〔1〕《通典》卷八十三《礼·丧制·初丧》，第447页。
〔2〕《通典》卷九十《礼·五服年月降杀之三·齐缞三月》，第492页。
〔3〕《通典》卷七十三《礼·继宗子议》，第399页。

冠衣不纯采",这里既说孤又言冠,到底是怎么一回事? 闻人通汉回答说,这是孝子未曾忘亲,有父母与无父母衣服色彩是不同的。根据《记》曰:"父母在,冠衣不纯素;父母殁,冠衣不纯采。"因此,称孤是为了分别衣冠。这是子在父母死后称孤。对此,戴圣接着又问,如儿子到父母死时,自己已经一百岁,还称孤吗? 没有一个年龄的断限,这是为什么? 但闻人通汉仍回答说,男子二十冠年死去不为孤,而"父母之丧年虽老,犹称孤"。宗子称孤,戴圣与闻人通汉看法不同,闻人通汉自己也很矛盾。这恐怕与各自所依据的经典不同有关,二人分别根据《仪礼》《曲礼》和《礼记》。这一点,在当时没有统一的说法。

祭祀方面有祭天以公为尸和天子七庙之议。祭天方面,认为周公虽不是天子,但可以祭天。周公既然可以祭天,那么用什么爵位的人,用同姓还是异姓的人来代表天受祭呢? 当时有不同意见。在石渠阁会议上,也议论到此事,认为当用公,而且是异姓的公来代表天接受祭礼,"《石渠论》云:周公祭天用太公为尸,是用异姓也"[1],这是借鉴《曲礼》,因为《曲礼》有"非其宗庙之祭,则户不必同姓"的记载。

关于天子庙数,根据周朝之制是天子七庙,三昭三穆与太祖之庙而七。《穀梁传》也主张七庙。所以,在石渠阁会议上,也有以为天子当立七庙,《石渠论》"云,周以后稷、文、武、特七庙"[2]。

石渠阁会议上关于天子庙数,基本上采用了《穀梁传》的观点。周公祭天以异姓公为尸,是根据了《曲礼》的规定。

关于射礼,射礼是通习射以取乐。在石渠阁会议上,讨论了关于一般人的射礼——乡射,以及人君和诸侯的射礼——大射。大射比较少,两汉时期共四百多年,仅进行了六次,五次是皇帝主持,一次是诸侯主持。有人提出,行乡射礼,请射告主人,是宾主都当射,乐主也所以乐宾,故不

---

〔1〕《毛诗正义》卷十七,北京:北京大学出版社,1999 年,第 536 页。
〔2〕《礼记正义》卷十二,第 1335 页。

告于主人。黄门侍郎临问，《礼经》说，乡射合乐，而大射不合乐，这是什么原因？戴圣回答礼，乡射至而合乐，是因为仪式简易；大射是人君之礼，仪式繁多，所以不合乐。闻人通汉有不同看法，认为合乐不合乐，不是由于仪式繁简，而是因为一是人礼，一是诸侯礼。乡射合乐，是人礼，"合和百姓也"；大射不合乐者，是诸侯礼。韦玄成不赞成这种观点，认为乡射、大射之所以有合乐不合乐之别，是由于乡射之主人本无乐，而大射之诸侯及君臣朝廷本有乐，"乡射礼所以合乐者，乡人本无乐，故合乐时，所以合和百姓，以同其意也。至诸侯当有乐，《传》曰'诸侯不释悬'，明用无时也。君臣朝廷固当有之矣，必须合乐而后合，故不云合乐也"。[1]

石渠阁会议上，关于大射、乡射之礼的意见有分歧。戴圣、梁丘、闻人通汉和韦玄成的认识不同。但韦玄成的意见，得到朝廷公卿大臣的支持，"公卿以玄成议是"，也是当时关于射礼的复杂思想斗争的反映。

（三）意义和影响

以上石渠阁会议关于礼的议论，有丧服、谥法，也有祭礼、宗庙，还有继嗣、乡射、大射等，可以说，是议论封建社会里最重要的礼，也为汉代礼制的完备奠定了基础。会议之所以有这样的作用，不仅是因为讨论了最重要的礼，还因为中兴时期的著名皇帝——汉宣帝亲自参加，并发表了自己的观点。宣帝并没有把观点强加于别人，只是表示赞同或不赞同某种观点而已，让礼学家们自由议论、畅所欲言。这些讨论说明当时虽独尊儒术，但儒家内部各派的观点也有分歧。宣帝时，加上庆氏礼，《礼》主要的就有三家。庆普学孝公，沛人，与戴圣、戴德、闻人通汉同师事后苍，学《礼》，"礼有大戴、小戴、庆氏之学"。[2]

当时礼立有两家博士，小戴（圣）参加了石渠阁会议，大戴（德）没

---

〔1〕《通典》卷七十七《礼·天子诸侯大射乡射》，第418页。
〔2〕《汉书》卷八十八《儒林传》，第3615页。

有参加。从礼的议论看，除戴圣之外，闻人通汉、韦玄成、萧望之、梁丘临、汉宣帝及列席会议的公卿大臣，也往往各自有主张，几乎在所有的问题上都有争论。不仅讲经礼，也讲变礼，说明当时的礼，基本上都是从实际出发，而没有统一的规定。礼学家们各持己见，皇帝也没有说一定要听从他的意见。因此，儒家内部、五经内部、《礼经》内部都可以自由讨论，礼学思想比较丰富与活跃。

关于五经同异的讨论，分歧较大。特别是通过不同观点的宣讲，形成《五经杂议》和《书》《礼》《春秋》《论语》的"议奏"各数十篇，这是极大的学术成果和精神财富，恐怕也是有史以来空前的。如果说，汉武帝和董仲舒是罢黜百家、独尊儒术，那么，汉宣帝和萧望之、韦玄成等人，是进一步阐明儒家理论，发展儒家学说。所以，石渠阁会议在经学史（或者说礼学史）上的地位与功绩不可磨灭。会议之后，增加了梁丘《易》、大小夏侯《尚书》和《穀梁春秋》等博士。当时的礼经是《仪礼》，立大戴、小戴二博士，故有《大戴礼记》和《小戴礼记》（即《礼记》），说明在礼的方面，既有经又有记（即传）。

由于汉宣帝的参加，关于礼的很多意见得到皇帝的赞同与肯定，不仅在当时得以实行，而且对以后历代的影响也非常大。如礼仪中提到乳母不降服，因"报义之服，故不降"。东汉著名礼学家马融，在这一思想影响下，提出了士当为乳母服，"以其乳养于己有母名"。[1] 晋朝贺循也说，为乳母缌麻三月，士与大夫同，"不以尊卑降功服故也"。更有梁氏云："服乳母缌者，谓母死莫养，亲取乳活之者，故服之报功也。"[2] 如礼议中关于大夫之子，为姑姊妹、女子子无主后者，当服一年。三国东吴的射慈在这一基础上提出："士为姑姊妹、女子子，适人无主者，齐衰周。"[3]

---

〔1〕《通典》卷九十二《礼·缌麻成人服三月》，第501页。
〔2〕《通典》卷九十二《礼·缌麻成人服三月》，第501页。
〔3〕《通典》卷九十九《礼·为姑姊妹女子子无主后者服议》，第529页。

萧望之提出的父卒子为改嫁之母服周年,三国蜀之谯周也坚持这种观点,他说,虽礼经没有记载,但据"母嫁犹服周,以亲母可知",故必须行这礼。

关于天子七庙,周以后稷始封,文、武受命。西汉元帝、成帝年间讨论宗庙废立时,也有不少人主张天子七庙。东汉所辑《白虎通义》,也沿袭这种观点。礼仪中关于"周公祭天用太公为尸,是用异姓也",《白虎通义》也借鉴这一观点,"周公祭泰山用召公为尸,盖天地山川得用公也",坚持用异姓,不过将太公改为召公而已。

为此,石渠阁会议关于礼的议论,不仅在两汉加以贯彻,在重礼的三国两晋南北朝也深受启示,乃至唐朝仍是如此。在唐人关于儒家经典和制度的著作中,每每引证,加以采用,孔颖达的《毛诗正义》《礼记正义》和杜佑的《通典》,便是明证。

六、戴德与《大戴礼记》

汉初,鲁高堂生传《士礼》十七篇。到汉宣帝时,后苍最明《礼》,为博士,至少府。说《礼》数万言,号曰《后氏曲台记》。据刘歆《七略》说,宣帝时行射礼,博士后苍为之辞,至今记之曰《曲台记》(曲台殿在未央宫,在曲台校书著记,因此为名)。又说,《大戴礼记》之《公冠篇》,记载昭帝冠词,"盖宣帝时《曲台记》也"。《大戴礼记》为戴德所辑,戴德是后苍弟子中最著名者之一。据东汉郑玄所撰《六艺传》说:"戴德传《记》为八十五篇,则《大戴礼》是也",汉宣帝时,《大戴礼记》立于学官,成为今文十四博士之一。戴德,字延君,梁人,号大戴,为信都太傅。他除了辑《大戴礼记》之外,曾定《士礼》(即《仪礼》)十七篇次第(详后)。这与戴圣、刘向所定次第不同,有其独特的见解。同时,还有许多有关丧礼的主张,至今保存,故具有丰富的礼学思想。

（一）关于丧礼

戴德虽没有参加石渠阁会议，但他的礼学思想非常丰富，有许多自己的主张，特别是在丧礼方面，撰有《丧服变除》《丧服记》等礼学著作。但大部分佚失，小部分在唐人的著作中保存了下来。现仅就《通典》中所引述的内容，来谈谈戴德关于丧礼方面的主张。

《丧服变除》和《丧服记》主要论述了有关斩衰、齐衰、大功、小功、缌麻五服等礼。斩衰三年之服，首先是子为父服斩衰三年。戴德说，作为儿子，父死而有丧事，立即用簪子固定头发，用布帛包裹，赤足徒步，插住裳衣的边，伸手跳脚号泣不止，痛心疾首，十分忧伤。穿衣一袭三称，是十分粗疏的十五升白布深衣，黄色的帽子，白麻鞋，鞋头没有装饰的东西，"始有父之丧，笄纚，徒跣，扱上衽，交于哭踊无数，恻怛痛疾。既袭三称，服白布深衣十五升，素章甫冠，白麻屦无絇"[1]孙为祖的后嗣者，包括祖父到高祖父。

其次是孙为祖的后嗣者，无论是天子、诸侯、卿、大夫、士，均应为祖斩衰三年，与子为父相同。父为长子，无论是天子、诸侯、卿、大夫、士，都应该为长子斩衰三年。衣服、鞋帽、装束、哭泣、痛苦与子为父斩衰相同，只是不食粥。妻为夫、妾为君，也当斩衰三年。除了"不徒跣"，束手的带用素色外，其余与男子服斩衰三年的要求相同。臣也当为君斩衰三年。臣包括诸侯及天子之公卿与大夫，与子为父斩衰的要求相比，只是不赤足徒步，其余一样，"汉戴德《丧服变除》云：'臣为君，笄纚不徒跣，始死深衣素冠，其余与子为父同'"[2]戴德没有提到子为母斩衰三年，因而与《礼记·丧服》中"父死子为母斩衰三年"有异。戴德敢于对《礼经》持不同看法，主张丧服上父母不平等。

---

[1]《通典》卷八十四《礼·始死服变》，第453页。
[2]《通典》卷八十一《礼·诸侯及公卿大夫为天子服议》，第438页。

齐衰三年之服。子为母齐衰三年，必须是父死之后，方得实行此礼。除了衣着有区别外，其余要求基本上与子为父斩衰三年相同，不过少"恻怛痛疾"。父死之后，子当为继母、君母、慈母服齐衰三年。孙为祖的后嗣者，父死之后，当为祖母（包括祖母至高祖母），无论是天子、诸侯、卿、大夫、士，都应齐衰三年。为人后嗣者，当为所后之祖母、母、妻齐衰三年。母为长子、妾为君（即夫）之长子、继母为长子，也齐衰三年，但"皆不笄纚徒跣"。

戴德对以上齐衰三年，简括为："父卒为继母、君母、慈母；孙为祖后者，父卒为祖母，上至高祖母，自天子达于士；为人后者为所后之祖父母；母为长子；妾为君之长子；继母为长子：并与父卒为母同。"[1] 与前面稍有不同，少了为后嗣者当为所后人之母妻，多了为人后者当为所后人之祖父，同时，未嫁之女，父死也应为母齐衰三年，不过"不徒跣，不扱上衽"，其余要求相同。

关于齐衰杖周（持杖居丧一年）之服。子为母，但必须是父在。戴德说，父在而有母丧，当服齐衰杖周，与子为世齐衰三年的要求相同。其次是父在，子为出母、慈母、继母、君母，当齐衰杖周，无论是天子、诸侯、卿、大夫、士，均应如此。父死之后，子为已嫁的继母，以及继母为继子，也当齐衰杖周。夫为妻，也齐衰杖周，但"素冠深衣"，"不笄纚不徒跣"。未嫁之女，为母也齐衰杖周，仅"既袭三称，素总"，"不徒跣，不扱上衽"。

关于齐衰不杖周（居丧一年不持杖）之服，是孙为祖父母，要求是白布深衣十五升，素冠吉屦无絇，哭踊无数，既袭无变。

关于齐衰三月之服，首先是孙为曾祖父母，要求是白布深衣十五升，素冠吉屦无絇。出嫁的孙女，为曾祖父母齐衰三月之服，要求除了束手之带用素色外，其余与男子同。出嫁的女为继父，齐衰三月。戴德《丧服

---

〔1〕《通典》卷八十九《礼·齐缞三年》，第485页。

记》曰："女子子适人者，为继父服齐衰三月，不分别同居异居。"[1]

据《仪服·丧服》，齐衰一般为一年（期）或三月，没有三年的，而戴德将齐衰分为三年、杖期、不杖期、三月四种。齐衰三年，主要是父死之后，子为母服丧三年。因为不能列入斩衰，而齐衰一年又嫌太少，故增设齐衰三年。这样，对于母亲与子女，在心理上可以平衡些，也是一种调停之法。当然，也是丧服方面一种新的发展与创造。

关于大功之服，主要是亲长中的昆弟（兄弟）。成人九月；未成年而死的昆弟，年纪十六岁至十九岁为长殇，与成人一样是大功九月；而十二岁至十五岁的中殇为大功七月。中殇七月是"无受服"。其中成人昆弟丧及昆弟长殇，是"白布深衣十五升，素冠吉屦无絇"[2]，从父昆弟之丧，与昆弟长殇同，也大功九月。

关于十六至十九岁为长殇，大功九月。戴德《丧服变除》认为，未成年人也当有服，特别是年十六至十九的未成年人。如果是为父后嗣、宗室之嫡子，"持宗庙之重者"应该有服。除了"深衣不裳"之外，当与成人相同，"礼不为未成人制服者，为用心不能一也。其能服者，亦不禁缞绖，不以制度，唯其所能胜"。[3]

为人后嗣者，为其昆弟姑姊长殇九月，"哭泣饮食犹大功"。大夫之子、天子诸侯昆弟庶子、姑姊妹女子子为从父昆弟、从父姊妹、祖父母为孙长殇，"与叔父之下殇同"。

姑姊妹已出嫁者为昆弟侄之殇，与从父昆弟之长殇同。按礼子当为其母丧斩衰三年或齐衰三年，仅指嫡子而已。庶子为其母丧是不能斩衰、齐衰的，只能服大功，"汉戴德《丧服变除》曰：'天子诸侯之庶昆弟与大夫之庶子，为其母大功九月'。"[4] 庶子可为其母心丧三年。戴德曾这样说：

---

[1]《通典》卷九十《礼·齐缞三月》，第493页。

[2]《通典》卷八十一《礼·诸侯之大夫为天子服议》，第439页。

[3]《通典》卷八十一《礼·童子丧服议》，第440页。

[4]《通典》卷八十一《礼·天子诸侯之庶昆弟及妾子为母服议》，第438页。

"天子诸侯之庶昆弟与大夫之庶子，为其母哭泣饮食居处思慕犹三年也。"[1]

诸侯之大夫应为天子服緦衰七月，要求是，诸侯之大夫一听到天子丧，要穿十五升的白布深衣，戴素冠，脚穿吉屦而无饰。随从诸侯哭于朝堂，作帐蓬为住处于官舍门外，以分别内外。要吃两次蔬食，不是淡食，菜中加有盐和酪。一旦成服，即穿用十一升白布做緦布衰裳，帽子及衣带也用十一升布做成。如此历时七月。戴德说："七月而葬，葬已而除，受以朝服素冠，逾月复故。"[2]

大功之丧分九月、七月两种，所以把诸侯之大夫为天子服丧七月的緦衰（穿细而疏的麻布做成的丧衣）也列于其中。戴德提出庶子只能为母服丧九月，但可心丧三年。这是丧服方面义理与情理相结合的体现。

关于小功之服，戴德认为，主要是天子的昆弟和姑姊妹女子子嫁于诸侯大夫者、姑姊妹出嫁者为昆弟，但"其异于男子"，故其丧为"小功五月无受服"。如为叔父下殇之丧，白布深衣十五升，素冠吉屦无絇。

天子诸侯大夫为嫡子、嫡孙、嫡玄孙丧，均为下殇（小功）"不为次，饮食衎尔"。

为八到十一岁昆弟之丧，也下殇。为姑姊妹女昆弟之子夫、昆弟之子，也下殇。从祖父母之丧，与下殇小功同服，"成人小功"。

关于缌麻三月之服。戴德说，如为族祖父母，妇为夫曾祖父母。前者是"朝服素冠，吉屦无絇"，后者是"素终"。

改葬的话，子为父妻等也缌麻三月，"汉戴德云，制缌麻具而葬，葬而除，谓子为父妻、妾为夫、臣为君、孙为祖后也"[3]。

朋友间的相吊相服也属缌麻三月。戴德认为："朋友吊服有绖，绖大

〔1〕《通典》卷八十四《礼·始死服变》，第453页。

〔2〕《通典》卷八十一《礼·诸侯之大夫为天子服议》，第439页。

〔3〕《通典》卷一百二《礼·改葬服议》，第541页。

与缌麻，绖同，素冠素带，既葬而除，皆在他国则袒免。"〔1〕朋友间的相吊相服是头上与腰缚麻带，也所谓"绖"，而且与缌麻三月的麻带同。因为朋友之间，有志同道合的恩义，故当服缌麻三月，"戴德云，以朋友有同道之恩，加麻三月"〔2〕。

七岁以下至仅生三月之殇，为无服之殇。父母为子及昆弟相与，是以日易月而丧毕。戴德是这样说的："七岁以下至生三月殇之，以日易月。生三月哭之，朝夕即位哭，葬于园，既葬止哭，不饮酒食肉，毕丧各如其日月。"〔3〕

朋友间本来无服，但有志同道合之义，所以也列入缌麻之服。戴德主张未成人也当有服，故对于七岁以下至仅生三月，虽未列入五服，但也应以日易月表示哀悼。所以丧期也可以有三天到八十天之多。这无疑是重义重情的一种反映。

君吊诸侯、卿、大夫、士之丧，诸侯之间、大夫之间、士之间，因丧相吊，有锡衰、疑衰等服。戴德说，君吊于卿大夫，"锡（通'緆'，一种细布）缞以居，不听乐"。君吊于士，"服弁绖（麻袋）疑缞"。君吊臣，则"疑缞素弁加绖"。丧家之主人，当于次日"缞绖拜谢于朝"。如果君是使人吊臣服，则当"疑缞素裳素冠"。

诸侯会遇相吊，则"锡缞皮弁加绖，不举"。诸侯吊于寄公（即失地之君）则"锡缞"。诸侯相吊也不一样。同国之大夫相吊，是"锡缞十五升抽其半，素冠加绖"；同国之大夫命妇相服，是"锡缞素总加麻"。同国之士相服，则为"朝服加绖"；而士之妻相互服，"亦如之，朝服不髽"〔4〕。"朝服"，据郑玄注《仪礼·丧服》，实为"疑缞"。至于锡缞、疑缞，据郑众注《周礼·春官·司服》，锡缞是十五升去其半的麻布；疑缞

---

〔1〕《通典》卷八十三《礼·天子诸侯大夫士吊哭议》，第449页。

〔2〕《通典》卷一百一《礼·朋友相为服议》，第538页。

〔3〕《通典》卷九十一《礼·大功殇服九月七月》，第495页。

〔4〕《通典》卷八十三《礼·天子诸侯大夫士吊哭议》，第449页。

是十四升的麻布，也就是比较细的布，比较轻的丧服。锡衰、疑衰等服，实际也是《周礼》"王为三公六卿锡衰，为诸侯缌衰，为大夫士疑衰"[1]的继承和发展。

可见，从《丧服变除》和《丧服记》的残存内容来看，戴德有关丧服的论述是比较全面的。从天子、诸侯、公、卿、大夫到士，从斩衰、齐衰到大功、小功、缌麻，从长殇、中殇、短殇到无服之殇，朋友相互为服和相吊之礼，以及天子吊诸侯、卿、大夫、士之丧和诸侯、卿、大夫、士间相吊相服的锡衰、疑衰等服，补充了当时《仪礼》《礼记》《大戴礼记》丧礼方面的不足，从而使服制日趋完备。

(二)《曾子》诸篇

戴德所辑《大戴礼记》八十五篇，已散佚四十六篇，即第一至第三十八篇，第四十三至第四十五篇，第六十一篇，第八十二至八十五篇。仅存三十九篇。即《主言》第三十九，《哀公问五义》第四十，《哀公问于孔子》第四十一，《礼三本》第四十二，《礼察》第四十六，《夏小正》第四十七，《保傅》第四十八，《曾子立事》第四十九，《曾子本孝》第五十，《曾子立孝》第五十一，《曾子大孝》第五十二，《曾子事父母》第五十三，《曾子制言》上中下第五十四至五十六，《曾子疾病》第五十七，《曾子天圆》第五十八，《武王践阼》第五十九，《卫将军文子》第六十，《五帝德》第六十二，《帝系》第六十三，《劝学》第六十四，《子张问入官》第六十五，《盛德》第六十六，《明堂》第六十七，《千乘》第六十八，《四代》第六十九，《虞戴德》第七十，《诰志》第七十一，《文王官人》第七十二，《诸侯迁庙》第七十三，《诸侯衅庙》第七十四，《小辨》第七十四，《用兵》第七十五，《少间》第七十六，《朝事》第七十七，《投壶》第七十八，《公冠》第七十九，《本命》第八十，《易本命》第八十一。其

---

[1]《周礼》卷二十一《春官·司服》。

中两个七十四为重出,《诸侯衅庙》内容极少,可能是从《诸侯迁庙》第
七十三中分出而成。

仅存的三十九篇,《隋书·经籍志》作十三卷,主要是孔子弟子之后
所作,"七十子后学者所记",包括了战国至西汉时期某些儒家的有关著
述。基本内容是讲丧祭、乡党、家庭、朝聘、婚燕、冠射等礼,其中包括
了伦理、政治、军事、刑法、选举、教育、学校、明堂、宗庙等制度,以
及君臣、父子、夫妇、兄弟、朋友、宗族、亲属之间关系和立身行事的
准则。

《曾子》诸篇共有十篇,即《曾子立事》、《曾子本孝》、《曾子立孝》、
《曾子大孝》、《曾子事父母》、《曾子制言》上中下、《曾子疾病》、《曾子
天圆》等。下面就《曾子本孝》《曾子立孝》《曾子大孝》《曾子事父母》
四篇的主要内容的论析,来看《曾子》礼学思想的大致情形。

《曾子本孝》《曾子立孝》《曾子大孝》《曾子事父母》四篇,体现了
曾子关于"孝"的思想,讲了孝的重要性、孝的标准、孝的范围和内容。

人为什么要讲孝?曾子为什么如此强调孝的重要?孝是天经地义的
事,也是放之四海皆准的真理。曾子指出:"孝者,天下之大经也。夫孝,
置之而塞于天地,衡之而横于四海,施诸后世,而无朝夕,推而放诸东海
而准,推而放诸西海而准,推而放诸南海而准,推而放诸北海而准。《诗》
云:'自西自东,自南自北,无思不服。'此之谓也。"[1] 孝范围很广,内
容极为丰富。除子事父外,还包括了君使臣、臣事君、兄使弟、弟承兄、
朋友之信、作战之勇、草木禽兽以时伐杀,以及君子之孝、士之孝和庶人
之孝的不同等。

首先是子对父母的孝。孝子的标准是什么呢?曾子认为:"孝之于亲
也,生则有义以辅之,死则哀以莅焉,祭祀则莅之以敬,如此,而成于孝

[1] (清)王聘珍:《大戴礼记解诂》卷四《曾子大孝第五十二》,王文锦点校,北京:中
华书局,1983年,第84页。

子也。"〔1〕子对父母的孝,包括了父母生前、死时、死后三个时期。生前当以义,死时当以哀,死后当以敬,"父死三年不敢改父之道",也是一方面的标准。

曾子提出两种"三孝"。第一种是:大孝尊亲,其次不辱,其下能养。第二种是:大孝不匮,其次用劳(功),小孝用力。大孝不匮是"博施备物",中孝用劳是"尊仁安义",小孝用力是"慈爱忘劳"。可见,竭尽自己的力量,以供养父母,不过是最差的下孝、小孝。尊亲敬先,实行仁义,建立功勋,以荣宗耀祖,才是大孝。作为儿子要尽到孝的礼,必须"父母爱之,喜而不忘;父母恶之,惧而无怨;父母有过,谏而不逆。父母既殁,以哀祀之,加之,如此谓礼终矣"。〔2〕

爱护、保养父母所给的身体,是孝的重要内容,"孝子之事亲也,居易以俟命,不兴险行以侥幸。孝子游之,暴人违之。出门而使不以,或为父母忧也。险涂隘巷,不求先焉,以爱其身,以不敢忘其亲也"。〔3〕

如何正确对待父母的所作所为,也是孝的内容。曾子认为,对于父母当爱而敬。父母行为若符合道德礼义,则跟从父母一起做。父母的行为如果背离道德礼义,则应加以谏说劝告。如果谏劝之后父母不听,暂且顺从父母行为,再考虑劝谏之道。如果对于父母不合道德礼义的行为,一味盲从而不匡正劝谏,也是不孝。如果以道德礼义匡谏而不听,就不跟从父母一起实行,也是不孝,"从而不谏,非孝也;谏而不从,亦非孝也"。〔4〕

孝对于父子之外的君臣、兄弟、朋友间的关系,也不可忽视。曾子说,为人子而不能孝其父,则不敢言人父不能畜其子;为人子而不能承其兄,则不敢言人兄不能顺其弟;为人臣而不能事其君,则不敢言人君不能使其臣。所以,与父言当言畜子,与子言当言孝父,与兄言当言顺弟,与

---

〔1〕《大戴礼记解诂》卷四《曾子本孝第五十》,第80页。

〔2〕《大戴礼记解诂》卷四《曾子大孝第五十二》,第84页。

〔3〕《大戴礼记解诂》卷四《曾子本孝第五十》,第79页。

〔4〕《大戴礼记解诂》卷四《曾子事父母第五十三》,第86页。

弟言当言承兄，与君言当言使臣，与臣言当言事君。子居处不庄，不孝；事君不忠，不孝；莅事不敬，不孝；朋友不信，不孝；战阵无勇，不孝；伐一木，杀一兽，不以其时，非孝。因此，孝与忠、敬、悌、信、勇关系非常密切。曾子说，"忠者其孝之本"，"君子立孝，其忠之用，礼之贵"，所以，在他看来，"君子之孝也，忠爱以敬，反是乱也。尽力而有礼。庄敬而安之，微谏不倦，听从而不怠，欢欣忠信，咎故不生，可谓孝矣"[1]弟承兄，兄顺弟，臣事君，君使臣，都是孝，"是故未有君而忠臣可知者，孝子之谓也；未有长而顺下可知者，弟悌之谓也；未有治而能仕可知者，先修之谓也"[2]为此，孝子当善事君，弟悌当善事长，"君子一孝一悌"。

以上谈的均为"君子之孝"，也就是曾子所说的"以正致谏"，即所谓公卿大夫以正道礼义谏说君主。此外还有"士之孝"和"庶人之孝"。士孝是"以德从命"，即要从君父之命，但必须符合德义。庶人孝是"以力恶食"，也就是努力耕地纺织，为君父提供衣食之需。

可见，孝是为人之本，是人们社会活动的准则，也是忠、悌、敬、信、勇。孝又分等级，君子、庶人有所不同。《大戴礼记》中曾子言孝诸篇，实际上是借曾子之口，提出如何正确处理君臣、父子、兄弟、朋友、尊卑、长幼间的关系，如何正确维护君臣、父子、兄弟、朋友、尊卑、长幼等纲常伦理和森严的等级体系。孝必须符合礼义，并且是适中的，曾子说："夫礼，大之由也，不与小之自也。饮食以齿，力事不让，辱事不齿，执觞觚杯豆而不醉，和歌而不哀。"[3]

(三)《盛德篇》

该篇首先谈了如果圣主天子尚德盛德，则人民无病，六畜无疫，五谷

---

〔1〕《大戴礼记解诂》卷四《曾子立孝第五十一》，第81页。
〔2〕《大戴礼记解诂》卷四《曾子立孝第五十一》，第82页。
〔3〕《大戴礼记解诂》卷四《曾子事父母第五十三》，第87页。

无灾，阴阳有序而万物无害。诸侯不用加兵而自正，人民无用加刑而自治，蛮夷也归顺怀服。天子常以冬末考察各地诸侯、官吏是否行德，以观天下治乱得失。凡是德盛者治，德不盛者乱，德盛者得天下得人民，德不盛者失天下失人民。所以，如果君主尚德，并认真进行考察，那么天下之治乱得失，可以不出户庭而了如指掌。

如果德不盛而出现乱时，应如何处理呢？该篇认为，当用礼。如不孝当行丧祭之礼，弑君当行朝聘之礼，斗辨当行乡饮酒礼，淫乱当行婚礼享聘，奸邪窃盗当立制度（制度也是礼的体现）。

关于行丧祭之礼。该篇说，凡不孝生于不仁爱，不仁爱生于丧祭之礼不明。如能坚持丧祭之礼，特别是春秋之时祭祀依时进行而不绝，故常怀思慕之心。而祭祀是致馈养之道，死后尚且思慕馈养，那么生前、死时更不用说了。"故曰：丧祭之礼明，则民孝矣。故有不孝之狱，则饰丧祭之礼。"[1]

关于行朝聘之礼。该篇说，义是使贵贱有序，尊卑分明。一旦有义则贵贱有序，民能尊上敬长，那么就不会再有弑君反上的行为了。而朝聘之礼是为了明义，所以有弑君反上之狱，则"饰朝聘之礼"。

关于乡饮酒之礼。该篇说，凡是斗辨纷争，是由于相互侵陵；相互侵陵，是由于长幼无序。乡饮酒礼是教人敬让，使长幼有序。故有争斗之狱，则"饰乡饮酒之礼"。

关于婚姻享聘。该篇说，凡淫乱皆源于男女无别，夫妇无义。婚姻享聘，是为了分别男女之礼，彰明夫妇之义。有淫乱之狱，应当行婚姻享聘之礼。

关于立制度。该篇说，凡民为奸邪、窃盗、乱法、妄行，是由于贪得无厌而不知足，不知足是由于无制度，无制度则小者偷堕，大者侈靡而不知足。"故有度量则民足，民足则无为奸邪窃盗历法妄行者。故有奸邪窃

---

〔1〕《大戴礼记解诂》卷八《盛德第六十六》，第143页。

盗历法妄行之狱，则饰度量也。"〔1〕

以上对于奸邪、失序、弑君、争斗、淫乱等行为，先寻找其发生的原因，然后以相应的礼制，加以开导教育、约束限制，从而使问题得到解决，由乱而变为治。

该篇又指出，民众的违法乱纪和犯罪有其根源，如果不寻找犯罪的根源，只是将其堵塞防止，专以刑罚杀戮来严厉惩办，是不能解决问题的，这不过是为民设陷阱而加以残害。民众犯罪的一般原因是嗜欲无度，好恶不节，所以，当用礼加以节制，效法天进行无私的处理，也就是"御民之嗜欲好恶，以慎天法，以成德法也"〔2〕。天法即天道之无私，德法即礼义制度。因此，御民当以德法，而不是刑法。该篇说："善御民者，正其德法，饬其官，而均民力，和民心，则听言不出于口，刑不用而民治，是以民德美之。"〔3〕至于不能御民者，则"弃其德法。譬犹御马，弃辔勒而策御马，马必伤，车必败"，德法比之于辔勒，而刑法比之于鞭策，"无德法而专以刑法御民，民心走，国必亡。亡德法，民心无所法循，迷惑失道，上必以为乱无道"〔4〕所以，德法是御民之本。德法是什么呢？即为道、德、仁、义、圣、礼。古代天下之所以能够大治，至于太平盛世，是由于冢宰官能"成道"，司徒官能"成德"，宗伯官能"成仁"，司马官能"成圣"（圣即通达平允之意），司寇官能"成义"，司空官能"成礼"。通过冢宰行"道"，司徒行"德"，宗伯行"仁"，司马行"圣"，司寇行"义"，司空行"礼"，能实现天下太平，人民安居乐业。因此，"以之道则国治，以之德则国安，以之仁则国和，以之圣则国平，以之义则国成，以之礼则国定"〔5〕

---

〔1〕《大戴礼记解诂》卷八《盛德第六十六》，第143页。
〔2〕《大戴礼记解诂》卷八《盛德第六十六》，第144页。
〔3〕《大戴礼记解诂》卷八《盛德第六十六》，第145页。
〔4〕《大戴礼记解诂》卷八《盛德第六十六》，第146页。
〔5〕《大戴礼记解诂》卷八《盛德第六十六》，第148页。

这些都充分表明了国治民安，必须行德和礼。不仅治的时候用德和礼，即使出现犯上作乱，也要以德和礼堵塞乱源，引导教育万民，即"德法"。以德、礼治天下，也就是以"德法"治天下，是自古以来实现天下大治的有效办法。德法（礼义）犹如辔勒，刑法比之于鞭策，是孔子以礼齐民为良御、以刑齐民为失道的继承与发展。孔子曰："以礼齐民，譬之于御，则辔也。以刑齐民，譬之于御，则鞭也。执辔于此而动于彼，御之良也。无辔而用策，则马失道矣。"[1]

（四）影响与意义

戴德所辑《大戴礼记》和所撰《丧服变除》《丧服记》，广泛地宣扬礼义，强调礼义在治国理政中的重要地位。

对于汉礼的研究来说，在丧服方面的经传记载，以及时人议论、著述，弥补了当时相关史料的残缺不全，使汉代丧服有了一个比较完整的面貌。君臣之礼，臣为君斩衰三年，君为臣锡衰，近乎缌麻三月，一个是五服中最重的服，一个是五服中最轻的服。夫妻之礼，妻为夫斩衰三年，夫对妻仅齐衰一年，相差二级（斩衰三年，齐衰三年）。子对父母也有区别，子为父斩衰三年，但子为母，如父在，只能齐衰一年，到父死后才能为母齐衰三年，斩衰三年到齐衰三年，仍差一大级。君臣、夫妇有别，长子与众子也有别，如父为长子斩衰三年，母为长子齐衰三年，但父母为众子无此重服。同时，嫡子与庶子，继祖与不继祖，嗣后与不嗣后，女子出嫁与否，均有差别。这充分体现了丧服之礼的严重不平等，以及对人的极大限制与约束。

这些汉礼对当时及后世产生的影响都很大。戴德提出诸侯之大夫为天子服繐衰七月，在石渠阁礼议中，戴圣坚持了这一观点。戴德主张臣为君服不徒跣，后汉也有人沿用这一观点。戴德主张天子诸侯之庶昆弟与大夫

---

[1]《孔丛子》卷二《刑论》，第52页。

之庶子，为其母大功九月，心丧可以三年。晋朝的贺循也同意这一观点。唐杜佑《通典》，以戴德的主张作为古代丧礼的重要根据，大量征引。《丧服记》中关于孙为祖的后嗣者包括祖父母到高祖父母，斩衰三年，直至清末仍有影响。如光绪年间，刑部尚书兼陕派律学鼻祖薛允升撰写的丧服专著——《服制备考》认为，嫡孙为高祖后嗣者斩衰三年，就是根据戴德《丧服记》中"为高祖后者，斩衰三年"的规定，并引证了清康熙年间著名礼学家徐乾学有关这方面的论述，"徐乾学云，玄孙为高祖承重，古礼应有之，而礼文皆不见，故取戴德《礼》补之"[1]。可见，戴德关于丧服的主张，填补了中国古代丧服制度的漏缺与空白，到封建社会末期的清代，还一直沿用他的看法与主张。但是，戴德所讲的丧礼，主要适用于士以上的社会中上层。戴德一再强调，天子、诸侯、卿、大夫、士，都要行某种丧服，始终没有说到平民百姓的"庶人"，实际这也是"礼不下庶人"思想的体现。

论孝方面，将孝视为个人立身行事的准则，为人之本。养老、敬老、爱老是中华民族的传统道德，《大戴礼记》这方面说得比较完善而且深刻。除了子事父外，还包括了君使臣、臣事君、兄弟之悌、朋友之信、作战之勇等。提出君子孝、士孝、庶人孝及两种"三孝"，以尊敬仁义为先，供养衣食为后。忠君、孝父并非一味盲从，必须符合道德仁义，否则就是"不孝"。这扩大了孝的范围，也体现了封建伦理与礼义德教结合。孝德并非高不可攀，不同等级要求不同，只要尽自己的力量，都可以做到。如庶人，只要努力耕织，就是孝。对父母之孝，有生前、死时、死后三个时期，死时包括卧病和临终之时，据《曾子本孝》记载，生前以义，死时以哀，死后以敬。生前之孝是如何关心供养父母；疾病、临终、死时之孝，是如何尽心服侍、精心治疗和办妥后事；死后之孝是如何惦记怀念，继承发扬遗志，实现遗愿。作为子女必须认真考虑，正确对待，妥善处理，这

---

[1] 薛允升《服制备考》手稿第一册《嫡孙为祖父母及曾高祖父母承重·嫡孙之妻同》。

不仅关系到子女的道德品质，也是社会风气好坏的重要标志。该思想在当时及后世都有其重要的作用和极大意义，值得进一步加以探讨与借鉴。

在强调礼义的重要方面，《盛德篇》影响深远。把礼义比作马辔，称礼义为"德法"，在处理好日常工作的同时，可以避免"弑上""不孝""淫乱""斗辨""奸邪窃盗乱法妄行"等狱讼，是礼法结合的最好体现。主张及时寻找和分析犯罪的根源，早定防止罪源的制度，强调礼义的教育开导，显然是治天下、安天下的良谋善策。

《汉书·礼乐志》一开始所说的"人性有男女之情，妒忌之别，为制婚姻之礼；有交接长幼之序，为制乡饮酒之礼；有哀死思远之情，为制丧祭之礼；有尊尊敬上之心，为制朝觐之礼"[1]，是根据《盛德篇》的丧祭之礼、朝聘之礼、乡饮酒之礼、婚姻聘享之礼而来的。东汉著名经学家许慎的《五经异义》、郑玄的《驳五经异义》，也都提到《盛德篇》，并引用其中的内容。近代著名法学家董康，特别赞赏《盛德篇》的"有天灾则饰明堂，有奸邪窃盗历法妄行之狱则饰度量，有不孝之狱则饰丧祭之礼，有弑上之狱则饰朝聘之礼，有斗辨之狱则饰乡饮酒之礼，有淫乱之狱则饰婚姻享聘，人民犯罪当塞其源而不务刑杀"，并加以摘引，认为"《大戴礼记》为汉信都太傅、梁戴德延君撰，其中多记先王旧制，此条备举各礼，即所以杜犯罪之源"[2]。《盛德篇》在礼学史及法律史上都有其重要地位和意义，值得后世借鉴。

清代除不少学者考释、校勘《大戴礼记》的某些单篇之外，注释全文的也有十多家，其中以王聘珍的《大戴礼记解诂》与孔广森的《大戴礼记补注》尤为著名。戴德思想的影响之大，可想而知。

---

〔1〕 《汉书》卷二十二《礼乐志》，第1027—1028页。

〔2〕 董康：《董康法学文集》之《刑法宜注意礼教之刍议》，北京：中国政法大学出版社，2005年，第626页。

七、《礼记》与《王制》篇

戴圣精通经学，了解礼义，对射礼、嗣礼、丧服都很有见解，在嗣礼、丧礼等方面，都曾得到汉宣帝和公卿大臣的赞赏。戴圣关于父为连续五世嫡传长子服斩衰的这一观点，后汉马融也有遵循，"汉戴圣、闻人通汉皆以为父为长子斩衰者，以其为五代之嫡也。马融注《丧服》经用之"[1]。对《仪礼》十七篇次第，戴圣不同意戴德的观点，又加以调整，说明他对于《仪礼》有自己的看法与认识。戴圣所辑《礼记》，汉宣帝将其列于学官，戴圣也是今文经学十四博士之一。

（一）《礼记》概述

《礼记》（又称《小戴礼记》《小戴礼》《小戴记》）四十九篇，由戴圣所辑。当时称之为《小戴礼记》，以别于戴德所辑《大戴礼记》。东汉初，班固所撰的《汉书·儒林传》，讲到礼时，称"德号大戴""圣号小戴"，该传《赞》语中，说到经今文博士时，又有"孝宣世，复立《大小夏侯尚书》，《大小戴礼》，施、孟、梁丘《易》，《穀梁春秋》"[2] 的记载。《汉书·艺文志》六艺类的"礼"中，没有专门提到《大小戴礼》，仅《记》一百三十一篇，为七十子后学者所记。东汉末年郑玄所撰的《六艺论》中说："戴德传《记》八十五篇，则《大戴礼》是也；戴圣传《记》四十九篇，则此《礼记》是也。"戴德、戴圣各自传辑古《记》，为《大戴礼记》与《礼记》。

自唐代开始，出现戴圣删戴德《大戴礼记》八十五篇，而成《礼记》四十九篇的说法。如唐初，陆德明《经典释文叙录》引刘向《别录》中

---

〔1〕《通典》卷八十八《礼·斩衰三年》，第482页。

〔2〕《汉书》卷八十八《儒林传》，第3621页。

《古文记》二百四篇，并引陈邵《周礼序》说："戴德删《古礼》二百四篇为八十五篇，谓之《大戴礼》，戴圣删《大戴礼》为四十九，是为《小戴礼》"〔1〕。《隋书·经籍志》也有类似记载，说刘向考校经籍，检得一百三十篇，又得《明堂阴阳记》三十三篇、《孔子三朝记》七篇、《王氏史氏记》二十一篇、《乐记》三十三篇，凡五种，共二百二十四篇。戴德删其烦重，为八十五篇，叫作《大戴礼记》。而戴圣删《大戴记》，为四十六篇，叫作《小戴记》。东汉末年，马融补《月令》一篇、《明堂位》一篇、《乐记》一篇，共四十九篇。

至清代，《礼记》删《大戴礼记》而成这一说法，遭到众多学者的驳斥，认为不可靠，不能成立。如戴震在《大戴礼记目录后语》中以为，刘向《别录》所说《礼记》四十九篇，戴圣弟子桥仁已著《礼记章句》四十九篇，则马融增益三篇的话绝不可靠。（我们前面谈过，郑玄《六艺论》讲戴圣《礼记》四十九篇。而郑玄是马融的高徒，对其师最为了解，但也没有提起《礼论》其中三篇为其师马融所补。可见，这种说法的确有疑问，似很难信以为真。）钱大昕在《廿二史考异》卷七《汉书二》中也认为《小戴记》并非删《大戴记》而成，不足信。陈寿祺更有进一层的看法，"以为大小《戴记》对于《汉志》（即《汉书·艺文志》）所说的百三十一篇之《记》，各以己意选取，所以互相异同"〔2〕。

以上否定《礼记》删《大戴礼记》而成的意见中，尤以陈寿祺的看法比较客观，可以《大戴礼记》残存的三十九篇（唐初《大戴礼记》已散佚四十六篇，仅存三十九篇）与《礼记》四十九篇中有关篇名、内容对照一下，就足以证明陈氏说法比较可取。篇名相同的仅《投壶》，但两《投壶》内容仅部分相同。篇名相近的，只有《大戴礼记》的《哀公问于孔子》与《礼记》的《哀公问》，内容完全相同；《大戴礼记》的《劝学》与《礼

---

〔1〕 摘自吕思勉《经子解题·礼记》。
〔2〕 摘自周予同《群经概论·礼记的来源及其争辩》。

记》的《学记》，《大戴礼记》的《明堂》与《礼记》的《明堂位》，内容完全不同。《大戴礼记》关于曾子有《本孝》《制言》等十篇，主要讲孝与义；《礼记》专门讲丧服有《丧大记》《奔丧》《问丧》《服问》《三年问》《间传》《丧服四制》等七篇，而《大戴礼记》篇名中，没有一篇以丧服命名，也没有一篇专门讲丧服，或戴德另外撰有《丧服记》和《丧服变除》，故《大戴礼记》不再专门讲丧服。因为东汉及六朝特别重视丧礼，如果有专门讲丧服的篇，到唐初不可能完全散佚，而《隋书·经籍志》已不见。另外，汉宣帝时，《大戴礼记》和《礼记》都立于学官，各为今文十四博士之一，那么，《礼记》四十九篇是删《大戴礼记》八十五篇而来的说法，是不能成立的。可见，戴圣的《礼记》是根据他自己的意见和要求，从古《记》中整理、编辑而成。《礼记》到宋代被列为十三经之一，地位在《大戴礼记》之上，而《大戴礼记》没有列入十三经。

《礼记》四十九篇，内容大致如此：《曲礼》分上、下两篇，记载各种礼制，记其委曲原由；《檀弓》上、下两篇，记叙诸礼，以丧礼尤多；《王制》记载各种制度；《月令》讲时令节候及阴阳；《曾子问》讲丧服祭祀；《文王世子》讲世子事父之礼；《礼运》讲大同小康及饮食起居；《礼器》讲宫室器具度量；《郊特牲》主要论祭祀；《内则》记家庭琐事；《玉藻》主要记载服饰；《明堂位》记周公摄政，以明堂礼朝见诸侯；《丧服小记》既说丧服，又说古代宗法；《大传》也记载古代丧服与宗法；《少仪》记载"相见及荐羞之小威仪"；《学记》记述教育法及学制；《乐记》精于记述乐义；《杂记》分上、下两篇，记载诸侯、大夫、士等丧礼；《丧大记》记天子、大夫、士死之初和小殓、大殓及殡葬等礼；《祭法》讲虞舜与三代的祀典；《祭义》讲祭祀；《祭统》也讲祭祀；《经解》讲六艺的得失并论礼；《哀公问》既讲问政又谈问礼；《仲尼燕居》叙述孔子为其弟子子张等说礼乐；《孔子闲居》是孔子为其弟子子夏说《诗》；《坊记》主要论坊民之礼；《中庸》讲儒家哲学；《表记》是论君子之德而"见于仪表者"；《缁衣》通论德教刑政及君民关系等；《奔丧》记在他国闻丧而奔归等礼；

《问丧》记"善问居丧之礼所由";《服问》记"善其问以知有服而遭丧所变易之节";《间传》记丧服之间轻重所宜;《三年问》记"善其问以知丧服年月所由";《深衣》记载自天子至于庶人的服式之制;《投壶》讲投壶之礼;《儒行》是孔子讲当时儒生的有关情形;《大学》讲修身齐家治国平天下之礼;《冠义》记冠礼成人之义;《昏义》记娶妻之义及内教之所由成;《乡饮酒义》记乡大夫饮宾于庠序之礼,以明尊贤养老之义;《射义》记燕射、大射之礼,以明观德行取士之义;《燕义》记君与臣燕饮之礼,上下相报之义;《聘义》记诸侯国相聘问,及重礼轻财之义;《丧服四制》讲丧服制度,而其依据为仁义礼智。

根据刘向《别录》所说,四十九篇大致可分八类:第一类为《曲礼》《王制》《礼器》《少仪》《深衣》,属于制度;第二类为《檀弓》《礼运》《玉藻》《大传》《学记》《经解》《哀公问》《仲尼燕居》《孔子闲居》《坊记》《中庸》《表记》《缁衣》《儒行》《大学》,属于通论;第三类为《月令》《明堂位》,属于明堂阴阳;第四类为《曾子问》《丧服小记》《杂记》《丧大记》《服问》《奔丧》《问丧》《间传》《丧服四制》《三年问》,属于丧服;第五类为《文王世子》《内则》,属于世子法;第六类为《郊特牲》《祭法》《祭义》《祭统》,属于祭礼;第七类为《投壶》《冠义》《昏义》《乡饮酒义》《射义》《燕义》《聘义》,属于吉礼吉事;第八类为《乐记》,属于论乐。从制度、明堂阴阳、丧服、世子法、祭祀、吉礼吉事、通论、论乐等各个方面,来记载与论述礼乐制度,反映了极为丰富的礼学思想。

(二)《礼记·王制》的主要内容

仅就制度方面的代表篇目——《礼记》第五篇《王制》的主要内容及其思想影响的分析,以见《礼记》思想之一斑。

《王制》内容有爵制、禄制、田制、封建制、官制、朝聘巡狩制、田猎制、财政计划与积聚制、丧葬制、宗庙制、祭祀制、赋役制、民族制、选举制、学校制、驱逐不肖制、地方行政制、诉讼制、刑罚制、养老制、集权制、监察制，以及"六礼""七教""八政"等。现选主要的介绍如下。

爵制，《王制》将天子所治的天下之内、诸侯所治的封国之内，均分为五等爵。天子制爵五等：公、侯、伯、子、男；诸侯制爵五等：上大夫（卿）、下大夫、上士、中士、下士。

田制，《王制》规定，方一里为田九百亩，农民每户可得田百亩（实际上是一种"井田制"），百亩之田，有优劣之别，好的百亩田可养九人，差的百亩田可养五人。

封建制，《王制》规定，四海之内共九州，每州方千里，每州建百里之国三十、七十里国六十、五十里国一百二十，一共是二百一十国。其中一州为天子所直辖，称为"天子之县内"。天子直辖之州，有方百里之国九、七十里之国二十一、五十里之国六十三，一共有九十三国，九州共建国一千七百七十三国。

官制，《王制》规定，天子设三公、九卿、二十七大夫、八十一元士。诸侯大国设三卿，均由天子任命，下大夫五人，上士二十七人。次国设三卿，两卿由天子任命，一卿由诸侯任命，下大夫五人，上士二十七人。小国设二卿，均由诸侯任命，下大夫五人，上士二十七人。

朝聘巡狩制，《王制》规定，诸侯对天子，每年一小聘，三年一大聘，五年一朝。天子五年一巡狩天下。

田猎制，《王制》规定，天子诸侯无事，则岁三田，一为乾豆，二为宾客，三为充君之庖。田猎不以礼为"暴殄天物"。故天子不合围，诸侯不掩群。天子杀则下大绥，诸侯杀则下小绥，大夫杀则止佐车，佐车止则百姓田猎。狩猎的目的、时间、规则，以及天子、诸侯、大夫、庶民之间的区别，依制而行。

财政计划与积聚之制，《王制》指出，冢宰制国用，一定要在年终五谷皆入之时，制定国家的财政开支，要依地方大小，看年成丰耗，并根据三十年的收成好坏等情况，制定量入以为出的财政计划。规定三年耕种必积一年之食，九年耕种必积三年之食，即使遇有凶旱水溢之灾，百姓仍无饥患。

丧葬制，《王制》主张，天子七日而殡，七月而葬；诸侯五日而殡，五月而葬；大夫士庶人三日而殡，三月而葬。至于三年之丧，则自天子以达于庶人。

宗庙制，《王制》实行天子七庙，三昭三穆与太祖之庙而七；诸侯五庙，二昭二穆与太祖之庙而五；大夫三庙，一昭一穆与太祖之庙而三；士一庙。

祭祀制，《王制》规定，天子诸侯宗庙之祭，春曰礿，夏曰禘，秋曰尝，冬曰烝。天子祭天地，诸侯祭社稷，大夫祭五祀。天子社稷之祭皆太牢，诸侯社稷之祭皆少牢。大夫士宗庙之祭，进行田猎则祭，无田猎则荐。庶人祭于寝（无宗庙）。庶人春荐韭、夏荐麦、秋荐黍、冬荐稻。韭以卵，麦以鱼，黍以豚，稻以雁。

学校制，《王制》主张，天子命之教，然后为学。小学在公宫南之左，大学在郊。由乐正为教师，崇四术，立四教，依照先王的《诗》《书》《礼》《乐》培养士。春季、秋季教以《礼》《乐》，冬季、夏季教以《诗》《书》。从太子到民间俊秀都可入学，以年龄大小为依据，遵照尊卑贵贱的地位。

选举制，《王制》规定，命乡推举秀士，升于司徒曰选士。司徒推举优秀的选士，升于学曰俊士。不征于乡而直接升于司徒的，不征于司徒而直接升于学的曰造士。大乐正将优秀的造士，上告于王。升于司马曰进士。司马根据才德的要求，经过分析辩论比较后，将贤能的进士，上告于王，以定其论。论定然后授官，任官然后授爵，位定然后授禄。

诉讼、刑罚制，《王制》规定，司寇掌刑罚，明罪以听狱讼，必须从群臣、群吏、万民中了解情况，有其意无其诚者不能论罪。施刑则从轻，罪重犹赦免。凡断五刑，一定要合乎天理，定罪惩罚一定要以事实为根据。为此，判断五刑之讼，一定要从父子之亲、君臣之义的角度加以考量，谨慎地推论罪之轻重和程度浅深，以此鉴别作为量刑的依据，"悉其聪明，致其忠爱以尽之。疑狱，氾与众共之；众疑，赦之；必察大小之比，以成之"，竭尽自己的聪明才智和忠敬仁爱来判定案件。如有疑难的案子，就要与民众一起审理，如果大家都感觉有疑问而且难以裁决，则宣布当事人无罪。处理类似的案件，要参考以往的先例再进行决断。成狱辞，先由史将判决书告于正，正认真了解整个案情之后，将判决书提交于大司寇。大司寇必须听取公卿大夫及侯伯等各方面意见，然后再把判决书呈给王。王先命三公与大司寇及正共同评断，然后再将最后的判决书告于王。王三宥然后制刑。因此，刑非常严厉而残酷，一成而不可变，故十分慎重。

行四诛之罚，各罚的具体规定是：析言破律，乱名改作，执左道以乱政，杀；作淫声、异服、奇技、奇器以疑众，杀；行为不端而固执，语言狡诈而诡辩，学问邪枉而广博，明知错误却顺从而且加以润泽，以疑众，杀；假于鬼神时日卜筮，以疑众，杀。而且，因为以上罪行来扰乱社会秩序的，必须"刑人于市"，让民众厌弃。

养老制，《王制》说，凡养老，有虞氏以燕礼，夏后氏以飨礼，殷人以食礼，周人继承后兼而用之。五十岁养于乡；六十岁养于国；七十岁养于学；八十岁拜君命，一坐再至；九十使人受。五十岁吃的东西要有分别，六十岁宿肉，七十岁贰膳，八十岁常珍，九十岁饮食不离寝。五十杖于家；六十杖于乡；七十杖于国；八十杖于朝；九十岁的老者，天子想要慰问，则到其居室，表示珍重。年老斑白的不提重物，君子地位的老者不徒步行走，庶人年老者不徒食。

民族制度，《王制》认为，中国戎夷五方之民，各有自己的习性，不可推移。东方曰夷，被发文身，不吃熟食；南方曰蛮，雕题交趾，也不吃熟食；西方曰戎，被发衣皮，而不粒食；北方曰狄，衣羽毛穴居，也不粒食。中国夷蛮戎狄，皆有安居、和味、宜服、利用、备器。五方之民，虽然言语不通，风俗习惯爱好不同，但应当"达其志，通其欲"。

"六礼"，《王制》是指冠礼、婚礼、丧礼、祭礼、乡饮酒礼、相见礼，主张"修六礼以节民性"。

"七教"，《王制》是指父子、兄弟、夫妇、君臣、长幼、朋友、宾客，主张"明七教以兴民德"。

"八政"，《王制》是指饮食、衣服、事为、异别、度、量、数、制，主张"齐八政以防淫"。

可见，《王制》的确是中国古代制度方面的代表作，所包含的内容十分广泛而丰富，目的、要求非常严格，既是一种礼义，也是一种法制。

(三)《礼记·王制》在两汉的贯彻与作用

《王制》产生于西汉文帝时，文帝十六年，"使博士诸生刺六经中作《王制》，谋议巡狩封禅事"[1]，当时博士诸生作《王制》，反映了西汉初期的社会现实，宣扬了古代的许多理想制度，也是一种托古改制之作。

《王制》自西汉文帝时问世之后，首先启示了董仲舒，在官制、选举、集权、断狱、田制、赋役、祭祀诸方面，都可以看到它对《春秋繁露》的影响。董仲舒批评了《王制》分封的观点，吸取了有关集权、选举、六礼、七教等思想。在此基础上，董仲舒提出了"独尊儒术"、加强皇权、任人唯贤等主张，得到汉武帝的赞赏，并且加以采纳和贯彻，因而加强了中央集权，出现了历史上空前的大一统局面，巩固了地主阶级专政。

《王制》在慎狱方面的要求，隽不疑和于定国都曾经加以贯彻实行。汉昭帝时，隽不疑对于"冤狱多有所平反"。汉宣帝时，廷尉于定国"决疑平法……罪疑从轻，加审慎之心"，"民自以不冤"[2]。

《王制》的重刑思想在西汉也有反映，以《王制》的"四诛者不以听"和"必察小大之比以成之"为例。汉文帝时，石显上书请诛贾捐之、杨兴，依《王制》"顺非而泽，不听而诛"，"捐之竟坐弃市，兴减死罪一

---

〔1〕《史记》卷二十八《封禅书》，第1382页。

〔2〕《汉书》卷七十一《隽疏于薛平彭传》，第3043页。

等，髡钳为城旦"[1] 以"必察小大之比以成之"而言，郑玄注曰："已行故事曰比"，唐陆德明《释文》曰："比必利友，例也"，即以往的案件。西汉时期产生大量的死罪决事比，显然与此密切相关。汉武帝时，招进张汤、赵禹等人制定法令，实行严刑峻法，至于"转相比况，禁网寝密，……死罪决事比万三千四百七十二事。文书盈于几阁，典者不能遍睹。是以郡国承用者驳，或罪同而论异。奸吏因缘为市，所欲活则傅生议，所欲陷则予死比，议者咸冤伤之"[2]。

《王制》也是帝王受命改制的模式。巡狩封禅之礼，曾为汉武帝封禅活动的依据之一。《史记·封禅书》说："自得宝鼎，上与公卿诸生议封禅，封禅用希旷绝，莫知其仪礼，而群儒采封禅《尚书》《周官》《王制》之望祀射牛事。"[3] 后来王莽改制，亦以《王制》为蓝本。依照《王制》"属有长"，"连有帅"，"卒有正"，"州有伯"，"天子使其大夫为三监，监于方伯之国，国三人"，制定地方行政区划和加强监察，"莽以《周官》《王制》之文，置卒正、连率、大尹，职如太守；属令、属长，职如都尉。置州牧、部监二十五人，见礼如三公。监位上大夫，各主五郡。公氏作牧，侯氏卒正，伯氏连率，子氏属令，男氏属长"[4] 其他如田制、封国、爵禄、中央官制等，王莽也以《王制》为根据。

东汉班固所辑《白虎通义》，基本上采用了《王制》的观点，引用《王制》经文达三十一处之多，涉及爵、禄、谥、社稷、封侯、礼乐、京师、三军、致仕、学校、巡狩、考黜、崩薨、宗庙等制度，如：

《白虎通义》卷一上《爵》的"爵有五等"，是根据《王制》王者之制禄爵凡五等，谓"公侯伯子男"。"爵人于朝者，示不私人以官"[5]，是

---

〔1〕《汉书》卷六十四下《严朱吾丘主父徐严终王贾传下》，第2838页。

〔2〕《汉书》卷二十三《刑法志》，第1101页。

〔3〕《汉书》卷二十八《封禅书》，第1397页。

〔4〕《汉书》卷九十九中《王莽传中》，第4136页。

〔5〕（清）陈立撰，吴则虞点校：《白虎通疏证》卷一上《爵》，北京：中华书局，1994年，第23页。

根据《王制》的"爵人于朝与众共之也"。

《白虎通义》卷一下《封侯》的"诸侯封不过百里",是根据《王制》的"凡四海之内九州,州方千里,州建百里之国三十,七十里之国六十,五十里之国百有二十","公侯田方百里,伯七十里,子男五十里"。

《白虎通义》卷二上《三军》的"年三十受兵何?重绝人世也","年六十归兵者何?不忍并斗人父子也",根据《王制》的"六十不与服戎"。

《白虎通义》卷二下《致仕》的"臣年七十悬车致仕",根据《王制》的"七十致政","八十杖于朝,九十者天子欲有问焉,则就其室以珍重"。

《白虎通义》卷二下《辟雍》的"天子立辟雍(太学)",根据《王制》"天子曰辟雍,诸侯曰宫"。

《白虎通义》卷三上《考黜》的"赏有功黜不肖",根据《王制》"有功德于民者,加地进律","上贤以崇德,简不肖以黜恶"。

《白虎通义》卷四下《崩薨》的天子、诸侯、大夫等棺椁之制,根据《王制》的"天子棺椁九重,衣衾百二十称;公侯五重,衣衾九十称;大夫有大棺三重,衣衾五十称;士再重,无大棺,衣衾三十称,单袷备为一称"[1](这段文字,现行《礼记·王制》已散佚,东汉时期尚存,班固在《白虎通义》中加以引述,作为棺椁衣衾的依据。)

东汉后期著名经学家许慎、何休,在他们的著作中,对于《王制》的内容,每每加以援用或称道。许慎在其所撰《五经异义》中,关于诸侯数量,把《王制》的"千七百七十三国"(简称千八百)与《春秋左氏传》的"万国"并列。关于劳役兵役,把《王制》的"五十不从力征,六十不与服戎",与《周礼》的"国中自七尺以及六十,野自六尺及六十五皆征之"并列。关于朝聘,把《王制》的"比年一小聘,三年一大聘,五年一朝",与《春秋左氏传》的"十二年之间八聘四朝再会一盟"并列。关于官制,把《王制》的"三公九卿二十七大夫八十元士凡百二十",与《周

---

〔1〕《白虎通疏证》卷十一《崩薨》,第553页。

礼》的"三公三孤六卿大夫士庶人在官者凡万二千"并列。

何休在其所撰《墨守》《膏肓》《废疾》中，也往往称道《王制》之文。《膏肓》中，以《王制》的"士三月而葬"为好，批评《春秋左氏传》"逾月而葬"。《废疾》中称赞《王制》的"葬不为雨止"，批评"葬为雨止"。

东汉末年的著名经学家郑玄，除了注释《王制》之外，在他所撰《驳五经异义》《发墨守》《箴膏肓》《起废疾》，以及他的门人相与撰写"玄答诸弟子问五经"的《郑志》中，往往以《王制》为根据，进行议论与说明。《驳五经异义》中，把《王制》"五十不从力征，六十不与服戎"，与《周礼》"国中自七尺以六十，野自六尺及六十五皆征之"并举，不同之处作了说明，认为，"与《周礼》所谓皆征之者，使为胥徒，给公家之事，如今之正卫耳。……《王制》所云力政，挽引筑作之事，所谓服戎谓从军为士卒也，二者皆劳于胥徒，故早舍之"。

《驳五经异义》也引录《王制》中关于重视学校的制度："天子命之教然后为学，小学在公宫南之左，大学在郊。天子曰辟雍，诸侯曰泮宫。天子将出征，类乎上帝，宜乎社，造乎祢，祃于所征之地。受命于祖，受成于学。出征，执有罪反释奠于学，以讯馘告。"

《起废疾》中，根据《王制》的"天子诸侯无事，则岁三田：一为乾豆，二为宾客，三为充君之庖"，批驳何休《废疾》中关于岁三田是"夏不田"的说法，"岁三田以乾豆三事为田也"。

《郑志》卷上，当赵商问到"以《王制》论之，畿内之国，有百里，有七里，有五十里。今率以下等计之……似颇不合"，郑玄立即回答说："《王制》之法……或不尽然。"[1]

《郑志》卷中，赵商问祭法，《祭法》云大夫立三庙，曰考庙，曰王考庙，曰皇考庙。注曰：非别子故知祖考无庙。商按《王制》大夫三庙，一

---

[1]　（魏）郑小同：《郑志》卷上，影印文渊阁《四库全书》本，第3b页。

昭一穆与太祖之庙而三，注云：太祖别子使爵者，虽非别子，始爵者亦然。二者不知所定。郑玄回答说，《祭法》《周礼》《王制》所说，"或以夏殷杂，不合周制"。[1]

《郑志》卷下，赵商问，自启至于反哭，五祀之祭不行。注云：郊社亦然者。按《王制》云："惟天地社稷，为越绋而行事，何？"郑玄回答说："越绋行事，丧无事时，天地郊社有常日，自启及至反哭，自当避之。"[2]

可见，《王制》在刚问世的两汉时期，得到了广泛的传播、贯彻与引用，成为今文经学在礼制方面的代表。许慎的《五经异义》，以《王制》的有关规定作为与古文经学代表——《左传》《周礼》的一些规定相对立的根据，便是最好的例证，进一步肯定了《王制》关于古代礼制方面的主张。

（四）《礼记·王制》在清前期与近代的研究与影响

两汉之后，特别是自宋起，《礼记》被列为十三经之一。唐孔颖达《礼记正义》、陆德明《礼记释文》，宋卫湜《礼记集说》，元陈澔《云庄礼记集说》等，对于《王制》作为古代礼仪的制度代表，有更深入和全面的论述。而影响之大，著作之多，研究之深入，以清前期与近代为最。

自清代起，《王制》被尊为改制之根据、救世之指南。由此，掀起了一股强烈的《王制》热。出现耿极《王制管窥》、俞正燮《王制东田名制解义》、廖平《王制学发凡》《王制集说》《王制订》《今古学考》、康有为《万本草堂口说》、皮锡瑞《王制笺》、程大璋《王制通论》《王制义案》、刘师培《王制集证》《王制篇言地理中多精言》、江永《礼书纲目》、沈彤《周官禄田考》、朱彬《礼记训纂》、孙希旦《礼记集说》、陈寿祺《五经异义疏证》、皮锡瑞《驳五经异义疏证》、沈家本《历代刑法考》以及董康

---

〔1〕《郑志》卷中，第17b页。

〔2〕《郑志》卷下，第2a页。

《春秋刑制考》等一系列关于《王制》的专著和论及《王制》的著作。此类著作，从内容上讲，把《王制》的研究和改革与当时的社会政治经济联系起来；从时间上讲，大致可以分为两个时期，即康熙、乾隆之世和鸦片战争之后的近代。分期概述如下。

康熙、乾隆盛世的前期，由于贵族、官僚、地主大肆兼并土地，农民频频失地流亡，清廷挥霍无度，官吏贪污成风，政治日趋腐败，社会矛盾日益尖锐。经学家们基于这种形势，企图以《王制》的井田制来改革经济，以《王制》的任贤选举来改革吏治与教育。

耿极竭力赞扬《王制》的井田制。他说："《王制》虽曰天子有天下，诸侯有国。然天子以至于庶人等而杀之。一夫授田百亩，是天子与天下诸侯、大夫、士、庶人，同事天下之事，同食天下之食，均焉、和焉、安焉，同有此天下者也。"〔1〕行井田之法有十便，即民有恒产不事末作，"知重本"；同井并耕，劳逸巧拙不相负，"齐民力"；奉生送死有无相赡，"通货财"；货财不匮，富者无以取赢，"绝兼并"；取以十一，天下之中正，"吏无横敛"；比其邱甸革车长毂，于是乎出有事，"足军实"；一井之间，万沟百洫，又有川浍戎马不得施突，"无边患"；畎浍之水，涝则流之，旱则引以溉注，"少凶荒"；少壮皆土著，奸伪无所容，善心易生，以其暇日习诗书俎豆，养老息物，"成礼俗"；远近共贵，各安其居，乐其业，尊君养上，长子孙其中，不烦刑罚，而"成政教"。为恢复井田制，主张呼吁世家大族和各地富民让出多余的土地，先给子孙亲属，后给乡党邻里，来平均土地。对于"一二土豪，凶拥厚赀，横居田亩，吞并乡邻，作奸犯法之流，朝廷方将戮其人，籍没其田产"〔2〕，以维护井田制度。

江永、沈彤等人也有类似看法。江氏认为："《王制》曰：天子之县内

---

〔1〕（清）耿极：《王制管窥》之《孟子曰》，《丛书集成初编》本。
〔2〕《王制管窥》之《或问欲复井田》。

诸侯禄也，外诸侯嗣也。……公卿大夫皆食采者，示与民同有无也。"[1]
沈氏也认为，"《孟子》《王制》皆言一夫耕百亩，而无易不易之差，何
也？曰《孟子》《王制》因代耕之禄，而计五等农夫食人之多募以为差，
故专言所耕，不及地等，而地等固寓其中也"[2]。称道《王制》平均土地
而要求经济上平等。在他们看来，《王制》在设官任职、文化教育上，也
是讲与民平等。关于设官任职，江永说："《王制》立三公九卿二十七大
夫，足以教道，照幽隐，必复封诸侯何？重民之至也。……王者即位先封
贤人者，忧人之急也。故列土为疆非为诸侯，张官设府非为卿大夫，皆为
民也。"[3] 关于教育，耿极指出，《王制》规定"王太子、王子、群后之
太子、卿大夫元士之嫡子、国之俊选皆造学焉。凡入学以齿，不分贵贱之
等，岂非论布衣交，预有以消融其骄侈之气哉"[4]。称道《王制》官吏为
民、教育不分贵贱，要求选举、教育上的平等。

近代后期，从鸦片战争起，外有帝国主义的侵略压迫与日俱增，内经
太平天国革命后，清廷统治日渐动摇，阶级矛盾加剧，民族危机深重。知
识分子"惧陆沉之有日，觉斯民之待救"，受资本主义思想的影响，有更
多的人醉心于《王制》的研究，其中以康有为、皮锡瑞、程大璋、沈家
本、董康等人为中坚。他们普遍认为，《王制》的"井田制"是古代圣贤
思想的精华，具有极其深刻的含义。

康有为主张《王制》是孔子所作，"《王制》者，素王所改之制也"。
因此，"孔子之制禄，全在井田起"，"谓井田不可行者，亦知今而不知古
也"[5] 《王制》的"井田制"，是一种理想的经济平均。以民而言，

〔1〕（清）江永：《礼书纲目》卷五十九《都邑》，影印文渊阁《四库全书》本，第37b页。

〔2〕（清）沈彤：《周官禄田考》卷中《公田数》，影印文渊阁《四库全书》本，第13b页。

〔3〕《礼书纲目》卷五十九《分封之制》。

〔4〕《王制管窥》之《或问从来世俗之家》。

〔5〕（清）康有为：《万木草堂口说》（外三种）之《王制》，姜义华、张荣华编校，北京：
中国人民大学出版社，2010年，第54页。

"《王制》为之立法曰：制农田百亩，过乎百亩者，谓之富，减乎百亩者，谓之贫，人人百亩，则一国中无富民，亦无贫民矣。无贫富之民，则人人可以勉力为善，而不为生计所累矣。虽然农田百亩固矣，而受之者家人口有多寡之不同，不同则不然，田有肥瘠之不同，不同则不均。而孔子固计之甚熟曰：上农夫食九人，其次食八人，其次食七人，其次食六人，下农夫食五人。……是又以不均之中而求其均也"〔1〕对于君卿大夫士来说，也是同样，"《王制》制禄皆以所养之人为差，在官者职愈大，则事愈繁，用人愈多。故君禄十倍卿，卿倍大夫，大夫倍上士，上士倍中士，中士倍下士。亦犹农夫九人，则与以九人之田，八人则与八人之田同例焉，是亦于不同中见其均焉"〔2〕自君主至于庶人经济上的平均，必然会导致政治上的平等。皮锡瑞的《王制笺》认为，《王制》君禄亦有限制，不得以一国为己私；吏胥之禄，亦无赢余，但可与农人同糊口，则不欺压平民。

正因为《王制》对于君权能在有形、无形上进行限制，才能够实现从君主到庶人在经济上和政治上的平均和平等。有形限制，是从行为、用人、用财上说，"人主之所以滥用其权者，由于不学也。《王制》于王太子、王子皆就学于乐正，有不帅教则屏之远方，终身不齿，与群后之太子、卿大夫元士之嫡子等。既为君，则又有太史典礼、执简记、奉讳恶，天子斋戒受谏焉，则行为上有限制焉"，"《王制》有公家不畜刑人之例，所以防阉寺之祸也，则用人之际有限制矣"，"《王制》天子地方千里，而宫廷之赞出其中，京坼养官之费出其中，则必不能有所滥费……则用财之权有限制矣"〔3〕无形的限制，为"《王制》于天子之出，必类于上帝，宜于社，造乎祢。将出征，亦必类乎上帝，宜于社，造乎祢。类于上帝者祭天也，宜于社者祭地也，造乎祢者祭先祖也。一举动而祭天地祖先，示

〔1〕 程大璋：《王制通论·王制之均民贫富》，干春松、陈壁生主编：《经学与建国》，北京：中国人民大学出版社，2012年，第196页。
〔2〕 程大璋：《王制通论·王制之均民贫富》，《经学与建国》，第196页。
〔3〕 程大璋：《王制通论·王制之限君权义》，《经学与建国》，第192—193页。

不敢专也。……此限于无形者也"。[1]

由于君权的限制，故民权得以大伸，"天子得分其权，以与天下之人民，以为民权之基础耳"，民权应当有，因为"权者，天所赋也"，民权主要表现在用人、教育、行法三个方面。即"何谓分权于士，曰《王制》爵人于朝，与士共之。士者民之一也，由学校而来，非复向者世卿之子。爵人与士共之，是分用人之权于士也。命乡论秀士升之司徒，又命乡简不帅教者以告，耆老皆朝于庠，元日习射上功，习乡上齿，是分教育之权于乡也。刑人于市，与众弃之，是分刑人之权于众也"。[2] 民有教育权，是普及教育的表现。程大璋说："《王制》司徒修六礼以节民性，明七教以兴民德。又命乡论季士，升之司徒曰选士。司徒论选士之秀者而升之学曰俊士。……夫乡有选士、有庠、有射礼、有乡礼"，"教育普及之义，即寓其中焉"。[3]

民有用人权和行法权，是民可以参与政法，但人民没有立法权，"泰西之议院，皆立法权所在也。《王制》无之，曰：爵人于朝，与士共之，刑人于市，与众弃亡。民人得参与政法矣。然只爵人刑人二者，与士民共之，未可谓士民有立法权也。……故以立法权并行于行法权中，而统一于天子。天子命之教，然后学，冢宰制国用而天下遵之。故《中庸》曰，非天子不议礼、不制度、不考文。此可为《王制》法意之代表矣"。[4]

近代著名法律家沈家本和董康等，对于《王制》的政法思想有更为具体的描述。

沈家本认为，《王制》体现了法律面前的平等和慎罚公法的思想。他说，《王制》既有乡学，如"命乡简不帅教者以告，耆老皆朝于庠，元日习射上功，习乡上齿。……不变，命国之右乡，简不帅教者移之左，命国

〔1〕 程大璋：《王制通论·王制之限君权义》，《经学与建国》，第192—193页。
〔2〕 程大璋：《王制通论·王制分权于民》，《经学与建国》，第193页。
〔3〕 程大璋：《王制通论·王制之普及教育》，《经学与建国》，第194—195页。
〔4〕 程大璋：《王制通论·王制所以缺立法权之故》，《经学与建国》，第202页。

之左乡，简不帅教者移之右；不变，移之郊如初礼；不变，移之遂如初礼；不变，屏之远方，终身不齿"。又有国学，如"凡入学以齿，将出学，小胥大胥小乐正简不帅教者，以告于大乐正，大乐正以告于王。王命三公九卿大夫元士皆入学，不变王亲视学，不变王三日不举，屏之远方，西方曰棘，东方曰寄，终身不齿"，而且，"国学之中，王太子、王子、群后之太子、卿大夫元士之嫡子、国之俊选，皆造焉。其不帅教者，虽王子亦屏之，此政教之所以划一也"。[1] 称赞《王制》对于乡学和国学中学生，如屡教不改，都得实行放逐与屏弃的处罚。而且，王太子、贵族官吏子弟和庶民优秀子弟，都可入国学，但屡教不改者，从王太子到庶民之子都得受罚。

同时指出，《王制》的"爵人于朝与士共之，刑人于市与众弃之"，与《孟子》的"国人皆曰可杀，然后察之，见可杀焉，然后杀之"相一致。因此说："刑人众弃之义，即国人杀之之义。盖必与天下共之，而不出于一己之私意也，众弃之本旨如此。"[2] 并用此来反对以刑为"泄愤""逞威"之具和行法"出于人主一时之喜怒"。

董康认为，《王制》已开近世各国关于"刑之适用""刑之酌核""重罪即决"等先例。董康极其称赞《王制》的"凡听五刑之讼，必原父子之亲，立君臣之义，以权之；意论轻重之序，慎测浅深之量以别之；悉其聪明，致其忠爱以尽之；疑狱氾与众共之，众疑赦之；必察小大之比，以成之"，非常推崇孔颖达对于权、别、尽、共、赦、成六事的《疏》语。认为，权、别、尽、共、赦、成六事，是"刑之适用"，"行此六者适用刑罚，斯无枉纵矣"，"今世各国发明刑之适用，如德如意，俱于刑法案特设规定。日本改正案，亦纂为第四十八条。殊不知吾国于二千年前已悬为定

---

〔1〕（清）沈家本：《历代刑法考》之《刑法分考九·放》，北京：商务印书馆，2011年，第236页。

〔2〕《历代刑法考》之《行刑之制考》，第543页。

法也"。[1]

董康指出："按《礼记·王制》云附从轻，（注：附，施刑也，求出之使从轻。）又云凡听五刑之讼，必原父子之亲，立君臣之义以权之；意论轻重之序，慎测浅深之量以别之。是已开刑之酌核之先例。"[2]

关于"重罪即决"，首先是对《王制》"四诛"的"析言破律，乱名改作，执左道以乱政，杀；作淫声异服奇技奇器，以疑众，杀；行伪而坚，言伪而辩，学非而博，顺非而泽，以疑众，杀；假于鬼神、时日、卜筮，以疑众，杀"第四诛"假于鬼神、时日、下筮，以疑众，杀"，注曰："托此三者，陈说邪术，恐惧于人，使之倍（同'背'）礼违制也。"[3] 然后在"四诛"注释的基础上，认为这是近世欧美先进国家刑制实行重罪即决的先例，"《王制》'四诛不以听者'是尔时已开重罪即决之例矣"[4]。

康有为进一步认为，西方资本主义社会的许多民主与文明，都发源于《王制》。他十分得意地指出："租黎听讼，甚得孔子《王制》决狱之意"，外国租黎，即中国绅士也。"外国有十二绅士曰遭利，必俟画押，然后定。即'疑狱汜与众共之'也。""'与众共之'义，西人议院即本此意，'屏之四方，惟其所之'，今西方亦然"，"外国国用，亦用议院年计，亦用'冢宰制国用'之法"，"考试但论德，不论籍贯"，"西人甚美中国举士之制"，"外国亦何能出孔教之外耶？"[5]

以上康有为、皮锡瑞、程大璋等近代著名经学家以及沈家本、董康等近代著名法律家，他们之所以如此理解认识《王制》，宣扬歌颂《王制》，一方面是为了在托古改制的名义下，在政治、经济、教育礼仪上，进行维

---

〔1〕 何勤华、魏琼编：《董康法学文集》之《日本讲演录·春秋刑制考》第四章《罪条》，北京：中华书局，2004年，第278页。

〔2〕《董康法学文集》之《日本讲演录·春秋刑制考》第五章《诉讼法》，第305页。

〔3〕《董康法学文集》之《日本讲演录·春秋刑制考》第四章《罪条》，第293页。

〔4〕《董康法学文集》之《日本讲演录·春秋刑制考》第五章《诉讼法》，第307页。

〔5〕《万木草堂口说》之《王制》，第54页。

新改良，以图国富民强而启民智；于法律制度，在改旧律订新律过程中，进行借鉴援用，以便中外兼取。另一方面，《王制》在礼法制度上，确有不少积极的、超前的规定，以及民主性的精华，可以提供借鉴与继承。因此，这是《王制》意义深刻和影响久远的体现。

不难看出，《王制》确系古代经学家们关于制度方面的代表作（司马迁、班固认为是汉文帝"使博士诸生刺六经中，作《王制》"，汉宣帝时包含《王制》的《礼记》，被立为今文博士。近代康有为说，《王制》是孔子所作，进一步美化《王制》），问世不久，在两汉社会生活中产生了很大的作用和影响。自清代起，尤其是鸦片战争之后的近代，《王制》为改良主义者托古改制与维新变法，提供了历史的与理论的根据，也是修改旧律订新律的重要借鉴，甚至是世界近代某些新法例的先驱和"权舆"。因此，《王制》不仅在中国古代经学思想史上，而且在近代政治法律思想史上，都占有相当重要的地位。

从对《王制》的粗略探讨，也足以说明《礼记》在中国礼法史上影响之大，地位之重要。开始时，它在经学上的地位就超过了《大戴礼记》。两汉时期所谓五经和六经，其中礼统称《礼经》，是指《仪礼》，而以后的七经、九经、十一经、十二经、十三经，均有《礼记》在内，而无《大戴礼记》。所以《礼记》的影响和作用，比之《大戴礼记》更大更深远。

本书探讨两汉经学史，为什么对《礼记》，特别是其中的《王制》，要作如此详尽的探讨？因为《王制》在政治、经济、教育、法制上，有其先进性、前瞻性，讲民主、法制，强调国家、社会、人民的利益，与近代改良主义思想比较吻合；强调国家、社会、人民的一些平均、平等思想，现在世界上某些国家某些地区，恐怕还没有真正实行。所以，这部分内容并非不合于写作体制，而是符合《礼记》本身所具有的深远意义和影响。

八、经学的极盛时期

宣帝时众立今文博士，讲论六艺群书，据经传作颂乐，普遍举办婚姻之礼与乡饮酒礼，待匈奴单于之礼高于诸侯王等。

（一）立博士

西汉时立经今文博士十四家，其中有九家为宣帝时期所立。众立今文博士的同时，立《庆氏礼》和《穀梁》博士。

宣帝甘露三年（前51年）三月，"诏诸儒讲五经同异，太子太傅萧望之等平奏其议，上亲称制临决焉。乃立梁丘《易》、大小夏侯《尚书》、穀梁《春秋》博士"。[1]

嬴公是董仲舒的弟子，也是众弟子中唯一坚守学不失师法的，为昭帝谏大夫，授东海孟卿、鲁眭孟。严彭祖与颜安乐俱事眭孟，"孟弟子百余人，唯彭祖、安乐为明，质问疑谊，各持所见。孟曰：'春秋之意，在二子矣！'孟死，彭祖、安乐各颛门教授，由是《公羊春秋》有颜、严之学"。[2]

彭祖为宣帝时博士，安乐也为宣帝时博士，官至齐郡太守丞。彭祖为酷吏严延年次弟，有才艺，学《春秋》，明传经注记，即名《严氏春秋》。官至左冯翊、太子太傅，不求当世，为儒者宗。"或说曰：'天时不胜人事，君以不修小礼曲意，亡贵人左右之助，经谊虽高，不至宰相。愿少自勉强！'彭祖曰：'凡通经术，固当修行先王之道，何可委曲从俗，苟求富贵乎！'彭祖竟以太傅官终。"[3]

---

〔1〕《汉书》卷八《宣帝纪》，第272页。
〔2〕《汉书》卷八十八《儒林传》，第3616页。
〔3〕《汉书》卷八十八《儒林传》，第3616页。

班固说："初，《书》唯有欧阳，《礼》后，《易》杨，《春秋》公羊而已。至孝宣世，复立大小夏侯《尚书》，《大小戴礼》，施、孟、梁丘《易》，《穀梁春秋》。"〔1〕 周予同先生对于宣帝以上所立今文经博士，有总的叙述。他说，宣帝时，《书》有大小夏侯，即大夏侯（胜）、小夏侯（建）；《礼》，宣帝时分立为两家，即大戴（德）、小戴（圣），另有庆氏礼（普）；《易》，武帝时立《易经》博士，宣帝时分立为施、孟、梁丘三家，即施雠、孟喜、梁丘贺；《春秋公羊》，武帝时立《春秋公羊》博士，宣帝时分立为严、颜两家，即严彭祖、颜安乐；《穀梁春秋》，《汉书·儒林传》载："瑕丘江公受《穀梁春秋》及《诗》于鲁申公"〔2〕，（《穀梁》，宣帝时始立博士。）汉兴，鲁高堂生传《士礼》十七篇。讫孝宣世，后苍最明。戴德、戴圣、庆普都是其弟子，三家立于学官。

周先生对于《庆普礼》与《穀梁春秋》也有说明。认为，《庆氏礼》本今文学，据《后汉书·儒林传》未立于学官，所以不在十四博士之内。但是，也有人根据《汉书·艺文志》去《易》京氏而代以庆氏的，"《春秋穀梁传》宣帝甘露间始立为博士，不在十四博士之内。《穀梁》是今文，古代没有异说，但近人有认为是古文学，详可参考崔適《春秋复始》卷一"〔3〕。

宣帝时，儒家十四今文博士中立了九家，还立了《庆氏礼》博士与《穀梁》博士，而且当时尚未立博士的《论语》与《孝经》，也受到重视，在社会上广泛流行。

（二）重视《论语》《孝经》

宣帝从小受《诗》《论语》《孝经》的熏陶，特别重视《论语》与

---

〔1〕 《汉书》卷八十八《儒林传》，第3620—3621页。

〔2〕 《汉书》卷八十八《儒林传》，第3617页。

〔3〕 参见周予同：《经今古文学》卷一《经今古学的诠释》。

《孝经》，重视敬老养老与提倡乡党等礼。

宣帝重《孝经》，所下的诏令中，特别强调崇祖和父子祖孙关系。本始二年六月庚午，尊孝武庙为世宗庙，奏《盛德》《文始》《五行》之舞，天子世世献。武帝巡狩所幸之郡国，皆立庙。地节三年（前67年）十一月诏曰："……传曰：'孝弟也者，其为仁之本与!'其令郡国举孝弟有行义闻于乡里者各一人。"[1]

地节四年春二月，诏曰："导民以孝，则天下顺。……自今诸有大父母、父母丧者勿繇事，使得收敛送终，尽其子道。"[2] 宣帝下诏说，导民以孝，则天下顺。今百姓有丧，因子有役而不得归葬守丧，是"伤孝子之心"，今后有祖父母、父母丧者，子孙不服徭役，"使得收敛送终，尽其子道"。而且，下诏免除高祖功臣绛侯周勃等一百三十六家子孙的徭役负担，使"奉祭祀，世世勿绝"[3]。

夏五月诏曰："父子之亲、夫妇之道，天性也。虽有患祸，犹蒙死而存之。诚爱结于心，仁厚之至也，岂能违之哉! 自今子首匿父母，妻匿夫，孙匿大父母，皆勿坐。其父母匿子，夫匿妻，大父母匿孙，罪殊死，皆上请廷尉以闻。"[4]

元康四年春正月，又诏曰："惟耆老之人，发齿堕落，血气衰微，亦亡暴虐之心，今或罹文法，拘执图圄，不终天命。朕甚怜之。自今以来，诸年八十以上，非诬告杀伤人，它皆勿坐。"[5]

宣帝之子，也重经学，好《论语》《孝经》。宣帝最宠爱的张婕妤之子，即淮阳王钦，"好经学法律"。太子即后来的元帝，更好《论语》《孝经》。

〔1〕《汉书》卷八《宣帝纪》，第250页。

〔2〕《汉书》卷八《宣帝纪》，第250—251页。

〔3〕《汉书》卷八《宣帝纪》，第254页。

〔4〕《汉书》卷八《宣帝纪》，第251页。

〔5〕《汉书》卷八《宣帝纪》，第258页。

宣帝时，有传《齐论》者如王吉、贡禹，传《鲁论》者如夏侯胜、韦贤、萧望之、张禹等，传《孝经》者如江翁、后苍、翼奉、张禹等。

《论语》与《孝经》在两汉时尚未列入五经与六艺，也就未立为博士。但在当时非常流行，得到君主的重视。特别是自武帝、宣帝开始，往往作为君主理政治民及广大人民社会活动的根据、准则、指南与借鉴。

汉宣帝地节四年颁布父祖子孙夫妇有罪，可以相互隐匿的诏令，是根据《论语》而来。东平王刘宇与太后关系紧张，宣帝特以诏书赐王太后，引《论语》中孔子所言"父为子隐，子为父隐，直在其中矣"，曰："闺门之内，母子之间，同气异息，骨肉之恩，岂可忽哉！岂可忽哉！"[1] 东平王自感惭惧，顿首谢罪。可见《论语》在西汉一代，对君臣士民的指导意义极为普遍广泛。

汉代非常重视依孝道行事，西汉的皇帝，除了开朝皇帝高祖，后继的皇帝谥号前都加孝。特别是从武帝开始，如元光元年冬十二月，初令郡国举孝廉各一人。颜师古注曰："孝谓善事父母者，廉谓清洁有廉隅者。"[2] 元朔元年冬十一月，有"今诏书昭先帝圣绪，令二千石举孝廉，所以化元元，移风易俗也。不举孝，不奉诏，当以不敬论。不察廉，不胜任也，当免"。[3] 举孝廉入仕为官。

宣帝时，君主、诸侯王都要以《孝经》为行为准则，地方官吏乃至守门的兵卒，也重《孝经》，以《孝经》为行为指南。宣帝时，东郡太守韩延寿及其府门门卒喜欢《孝经》，就是其中一例。韩延寿，字长公，燕人，徙杜陵。少为郡文学，曾为谏大夫，任东郡太守。有一次，延寿有事外出，准备上车时，发现一个随从骑吏晚到，就敕令功曹商议罪名，以此来惩罚他。当延寿返回经过府门时，门卒就挡住车骑，欲有所言，门卒引

〔1〕《汉书》卷八十《宣元六王传》，第3322页。
〔2〕《汉书》卷六《武帝纪》，第160页。
〔3〕《汉书》卷六《武帝纪》，第167页。

《孝经》"资于事父以事君，而敬同，故母取其爱，而君取敬，兼之者父也"，根据《孝经》，事父之道比事君之道还重要。门卒接着说，今天太守您虽然来得很早，但久驻未出，骑吏的父亲来到府门不敢入。骑吏得知后，立刻去迎接，这时，太守您正准备登车外出，所以骑吏迟到了。迟到自然要惩罚，但骑吏是因敬父而被罚，有损教化。韩延寿知道事情真相后，立刻认识到过失，对门卒说，若没有您说明真相，我就不知道自己的过错。[1] 可见，当时的门卒、骑吏、太守都熟读《孝经》，依《孝经》经义立身行事。

韩延寿还曾为淮阳太守、颍川太守，入守左冯翊。当时颍川多豪强，难以治理。先是赵广汉任太守，民间朋党成患，赵广汉令官奖掖吏民众相互告发，以此来瓦解朋党，结果百姓多怨仇。韩延寿想要更改，以礼让来教导民众、团结民心，担心百姓不听从，设宴召来郡中长老为乡里所信向者数十人，亲自以礼相待，把这些想法告诉这些长者，结果得到长老们的一致赞同。同时，韩延寿还奖掖恭敬谦让子弟，表彰孝顺友爱之人，感化民众，"因与议定嫁娶丧祭仪品，略依古礼，不得过法。延寿于是令文学校官诸生皮弁执俎豆，为吏民行丧嫁娶礼。百姓遵用其教"。[2] 延寿重视教化，"所至必聘其贤士，以礼待用，广谋议，纳谏争；举行丧让财，表孝弟有行；修治学官，春秋乡射，陈钟鼓管弦，盛升降揖让，及都试讲武，设斧钺旌旗，习射御之事。……又置正、五长，相率以孝弟，不得舍奸人"。[3] 但任左冯翊时，延寿行巡视至高陵，正好遇到有兄弟为争田产而相互诉讼，韩延寿见此非常痛心，自责没能做好郡民表率，不能阐明教化，以致发生这样有损风俗教化的事情，使得当地贤明的长吏、啬夫、三老、孝悌等官长蒙受耻辱，便闭门思过。韩延寿的行为引得一县之人莫知

---

〔1〕《汉书》卷七十六《赵尹韩张两王传》，第3210页。
〔2〕《汉书》卷七十六《赵尹韩张两王传》，第3210页。
〔3〕《汉书》卷七十六《赵尹韩张两王传》，第3211页。

所为，令丞、啬夫、三老也都自系待罪。于是那些争讼者也都互相责怪，兄弟二人也深感羞愧，表示老死也不敢再有争执[1]。韩延寿以德治政，以孝悌倡导风化，使郡中大治。

宣帝重视乡党之礼，包括乡饮酒礼、乡射礼、婚姻等。五凤二年八月，诏曰："夫婚姻之礼，人伦之大者也；酒食之会，所以行礼乐也。今郡国二千石或擅为苛禁，禁民嫁娶不得具酒食相贺召。由是废乡党之礼，令民亡所乐，非所以导民也。"[2]

疏广，东海兰陵人，年少时好学，明《春秋》，在家中教授学生，学者自远方而来。宣帝时，征为博士、太中大夫。地节三年，先为皇太子少傅，几个月后徙为太傅。疏广兄长的儿子疏受，字公子，亦以贤良举为太子家令。疏受好礼恭谨，敏而有辞，深得皇上欢悦，拜为少傅。

后来，疏广与他的侄子疏受年老回归乡里，卖掉了宣帝及太子所赐的黄金七十斤，每天在家里大摆筵席，具设酒食，请族人故旧宾客，与相娱乐。过了一年多，疏广的子孙感到，如此挥霍下去，金银总有一天会用尽，便对疏广的老友们说，请他们规劝疏广注意积聚财物。疏广却对老友们说："吾岂老誖不念子孙哉？顾自有旧田庐，令子孙勤力其中，足以共（供）衣食，与凡人齐。今复增益之以为赢余，但教子孙怠惰耳。贤而多财，则损其志；愚而多财，则益其过。且夫富者，众人之怨也；吾既亡以教化子孙，不欲益其过而生怨。又此金者，圣主所以惠养老臣也，故乐与乡党宗族共飨其赐，以尽吾余日，不亦可乎！"[3] 这一番话令族人们都心悦诚服。行乡饮酒礼，与乡党、宗族、邻里共娱乐，是为了地方安定太平，也是为了教育子孙，要勤劳自力，避免出现暴富，也避免出现过分贫困的情况。

---

〔1〕《汉书》卷七十六《赵尹韩张两王传》，第3213页。
〔2〕《汉书》卷八《宣帝纪》，第265页。
〔3〕《汉书》卷七十一《隽疏于薛平彭传》，第3040页。

宣帝时地方上行乡党、学校、丧葬、嫁娶之礼，婚娶不能过早。当时通五经的王吉，认为嫁娶不能过早，也不能以男事女。他认为"夫妇，人伦之大纲，夭寿之萌也。世俗嫁娶太早，未知为人父母之道而有子，是以教化不明而民多夭。聘妻送女无节，则贫人不及，故不举子。又汉家列侯尚公主，诸侯则国人承翁主，使男事女，夫诎于妇，逆阴阳之位，故多女乱"。[1]

（三）行《周礼》

汉宣帝行过最高级之礼，即天子和极少数诸侯的大射礼，这是西汉时期进行的第一次大射礼。宣帝时也行《周礼》，倡导歌诗雅乐，提高对待少数民族的礼遇。

经古文的《周礼》（即《周官》），有五听、八议、三刺、三宥、三赦之礼。宣帝时，特别重视三赦：一曰幼弱，二曰老眊，三曰蠢愚。关于"老眊"，元康四年，宣帝下诏曰："朕念夫耆老之人，发齿堕落，血气既衰，亦无暴逆之心，今或罗于文法，执于囹圄，不得终其年命，朕甚怜之。自今以来，诸年八十非诬告杀伤人，它皆勿坐。"[2]

宣帝修武帝旧事，讲论六艺群书，重歌诗、雅乐。神爵、五凤年间，帝作歌诗，想要兴办协律之事。丞相魏相奏言知音善鼓雅琴者渤海赵定、梁国龚德，皆召见待诏。又益州刺史王襄欲宣化于众庶，听闻王褒有俊材，便请求与之相见。让王褒作《中和》《乐职》《宣布》诗，再让善歌者依《鹿鸣》之声习而歌之。当时，氾乡侯何武为僮子，在选拔的歌者之列。后来，何武等众人在长安太学学习歌唱，宣帝展转有听闻，便召见何武等人，赞此为盛德之事。

宣帝重视五经六艺，非常强调君臣上下的德仪、礼节。武帝以来有许

〔1〕《汉书》卷七十二《王贡两龚鲍传》，第3064页。

〔2〕《汉书》卷二十三《刑法志》，第1106页。

多少数民族归汉向往中国，宣帝为了吸收和优待归汉的少数民族，给予他们很高的礼遇。甘露二年冬十二月，匈奴呼韩邪单于想要归属于汉，臣下有司认为应待之以诸侯王的礼遇，而宣帝却要求提高至诸侯王之上的待遇。

当时匈奴呼韩邪单于叩五原塞，表示愿意奉献国珍，朝拜汉帝。甘露三年正月，宣帝即下诏有司共议。公卿等都说："圣王之制，施德行礼，先京师而后诸夏，先诸夏而后夷狄。《诗》云：'率礼不越，遂视既发。相土烈烈，海外有截。'陛下圣德，充塞天地，光被四表。匈奴单于乡风慕义，举国同心，奉珍朝贺，自古未之有也。单于非正朔所加，王者所客也，礼仪宜如诸侯王，称臣昧死再拜，位次诸侯下。"〔1〕萧望之等认为，"单于非正朔所加，故称敌国，宜待以不臣之礼，位在诸侯王上"。宣帝听了大臣们的不同意见，于是下诏曰："盖闻五帝三王，礼所不施，不及以政。今匈奴单于称北藩臣，朝正月，朕之不逮，德不能弘覆。其以客礼待之，位在诸侯王上。"〔2〕

以客礼待匈奴单于，位在诸侯王之上，汉宣帝和萧望之的这一观点，遭到东汉荀悦的批评。他说：

《春秋》之义，王者无外，欲一于天下。《书》曰："西戎即序"，言皆顺从其序也。道里辽远，人物介绝，人事所不致，血气所不沾。不告谕以文辞，故正朔不及，礼教不加，非导之也，其势然也。王者必则天地，天无不覆，地无不载。故盛德之主则亦如之，九州之外谓之藩国，蛮夷之君列于五服。《诗》云："自彼氐羌，莫敢不来王"。故要荒之地必奉王贡，若不供职，则有辞让号令加焉，非敌国之谓也。故远不间亲，狄不乱华，轻重有序，赏罚有章，此先王之大礼。

〔1〕《汉书》卷八《宣帝纪》，第270页。
〔2〕《汉书》卷八《宣帝纪》，第270页。

故舞四夷之乐于四门之外，不备其礼，故不见于先祖，献其志意音声而已。望之欲待以不臣之礼，加之王公之上，僭度失序，以乱天常，非礼也。若以权时之宜，则异论矣。[1]

九、名臣贤臣

宣帝时功臣名臣计二十六人。甘露三年，宣帝思虑股肱之美，于是令人画像于麒麟阁，按照这些臣子的相貌，署上官爵姓名。唯有霍光不署名，"曰大司马大将军博陆侯姓霍氏，次曰卫将军富平侯张安世，次曰车骑将军龙頟侯韩增，次曰后将军营平侯赵充国，次曰高平侯魏相，次曰丞相博阳侯丙吉，次曰御史大夫建平侯杜延年，次曰宗正阳城侯刘德，次曰少府梁丘贺，次曰太子太傅萧望之，次曰典属国苏武。皆有功德，知名当世，……凡十一人，皆有传。自丞相黄霸、廷尉于定国、大司农朱邑、京兆尹张敞、右扶风尹翁归及儒者夏侯胜等，皆以善终，著名宣帝之世，然不得列于名臣之图，以此知其选矣"。[2]

荀悦说："至孝宣承统，继修鸿业，亦讲论六艺，招选茂异，而萧望之、梁丘贺、夏侯胜、韦玄成、严彭祖、尹更始以儒术进，刘向、王褒以文章显，将相则张安世、赵充国、魏相、丙吉、于定国、杜延年，治民则黄霸、王成、龚遂、邵信臣、韩延寿、尹翁归、赵广汉、张敞之属，皆有功迹，见于后世，参之名臣，亦其次也。"[3]

这些宣帝时名臣贤臣，前后共提到三十三人，去重之后实为二十六人。二十六人中，赵充国、韩增、杜延年、赵广汉、尹翁归、王成、苏武等史书没有具体记载，其实他们都是爱国忠君、讲仁义、崇礼德之人，为

---

〔1〕《汉纪》卷二十《孝宣皇帝纪》，第 356 页。

〔2〕《汉书》卷五十四《李广苏建传》，第 2468—2469 页。

〔3〕《汉纪》卷二十《孝宣皇帝纪》，第 360 页。

地方人民清风俗、办善事，深受儒家仁义道德的感染、影响。

张安世，字子孺，武帝时廷尉、御史大夫张汤之子，年少时以父亲的地位出任郎官。读书很多。张汤与《春秋》大师董仲舒、《尚书》专家儿宽关系密切，经常代表汉武帝向董仲舒请教。张安世也很重视经义的学习。"上（武帝）行幸河东，尝亡书三箧，诏问莫能知，唯安世识之，具作其事。后购求得书，以相校无所遗失"[1]，武帝非常赏识他的才能，擢为尚书令，迁光禄大夫。张安世熟读诸书，其中包括经籍儒书。

下面谈一些名臣的经学思想及影响。

（一）张敞、丙吉、黄霸、龚遂、召信臣、王褒

张敞，"本治《春秋》，以经术自辅"[2]。

丙吉，"本起狱法小吏，后学《诗》《礼》，皆通大义。及居相位，上宽大，好礼让"[3]。

黄霸，曾在狱中跟从夏侯胜学习《尚书》，"胜、霸既久系，霸欲从胜受经，胜辞以罪死。霸曰：'朝闻道，夕死可矣。'胜贤其言，遂授之。系再更冬，讲论不怠"[4]。

龚遂，字少卿，山阳南平阳人，以通晓经义为官，至昌邑王郎中令，侍奉昌邑王刘贺。刘贺做事多不循正道，龚遂于府内净谏刘贺，于府外责难傅相，援引经义，陈述祸福，曰："今大王亲近群小，渐渍邪恶所习，存亡之机，不可不慎也。臣请选郎通经术有行义者与王起居，坐则诵《诗》《书》，立则习礼容，宜有益。"[5] 刘贺听从了龚遂的劝谏。

召信臣，字翁卿，九江寿春人，以明经甲科为郎，出补谷阳长，后迁

〔1〕《汉书》卷五十九《张汤传》，第2647页。

〔2〕《汉书》卷七十六《赵尹韩张两王传》，第3222页。

〔3〕《汉书》卷七十四《魏相丙吉传》，第3145页。

〔4〕《汉书》卷七十五《眭两夏侯京翼李传》，第3157页。

〔5〕《汉书》卷八十九《循吏传》，第3637—3638页。

南阳太守。召信臣爱民如子，利民之所利，"其化大行……吏民亲爱信臣，号之曰召父，……迁河南太守，治行常为第一，复数增秩赐金"[1]。

王褒，字子渊，蜀人。作《中和》《乐职》《宣布》诗，为宣帝作《圣主得贤臣颂》等，记曰："共惟《春秋》五始之要"。引《易》曰："飞龙在天，利见大人"，引《诗》曰："思皇多士，生此王国"，甚赞宣帝为尧、舜、禹、汤、文、武之君[2]。

（二）于定国、魏相

于定国，字曼倩，东海郯人，他的父亲于公曾为县狱史、郡决曹，决狱公平，触犯刑法而被于公审判的人，没有心怀怨恨的。于定国年少时跟随父亲学法。父亲死后，于定国亦为狱史、郡决曹，补廷尉史。宣帝立，于定国为光禄大夫，数年之后破格迁为廷尉。于定国拜师学习《春秋》，亲自手执经书，北面而备弟子之礼。于定国为人谦恭，尤重经术士，即使身份卑贱徒步行走的人经过，于定国都平等对待，以礼相敬，礼节完备，学士都称颂他。于定国"决疑平法，务在哀鳏寡，罪疑从轻，加审慎之心"，朝廷称赞他"张释之为廷尉，天下无冤民；于定国为廷尉，民自以不冤"[3]。甘露年间，代黄霸为丞相，封西平侯。

魏相，字弱翁，济阴定陶人，徙平陵。年少时学《易》，为郡卒史，举贤良，以对策高第，为茂陵令。

关于对策，魏相为韩延寿之父燕国郎中韩义申冤辩白。当时昭帝年幼，大将军霍光持政，征郡国贤良文学，问以得失。魏相以文学对策，认为："赏罚所以劝善禁恶，政之本也。日者燕王（燕王丹）为无道，韩义出身强谏，为王所杀。义无比干之亲而蹈比干之节，宜显赏其子，以示天

---

〔1〕《汉书》卷八十九《循吏传》，第 3642 页。

〔2〕《汉书》卷六十四下《严朱吾丘主父徐严终王传下》，第 2823—2826 页。

〔3〕《汉书》卷七十一《隽疏于薛平彭传》，第 3042 页。

下，明为人臣之义。"〔1〕 霍光听从他所言，擢韩延寿为谏大夫，迁淮阳太守。

宣帝即位，征魏相入为大司农，迁御史大夫。四年，大将军霍光去世，帝思其功德，欲擢其子为右将军，其兄之子乐平侯山复领尚书事。魏相认为这种世卿不妥，于是，因平恩侯许伯奏封事，曰："《春秋》讥世卿，恶宋三世为大夫，及鲁季孙之专权，皆危乱国家。自后元以来，禄去王室，政繇冢宰。今光死，子复为大将军，兄子秉枢机，昆弟诸婿据权势，在兵官。光夫人显及诸女皆通籍长信宫，或夜诏门出入，骄奢放纵，恐寖不制。宜有以损夺其权，破散阴谋，以固万世之基，全功臣之世"〔2〕，霍光子侄掌大权，霍光妻女操纵后宫，不符合《春秋》讥世卿之义。

不久，韦贤以老病免职，魏相遂代为丞相，封高平侯，食邑八百户。宣帝亲政，魏相总领众职。元康中，宣帝与后将军赵充国等议，欲因匈奴衰弱，出兵攻击其右地，使不敢复扰西域。魏相上书谏曰："间者匈奴尝有善意，所得汉民辄奉归之，未有犯于边境"，不宜兴兵入其地，又今郡国"子弟杀父兄、妻杀夫者，凡二百二十二人，臣愚以为此非小变也，今左右不忧此，乃欲发兵报纤介之忿于远夷，殆孔子所谓'吾恐季孙之忧，不在颛臾，而在萧墙之内'也"〔3〕，宣帝听从了魏相的谏言，不再谋求伐匈奴。

魏相明《易经》，传承有师法，喜欢观看汉代旧事及君臣对答的奏章，认为，古今虽然异制，但现在都只在是奉行旧事而已。多次条呈汉兴以来处理政务的妥善方法，以及贾谊、晁错、董仲舒等人的言论，奏请宣帝施行。

魏相喜欢研读《易经》，又懂《礼记》，很多表奏都采《易》之《阴

---

〔1〕《汉书》卷七十六《赵尹韩张两王传》，第3210页。

〔2〕《汉书》卷七十四《魏相丙吉传》，第3134—3135页。

〔3〕《汉书》卷七十四《魏相丙吉传》，第3136页。

阳》、《礼记》之《明堂》《月令》奏之。他说：

> 臣相幸得备员，奉职不修，不能宣广教化，阴阳未和，灾害未息，咎在臣等。臣闻《易》曰："天地以顺动，故日月不过，四时不忒；圣王以顺动，故刑罚清而民服。"天地变化，必繇阴阳，阴阳之分，以日为纪。日冬夏至，则八风之序立，万物之性成，各有常职，不得相干。东方之神太昊，乘《震》执规司春；南方之神炎帝，乘《离》执衡司夏；西方之神少昊，乘《兑》执矩司秋；北方之神颛顼，乘《坎》执权司冬。中央之神黄帝，乘《坤》《艮》执绳司下土。兹五帝所司，各有时也。东方之卦不可以治西方，南方之卦不可以治北方。春兴《兑》治则饥，秋兴《震》治则华，冬兴《离》治则泄，夏兴《坎》治则雹。明王谨于尊天，慎于养人，故立羲和之官以乘四时，节授民事，君动静以道，奉顺阴阳，则日月光明，风雨时节，寒暑调和。三者得叙，则灾害不生，五谷熟，丝麻遂，草木茂，鸟兽蕃，民不夭疾，衣食有余。若是，则君尊民说，上下亡怨，政教不违，礼让可兴。夫风雨不时，则伤农桑；农桑伤，则民饥寒，饥寒在身，则亡廉耻，寇贼奸宄所繇生也。臣愚以为阴阳者，王事之本，群生之命，自古贤圣未有不由者也。天子之义，必纯取法天地，而观于先圣。[1]

魏相以西汉以来高祖、文帝二事为例，上书说明当采阴阳，明时令。魏相称赞汉高刘邦，根据季节变化而更换衣服；批评汉文帝二月施恩天下，不合时令"颇非时节"。借上述经验教训，向汉宣帝上书说："伏念陛下恩泽甚厚，然而灾气未息，窃恐诏令有未合当时者也。愿陛下选明经通知阴阳

---

[1]《汉书》卷七十四《魏相丙吉传》，第3139页。

者四人，各主一时，时至明言所职，以和阴阳，天下幸甚！"〔1〕魏相明《易经》《礼记》。《易经》深研阴阳、八卦，《礼记》之《明堂》十分注意方位，《月令》讲究时气，魏相以两经的经义和历史的教训，向汉宣帝建议，结果得到汉宣帝的采纳与实行。

（三）刘向、尹更始

刘向，楚元王之后，刘德之子，字子政，本名更生。十二岁时凭借父亲的德行担任为辇郎。弱冠之后，以行为端正为谏大夫。宣帝遵循武帝旧事，诏选名儒俊才置于左右，更生以通达经义、能属文辞，与王褒、张子侨等并进对，献赋颂凡数十篇。

甘露元年，刘向作为《穀梁》方面代表，参加评议《公羊》《穀梁》异同，与《公羊》五代表辩论，讨论三十余事。结果大多数人称赞《穀梁》，因此《穀梁》大盛，其中有刘向的努力与贡献。

甘露三年，刘向参加宣帝亲自主持召开的讲论五经同异的石渠阁会议。现存史料虽没有记载刘向的发言，但《春秋议奏》三十九篇中应有刘向的意见。史书记载，"会初立《穀梁春秋》，征更生受《穀梁》，讲论五经于石渠。复拜为郎中给事黄门，迁散骑谏大夫给事中"〔2〕后来，刘向对于元帝时废郡国庙及京师宗庙迭毁表示支持，对于成帝时祀长安南北郊，罢废不合礼的杂祠、旧祠表示异议（其他有关经礼、制度的思想详后）。需要补充一点，只有刘向与萧望之，前后两次参加了甘露元年的《穀梁》与《公羊》异同的讨论会和甘露三年讨论五经异同的石渠阁会议。

尹更始，汝南人，喜好《穀梁春秋》，本学于蔡千秋，能说《穀梁》。宣帝即位，闻卫太子好《穀梁春秋》，丞相韦贤、长信少府夏侯胜及侍中乐陵侯史高皆鲁国人，说穀梁子本鲁学，应当兴《穀梁》。当时蔡千秋为

〔1〕《汉书》卷七十四《魏相丙吉传》，第3140页。
〔2〕《汉书》卷三十六《楚元王传》，第1929页。

郎，宣帝召见，与《公羊》家并说，上善《穀梁》说，擢千秋为谏大夫给事中，后有过失，左迁左陵令。

甘露元年，就《穀梁春秋》与《公羊春秋》异同进行评议，"各以经谊对，多从《穀梁》"。《穀梁》首席代表就是尹更始，"《穀梁》议郎尹更始，待诏刘向、周庆、丁姓并论。……并内《穀梁》家中郎王亥，各五人，议三十余事"[1]。

尹更始曾为谏大夫、长乐户将。除了学《穀梁》之外，又受《左氏传》，取其变理合者以为章句，传子咸及翟方进、琅邪房凤。咸至大司农，方进为丞相。

以上从九个方面，概述了昭帝、宣帝时期经学发展变化的情况。总而言之，汉昭帝和汉宣帝时期的经学发展，礼乐活动频繁，包括儒术争辩、礼乐建设和礼学思想等都很有成效。首先是最高统治者带头进行礼乐建设，如昭帝亲自举行冠礼；汉宣帝立经今文博士，于宗庙、祭祀、朝觐、聘享等礼乐方面都有很大的建树。更为重要的是提倡经义与礼乐的争辩与研究。昭帝时，召开盐铁会议，进行仁义与财利之争、德礼与刑法之争，这是儒家内部重礼重法之争。宣帝时，召开的《穀梁春秋》与《公羊春秋》异同的辩论，五经异同辩论的石渠阁会议，也是儒家内部不同观点的争论。特别是丧服方面的争论，不但有诸生、名儒、学者参加，甚至皇帝也过问参与。

盐铁酒权的讨论，贤良、文学与御史大夫、丞相史、御史，各有各的根据与理由，谁也说服不了谁，但最终能既考虑到国家利益，又注意到人民的利益，故罢酒权而保存盐铁国有。《公羊》与《穀梁》的评议，是根据了多数人的意见，立《穀梁》博士，从而使《穀梁》大盛，但还不是今文十四博士之一（这恐怕也是考虑少数人意见的关系）。讨论五经异同的

---

[1]《汉书》卷八十八《儒林传》，第3618页。

石渠阁会议，从保存的礼议材料看来，宣帝虽然亲自参加，但仅表示同意或不同意某种意见，并不一定要照皇帝支持的意见实行。如关于子为改嫁之母当何服的问题，萧望之认为当服周（齐衰一年），宣帝支持韦玄成的无服意见。三国时谯周主张实行萧望之的观点，说明西汉经东汉到三国，相沿袭的观点，并非一定是皇帝支持的。

昭帝与宣帝时出现了一批著名的经学家、信仰经义的政治家与艺术家，其中不乏正直无私、实事求是、不为势利所屈的经学家、政治家，值得称道与歌颂。如好《尚书》《礼服》《论语》的夏侯胜，不同意宣帝下诏为汉武帝立庙。夏侯胜认为，武帝不断地对外战争，造成赤地千里，无德泽于民，故"不宜立庙乐"。坚持人臣"宜直言正论，非苟阿意顺指"，甘愿下狱坐牢。《公羊春秋》严氏学派创始人严彭祖，廉直不事权贵。好《尚书》的丞相黄霸、学《春秋》的御史大夫于定国，不同意宣帝给来朝的匈奴呼韩邪单于"位在诸侯王上"。这些正直无私、敢于讲话、根据经义办事的经学家与政治家，值得纪念和推崇。

除了讨论、探索《经》之外，对有关《传》《记》的研究，也很有成就。《汉书·艺文志》所说的孔子七十弟子及其后学（包括战国、秦、西汉时人）对《礼经》等所作的解释、说明、阐述，乃至发挥、引申，也所谓"记"（实就是"传"的意思），到西汉中期，据刘向说，有"古文记"二百四篇，据东汉班固说有"记"一百三十一篇。宣帝时，戴德的《大戴礼记》和戴圣的《礼记》，是对《礼经》大量的"记"（传），进行了深入的阅读、分析、比较、研究、删削、选择，把最能体现、阐发《礼经》而有代表性的"记"，保存了下来，对于古代礼乐制度和礼学思想的保存，具有重要意义。

同时，得到西汉统治者的承认，被列为今文经学十四博士之二的《大戴礼记》和《礼记》，在西汉及之后的古代，乃至近现代，都有深刻影响。如《大戴礼记》的《盛德篇》，《礼记》的《王制篇》，特别是《王制篇》，曾经成为近代变法、改律的历史根据和理论借鉴。

乐也有成就。宣帝亲自作歌诗，王褒、赵定、龚德、何武等在诗词、歌舞方面，都很有造诣。如王褒有集五卷，其中也有关于礼乐方面的论述。所撰《四子讲德论》说，曾以《仪礼·士相见礼》会友。并且认为，"乐者，感人密深而风移俗易。吾所以咏歌之者，美其君术明而臣道得也"[1]。而赵定有《雅琴》七篇，龚德有《雅琴》九十九篇。这些在中国礼乐史上，均有重要地位。

石渠阁会议的礼议、戴德《丧服变除》和《丧服记》所说的丧礼，以及乐，主要是对待和服务于天子、诸侯、卿、大夫、士。戴德称，父无论是天子、诸侯、卿、大夫、士，都应该为长子斩衰三年，《大戴礼记·盛德篇》强调行礼至于人民、小民，《礼记·王制篇》讲到民、众、庶人。也就是说，一般的庶人，也当有礼的要求与约束。但始终没有谈到地位低于庶人的奴婢与僮仆。

有没有专门针对奴婢、僮仆的要求和约束呢？当然有，当时有一种叫《僮约》，宣帝神爵三年，蜀郡王子渊买湔县寡妇杨惠的奴仆便了，就有《买券》（契约），便是对奴仆的约束。该《僮约》对于奴婢、僮仆，一年四季的劳动安排得非常紧张。一日之间从早到晚没有停息，饮食起居都有规定。如"鼓四起坐，夜半益刍"，"日中早熭，鸡鸣起舂"，"奴但当饭豆饮水，不得嗜酒"，"果熟收敛，不得吮尝"，"不得晨出夜入，交关伴偶"，"入市不得夷蹲旁卧"，"出入不得骑马载车"，"勤心疾作，不得邀游。奴老力索，种莞织席。事讫休息，当舂一石，夜半无事，浣衣当白。若有私钱，主给宾客，奴不得有奸私，事事当关白。奴不听教，当笞一百。""不得骑马载车"，"不得晨出夜入，交关伴偶"，不得有私钱，不得吃酒，"不得有奸私，事事当关白"，实际上都是束缚奴婢僮仆之礼。是礼，也是法，如不依这些礼办事，便要受罚，"奴不听教，当笞一百"，对于这样的规定，奴婢、僮仆非常惧怕。如王子渊的奴仆便了知道有《僮约》，就"讫

---

[1]《全汉文》卷四十二《王褒·四子讲德论》，第429页。

仡叩头，两手自搏，目泪下落，鼻涕长一尺"，认为"不如早归黄土陌"，若知道如此残酷，不如早死为好。[1]

因此，在西汉中期经传、礼义、仁德广为宣扬之时，对于奴婢、僮仆的一种所谓《僮约》，实际上是一种非礼之法，处处约束限制奴婢僮仆，动辄笞杖加身。这是西汉中期经学、礼义应该补充的一个重要方面。

---

〔1〕《全汉文》卷四十二《王褒·僮约》，第434—435页。

第四章 元帝、成帝、哀帝时期的经学

元、成、哀帝时期的经学与汉宣帝 "霸王道杂之" 时期一样，自上而下受到关注和重视，并有所发展。宣帝病危之际，史高、萧望之、周堪、刘向等著名的经师受遗诏辅助元帝。元帝 "柔仁好儒"，曾经受到过主张儒法结合、"霸王道杂之" 的汉宣帝的批评，元帝曾委婉地指出宣帝用刑稍过，劝告应该多重用儒生。宣帝厉声斥责，并长叹道："乱我者，太子也！"[1]

一、元帝与经学

（一）以亲亲尊尊之道诏令

元帝宽仁好儒，对其弟东平王宇及王太后的态度，就是重要表现。

刘宇，甘露二年被宣帝立为东平王。刘宇势力壮大之后，勾结坏人，经常犯法乱纪，元帝因为至亲之故没有治他的罪。后来东平王与王太后关系不和，上书要求守宣帝陵墓。元帝遣太中大夫张子蟜奉玺书告诫刘宇说："盖闻亲亲之恩莫重于孝，尊尊之义莫大于忠，故诸侯在位不骄以致孝道，制节谨度以翼天子，然后富贵不离于身，而社稷可保。今闻王自修有阙，本朝不和，流言纷纷，谤自内兴，朕甚懵焉，为王惧之。《诗》不

云乎？'毋念尔祖，述修厥德，永言配命，自求多福。'朕惟王之春秋方刚，忽于道德，意有所移，忠言未纳，故临遣太中大夫子蟜谕王朕意。孔子曰：'过而不改，是谓过矣。'王其深惟孰思之，无违朕意。"[1] 元帝对于东平思王刘宇的通奸犯法、不孝敬亲，以儒家的亲亲之恩、尊尊之义、忠孝之道，以及儒家经典《诗经》《论语》来教育开导，希望他能改过自新。

元帝特以玺书赐东平王太后曰："夫福善之门莫美于和睦，患咎之首莫大于内离。今东平王出襁褓之中而托于南面之位，加以年齿方刚，涉学日寡，骜乎臣下，不自它于太后，以是之间，能无失礼义者，其唯圣人乎！传曰：'父为子隐，直在其中矣。'王太后明察此意，不可不详。闺门之内，母子之间，同气异息，骨肉之恩，岂可忽哉！岂可忽哉！昔周公戒伯禽曰：'故旧无大故，则不可弃也，毋求备于一人。'夫以故旧之恩，犹忍小恶，而况此乎！"[2] 元帝以儒家孔子、周公之言，劝谏王太后与东平王母子和睦而讲礼义。

元帝以诏书敕令东平王的傅、相，曰："夫人之性皆有五常，及其少长，耳目牵于耆欲，故五常销而邪心作，情乱其性，利胜其义，而不失厥家者，未之有也。今王富于春秋，气力勇武，获师傅之教浅，加以少所闻见，自今以来，非五经之正术，敢以游猎非礼道王者，辄以名闻。"[3] 元帝令傅、相以《诗》《书》《礼》《易》《春秋》等五经，仁义礼知信"五常"，教育熏陶东平王，使其性正情，义胜其利。

（二）外戚崇儒通经好礼

元帝以儒家的圣人言论与儒家经典对诸侯王进行规劝和引导，还要求

---

[1] 《汉书》卷八十《宣元六王传》，第3320—3321页。
[2] 《汉书》卷八十《宣元六王传》，第3322页。
[3] 《汉书》卷八十《宣元六王传》，第3323页。

外戚自觉学经，以经办事，以经义教育子弟。

元帝冯昭仪的父亲冯奉世，三十多岁才学《春秋》，涉大义，读兵法明习，将军韩增任命其为军司空令，本始年间，跟随军队攻打匈奴。当时，莎车日益强大，势力难以控制，危及整个西域。冯奉世使使节通告诸国王，发动他们的兵力，南北道一共一万五千人进击莎车，攻下城池。莎车王自杀，冯奉世将其首级传诣到长安，诸国皆平定，冯奉世名震西域。宣帝召见韩增，称赞他"所举得其人"，想要给冯奉世加封。丞相、将军皆曰："《春秋》之义，大夫出疆，有可以安国家，则颛之可也。奉世功效尤著，宜加爵土之赏。"[1] 冯奉世死后，著名儒家学者杜钦根据《春秋》之义，仍然上疏追讼其前功。冯奉世不仅自己努力学习《春秋》，而且也以各经义教育子女。冯奉世有子男九人，女儿四人。长女媛选充后宫，为元帝昭仪，生中山孝王。冯奉世为官入仕的五子，皆通经义。长子冯谭举孝廉为郎，以下四弟：野王、逡、立、参各通一经。

冯野王，字君卿，受业博士，通晓《诗》。年少时以其父亲的功业任太子中庶子。几年后，御史大夫李延寿病卒，在位时曾多次举荐野王，上使尚书选第中二千石，野王行能第一。

冯逡，字子产，精通《易》。太常察孝廉为郎，补谒者。后为清河都尉、陇西太守。在任期间，廉洁公正，年仅四十余岁便去世了。

冯立，字圣卿，精通《春秋》，因父并功业为郎，后迁诸曹、五原太守，徙西河上郡。在位期间，廉洁奉公，治行与其兄野王颇相似，又有智谋，待人宽厚多有恩泽，善于制定各种规章条令，当地的官吏百姓都嘉美野王、立为太守的政绩，歌颂他们曰："大冯君，小冯君，兄弟继踵相因循，聪明贤知惠吏民，政如鲁、卫德化钧，周公、康叔犹二君。"[2] 后来迁为东海、太原太守等。做过五郡太守，所到之处都有政绩。

---

[1]《汉书》卷七十九《冯奉世传》，第 3294 页。

[2]《汉书》卷七十九《冯奉世传》，第 3305 页。

冯参，字叔平，精通《尚书》。年少时为黄山郎给事中，任宿卫十年。冯参为人庄重严谨，注重仪态仪表，进退有循，很有风度。冯参是昭仪最小的弟弟，行为戒惧谨慎，因其严肃而令人望而生畏，最终没能成为皇帝的近臣。丞相翟方进评价他"盛修容貌以威严加之"[1]，冯参本性讲究礼仪，终生不改其平素操行。

冯奉世作为外戚，学《春秋》大义，根据经义行事，对外用兵打仗，据功封侯。丞相将军、名人学者，根据《春秋》之义，认为冯奉世应论功受奖。他的四个儿子各通儒家一经，兄弟之间和睦友好，如《论语》中孔子称赞周公与康叔"鲁卫之政"一般的兄弟情谊。

二、辅政之臣与经学

元帝身边有萧望之、周堪、刘向等著名儒家学者辅政，"及即位，征用儒生，委之以政，贡、薛、韦、匡迭为宰相"[2]。贡，是贡禹；薛，为薛广德；韦，是韦玄成；匡，为匡衡。四人迭互为丞相，前二人为御史大夫，后二人为丞相，都是著名的儒家学者。

（一）萧望之：经义运用与众不同

萧望之好学，既治《齐诗》，又从后苍学《礼》，复事同学博士白奇（从后苍受业），还跟从夏侯胜问《论语》《礼服》，被京师诸儒颂扬。萧望之、刘向曾参加甘露元年的《公羊》与《穀梁》两经异同的辩论。萧望之、刘向、周堪三人参加了甘露三年的石渠阁会议。他是为数不多的前后参加两次重要会议的学者，他的经学观点和经义的应用与一般人有些不同。

---

〔1〕《汉书》卷七十九《冯奉世传》，第3306—3307页。
〔2〕《汉书》卷九《元帝纪》，第298—299页。

外戚冯奉世出使西域之莎车、大宛有大功。攻拔莎车城，莎车王自杀，大宛对冯奉世恭敬有加，异于他使，将大宛名马象龙送与他。回国后，宣帝十分高兴，下诏要封冯奉世。丞相、将军都认为，冯奉世功效卓著，依《春秋》之义，应加爵土之赏。只有少府萧望之不同意，他认为，冯奉世奉使有旨，却擅自矫制违命，发动诸国之兵，虽然建有功效，但不可以封赏为后世效法，曰："封奉世，开后奉使者利，以奉世为比，争逐发兵，要功万里之外，为国家生事于夷狄，渐不可长，奉世不宜受封。"[1]

五凤年间，匈奴发生大乱，朝臣议论纷纷，大都说匈奴为害日久，可以趁此举兵灭之。皇帝诏令遣韩增、张延寿、杨恽、戴长乐问萧望之计策。萧望之对曰："《春秋》晋士匄帅师侵齐，闻齐侯卒，引师而还，君子大其不伐丧，以为恩足以服孝子，谊足以动诸侯。前单于慕化乡善称弟，遣使请求和亲，海内欣然，夷狄莫不闻。未终奉约，不幸为贼臣所杀，今而伐之，是乘乱而幸灾也，彼必奔走远遁。不以义动兵，恐劳而无功。宜遣使者吊问，辅其微弱，救其灾患，四夷闻之，咸贵中国之仁义。如遂蒙恩得复其位，必称臣服从，此德之盛也。"[2] 皇帝听从萧望之的意见，后来竟派兵护送并辅助呼韩邪单于安定其国。

甘露二年，匈奴呼韩邪单于欲朝汉三年。关于单于朝汉地位的爵级，宣帝听从萧望之建议，待之以诸侯王之上（已见前述）。萧望之为平原太守，当时西羌发动叛乱，朝廷派遣后将军征伐。京兆尹张敞上书称：陇西以北，安定以西，吏民一起供给转运，农事荒废，一向没有余粮积蓄，应命令那些有罪，但不是抢劫杀人以及犯法不容赦免的人，都按等级交纳谷物来赎罪，尽力增加粮食储备，以备急需。当时，萧望之与少府李强都表示反对。他们以为，民"有好义欲利之心，在教化之所助。尧在上，不能去民欲利之心，而能令其欲利不胜其好义也……故尧、桀之分，在于义利

---

〔1〕《汉书》卷七十九《冯奉世传》，第 3294 页。

〔2〕《汉书》卷七十八《萧望之传》，第 3279—3280 页。

而已，道民不可不慎。今欲令民量粟以赎罪，如此则富者得生，贫者独死，是贫富异刑而法不壹也"[1]，萧望之并引周公、召公之行与《诗经》之义谏说天子。后来，天子又重新令两府议此事。丞相、御史以难问张敞，萧望之、李强仍然坚持前面的看法，对曰："闻天汉四年，常使死罪人入五十万钱减死罪一等，豪强吏民请夺假贷，至为盗贼以赎罪。其后奸邪横暴，群盗并起，至攻城邑，杀郡守，充满山谷，吏不能禁，明诏遣绣衣使者以兴兵击之，诛者过半，然后衰止，愚以为此使死罪赎之败也，故曰不便。"[2] 当时，丞相魏相、御史大夫丙吉也认为西羌叛贼将被攻破，转运输送足以供应，否决了张敞的建议。

以上几件事情，萧望之都是根据《春秋》《尚书》《诗经》《论语》之经义，或是圣人舜尧、周召、孔子等的圣训，他的观点有时与大家一致，有时与众不同。可见，萧望之有其独特的经学见解。

（二）贡禹、韦玄成、薛广德

贡禹、薛广德、韦玄成、匡衡等四位丞相的观点，都值得关注和探讨，尤其是匡衡。

贡禹，字少翁，琅邪人。以通明经义、操行廉洁而著称，征为博士、凉州刺史，复举贤良为河南令。元帝刚即位时，征为谏大夫。贡禹称古者宫室有制，宫女不过九人，养马不过八匹。任贤使能，什一而税，使民以时，岁不过三日，百姓家给人足。汉高祖、孝文、孝景也循古节俭。贡禹指出，现在的大夫僭越诸侯之礼，诸侯僭越天子，天子越过天道，不符合《论语》所言"君子乐节礼乐"，建议元帝大大减损乘舆服御器物的规制，去三分之二，这样才合于《诗经》"天难谌斯，不易惟王"，"上帝临女，

---

〔1〕《汉书》卷七十八《萧望之传》，第3275页。

〔2〕《汉书》卷七十八《萧望之传》，第3278页。

母贰尔心"，《论语》"当仁不让"之义〔1〕天子嘉奖他的善言忠行，迁为光禄大夫。贡禹多次上书要求倡行节俭，减轻百姓负担。后为长信少府、御史大夫，列为三公。

贡禹曾经奏请罢除郡国庙，为汉朝制定宗庙迭毁之礼，都没能施行，贡禹去世后，皇帝追思他的提议，最后下诏"罢除郡国庙，定迭毁之礼"〔2〕。罢庙定迭毁之礼，在西汉的宗庙史上和关于宗庙的礼仪方面，都是关系重大的事件。

韦玄成，字少翁，鲁国邹人，喜好《诗》。他的先祖韦孟，居于彭城，为楚元王傅，傅元王子夷王及孙王戊，戊荒淫无道，韦孟便作诗劝谏。自韦孟至韦贤（韦玄成之父）五世，韦贤有贤德，兼通《礼》《尚书》，以《诗》教授，号称邹鲁大儒，征为博士，给事中，进授昭帝《诗》。昭帝崩，没有子嗣。大将军霍光与公卿共尊立孝宣帝。宣帝初即位，召韦贤一同谋议安宗庙之事，赐爵关内侯，食邑，后徙为长信少府。本始三年，韦贤代蔡义为丞相，封扶阳侯。地节三年，韦贤称老病乞骸骨，宣帝赐黄金百斤罢归，丞相致仕自韦贤开始。韦贤的儿子玄成，也以通晓经义历位至丞相，所以邹鲁一带有谚曰："遗子黄金满籝，不如一经"。

韦玄成因父亲德才任为郎，常侍骑。年少时聪慧好学，继修父业，尤其谦恭，礼遇下士，以明经擢为谏大夫，迁大河都尉。韦贤去世后，韦玄成曾想让爵避兄，后来不得不受爵，宣帝嘉善他高洁的品行，任河南太守，迁太常。有一次，他以列侯身份陪祀孝惠庙时，没有驾驷马车而是骑行至庙下，被认定有罪，削爵为关内侯。韦玄成作诗自责，称"惟我小子，不肃会同，媐彼车服，黜此附庸"等语。

宣帝的宠姬张婕妤的儿子淮阳宪王喜好政事，精通法律，宣帝想以礼让之臣辅助宪王，便召拜韦玄成为淮阳中尉。同时，韦玄成受诏与太子太

---

〔1〕《汉书》卷七十二《王贡两龚鲍传》，第3072页。

〔2〕《汉书》卷七十二《王贡两龚鲍传》，第3080页。

傅萧望之及五经诸儒于石渠阁杂论同异，条奏其对，韦玄成关于丧服方面的讨论得到汉宣帝的支持。关于废郡国庙与宗庙迭毁，韦玄成也有很多看法和观点。及元帝即位，韦玄成为少府，迁太子太傅，至御史大夫。永光中，代于定国为丞相。韦玄成晚年作诗，自著复玷缺之艰难，以戒示子孙。最后一章说："嗟我后人，命其靡常，靖享尔位，瞻仰靡荒。……於戏后人，惟肃惟栗。无忝显祖，以蕃汉室！"[1]

御史大夫薛广德，是著名的《鲁诗》学者龚胜、龚舍的老师，曾获萧望之好评，萧望之认为他"经行宜充本朝"。及为三公，直言谏净，要以亡秦为鉴，勿听郑卫之声，而与百姓同乐。薛广德上书直谏，曰："窃见关东困极，人民流离。陛下日撞亡秦之钟，听郑卫之乐，臣诚悼之。今士卒暴露，从官劳倦，愿陛下亟反宫，思与百姓同忧乐，天下幸甚。"[2] 薛广德也参加了石渠阁会议。

三、匡衡的经学思想及礼乐主张

匡衡，字稚圭，东海承人，父祖世代为农，汉元帝、成帝时为丞相。匡衡好学，治《齐诗》，与萧望之、翼奉一同从师于既精《礼》又明《诗》的后苍。匡衡又以《诗》授于师丹、伏理，所以《齐诗》有翼、匡、师、伏之学。匡衡精于《诗》，当时诸儒曾说："无说《诗》，匡鼎来；匡说《诗》，解人颐。"[3] 宣帝时，选补平原文学，曾有人上书推荐匡衡，说他明经好学，当世无双，可以就官京师。但宣帝没有听从。皇太子（元帝）见匡衡所对《诗》大义深美，非常喜欢，元帝即位后，司马车骑将军、领尚书事史高推荐匡衡，以为郎中，迁博士、给事中。不久，匡衡议

---

〔1〕《汉书》卷七十三《韦贤传》，第3114页。
〔2〕《汉书》卷七十一《隽疏于薛平彭传》，第3047页。
〔3〕《汉书》卷八十一《匡张孔马传》，第3331页。

论政治得失，被元帝所称赞，迁为光禄大夫、太子少傅。匡衡为少傅多年，上疏条陈建议，符合经义礼法，迁为光禄勋、御史大夫。建昭三年（前 36 年），代韦玄成为丞相，封乐安侯。

匡衡好《诗》《礼》，明经术，礼乐经义造诣很深，在礼让正家、宗庙迭毁、定南北郊祀、罢诸淫祠、修改武帝郊祀诗、以孔子后裔为殷后等方面，都很有见解。作为丞相执政期间，这些主张都得到充分的发挥，经义、礼乐思想得以全面贯彻。现就君主是维护经术、礼义的模范，以及关于宗庙、郊祀的礼与乐等方面来论述。

（一）君子德风：君主是维护经礼的典范

匡衡认为，君主是天下之主、万民的师表，事事处处应该以身作则，成为维护经、礼的模范，关键是带头实行礼让和以礼正家。只有这样，才可国家巩固、社会安定、人民乐业。所以，必须崇尚仁义礼让。匡衡说，如能以礼让治国，则事情就好办。正如孔子所说："能以礼让为国乎，何有？"欲实行礼让，必须从皇帝、公卿大臣做起，因为皇帝与公卿大臣所居的朝廷，是支撑天下的柱子和骨干。公卿大臣如能相互循礼恭让，则民不争；好仁乐施，则下不暴；上义高节，则民兴行；宽柔和惠，则众相爱。这样，即使明王不严刑峻法，百姓也可成化于下，为什么能够这样呢？在匡衡看来，"朝有变色之言，则下有争斗之患；上有自专之士，则下有不让之人；上有克胜之佐，则下有伤害之心；上有好利之臣，则下有盗窃之民：此其本也"[1] 下面吏民的违法乱纪，都是效法于上面帝王公卿的非礼不经的行动。现在一般官吏处理政务，治理百姓都不依仁义、不行礼让，而尚暴虐和用陷害，贪财利而慕权势，犯法者越来越多，即使再实行严刑峻法，也无济于事。奸邪不能禁止，并非吏民天性可恶，而是居上位者没有实行教化。因此，作为君王，是否实行仁义，提倡礼让，实行

---

[1]《汉书》卷八十一《匡张孔马传》，第 3334 页。

教化，教读经传，至关重要。

礼让治国，并非只是空谈理论，而是有其历史根据的。匡衡认为，以《诗经·国风》中的《周南》《召南》教化民众，民众接受圣贤道德礼义的熏陶，则民风笃厚，志行廉洁。周太王建国于邠，因修德行义，不忍杀父子而夺其土地，以仁爱闻于天下，邠国之民皆贵诚恕。因此，治理天下的君主、帝王，应当慎审自己所崇尚的，君主的一举一动，影响极大。然而，现在到处都是虚伪、刻薄、残害，根本谈不上礼让，欲实行礼让和教化，做不到家家皆到、人人劝说，但只要做到贤者在位、能者在职、朝廷崇礼，百姓就可跟着学会敬让。匡衡引《诗·商颂·殷武》"商邑翼翼，四方之极，寿考且宁，以保我后生"，意为商汤即是如此，所以能够建至治、保子孙、化异俗而怀远方。匡衡强调，道德教化，如能从天子公卿百官开始，然后推及天下万民，那么，必然会出现"民知所法，迁善日进而不自知。是以百姓安，阴阳和，神灵应，而嘉祥见"[1] 的礼让兴、教化行的局面。

侈靡挥霍、不讲礼让现象的根源，匡衡认为，是没有"先正"教化的本原、风俗的枢机所造成的。那么，如何端正教化之本原、风俗之枢机呢？匡衡认为，在当今关东连年饥荒，百姓贫困无以为生，以至于人相食的情况下，君主应减少宫室的用度，去掉靡丽的装饰，"考制度，修外内，近忠正，远巧佞，放郑卫，进《雅》《颂》，举异材，开直言，任温良之人，退刻薄之吏，显洁白之士。昭无欲之路，览六艺之意，察上世之务，明自然之道，博和睦之化，以崇至仁，匡失俗，易民视，令海内昭然咸见本朝之所，道德弘于京师，淑问扬于疆外，然后大化可成，礼让可兴也"。[2]

匡衡进一步指出，为了实行礼让，君主应当事事皆有节文，以明人伦

[1]《汉书》卷八十一《匡张孔马传》，第 3335 页。
[2]《汉书》卷八十一《匡张孔马传》，第 3337 页。

道德。事天之容是钦翼祗栗，承亲之礼是温恭敬逊，临众之仪是正躬严恪，燕飨群下是嘉善和悦，"举错动作，物遵其仪，故形为仁义，动为法则"，正如孔子所说："德义可尊，容止可观，进退可度，以临其民，是以其民畏而爱之，则而象之"，匡衡引《诗·大雅·抑》"敬慎威仪，惟民之则"，曰："诸侯正月朝觐天子，天子惟道德，昭穆穆以示之，又观以礼乐，飨醴乃归。故万国莫不获赐祉福，蒙化而成俗。"[1] 要在全国兴礼让行教化，必须从君主自身开始。

君主要带头发扬先祖的功德而行孝。匡衡认为，受命之王务在创世垂统，传之无穷，继体之君当继承和发扬先王的功与德。古代周成王嗣位，思述文王、武王之道以养其心，伟业盛德皆归功于二君而不敢自专其名。成王经常思念祖宗的业绩，所以得到了上天鬼神的保佑，天下大治。当今阴阳不和，奸邪未禁，是由于论议者没有褒扬先帝盛功，诤言制度不可用而加以改变，改变后不可行而又恢复，导致"群下更相是非，吏民无所信"，令人痛心。嗣位的君主，应详览统业之事，留神于遵制扬功，以定群下之心。匡衡引《诗·大雅》"无念尔祖，聿修厥德"，称孔子著《孝经》首章，将"孝乃德之本"列为第一章《开宗明义》章，是因为孝为至德之本。[2]

君主选拔官吏，尤其是三公大臣也要注意遵礼行义。匡衡说，元帝时，琅邪贡禹为御史大夫（副丞相），是三公之一，廉洁公正，经术（指儒家礼义六经）通明，有伯夷、史鱼（古代贤人）之风，海内莫不闻知。华阴守丞嘉上书推荐朱云为御史大夫，元帝下诏询问公卿大臣的意见时，为太子少傅的匡衡就认为，公卿大臣是国家的股肱，百姓所瞻仰，明王所慎择。根据经传教义，匡衡曰："下轻其上爵，贱人图柄臣，则国家摇动而民不静矣。今嘉从守丞而图大臣之位，欲以匹夫徒步之人而超九卿之

---

〔1〕《汉书》卷八十一《匡张孔马传》，第3343页。

〔2〕《汉书》卷八十一《匡张孔马传》，第3338—3339页。

右，非所以重国家而尊社稷也"，又言朱云此人，虽跟从博士白子友学习《易》，跟随前将军萧望之学习《论语》，但根本不能与贡禹相比。特别是朱云好勇，不遵循礼义行事，屡次触犯国法，是亡命之徒。嘉妄自推举此等人为御史大夫，"疑有奸心，渐不可长，宜下有司案验以明好恶"[1] 元帝听从了匡衡的建言，将嘉下狱治罪。君主选拔官吏当以礼义为标准，还得严格"正家"，修"室家之道"。匡衡说，室家之道修，则天下之理得。故《诗经》以美后妃之德，《关雎》为《国风》之始；《礼记》"本乎《冠》《婚》"，以《冠义》为礼之始，以《婚义》为礼之本。始于《国风》，可以原情性而明人伦；本于《冠》《婚》，可以正基兆而防于未然。"福之兴莫不本乎室家，道之衰莫不始乎梱内。故圣王必慎妃后之际，别適长之位。礼之于内也，卑不逾尊，新不先故，所以统人情而理阴气也。其尊適而卑庶也，適子冠乎阼，礼之用醴，众子不得与列，所以贵正体而明嫌疑也。"[2]

天子之家，后妃当分别尊卑、新故，皇子当分嫡庶，尊嫡长而卑众子，按礼定尊卑贵贱。这并非外表的虚加礼文，而是内部本性上有质的不同。所以，礼是"探其情而见之外"。在匡衡看来，帝王圣人的动静劳逸、待人接物，都得按大小高卑的次序进行，如能依其次序，则海内顺理，百姓从化；如果亲者疏，尊者卑，则佞幸、奸巧之人会因时而动，国家也必为之而乱。因此，正家特别重要[3]

由上可见，匡衡认为，作为君主帝王，应该首先以身作则，带头循礼行孝，实行教化。选拔辅佐的公卿大臣，也当以循礼行义为标准。并且要整齐家室，使后妃、太子、众子按尊卑贵贱行事，一切遵照礼仪制度。通过正家而正天下，然后教化可行而风俗淳厚。君主要成为维护礼义的模

---

[1]《汉书》卷六十七《杨胡朱梅云传》，第2913页。
[2]《汉书》卷八十一《匡张孔马传》，第3340页。
[3]《汉书》卷八十一《匡张孔马传》，第3340页。

范，应当审统天地之心，精通人道之正的"六艺之指"，要"宜究其意"，必须深入研究、领会包括《礼经》在内的六经及以仁义为主要内容的《论语》和《孝经》，家正而天下治。

（二）宗庙、郊祀之礼乐

关于西汉的宗庙迭毁，首先是元帝时的翼奉、贡禹所提出的。翼奉认为，"诸寝庙不以亲疏迭毁，皆烦费，违古制"，贡禹则要求省建章、甘泉宫卫卒，减损一半诸侯庙卫卒，"奏欲罢郡国庙，定汉宗庙迭毁之礼"[1]。他们的具体意见是，古代天子七庙，今孝惠帝和孝景帝庙，都已亲尽，应当毁除。而郡国为祖宗立庙也不合乎礼，应当重新审定。这个意见，立刻得到元帝的支持，于永光元年（前43年），下诏先罢郡国庙。

由于得到元帝的支持，废郡国宗庙及京师宗庙亲尽迭毁的意见得以很快施行。实行了一年多之后，匡衡继韦玄成为丞相时，元帝卧病，经常梦见祖宗谴责其罢郡宗庙，他的弟弟楚孝王也做了类似的梦，所以元帝准备恢复郡国立庙。但匡衡不同意，认为郡国宗庙当罢不可再复。他在高祖、孝文、孝武庙为元帝祈祷时说，嗣曾孙皇帝恭承大业，日夜操劳，不敢懈怠，思虑彰显祖宗之盛功，一举一动都因袭古圣之经典，前两年有人认为，以前因先帝所幸郡国而立庙，是为了防止诸侯离心，使其归顺，但并非尊祖严亲。而今托祖宗之灵，六合之内莫不附亲，宗庙也宜居京师，由天子亲自奉祀，郡国所立庙可止而不修。皇帝对此十分慎重，在"祗肃旧礼，尊重神明"的同时，立即告于祖宗而不敢失礼。皇帝梦见祖宗以罢为戒，深感恐惧，下诏要求修复郡国宗庙。但根据上世帝王承祖祢的大礼，皆不敢亲自奉祀。郡国官司吏卑贱，不可使独自承担，匡衡曰："祭祀之义以民为本，间者岁数不登，百姓困乏，郡国庙无以修立。《礼》，凶年则

---

〔1〕《汉书》卷七十二《王贡两龚鲍传》，第3079页。

岁事不举，以祖祢之意为不乐，是以不敢复。"[1]

匡衡认为，从《礼》的有关规定和当时饥荒连年、人民贫困、国库空虚方面来说，都不应该恢复郡国立庙。不仅所罢郡国庙不能恢复，过去所定的宗庙迭毁制度也不可改变。匡衡在祷告所毁庙时说，过去大臣们认为，古代帝王承祖宗的美典，是效法于天地。天序五行，人亲五属，天子奉天命行事，故从其意而尊其制。所以，"禘尝之序，靡有过五。受命之君躬接于天，万世不堕。继烈以下，五庙而迁，上陈太祖，间岁而祫，其道应天，故福禄永终"[2]，也就是说，继祖以下，五庙迭毁，上合于天道，下合于礼乐。为此，像太上皇等，非受天命，而且亲也已尽，必须毁迁。孝莫于严父，故父王所尊子不敢不承，父之所异，子也不敢同。据《礼》，"公子不得为母信，为后则于子祭，于孙止，尊祖严父之义也"，继祖之孙不得复顾其私祖母。为此，寝每日四次上食，园庙间祠，均可止而不修。并且，将所毁迁庙按时进行合祭，这是长久之策，也是高皇帝之意，没有人敢不听从。为此，应立即选吉日良辰，毁迁太上皇、孝惠庙，孝文太后、孝昭太后寝陵，"以昭祖宗之德，而顺天人之序"，对于元帝愿修复所毁迁的庙寝，匡衡以为，于礼不合。所以，当元帝下诏令朝臣修复毁庙时，匡衡又表示不同意，因为"天子之祀义有所断，礼有所承，违统背制，不可以奉先祖，皇天不祐，鬼神不飨。六艺所载，皆言不当，无所依缘，以作其文"[3]。

元帝由于连年疾病，内心恐惧，所以没有听从匡衡的意见，将所罢寝庙园全部修复如故。当元帝死后，匡衡立即奏言成帝，该毁罢的庙寝应该毁，以合乎礼。他对成帝说，以前因先帝身体欠安，故修复诸所罢祠，最终不能蒙福，也表明了复所罢祠，不合先祖与天地神明的意志，也不合

---

[1]《汉书》卷七十三《韦贤传》，第3121页。

[2]《汉书》卷七十三《韦贤传》，第3122页。

[3]《汉书》卷七十三《韦贤传》，第3123页。

礼。为此，像卫思后、戾太子、戾后园，因亲未尽不当毁。其余该毁的当毁，应罢的当罢，这一建议立即得到成帝的支持，所以得到实行。可见，匡衡鉴于礼制有关规定，坚持废郡国庙和京师宗庙进行亲尽迭毁的主张。

帝王尊敬祭祀祖先也应有节制，祖先的宗庙迭毁，当祭最尊最亲的祖宗之庙，对于以前的封建王朝，也当祭祀与优待。汉朝应该优待礼遇殷朝与周朝二代之后，使其能够继续祭祀殷、周的祖先。汉武帝时，始封周后姬嘉为周子南君，至元帝时，尊周子南君为周承休侯，位仅次于诸侯王。使诸大夫、博士求殷之后，分散为十余姓，郡国往往得其大家，推求子孙，但已不知昭穆谱世系数，当时匡衡根据"王者存二王后"，《春秋》经义及《礼记》有关记载，认为应以孔子之后奉殷朝汤王之祀。他说，王者存二王后，所以尊先王而通三统，其犯诛绝之罪者绝，而改封其亲为始封君，上承其王者之始祖。"《春秋》之义，诸侯不能守其社稷者绝。今宋国（周初封殷后于宋）已不守其统而失国矣，则宜更立殷后为始封君，而上承汤统，非当继宋之绝侯也，宜明得殷后而已。今之故宋，推求其嫡，久远不可得；虽得其嫡，嫡之先已绝，不当得立。《礼记》孔子曰'丘，殷人也。'先师所共传，宜以孔子世为汤后。"[1]

到成帝时，梅福坚持匡衡的主张，复言宜封孔子之后以奉汤礼，最后得以确认孔子之后为汤后。成帝绥和元年（前8年），立二王后，推迹古文，以《左氏》《穀梁》《世本》《礼记》相明，遂下诏"封孔子世为殷绍嘉公"，《左氏》《穀梁》是指《左氏春秋》《穀梁春秋》，实际上也是根据《春秋》经义与《礼记》载，封孔子之后，以上奉殷朝汤王之祀。（匡衡关于郊祀之礼，自甘泉泰一、汾阴后土迁至长安南郊，减少郊祀的人力物力浪费，以及废除一切杂祠，可见下面关于定长安南北郊的争辩。）

匡衡不但精于礼，对于乐的造诣也很深。在哀帝罢乐府之前，对于武帝立乐府，匡衡对"以正月上辛用事甘泉圜丘，使童男女七十人俱歌，昏

---

〔1〕《汉书》卷六十七《杨胡朱梅云传》，第2926页。

祀至明"[1] 有意见有看法，于是，匡衡对武帝时所定的《郊祀歌》十九章中的二章歌词，也作了部分修改。

其中第七章《惟泰元》：

> 惟泰元尊，媪神蕃釐，经纬天地，作成四时。精建日月，星辰度理，阴阳五行，周而复始。云风雷电，降甘露雨，百姓蕃滋，咸循厥绪。继统共勤，顺皇之德，鸾路龙鳞，罔不肸饰。嘉笾列陈，庶几宴享，灭除凶灾。烈腾八荒。钟鼓竽笙，云舞翔翔，招摇灵旗，九夷宾将。[2]

建始元年（前 32 年），丞相匡衡将其中的"鸾路龙鳞"，改为"涓选休成"。

第八章《天地》：

> 天地并况，惟予有慕，爰熙紫坛，思求厥路。恭承禋祀，缊豫为纷，黼绣周张，承神至尊。千童罗舞成八溢，合好效欢虞泰一。九歌毕奏斐然殊，鸣琴竽瑟会轩朱。璆磬金鼓，灵有其喜，百官济济，各敬厥事。盛牲实俎进闻膏，神奄留，临须摇。长丽前掞光耀明，寒暑不忒况皇章。展诗应律鋗玉鸣，函宫吐角激徵清。发梁扬羽申以商，造兹新音永久长。声气远条凤鸟翔，神夕奄虞盖孔享。[3]

匡衡将其中的"黼绣周张"改为"肃若旧典"。

这二章主要宣扬了郊祀之礼的至高无上、庄严伟大，也歌颂了进行郊

---

〔1〕《汉书》卷二十二《礼乐志》，第 1045 页。

〔2〕《汉书》卷二十二《礼乐志》，第 1057 页。

〔3〕《汉书》卷二十二《礼乐志》，第 1057—1058 页。

祀的帝王的显赫与神威，四方九夷归顺，天下神灵降福飨享。匡衡改"鸾路龙鳞"为"涓选休成"，改"黼绣周张"为"肃若旧典"，是将天子帝王的铺张陈设、耀武扬威，改为除恶选善、敬顺旧礼。也就是说，乐不仅是以美好的歌舞、悦耳的声音来满足天地神明和帝王的要求，也应该是为民除恶，为国选贤，并有所约束，推崇仁义和遵循旧礼，要求"放郑卫，进《雅》《颂》"[1]。可见，匡衡关于礼乐的主张，体现了去奢从俭、去烦杂而从简便。

（三）小结

匡衡关于礼乐与经义方面的主张，对当时与后世的影响很大。他认为，君主为了在全国范围内实行礼义，首先应该以身作则，带头实行礼让。官吏的选举必须以循礼行义为标准，将家庭治好，所谓"正家"，要依礼处理后妃问题和继嗣问题。匡衡认为，只有先治好家，才能治好国。君主要以礼治国治家，治家治身是治国在齐家的最好贯彻，也是"义"的体现，因为"义在正我"。

对于汉初以来的宗庙、郊祀等祭祀制度，匡衡坚持改革的思想。由贡禹、翼奉首先提出的废郡国宗庙、京师宗庙亲尽迭毁的主张，尽管当时有人反对，皇帝又坚决予以支持，但匡衡始终坚持不变。一方面是加强中央集权，维护君主尊严的需要；另一方面是减少国库开支，减少百姓负担的需要。否则，郡国与京师的宗庙、园寝将越来越多。宗庙、园寝的建造，祭祀礼品的供应，宗庙、园寝的修建保护，前往祭祀的帝王、贵族、百官的车师、马匹、船只、佣工等，都是一笔巨大的人力物力开支。汉武帝在位时不可一世，死后又曾为"世宗"，但匡衡仍依继祖之后五庙迭毁，也使亲尽而毁。这是依礼仪制度，不是依权势地位。

祭祀制度要改革，但先朝之后不能忘记，要继续维护"王者存二王之

---

[1] 《汉书》卷八十一《匡张孔马传》，第3337页。

後"，特别是孔子之后，当奉殷汤之祀。匡衡又主张甘泉泰一、汾阴后土的郊祀，迁至长安南北郊，并建议废除近七分之五的各种各样祭神祭鬼的杂祠。汉高祖刘邦以来的西汉诸帝向来崇拜的杂祠，以为不"应礼"而一概罢废，既合古代帝王的祭祀制度，也可避免远距离的兴师动众，更可节约无数的人力物力，对百姓有利。至于大胆修改汉武帝规定的《郊祀歌》，充分表明了不能与古礼的节俭相违，也体现了为民除恶、为国选贤的理念。所以，匡衡关于宗庙、郊祀等主张，既符合古礼，也遵循了孔子"礼与其奢也，宁俭"的宗旨，体现了大胆改革的思想，并反映了维护国家利益和同情人民疾苦的理念。

同时必须指出，西汉时期自汉武帝采纳董仲舒独尊儒术，推崇孔子、六经之后，儒家的礼制经义往往高于法，包含法，出现了礼法合一、"霸王道杂之"以及"礼之所去，刑之所取""失礼则入刑，相为表里"[1] 的趋势。匡衡为丞相封乐安侯后，重视礼乐，贯彻礼乐，但也有乐极出礼、出礼入刑的情况。元帝中书令（宦官）石显专权用事，为非作恶，作为丞相的匡衡却畏惧石显，不敢违背他的意思。到成帝时，匡衡才敢与御史大夫甄谭一起弹劾石显，追究其旧恶以及党羽。司隶校尉王尊劾奏匡衡，说匡衡在石显专权时阿谀曲从，附下罔上，认为匡衡"罪至不道"。匡衡为丞相时，曾"专地盗土"达四百顷。后郡定国界，朝廷重新计簿，更定图册，又正式以四百顷付乐安国（匡衡为丞相，封侯乐安国）。匡衡还派遣从吏收取所还田租谷千石入家。后来被司隶校尉、少府劾奏，认为匡衡专地盗土以自益，附下罔上，违背了《春秋》"诸侯不得专地"的经义。

《春秋》是儒家六经之一，有"《春秋》道义""《春秋》者，礼义之大宗也"[2] 的说法。为此，儒家的经义既是礼也是法，董仲舒有"《春秋》决狱"，所以，匡衡的礼乐思想中不仅有尊礼循礼的方面，也有其违

〔1〕《后汉书》卷四十六《郭陈传》，第456页。
〔2〕《汉书》卷六十二《司马迁传》，第2718页。

礼毁礼的一方面，这才是全面地了解和评价匡衡的礼乐思想。

但是，不可否认的是，匡衡的许多礼乐经义主张，得到了后世的肯定。唐太宗贞观九年（635年），秘书监颜师古在讨论宗庙祭祀制度时，曾说："究观祭典，考验礼经，宗庙皆在京师，不于下士别置。至若周之酆、镐，并为迁都，乃是因事更营，非云一时俱立。其郡国造庙，爰起汉初，率意而行，事不稽古，源流渐广，大违典制，是以贡禹、韦玄成、匡衡等，招聚儒学，博询廷议，据礼陈奏，遂从废毁。"[1]

唐武宗会昌五年（845年），中书门下的奏疏中，谈及汉于郡国置宗庙，共有百余所，这是"当汉氏承秦焚烧之余，不识典故，至于庙制，率意而行。比及元、成二帝之间，贡禹、韦玄成等继出（当然也包括了匡衡），果有正论，竟从毁除，足知汉初不本于《礼经》，又安可程法也"[2]。也就是说，匡衡等关于废郡国宗庙和京师宗庙亲尽迭毁的主张，是根据《礼经》，因而是切实可行的。可见，匡衡关于宗庙主张的思想影响十分深远。

四、成帝、哀帝时期的经学

（一）重经义，慎礼乐

汉成帝刘骜，字太孙。元帝即位，以为太子。青年时期的刘骜，好读经书，宽厚谨慎。他崇尚儒学，以郑宽中、张禹为师，每天都在金华殿中讲读《尚书》《论语》。成帝刚即位时，出现火灾、彗星，《书》云"惟先假王正厥事"，要求公卿指出他的不足，并大赦天下，使得自新。成帝听从丞相匡衡等的意见，将郊祀从甘泉泰畤、河东后土祠迁置京师长安，而于长安定南北郊。于是有建始"二年春正月，罢雍五畤。辛巳，上始郊祀

---

[1] 《唐会要》卷十五《庙议上》，第325页。

[2] 《唐会要》卷十六《庙议下》，第338页。

长安南郊"，三月，"辛丑，上始祠后土于北郊"。[1] 后来又听从匡衡等建议，罢去许多不合礼的杂祠，以减轻国家开支、百姓负担。全国各地六百八十三所杂祠，罢废了四百七十五所，废止了将近七分之五。因成帝生病，于迁长安南北郊一事，时有反复，态度不够坚定。同时，成帝使刘向、刘歆父子校辑国家秘藏的图书、古籍，使五经六艺得以全面搜集整理，特别是出现一批古文经传，如《左氏春秋》、《毛诗》、《逸礼》、古文《尚书》等。

成帝也十分重视太学的发展与博士的委任，"古之立太学，将以传先王之业，流化于天下也。儒林之官，四海渊原，宜皆明于古今，温故知新，通达国体，故谓之博士"。[2] 并根据《论语》中孔子所言"工欲善其事，必先利其器"[3]，要求三公郡太守推举可为博士者。成帝末年，太学生增至三千人。

永始年间，对于王公贵族外戚官吏的奢侈逾制，成帝以《诗·小雅·节南山》"赫赫师尹，民具尔瞻"和《论语》曾子所言"吾日三省吾身"为根据，要求车服嫁娶葬埋不得过制。下诏曰："圣王明礼制以序尊卑，异车服以章有德，虽有其财，而无其尊，不得逾制，故民兴行，上义而下利。方今世俗奢僭罔极，靡有厌足。公卿列侯亲属近臣，四方所则，未闻修身遵礼，同心忧国者也"[4]，如此越礼奢靡，却希望百姓俭节、家给人足，是无法实现的。

绥和元年，成帝因无子，便立定陶王为嗣。并下诏说：太子承正统，当供养陛下，不得复顾私亲。这是根据《春秋》"不以父命废王父之命，为人后之礼不得顾私亲"的大义。

成帝即位，东平王宇因通奸犯法，对王太后不孝，有司请废国削县。

---

[1] 《汉书》卷十《成帝纪》，第305—306页。

[2] 《汉书》卷十《成帝纪》，第313页。

[3] 《四书章句集注·论语集注》卷八《卫灵公第十五》，第164页。

[4] 《汉书》卷十《成帝纪》，第324页。

成帝根据《传》之"朝过夕改，君子与之"，以及东平王已改行自新，尊修经术，亲近仁人，应待之以亲亲之道，恢复前所削县。后来东平王来京师，上疏请求获得诸子书以及《太史公书》（《史记》），大将军王凤认为，诸侯朝聘非礼不言，诸子书是反经书，非圣人之言，《太史公书》有战国纵横权谲之谋，诸侯王也不适合读，应该多读五经圣人之言，"五经圣人所制，万事靡不毕载。王审乐道，傅相皆儒者，旦夕讲诵，足以正身虞意"〔1〕成帝赞同大将军王凤所言，于是便不将这些书交与东平王。

成帝临朝听政，立身行事，往往根据《礼记》"天子穆穆"和《论语》中"车中，不内顾，不疾言，不亲指"〔2〕等经义，善修容仪，升车立正，临时渊默，尊严若神，有穆穆天子之容。

成帝时，班固祖父之兄班伯为中常侍。郑宽中、张禹为成帝讲读《尚书》《论语》时，也诏班伯一同听受。班伯既通大义，又听讲异同于许商，迁奉车都尉。自大将军王凤去世后，成帝与宠臣所乘坐的车舆帷幄放有张画屏风，画的是商纣王与妲己醉酒作长夜之乐。班伯刚被起用，成帝非常敬重他，便指着屏风画面问班伯：商纣王无道，能到这种地步吗？班伯引《尚书》所云"乃用妇人之言，何有踞肆于朝？所谓众恶归之，不如是之甚者也"回答，成帝问，那么，画面到底有何训戒之意呢？班伯说道："'沉湎于酒'，微子所以告去也；'式号式謼'，《大雅》所以流连也。《诗》《书》淫乱之戒，其原皆在于酒。"成帝喟然叹曰："吾久不见班生，今日复闻谠言！"〔3〕可见，成帝重视经义学习，而且探讨深刻。

汉哀帝刘欣，初为定陶王（其父为定陶恭王康），后为成帝嗣，立为帝，喜好《诗》，并精通《诗》义，哀帝由藩王进立为帝，首先根据经义，以尊祖母、母亲、父亲的称号与葬礼。

---

〔1〕《汉书》卷八十《宣元六王传》，第3325页。

〔2〕《四书章句集注·论语集注》卷五《乡党第十》，第123页。

〔3〕《汉书》卷一百上《叙传上》，第4200—4201页。

成帝即位之初，由太皇太后诏尊定陶恭王为恭皇一人，就在即位的第二个月，根据《春秋》"母以子贵"，尊祖母定陶太后为恭皇太后，母亲丁姬为恭皇后，各置左右詹事，食邑如长信宫、中宫，即如成帝母王太后居长信宫、皇后居中宫。后来成帝又下诏说："汉家之制，推亲亲以显尊尊，定陶恭皇之号不宜复称定陶。尊恭皇太后曰帝太太后，称永信宫；恭皇后曰帝太后，称中安宫。立恭皇庙于京师。"[1] 如宣帝父悼考皇制度，序昭穆于前殿。

建平二年（前5年）六月，帝太后丁氏崩，哀帝根据《诗经·王风·大车》"榖（生）则异室，死则同穴"，《礼记·檀弓》"昔季武子成寝，杜氏之殡，在西阶下，请合葬而许之"，《礼记》"合葬非古也，自周公以来未有之改也"，《论语》"周监二代，郁郁乎文哉，吾从周"，认为附葬之礼，自周已兴，孝子事亡如事存，帝太后应与恭皇合葬定陶，"宜起陵恭皇之园"[2]。

哀帝时，人们对于元帝、成帝以来争论的京师宗庙迭毁及郊祀迁长安南北的议论有看法。当时太仆王舜、中垒校尉刘歆不同意韦玄成、匡衡等人祖宗以下五庙迭毁的主张，而要求天子三昭三穆，同太祖之庙而七庙。所以，汉武帝庙不应毁。哀帝对此予以支持，听从了刘歆的建议。

成帝时，匡衡、张谭提出郊祀由甘泉汾阴迁至长安郊，哀帝即位后第二年，就令太皇太后下诏罢南北郊而恢复甘泉泰畤、汾阴后土祠如初。哀帝也不能亲至，只是派遣有司行事而礼祠之。匡衡、张谭提出废除不合乎礼的祠所，哀帝即位后，因寝疾，也都恢复前世所常兴诸祠官，凡七百余所，一年之内就达到三万七千祠。

哀帝不好音乐，即位后，认为郑声淫，是乱乐。哀帝下诏说，世俗奢泰文巧，而"郑卫之声"兴。奢泰则下不逊而国贫，文巧则趋末背本者

---

〔1〕《汉书》卷十一《哀帝纪》，第339页。

〔2〕《汉书》卷十一《哀帝纪》，第339页。

众。郑卫之声兴则淫，辟之化流，想要庶民敦厚朴实，家给充足，如同其源头浑浊而要求流水清澈，岂不是很难？哀帝据孔子"放郑声，郑声淫"，废除了汉武帝建立的主要掌管郑卫之声的乐府官，至于那些符合《雅》《颂》之声的郊祭乐及古兵法武乐，属于经义而非郑卫乐声，则别属他官。令丞相孔光、大司空何武具体分别《雅》《颂》之声与郑卫之乐。结果在八百二十九乐人中，保存三百八十八人应法经，可领属大乐官，四百四十一人不应法经，或郑卫之声可罢。哀帝同意了孔光和何武的建议。

汉文帝临终前废除的三年丧，汉哀帝时又公开提倡。他称赞河间王认真实行丧礼，说河间王刘良丧王太后行丧三年，为宗室行礼仪之表率，因而益封万户，又下诏实行博士弟子父母去世，予宁三年。

（二）选拔人才

成帝、哀帝时根据儒家经义，进行直言极谏、贤良对策，选拔人才。成帝建始三年，谷永方正直言对策。

这次对策，主要谈"五事"对帝王的重要性。五事即：一曰貌，二曰言，三曰视，四曰听，五曰思。貌曰恭，言曰从，视曰明，听曰聪，思曰睿，是理政处世正确的言、行、态度。谷永认为，"明王即位，正五事，建大中，以承天心，则庶征序于下，日月理于上；如人君淫溺后宫，般乐游田，五事失于躬，大中之道不立，则咎征降而六极至"[1]因此，五事是王事之纲纪，南面治天下之急务，帝王治天下必须特别注意。为了"正五事"，帝王须放去淫溺之乐，罢归倡优之笑。起居有常，循礼而动，躬亲政事，致行无倦，安心而服行之，如天性自然。因为"夫妻之际，王事纲纪，安危之机，圣王所致慎也"[2]，应当修饬后宫之政，明尊卑之序，贵者不得嫉妒专宠，贱者咸得秩进，各得厥职。

---

〔1〕《汉书》卷八十五《谷永杜邺传》，第3443—3444页。

〔2〕《汉书》卷八十五《谷永杜邺传》，第3446页。

对于帝王的左右辅佐，必须正而不枉，使学先王之道，知君臣之义。能正左右近臣，必能正天下百官。而天下百官，必须选贤考绩，所谓"论材选士，必试于职，明度量以程能，考功实以定德，无用比周之虚誉，毋听浸润之潜愬，则抱功修职之吏无蔽伤之忧，比周邪伪之徒不得即工，小人日销，俊艾日隆，经曰：'三载考绩，三考黜陟幽明。'又曰：'九德咸事，俊艾在官。'未有功赏得于前众贤布于官而不治者也"〔1〕

"正五事"而使天下大治，应实行轻刑省罚，轻徭薄赋，"平刑释冤以理民命，务省徭役，毋夺民时，薄收赋税，毋殚民财，使天下黎元咸安家乐业，不苦逾时之役，不患苛暴之政，不疾酷烈之吏，虽有唐尧之大灾，民无离上之心"〔2〕。

谷永的这次对策，得到成帝的赞赏，"天子异焉"，特为召见谷永，于是擢为光禄大夫。

成帝建始四年，杜钦以直言对策。当时成帝的策题是："天地之道何贵？王者之法何如？六经之义何上？人之行何先？取人之术何以？当世之治何务？各以经对。"〔3〕

关于"天地之道何贵"，杜钦说，天道贵信，地道贵正，不信不正，万物不生，所以生是天地所贵。

关于"王者之法何如"，杜钦说，作为帝王应该承奉天地所生的人畜、五谷等万物，而加以护理调养，使其成育更生。不仅人畜，即使昆虫、草木，也应各得其所。

关于"六经之义何上"，杜钦说，帝王应效法天地，行仁以广施，立义以正身，克己以就义，以仁爱为心，而施之于人。这是六经所崇尚的。

关于"人之行何先"，杜钦说，不孝则事君不忠，为官不敬，战阵不

---

〔1〕《汉书》卷八十五《谷永杜邺传》，第3448页。
〔2〕《汉书》卷八十五《谷永杜邺传》，第3449页。
〔3〕《汉书》卷六十《杜周传》，第2673页。

勇，朋友不信，所以孔子曰："孝无终始，而患不及者，未之有也。"杜钦认为，孝是人行之所先[1]。

关于"取人之术何以"，杜钦说，选取人才当观察他于乡党的言行，考察他于官场的职能。通达时应看他所推举的，富有时应看他所给予的，穷困时应看他所不为的，贫乏时应看他所不取的，近期考察要看他是否依靠他人势力而自进，远期要看他是否成为他人进升的依靠势力。

关于"当世之治何务"，杜钦说，殷因袭于夏尚质，周因袭于殷尚文。今汉承周之敝，宜抑文尚质，废奢崇俭，明实去伪，这是当世之务。

杜钦特别强调选拔官吏首先是德行，然后是功劳与才能。德行，即六经与忠、孝、仁、义、信、勇，以及克己就义、爱民务实等。

哀帝非常重视举孝悌、举贤良。建平元年二月，下诏令曰："圣王之治，以得贤为首。其与大司马、列侯、将军、中二千石、州牧、守、相举孝弟惇厚能直言通政事，延于侧陋可亲民者，各一人。"[2] 元寿元年（前2年）春正月，诏令将军、列侯、中二千石，举贤良方正能直言者各一人。

哀帝初即位，李寻极言对策。这次对策是在当时经常出现水出地动、日月失度、星辰乱行、灾异频仍的情况之下，根据《易》《书》《诗》等经义，进行论述与对答的。

李寻认为："日者，众阳之长，辉光所烛，万里同暴，人君之表也。……日初出，炎以阳，君登朝，佞不行，忠直进，不蔽障。……日将入，专以壹，君就房，有常节。君不修道，则日失其度，晻昧亡光。"[3] 月为众阴之长，为妃后、大臣、诸侯之象。要避免母后参与政事而乱朝，以及诸侯外臣干预朝事。天下事重大，当亲自求贤能任用之，使邪佞之人不得宠幸。这样才能"以崇社稷，尊强本朝"。要特别防止内乱，"宜察萧

---

[1]《汉书》卷六十《杜周传》，第2674页。
[2]《汉书》卷十一《哀帝纪》，第338页。
[3]《汉书》卷七十五《眭两夏侯京翼李传》，第3184页。

墙之内，毋忽亲疏之微，……消散积恶，毋使得成祸乱"。[1]

为政如治水，王者若公正修明，则"百川理，落脉通；偏党失纲，则踊溢为败"。李寻引《诗》讥刺之言："烨烨震电，不宁不令，百川沸腾"，[2] 警示王者对于外亲大臣，应该加以抑黜。

为加强朝廷力量，当闭绝私路，拢进英隽，"诏书进贤良，赦小过，无求备，以博聚英俊。如近世贡禹，以言事忠切蒙荣尊，当此之时，士厉身立名者多"。[3] 有汲黯、公孙弘、贡禹、王章等名相大臣辅佐。请求哀帝推举有德行且道术通明之士，充备官位，以辅圣德、保帝位、承大宗。因此，下至郎吏从官，如果没有贤能，又不通晓一艺，即使是博士而无文雅的官吏，都应当使他们罢官务农，以强调朝廷需要的是贤才君子，此为治国执政之本。

对于李寻的这个对策，哀帝虽不尽从，"然采其语，每有非常，辄问寻"。[4] 因而，迁李寻为黄门侍郎。

对策主要强调了朝廷尊君主，反对诸侯、外戚、妃后以及佞幸奸人的干涉朝政，而使才德兼备的贤能者任职为官，以辅朝政。外戚主要指哀帝祖母傅太后及傅家、母亲丁太后及丁家；佞幸奸人主要指董贤、孙宠、息夫躬等；诸侯是像武帝时淮南王刘安那样阴谋反汉，连丞相公孙弘都不放在眼里的人。

哀帝元寿元年，杜邺方正直言对策。这次对策主要回答了以下两个方面的内容：

第一，关于慎防后宫专权。杜邺说，阳尊阴卑，卑者随尊，尊者兼卑，是为天之道。所以，男子虽贱，各为其家阳；女子虽贵，而为其国阴。故礼明三王之义，虽文王之妃太姒十分有德，也必夫死从子，反之则

[1]《汉书》卷七十五《眭两夏侯京翼李传》，第3186—3187 页。
[2]《汉书》卷七十五《眭两夏侯京翼李传》，第3189 页。
[3]《汉书》卷七十五《眭两夏侯京翼李传》，第3190 页。
[4]《汉书》卷七十五《眭两夏侯京翼李传》，第3192 页。

必有灾祸。如春秋时，郑伯从妃姜氏之欲，终有叔段篡国之祸。西汉初吕太后权私亲属，又以外孙女为惠帝后，所以继嗣不明，政事昏暗，灾异之变，不可胜载。为此，后宫当以安静为德，而不骄恣专权。

第二，关于封爵拜官，应根据功能而不得徇私。杜邺严厉指责当时高昌侯已离自绝，又予以封地；侍中驸马都尉傅迁，巧佞不忠，已免归故郡，又诏还兼官奉使，尊宠如故；诸外戚子弟，不问贤不肖，皆亲近在位，甚至操纵军政大权。并认为，这是有罪恶不受惩罚，无功能毕受官爵。为此，无法"令昭昭以觉圣朝"[1]，如在古代，必为"诗人所刺，《春秋》所讥"。[2]

对于女子特别强调德行，以及尊卑贵贱之礼。后妃要以"安静为德"，"非礼不动"。封官拜爵，应有贤才，但必须是忠孝兼备，应像闵子骞那样，"守礼不苟，从亲所行"，否则必遭诗人的讽刺和《春秋》的讥斥。

成帝、哀帝时的四人对策，以及文帝、武帝时晁错、公孙弘、董仲舒等的对策，无论是天子的诏策题目，或者是各人的对策，回答问题，都有才艺功能的标准；但更重要的是，有德行礼义，如行三王、五帝之德，尧舜之道、先王之道，君臣父子夫妇之礼，仁义礼知信之道，《诗》《书》《春秋》等义，实际上就是三纲、五常和六经。有的策试，天子有明确要求，必须根据六经经义来回答，"各以经对"便是最好的佐证。

五、元、成、哀时期的宗庙礼法

（一）基本确定罢郡国宗庙之礼法

关于罢郡国宗庙的议论，基本予以确定。自西汉初到宣帝时，为祖宗、皇考立庙，为母后立寝园，是历代君主、诸侯，乃至郡守的神圣职

---

〔1〕《汉书》卷八十五《谷永杜邺传》，第3477页。

〔2〕《汉书》卷八十五《谷永杜邺传》，第3477页。

责。所以，不仅在京师立宗庙、寝园、便殿，在郡国也每每有之。汉高帝时，令诸侯王在都城，皆立太上皇庙。惠帝即位，尊高帝为太祖庙。景帝即位，尊文帝庙为太宗庙。凡是高帝、文帝生前巡视经过的郡国，都得立太祖庙和太宗庙。宣帝时，又尊武帝庙为世宗庙。武帝生前巡狩封禅到过的郡国，也得立世宗庙。这样，全国各地立祖宗的郡国有六十八，共立庙一百六十七所。而京师自高帝至宣帝的帝庙，与太上皇、悼皇考（宣帝父）各自在陵旁所立庙，共有一百七十六所。又园中有寝（陵上正殿）、便殿（寝侧别殿）。而且，庙、寝、便殿的祭祀十分频繁，日祭于寝，月祭于庙，时祭于便殿。因此，宗庙的祭祀与管理，耗费人力物力极大。这些与元帝之后，灾荒连年、财政困难的现实情况极不相适应，也与儒家古代有庙制规应不相符合。

由于财物和人力上消耗太大，又不符合古代庙制。所以，著名经学家翼奉、贡禹等人，首先提出了寝庙当以亲疏迭毁。翼奉认为，"诸寝庙不以亲疏迭毁，皆烦费，违古制"[1]。贡禹则要求省建章、甘泉二宫卫卒，减诸侯王庙卫卒之半，并奏"罢郡国庙，定迭毁之礼"[2]。他的具体意见是：古代天子七庙，今孝惠帝和孝景帝庙都已亲尽，应该毁除；而郡国为祖宗立庙也不合古礼，"宜正定"。这个意见，立即得到元帝的支持。因而，于永光元年下诏先议罢郡国庙。

对于元帝所下议罢郡国宗庙的诏令，丞相韦玄成、御史大夫郑弘、太子太傅严彭祖、少府欧阳地余、谏大夫尹更始等七十余人，都认为应罢郡国所立宗庙。他们的理由是，祭并非外来，而是出于内心，只有圣人能飨帝，孝子能飨亲，这是情理皆备，合情合理。因此，只有立庙京师，天子恭恭敬敬亲自进行祭祀，四海之内的王、侯、封疆吏，以及蛮夷首领，各按时以职来助祭，才是尊亲的大义，也是五帝三王共同遵循的"不易之

〔1〕《汉书》卷七十五《眭两夏侯京翼李传》，第3175页。
〔2〕《汉书》卷七十二《王贡两龚鲍传》，第3080页。

道"。所以韦玄成等七十余人认为，宗庙在郡国者，不应修复的就不再修复。这个建议立即得到元帝的同意。下诏罢昭灵后、武哀王、昭哀后、卫思后、戾太子、戾后园，皆不奉祠，并裁减守园吏卒。对此，刘向、刘歆父子有不同看法（详后）。

（二）宗庙迭毁制稍有反复

关于京师宗庙迭毁制度的议论稍有反复。郡国宗庙既罢，元帝又下诏使公卿大臣、将军、列侯、大夫博士议论京师宗庙迭毁制度。诏令说，明王制礼，立亲庙四，祖宗之庙万世不毁，所以明尊祖敬宗，也是明亲亲之礼。对此，元帝自称即位以来，大礼尚不完备，深感战栗恐惧，不敢自专，请公卿大臣们予以议定。

丞相韦玄成等四十四人见到元帝诏书后，就奏议说，根据《祭义》规定，君王祭祀其祖所从出，以其祖配之，而立四庙。也就是说，始受命而王，祭天以其祖配，而不为立庙，因为亲已尽。立亲庙四，以示亲亲，亲尽而迭毁，是亲疏渐降，以示有"终"。至于周朝之所以有七庙，因后稷始封，文王、武王受命而王，所以三庙不毁，而与亲庙四，共为七庙。如果后稷非始封，文王、武王无受命之功，都应亲尽而毁。成王虽成文王、武王之业，制礼作乐，功德无量，但其不世世不毁，而仅以行为表谥而已。根据《礼》，庙在大门之内，不敢离亲。为此，韦玄成等认为："高帝受命定天下，宜为帝者太祖之庙，世世不毁，承后属尽者宜毁。今宗庙异处，昭穆不序，宜入就太祖庙而序昭穆如礼。太上皇、孝惠、孝文、孝景庙皆亲尽宜毁，皇考庙亲未尽，如故。"[1] 太祖以下立亲庙四，亲尽而毁，而元帝祖父悼皇考，因亲未尽，故暂不毁。

韦玄成等以上议论，立即遭到大司马、车骑将军许嘉等二十九人的反对。他们认为，孝文皇帝德厚天地，利泽四海，宜为帝者太宗之庙。而廷

---

〔1〕《汉书》卷七十三《韦贤传》，第3118页。

尉尹忠等认为，孝武皇帝有功天下，宜为世宗之庙。又谏大夫尹更始等十八人认为，皇考庙（元帝祖父）上序于昭穆，非正礼，当毁。要立文帝太宗庙和武帝世宗庙，也如太祖庙世世不毁，而悼皇考之庙当毁。

对于以上几个方面的不同议论，元帝感到为难，故迟疑不决达一年之久。最后下诏说，王者祖有功而宗有德，是尊尊之大义；存亲庙四，是亲亲之至恩。高皇帝受命而为帝，功没有再大的了。孝文皇帝，兴三代之风，天下太平，百姓乐业，德没有再盛的了。所以高皇帝为汉太祖，孝文皇帝为汉太宗，世世承祀，传之无穷。孝宣皇帝为孝昭帝后，但"于义一体"，即祖与孙均为昭。而孝景皇帝庙及皇考庙皆亲尽，也就是当毁庙。同时，诏令群臣再行讨论，并加以决定，以正礼仪。

于是韦玄成等又奏曰：祖宗的庙当世世不毁，继祖以下，五庙亲尽而迭毁。所以今高皇帝为太祖，孝文皇帝为太宗，孝景皇帝为昭，孝武皇帝为穆，孝昭皇帝与孝宣皇帝俱为昭，"皇考庙亲未尽，太上、孝惠庙皆亲尽，宜毁。太上庙主宜瘗园，孝惠皇帝为穆，主迁于太祖庙，寝园皆无复修"[1]。对于韦玄成等所奏，元帝表示赞成。因而，永光五年，宗庙迭毁之制得以确定。

实行一年多后，匡衡继韦玄成为丞相时，因元帝卧病，常梦见祖宗谴责罢郡国宗庙，故准备恢复郡国立宗庙。但匡衡认为，郡国宗庙当罢不可再复。不仅所罢郡国宗庙不能恢复，过去所定京师宗庙迭毁制度，也不可改变。应立即选吉日良辰，毁迁太上皇、孝惠庙，孝文太后、孝昭太后寝，"以昭祖宗之德，顺天人之序"[2]。所以，对于元帝患病时想修复毁迁的庙寝，并予以祭祀，认为于礼不合。因此，当元帝下诏朝臣具复毁庙时，匡衡又表示不同意。因为，"天子之祀义有所断，礼有所承，违统背

---

〔1〕《汉书》卷七十三《韦贤传》，第3120页。
〔2〕《汉书》卷七十三《韦贤传》，第3123页。

制，不可以奉先祖，皇天不祐，鬼神不飨"。[1]

　　然而，由于元帝疾病连年，又怕祖宗责怪，因此没有听取匡衡的意见，恢复了之前所罢寝庙园，并修缮如故。建昭五年（前34年）秋七月，庚子，"复太上皇寝庙园、原庙，昭灵后、武哀王、昭哀后、卫思后园"[2]。竟宁元年（前33年）三月癸未"复孝惠皇帝寝庙园，孝文太后、孝昭太后寝园"，[3] 并下诏说，孝武庙曰世宗，为孝宣帝所定，我不能擅自更改。也就是仍承认世宗庙，但废罢郡国宗庙不变。

　　元帝死后，匡衡奏言，该毁的庙寝必须毁，以合乎礼。奏言得到成帝的支持而得以实行。于是，立即毁惠帝、景帝庙，又罢太上皇、孝文太后、孝昭太后、昭灵后、武哀王、昭哀后祠。后来，因成帝没有继嗣，到河平元年（前28年），又恢复太上皇寝庙园，仍世世奉祠。而昭灵后、武哀王、昭哀后并食于太上皇寝庙如故。并且，恢复了高后时所定的臣下不得擅议宗庙之令。

　　光禄大夫刘向对于废郡国宗庙及京师宗庙迭毁表示反对。因为在他看来，"汉宗庙之礼，不得擅议，皆祖宗之君与贤臣所共定，古今异制，经无明文，至尊至重，难以疑说正"[4]，并且认为，由贡禹引起的这种擅议宗庙之礼，动摇了汉初定制，后人往往借此随便议论，影响极坏，这是对祖宗神明的不敬与污辱。对于是否继续元帝开始的宗庙迭毁、是否继续废除擅议先帝宗庙寝园弃市令，举棋不定，时行时止、时废时复的成帝触动很大。因为刘向的建议，曾使成帝感到悔恨。

　　哀帝一即位，丞相孔光、大司空何武等就称道元帝永光五年所定宗庙迭毁制，而批评建昭五年以孝武皇帝为世宗。他们认为，迭毁的次序，当以时而定，并非擅议宗庙。这种看法立即得到哀帝认可。于是光禄勋彭

---

〔1〕《汉书》卷七十三《韦贤传》，第3123页。

〔2〕《汉书》卷九《元帝纪》，第297页。

〔3〕《汉书》卷九《元帝纪》，第298页。

〔4〕《汉书》卷二十五下《郊祀志下》，第1258页。

宣、博士左咸等五十三人，都以为继祖以下，五庙而迭毁。"后虽有贤君，犹不得与祖宗并列。……孝武皇帝虽有功烈，亲尽宜毁。"[1] 可是，刘歆、王舜等人，对于自贡禹开始的宗庙迭毁和武帝庙亲尽宜毁的议论，皆表示不同意见。

当时为中垒校尉的刘歆说，根据《礼》，对于祖先宗庙的祭祀当"去事有杀"，《春秋外传》言"日祭、月祀、时享、岁贡、终王"，也就是说，父祖则日祭；曾祖与高祖则月祀；远祖则时享；再远扫地而祭的祖则岁贡；每一王终，新王即位，则蛮夷等各以其珍贡以供大褅之祭，"大褅则终王"。德盛而流广，是亲亲之渐，亲越远则越尊，故褅祭为重。孙居祖之处，以正昭穆，则孙常与祖相代，此迁庙之渐，所以"圣人于其祖，出于情矣。礼无所不顺，故无毁庙。自贡禹建迭毁之议，惠、景及太上寝园废而为虚，失礼意矣"[2] 这是说，以情推子，以子况祖，深得人心，而不违礼，故无毁弃不褅之主。因此，贡禹宗庙迭毁之议，是十分"失礼"的。

对于韦玄成、匡衡、孔光、何武等主张"继祖宗以下，五庙而迭毁"，孝武皇帝虽有功烈，也应亲尽宜毁，刘歆与太仆王舜极为反对。他们说，周朝逐渐衰败之时，四夷并侵，猃狁（即汉代匈奴）最强，而到周宣王时，出兵加以征伐，诗人就大加歌颂道："薄伐猃狁，至于太原。"又说当时周的卿士方叔带兵征伐猃狁，惩罚其野蛮凶暴，并能信明其德，故南荆之蛮，亦畏威而来服。所以称宣王中兴。后来周幽王时，犬戎来侵，杀幽王，取宗庙宝器。从此之后，南夷与北狄交侵，中国十分危险。春秋、战国、秦和西汉之初，匈奴始终是中国北方强敌，国家没有安宁，人民生命财产没有保障。到汉武帝用兵四夷，特别是出击匈奴，迫其远遁漠北，四边无事，斥地远境，新建十余郡，大安天下，富实百姓。并且"招集天下

---

[1]《汉书》卷七十三《韦贤传》，第3125页。
[2]《汉书》卷七十三《韦贤传》，第3129页。

贤俊，与协心同谋，兴制度，改正朔，易服色，立天地之祠，建封禅，殊官号，存周后，定诸侯之制，永无逆争之心，至今累世赖之。单于守藩，百蛮服从，万世之基业，中兴之功未有高焉者也"。[1] 所以高帝建大业，为太祖；孝文皇帝德厚俭约，为文太宗；孝武皇帝功烈显著，为武世宗。这也是孝宣皇帝"所以发德音也"。

同时，刘歆等认为，《礼记·王制》《春秋穀梁传》规定天子七庙，即天子三昭三穆与太祖之庙而七，这是"德厚者流光，德薄者流卑"[2]。并且说，七是一个正法的常数，而宗不在这常数之中，宗是一个变数，只要有功德则可立为宗，不可预先设数。所以在殷代，太甲为太宗，大戊为中宗，武丁为高宗。由此可见，宗本无定数。这是劝勉凡是为帝者多积功德。如以七庙来说，孝武皇帝也不宜毁；如从宗来说，则不可说无功德，也不宜毁庙。何况《礼记》祀典说，圣王之制祀，功施民则祀之，以劳定国则祀之，能救大灾则祀之。而孝皇武帝，功德兼而有之。当然迭毁之礼自有常法，如果无殊功异德，固应亲疏相推及。至于祖宗之序，多少之数，经传无明文，至尊至重，是难以疑文虚说而定的。何况，"孝宣皇帝举公卿之议，用众儒之谋，既以为世宗之庙，建之万世，宣布天下。臣愚以为孝武皇帝功烈如彼，孝宣皇帝崇立之如此，不宜毁"。[3]

与韦玄成、匡衡、孔光、何武等主张继祖宗以下五庙而迭毁不同，刘歆等坚持武帝之庙不宜毁，这些议论，曾为汉哀帝所接受。

不久，又商议惠帝、景帝庙可否恢复。当时参加讨论的公卿大臣，都说"宜复"。但名儒、谏大夫龚胜不同意，认为应维持韦玄成、匡衡所定宗庙亲尽迭毁制度，所谓"当如礼"。当时博士夏侯常对龚胜说，礼是可变的。胜即反驳说，礼是不变的，而是时与人意在变，也所谓"去，是时

---

〔1〕《汉书》卷七十三《韦贤传》，第3126页。

〔2〕《汉书》卷七十三《韦贤传》，第3127页。

〔3〕《汉书》卷七十三《韦贤传》，第3127页。

之变"。[1]

从元帝时到哀帝时，君主与公卿大臣及经学家们，关于宗庙制度的认识不同。从经学的角度考虑，著名儒家学者翼奉、贡禹、韦玄成、匡衡、严彭祖、欧阳地余、尹更始、孔光、何武、龚胜等都是主张郡国罢宗庙，京师宗庙迭毁的。而著名儒家学者刘向、刘歆、夏侯常等，却表示不能苟同。郡国宗庙废不废，京师宗庙迭毁不迭毁，也就是庙制变不变，原因是各种各样的。有出于财政开支，有出于维护古代制度，有出于私恩与情谊，也有出于皇帝的健康与有没有继嗣。但是应该指出，任何礼仪均须与社会经济相适应，而且要形成一定的制度。

六、成帝时郊祀之争

（一）武帝至元帝时的郊祀

关于郊祀之礼，武帝时规定，甘泉泰一、汾阴后土，三年亲自郊祀一次。昭帝即位，因年轻又天下不安定，故未尝行过此礼。至宣帝元康四年，下诏说："天子尊事天地，修祀山川，古今通礼也。"[2] 于次年（神爵元年）正月，始幸甘泉，郊见泰畤。三月幸河东，祠后土。于是，恢复郊祀之礼。其后，隔年幸甘泉，郊见泰畤，或幸雍，祠五畤。幸河东，祠后土，也隔年进行。到初元初年，翼奉就上疏说：祭天地于云阳、汾阴，"烦费，违古制"，汉家郊兆寝庙祭祀之礼，"多不应古"。但皇帝不听，仍遵循宣帝所定的郊祀制度，"元帝即位，遵旧仪，间岁正月，一幸甘泉泰畤，又东至河东祠后土，西至雍祠五畤，凡五奉泰畤、后土之祠"[3]

---

[1]《汉书》卷七十二《王贡两龚鲍传》，第3082页。

[2]《汉书》卷二十五下《郊祀志下》，第1248页。

[3]《汉书》卷二十五下《郊祀志下》，第1253页。

(二) 成帝时定长安南北郊祀

成帝即位，丞相匡衡、御史大夫张谭，就在翼奉疏言的基础上提出，要将甘泉泰畤、河东后土祠，迁置京师长安，于长安定南北郊。也就是说，不再遵守宣、元两帝以来的正月幸甘泉、郊泰畤，春至河东、祠后土的郊祀故事，就在皇帝所居住的长安南北近处，进行郊祀。他们的理由是，帝王的事没有比"承天之序"再大的了，而"承天之序"没有比郊祀再重要的了。所以关于建立祭祀天地的郊祀制度，圣王明主尽心极虑。祭天当于南郊，有"就阳之义"；而祭地于北郊，有"即阴之象"。因此，天也因天子都所之地而受飨。

过去孝武皇帝因居甘泉宫，故即于云阳立泰畤，就祭于宫南。今帝常居长安，而郊见皇天反到北面的泰阴，祠后土反到东面的少阳，这与古制相违。同时，郊祀甘泉、河东，路途遥远，地形危险，必致使吏民困苦，百官烦费。这既难以奉神灵以求福祐，也"未合于承天子民之意"[1]。且历史上早有先例，如周文王、周武王郊于丰、鄗，周成王郊于雒邑。所以，"天随王者所居而飨之，可见也。甘泉泰畤、河东后土之祠宜可徙置长安，合于古帝王"。[2] 匡衡、张谭的以上奏言，立即得到成帝的同意。

于是，成帝下诏令公卿大臣讨论议定。当时，大司马车骑将军许嘉等八人，表示不能同意，认为还是照过去所定郊祀故事办，"所从来久远，宜如故"[3]，但右将军王商、博士师丹、议郎翟方进等五十人，却支持匡衡、张谭的主张。他们指出，郊祀地点，应当各在圣王所都之南北近处。并认为"长安，圣主之居，皇天所观视也。甘泉、河东之祠非神所飨，宜徙正阳大阴之处。违俗复古，循圣制，定天位，如礼便"。[4]

---

〔1〕《汉书》卷二十五下《郊祀志下》，第1254页。
〔2〕《汉书》卷二十五下《郊祀志下》，第1254页。
〔3〕《汉书》卷二十五下《郊祀志下》，第1254页。
〔4〕《汉书》卷二十五下《郊祀志下》，第1254页。

　　匡衡、张谭在得到王商、师丹、翟方进等五十人支持的情况下，又奏议说，现在参加议论的有五十八人，其中五十人认为当徙郊于长安南北，并以经传为根据，与古代相符，也便于吏民。而仅占少数的八人，既不知经艺，又不考古制，却以为不宜。这种毫无根据的议论，是不能听取的。所以宜于长安定南北郊，为万世根基，成帝对匡衡、张谭及师丹、翟方进等五十人的意见表示支持。于是，就定长安南北郊。

（三）废除群神、杂祠

　　与此同时，为了避免过去郊祀甘泉、河东的铺张浪费，匡衡认为，郊祀应尚质从俭，而不应该尚文从奢。郊祀中一切不合古礼的铺张陈设，均可废罢。匡衡说，甘泉泰畤紫坛、八觚以象宣通八方，五帝坛环居其下，又有群神之坛。根据《尚书》裡六宗、望山川、遍祀群神之义，今郊祀的紫坛有文章、采镂、黼黻之饰，及玉器、女乐、石坛、仙人祠、瘗鸾路、骍驹、寓龙马等，均不合古制。郊祀飨帝之义，应是扫地而祭，以尚质。"歌大吕舞《云门》以俟天神，歌大蔟舞《咸池》以俟地祇，其牲用犊，其席稿秸，其器陶匏，皆因天地之性，贵诚上质，不敢修其文也。"[1] 为此，紫坛伪饰女乐、鸾路、骍驹、龙马、石坛等，均应废而勿修。

　　而且，对于前代所立的祠，也不应盲目遵奉。他们认为，天子帝王郊祀天地应根据礼制规定，不应因前代曾有而必须继承。如今雍鄜、密、上下畤，本为秦文公、秦宣公各以己意所立，并非礼制所规定。汉初，因仪制未定，故因秦旧祠，复立北畤。现在既然根据古制，建定天地之大礼，郊见上帝时，青赤白黄黑五方之帝各有其位，祭祀备具。所以，秦文公、宣公等诸侯所妄自建造的祠，现在不当遵而从之。至于北畤，是高祖初年，礼仪未定时所立，不宜再加以修缮与祭祀。匡衡这些建议，都得到成帝的赞同。因此，郊祀紫坛的有关伪饰、秦旧祠以及陈宝祠皆罢。

---

〔1〕《汉书》卷二十五下《郊祀志下》，第1256页。

不久，匡衡与张谭认为，当时全国各地的祠所实在太多，既浪费人力物力，也混乱不合礼。他们立即条奏，要求废罢不合礼的和重复的祠所，"长安厨官县官给祠郡国候神方士使者所祠，凡六百八十三所，其二百八所应礼，及疑无明文，可奉祠如故。其余四百七十五所不应礼，或复重，请皆罢"〔1〕此奏疏得到了成帝的同意，雍原有旧祠二百三所，只有山川诸星等十五所祠所符礼，得以保存。像诸布、诸严、诸逐等祠，均被罢废。杜主原有五祠，据礼只能保留其一。其他如高祖、文帝、武帝、宣帝所许立的许多不合礼的祠，也均罢废。同时，专门搞祭祀活动的人，如候神方士等七十八人，也被免职归家。这样，全国各地六百八十三所杂祠，罢废了四百七十五所，将近七分之五，从而大大减少了国家的开支和人民的负担。

（四）长安南北郊祀与废群神杂祠之争论

建始二年，成帝始祀长安南郊。次年，因匡衡有罪免官爵，众人就多言不当变动祭祀。特别是刘向对祀长安南北郊，罢废不合礼的杂祠、旧祠，表示异议。刘向说，家人尚不欲绝继嗣所传祠，何况是国家的神宝旧畤。而且，甘泉泰畤、汾阴后土及雍五畤，始立之时，皆有神祇感应，然后营造，并非权宜之计。武帝、宣帝二世，对以上三处之神，不仅礼敬敕备，而且"神光尤著"。因此，不宜轻易更动。其中陈宝祠，自秦文公建立以来，已七百年余，汉兴已来，常来飨祠，汉高帝时来五次，文帝时来二十六次，武帝时来七十五次，宣帝时来二十五次，元帝以后也来了二十次。来时有声有色，而汉的祭祀也十分隆重，"汉兴世世常来，光色赤黄，长四五丈，直祠而息，音声砰隐，野鸡皆雊。每见雍太祝祠以太牢，遣候者乘一乘传驰诣行在所，以为福祥"〔2〕所以，在刘向看来，对于这种历

---

〔1〕《汉书》卷二十五下《郊祀志下》，第 1257 页。
〔2〕《汉书》卷二十五下《郊祀志下》，第 1258 页。

史悠久又有神灵的祠，不可罢废，于礼也不当罢。

后来，成帝思虑刘向所言，又因后妃不育而无继嗣，便决定废长安南北郊，复甘泉泰畤、汾阴后土及雍五畤等。成帝使皇太后下诏说，王者当承事天地，交接泰一，祭祀最为重要。孝武皇帝大圣神明，始建天地之祀，营泰畤于甘泉，定后土于汾阴，得神祇保佑，国泰民安，子孙兴旺，累世尊业，福流于今。今皇帝宽仁孝顺，遵奉祖业，没有大过，而久无继嗣，思来想去，其咎何在？是在徙南北郊，违背了先帝制度，改变了神祇旧位，失天地之心，妨继嗣之福。故皇太后，年已六十，未见皇孙。根据《春秋》以复古为大，以顺祀为善，应立即复甘泉泰畤、汾阴后土以及雍五畤如故。于是成帝又恢复到甘泉、汾阴、雍进行郊祀。

成帝废长安南北郊而复武帝以来旧郊祀之后，谷永就上书成帝，请不信鬼神，不祭山川仙人等诸杂祠，因为这些都是"背仁义之正道，不遵五经之法言，……奸人惑众，挟左道，怀诈伪，以欺罔世主"[1]，实际也是支持匡衡而批评刘向。谷永之言也得到了成帝的称赞。

当成都侯王商为大司马卫将军辅政时，杜邺支持匡衡、张谭、王商、师丹、翟方进等人的主张，认为应该恢复长安南郊。他对王商说，祭祀之道莫盛于修德，故纣王的杀牛祭祀，不如文王以蘋藻祭祀。也就是说，奉天之道，以诚心质朴而得民心为贵。行为不正而祭祀丰盛，仍得不到保佑；德修礼敬而祭品不厚，事必大吉。为此，古代祭坛之场有常处，燎烟有常用，赞见有常礼，简单易行，不兴师动众，不劳苦百姓。但今天的甘泉、河东天地郊祀，都失方位，违背阴阳。又雍五畤，路途遥远。沿途百姓为了治道，挑担、运输、迎来、送往，赋重役烦，民生不安。种种艰难险阻，以及遭遇狂雨暴风，往来非常不便。实际上是因为这种郊祀已不合天意，故不为天欲欣飨。所以，应该恢复长安南北郊，所谓"《诗》曰：'率由旧章'。旧章，先王法度，文王以之，交神于祀，子孙千亿。宜如异

---

〔1〕《汉书》卷二十五下《郊祀志下》，第1260页。

时公卿之议，复还长安南北郊"。[1]

成帝在世时，没有采纳杜邺的意见，而复长安南北郊；但成帝死后，皇太后就下诏加以恢复。她下诏说，皇帝即位之初，思顺天心，遵经义，定郊祀，天下喜悦。后来，因怕无继嗣，未有皇孙，故复甘泉泰畤、汾阴后土，希望获福而有继嗣。但最终没有得到皇天的保佑，皇帝也为此悔恨。令今后复南北郊长安如故，以顺皇帝的心意。

成帝即位之初，不往甘泉祀泰畤、汾阴祀后土，而祀长安南北郊。这的确是顺天意、得民心的事，特别是大大减轻了百姓、罪徒的劳役负担和赋役负担。建始二年正月诏书言："乃者徙泰畤、后土于南郊，……三辅长无共张徭役之劳，赦奉郊县长安、长陵及中都官耐罪徒。减天下赋钱，算四十。"[2] 所以，徙长安南北郊，使百姓有更多的人力物力投入生产，发展经济，从而得以安居乐业，也是安定社会秩序、巩固封建统治的善政大计。至于迁长安南北郊，从成帝到平帝，几度起落反复，一方面反映了当时对于郊祀的认识，众说纷纭，斗争激烈；另一方面也表明了，制礼需要适应时势和经济许可，如严重脱离经济的许可和人民承受能力，则不得不改变。

郊祀迁长安南北近处与废除各种杂祠处所，也是经学内部的斗争，师丹、翟方进、谷永、杜邺等著名经学家都赞成翼奉、匡衡的意见，而著名经学家刘向表示不同意见，要维持原来的郊祀。匡衡等是为了改革礼制、减轻人民的负担，而刘向是帝王后代，是出于个人的情感和维护历来制度。

---

〔1〕《汉书》卷二十五下《郊祀志下》，第 1263 页。

〔2〕《汉书》卷十《成帝纪》，第 305 页。

七、哀帝时乐制改革

（一）雅乐、郑声并存

武帝到成帝时，有雅乐也有郑声。汉武帝时制定郊祭祀礼，为祠太一于甘泉，祭后土于汾阴而立乐府，并作《郊祀歌》十九章。当时天子常御之乐和郊庙之乐都不是雅声，成帝时，匡衡首先对武帝立乐府，及"以正月上辛用事甘泉圜丘，使童男女七十人俱歌，昏祠至明"[1]等事，表示有不同意见和看法，将武帝所定《郊祀歌》十九章中的其中二章歌词，也进行了某些修改（前有叙述，现从略）。

二章歌词主要宣扬郊祀之礼至高无上，庄严伟大，也歌颂了进行郊祀的帝王的显赫与神威，表现了四方九夷归顺、天下神灵降福飨享的壮观场景。匡衡之所以改"鸾路龙鳞"为"涓选休成"，改"黼绣周张"为"肃若旧典"，目的是批评帝王的铺张陈设、耀武扬威，匡衡对"乐府"和"郑声"极为不满，主张"放郑卫，进《雅》《颂》"[2]，除恶选善，敬顺旧礼，认为乐不仅是以美好的歌舞、悦耳的声音来满足天地神明和帝王的要求，也应当表现为民除恶，为国选贤，庄敬严肃，崇尚仁义，遵循旧礼。

与此同时，谒者常山王禹，世代传受河间乐（即河间献王所献雅乐），不仅能闻其铿锵之声，而且通晓其深义，其弟子宋晔上书，称其师好雅乐。大夫平当对雅乐进行考核，认为属实可信，要求大乐官领属宋晔所上雅乐，以继绝显微。圣主也应当修正兴起旧文，放郑声近雅乐，借以风示海内，扬名后世。成帝曾将平当的意见交给公卿议论，但大家都以为年代久远，此雅乐真伪难以分明，故置而不论。

---

[1]《汉书》卷二十二《礼乐志》，第1045页。
[2]《汉书》卷八十一《匡张孔马传》，第3337页。

(二) 哀帝乐制改革

哀帝时改革乐制，罢乐府，保留雅乐。哀帝当时身为定陶王时就反对郑声，本性也不爱好乐，即位为帝后，便下诏说："郑卫之声兴则淫辟之化流，而欲黎庶敦朴家给，犹浊其源而求其清流，岂不难哉！孔子不云乎？'放郑声，郑声淫。'其罢乐府官。郊祭乐及古兵法武乐，在经非郑卫之乐者，条奏，别属他官。"[1] 哀帝要罢免主要宣扬郑卫之声的乐府官，保留符合雅乐的郊祭乐及古代兵法武乐的乐员。

当时丞相孔光和大司空何武，根据哀帝的要求，即奏明哪些属雅乐员工须保留，哪些属郑卫之声应罢废。他们认为：

> 郊祭人员六十二人，给祠南北郊。大乐鼓员六人，《嘉至》鼓员十人，邯郸鼓员二人，骑吹鼓员三人，江南鼓员二人，淮南鼓员四人，巴俞鼓员三十六人，歌鼓员二十四人，楚严鼓员一人，梁皇鼓员四人，临淮鼓员三十五人，兹邡鼓员三人。凡鼓十二，员百二十八人，朝贺置酒陈殿下，应古兵法。

也就是说，以上十二项乐员不可罢。又：

> 外郊祭员十三人，诸族乐人兼《云招》给祠南郊用六十七人，兼给事雅乐用四人，夜诵员五人，刚、别柎员二人（刚、别柎为鼓名），给《盛德》主调箫员二人，听工以律知日冬夏至一人，钟工、磬工、箫工员各一人，仆射二人主领诸乐人，皆不可罢。竽工员三人，一人可罢。琴工员五人，三人可罢。柱工员二人，一人可罢。绳弦工员六人，四人可罢。郑四会员六十二人，一人给事雅乐，六十一人可罢。

---

〔1〕《汉书》卷二十二《礼乐志》，第1073页。

张瑟员八人，七人可罢。《安世乐》鼓员二十人，十九人可罢。沛吹鼓员十二人，族歌鼓员二十七人，陈吹鼓员十三人，商乐鼓员十四人，东海鼓员十六人，长乐鼓员十三人，缦乐鼓员十三人。凡鼓八，员百二十八人，朝贺置酒，陈前殿房中，不应经法。[1]

除《安世乐》鼓员可留一人之外，其他鼓员均可罢免。

本书"朝聘之礼：《朝律》"部分中，提到的治竽员等一百零三人，朝贺置酒为乐，此项乐员不可罢。又：

楚四会员十七人，巴四会员十二人，铫四会员十二人，齐四会员十九人，蔡讴员三人，齐讴员六人，竽瑟钟磬员五人，皆郑声，均可罢。又师学百四十二人，其中七十二给大官挏马酒，不可罢，而其余七十人可罢。……大凡八百二十九人，其三百八十八人不可罢，可领属大乐，其四百四十一人不应经法，或郑卫之声，皆可罢。[2]

郊祭乐、古兵法武乐、与经法相符的雅乐，不论乐员多少都得保留，不合以上要求的郑卫之声的乐员，都得罢免。这样，郑卫之声或"不应经法"的乐员，被罢去的达四百四十一人，占了总乐工八百二十九人的一半以上。保留的所谓"雅乐"、郊祭乐及古兵法武乐和"应法经"者仅三百八十八人，只占原总数的一小半。这样，的确可以减少国家的许多财政开支，因此，这一奏请得到哀帝的赞同与支持。但这仅是皇帝的决策和命令，只能行之于国家乐员。民间因听郑卫之音已久，养成爱好这种音乐的习惯，一些贵族、富民乃至官吏，仍照旧乐演奏而不改。成帝时，像黄门名倡丙强、景武等辈以擅长郑卫之声，而富显于世。帝舅王凤和其他群弟

---

[1]《汉书》卷二十二《礼乐志》，第1073页。
[2]《汉书》卷二十二《礼乐志》，第1074页。

及定陵侯淳于长、富平侯张放等贵族外戚之家，因好郑卫之声，以致发生与人主争女乐的事件。

（三）对乐制改革的评述

总之，西汉的乐制，虽到宣帝时期已确立，但礼学家们仍可以依其不同认识与根据，表达不同的看法。高帝、惠帝所定的《安世乐》，到哀帝时基本都否定了。武帝时所作《郊祀歌》，匡衡进行了修定。武帝所立乐府官，哀帝时也撤销了。

郑卫之声的兴起，得到了上自贵族、富人，下到平民百姓的欢迎，这与社会经济发展、思想文化变化很有关系。通俗的郑卫之声比之高深的雅乐，更能让人接受，所以，就是皇帝下令加以禁止，也无济于事。关于大大缩减乐员，与西汉后期政治不稳定、自然灾害频仍、人民流离失所、财政困难有关系，同时，也与历史发展、时代变迁相关。根据一定制度规定或常理规矩进行裁减，采取必要的措施，防止堆积于臃肿，使之归于正常与合理。这些都表明，处于改革阶段的两汉后期的乐制，有变化发展，也有激烈的斗争。

这也是该如何对待古礼、新礼及古乐、新乐的问题。谈起乐，要远郑卫之声，近雅颂之古乐，实际也是依循古制。舜之"韶"音、商颂、周文王时的雅乐、周武王的舞等，到西汉初的乐，都是古乐。郑卫之音是后起的新兴舞乐。因为，郑国始建于公元前806年（周宣王二十三年），已然是西周后期，与古乐相比，从时间上讲，显然是新乐。而且从乐的内容上看，郑国重视商人的力量，反映商人的生活与思想，为商人所推崇和喜欢。另外，内容上多表现男女爱情，在尊卑上下、男女之别方面，乐风又不严肃庄重，与礼法古乐都不相符。所以对于礼、乐而言，是一场古新之争。

每年要供养四百多乐工，也是一笔十分庞大的财物开支。古乐适合于生产不发达的古代，相对来说比较俭朴，遇到灾荒贫困，应实行古乐，以减轻人民负担。很明显，提倡古乐对国家与人民都有益。因此，应该发扬和提倡古乐的俭约，而对新乐的大量挥霍，应该给予批评，必须改革。这是当时礼乐思想斗争的一大根据与原因。

尽管雅乐比较严肃庄重，很难受到大众的喜爱，但也有扣人心弦之处。宣帝时，赵定所弹雅琴，曾使人听后为之感动落泪，"定为人尚清净，少言语，善鼓琴，时间燕为散操，多为之泣涕者"[1] 雅乐也有不少人喜欢。新乐不十分庄重严肃，不大注意伦理道德，而倾向于男女爱情，崇尚悦耳动听，从这一点来看，应当被批评和指斥。然而，哀帝时将郑声的乐工全部罢免的做法，无疑也是欠妥的。不管是古乐，还是新乐，乐工应精简一部分，保留大部分，使古乐、新乐都得到发展，相互取长补短，既有雅乐之庄重，又有郑声的悦耳，也有比较俭约的古乐，以适应社会不同阶层的需要。

因此，古乐不一定都好，新乐不一定都不好，对具体的乐制要具体分析。古乐的朴素俭约应该肯定，新乐的铺张浪费应该抵制，但新乐更近人情，也更受普通百姓的欢迎。联系社会经济实际情况与人民的要求希望，适时地辩证地进行研究与探讨，才是对待乐的客观态度与正确方法。至于裁乐减员，主张雅乐，反对郑卫之声，对于儒家今、古学家内部来说，恐怕没有不同意见，争论主要来自儒家与一些贵族、豪强、富商、殷实之民之间的分歧。

八、阴阳灾异与《经》《传》礼义

议论阴阳灾异以维护经传礼义，是今文经学的一个特点。说起灾异，始自董仲舒于汉景帝、汉武帝时治《公羊春秋》开始推演阴阳灾异。武帝时有夏侯始昌，昭帝宣帝时有眭孟、夏侯胜，元帝、成帝时有京房、翼

---

[1]《全汉文》卷三十九《刘向四·别录》，第391页。

奉、刘向、谷永、杜钦，哀帝、平帝时有刘歆、杜邺、李寻、田终术等，他们对于自然界发生的一切灾变，如日蚀、月蚀、地震、水灾、旱灾、冰雹、虫害等，借议论阴阳灾异，表达对于社会政治与礼仪制度的看法。现就下列三组阴阳灾异者为代表，介绍这方面的思想的概况。

（一）元帝之前论阴阳灾异、说礼乐制变

首先是董仲舒议论阴阳灾异来维护礼乐制度，反对越礼僭乐。武帝建元六年六月丁酉，辽东高庙灾；四月壬子，高园便殿火。董仲舒推阴阳灾异说，与春秋鲁定公、鲁哀公时，季氏僭越无礼相似。定公二年五月两观灾；哀公三年五月，桓宫、釐宫灾。董仲舒认为，"两观"是天子之制，作为诸侯的鲁国也有，显然是僭礼。出现火灾，是天在警告，季氏等僭礼之臣可以罢退。桓宫、釐宫依礼均不当立，故二庙火灾，是上天将其焚毁，以示鲁国有不当立者。武帝时，辽东高庙和高园便殿灾，也是因为高庙不当居辽东，高园殿不当居陵旁，于礼皆不当立，与鲁国之灾同，并且引申为地方的诸侯和中央的大臣越礼不正，应当加以惩罚，所以出现火灾警示。

鲁宣公十六年"夏，成周宣榭火"，即东周都城洛阳储藏天子乐器的宣榭发生火灾。董仲舒认为，这是鲁宣公十五年，王札子杀周二大夫召伯、毛伯，周天子对于王札子的非礼行为不能加以惩罚诛戮，所以出现宣榭火灾。因而，在董仲舒看来，周天子既不能整饬臣下，而行诛伐礼乐于天下，也就不能有天子应有的礼乐，"天戒若曰：不能行政令，何以礼乐为而臧之？"[1] 鲁成公三年"二月甲子，新宫灾"，成公之父宣公末年，鲁国三桓子孙开始执国政，宣公欲诛三桓子孙，但未遂而死，成公三年新宫火灾。董仲舒认为，这是成公没有实现父亲诛三桓子孙的遗愿，以及居丧又无哀戚之心所造成。因此，降天灾于其父庙，以"示失子道，不能奉

---

[1]《汉书》卷二十七上《五行志上》，第 1323 页。

宗庙"[1]，批评成公有失父子之礼。

其他关于水灾、霜灾、日蚀之变，出现彗星，以及雷击之灾等，董仲舒也以阴阳推演，并加以评论，维护君臣、父子、夫妇、兄弟、尊卑、贵贱、上下之礼。

夏侯始昌也明于阴阳灾异，曾为昌邑王太傅。始昌通五经，善推《洪范五行传》以论灾异。他认为，如上嫚下暴，也就是君臣均不正，则阴气胜，故降常雨而惩罚。如"风俗狂慢，变节易度，则为剽轻奇怪之服，故有服妖"，"上失威仪，则下有强臣害君上者，故有下体生于上之痾"[2]。在夏侯始昌看来，这里出现的许多不正常行为和灾害，是由于君臣失礼、失仪、失节、失度而造成的。也就是说，只有维护尊卑上下井然有序的礼仪节度，才能消灾除害。

夏侯始昌以《洪范五行传》传于家族子弟夏侯胜。昭帝时，夏侯胜为博士、光禄大夫，善于说丧服之礼，又好阴阳灾异。夏侯胜之后是眭孟，眭孟曾从董仲舒弟子嬴公学习《春秋》，昭帝时以明经为议郎，至符节令。关于夏侯胜、眭孟说阴阳灾异，上面已有介绍，现在从略。

可见，元帝之前，董仲舒、夏侯始昌、夏侯胜、眭孟等，借论阴阳灾异，不仅要维护旧的礼乐制度，而且要创建新的礼乐制度。

（二）京房、谷永借说阴阳灾异以论礼乐

京房，字君明，东郡顿丘人，元帝时为魏郡太守。治《易》，受学于梁人焦延寿，焦延寿善说灾变，京房对此更为精通，多次借论灾异维护礼乐制度，都记载于他所著的《易传》中。

元帝死后，皇太子即位，是为成帝。成帝尊皇后为皇太后，任命太后的弟弟王凤为大司马大将军，领尚书事。结果，朝廷政令皆出于王凤，国

[1]《汉书》卷二十七上《五行志上》，第 1324 页。
[2]《汉书》卷二十七中之上《五行志中之上》，第 1353 页。

家大权归太后与外戚王氏，导致天子无权。王凤刚开始受爵位时，出现了雄鸡生角的怪现象。京房《易传》认为："众在位，厥妖鸡生角。鸡生角，时主独，……妇人颛政，国不静；牝鸡雄鸣，主不荣。"[1] 京房以外戚王氏擅权、太后妇人专政，比之于雌鸡雄鸣的越制失礼行为。成帝建始四年九月，长安城南有老鼠衔黄蒿、柏叶，在民家柏树及榆树上作巢。京房《易传》认为"臣私禄罔辟，厥妖鼠巢"[2]，批评当时外戚权臣目中无君、擅私爵禄的非礼行为。

景帝三年二月，邯郸有狗与彘交，这是悖乱之气、犬豕之祸。当时赵王遂悖乱，与吴楚谋划叛逆，并派遣使者请求匈奴出兵相助，最终伏罪而死。京房《易传》认为，这是"夫妇不严，厥妖狗与豕交。兹谓反德，国有兵革"[3]，无夫妇婚姻之礼、无天子君臣之礼的反映。

哀帝建平三年（前4年），零陵有树僵，干枯而死。三月，树突然在原地方自立而起。京房《易传》说："弃正作淫，厥妖木断自属。妃后有颛，木仆反立，断枯复生。天辟恶之"，[4] 批评后妃专权、淫而不正的非礼行为。

景帝三年十一月，有白颈鸟与黑鸟群斗于楚国吕县，白颈鸟不胜，堕泗水中，死者数千。当时正值楚王戊暴逆无道，刑辱申公，又举兵响应吴王谋反，与汉大战，兵败而走。楚王逃到丹徒，为越人所斩，堕死于水。对此，京房《易传》说："逆亲亲，厥妖白黑鸟斗于国"[5]，即楚王戊反汉，是无礼的"逆亲亲"，批评楚王戊违背了"亲亲"之礼。

惠帝七年五月丁卯，"先晦一日，日有食之，几尽，在七星初"[6]。

---

〔1〕《汉书》卷二十七中之上《五行志中之上》，第1371页。

〔2〕《汉书》卷二十七中之上《五行志中之上》，第1374页。

〔3〕《汉书》卷二十七中之上《五行志中之上》，第1398页。

〔4〕《汉书》卷二十七中之下《五行志中之下》，第1413—1414页。

〔5〕《汉书》卷二十七中之下《五行志中之下》，第1415页。

〔6〕《汉书》卷二十七下之下《五行志下之下》，第1500页。

京房《易传》说："凡日食不以晦朔者，名曰薄，人君诛将不以理，或贼臣将暴起，日月虽不同宿，阴气盛，薄日光也。"[1] 批评人君（当时是吕后专权）诛戮无度，贼臣反上作乱，以及阴盛阳衰的非礼行为。

京房《易传》谈到蜺、蒙、雾三种不寻常的气，即阴云。他说：

> 雾，上下合也。蒙如尘云。蜺，日旁气也。其占曰：后妃有专，蜺再重，赤而专，至冲旱。妻不壹顺，黑蜺四背，又白蜺双出日中。妻以贵高于夫，兹谓擅阳，蜺四方，日光不阳，解而温。内取兹谓禽，蜺如禽，在日旁。以尊降妃，兹谓薄嗣，蜺直而塞，六辰乃除，夜星见而赤。女不变始，兹谓乘夫，蜺白在日侧，黑蜺果之，气正直。妻不顺正，兹谓擅阳，蜺中窥贯而外专。夫妻不严兹谓媟，蜺与日会。妇人擅国兹谓顷，蜺白贯日中，赤蜺四背。適不答兹谓不次，蜺直在左，蜺交在右。取于不专，兹谓危嗣，蜺抱日雨未及。君淫于外兹谓亡，蜺气左日交于外。取不达兹谓不知，蜺白夺明而大温，温而雨。尊卑不别兹谓媟，蜺三出三已，三辰除，除则日出且雨。臣私禄及亲，兹为罔辟，厥异蒙，其蒙先大温，已蒙起，日不见。行善不请于上，兹谓作福，蒙一日五起五解。辟不下谋，臣辟异道，兹谓不见，上蒙下雾，风三变而俱解。立嗣子疑，兹谓动欲，蒙赤，日不明。德不序兹谓不聪，蒙，日不明，温而民病。德不试，空言禄，兹谓主窳臣夭，蒙起而白。君乐逸人兹谓放，蒙，日青，黑云夹日，左右前后行过日。……君臣故弼兹谓悖，厥灾风雨雾，风拔木，乱五谷，已而大雾。庶正蔽恶，兹谓生孽灾，厥异雾。[2]

夫妻、君臣、尊卑、忠奸失序无礼而出现蜺、蒙、雾等阴云，也是对越制

---

[1]《汉书》卷二十七下之下《五行志下之下》，第1500页。
[2]《汉书》卷二十七下之上《五行志下之上》，第1460—1461页。

违礼行为的批评与指斥。

谷永，字子云，长安人。年少时为长安小史，后来广博地学习经书，元帝建昭年间，举为太常丞。成帝建始三年，同一天发生日蚀、地震，成帝令选拔正直敢于直言相谏之人，谷永在推举之列。谷永上疏边论灾异边说政事，他对成帝说，日蚀和地震同时发生，是警告陛下，应当注意自身的作为是否有失中正。作为帝王天子，当谨于修身治国，勉强于力行，远离淫溺之乐，罢除倡优之笑，断绝不享之义，节制游田之娱，起居有常，循礼而动。特别要注意夫妇之礼与后宫之序，"夫妻之际，王事纲纪，安危之机，圣王所致慎也"〔1〕，劝谏成帝要听雅乐而正夫妇之礼。

元延元年（前12年），谷永迁为北地太守，时常发生灾害异常之事，谷永又以灾异论事。他对成帝说，天生民而为之立君，非为天子而为民。故王者当"躬行道德，承顺天地，博爱仁恕，恩及行苇，籍税取民不过常法，宫室车服不逾越制度。事节财足，黎庶和睦"〔2〕，那么，符瑞便会降临；如果失道妄行，逆天暴物，穷奢极欲，荒淫无度，听从妇言，不近贤良却用小人，严刑峻法，重赋敛，则百姓充满愁怨，上天震怒，就会屡屡降下灾异。因此谷永建议，帝王一切内外行为都应当遵循礼法制度，不得违背。

成帝永始二年（前15年）二月癸未，夜星陨如雨。谷永以为是王者失道，纲纪废顿，臣下将叛乱，故星辰叛天而陨落，出现相应的天象。谷永谏言成帝，要重建纲常伦纪。

成帝于鸿嘉、永始之间，喜欢微行出游，出入市里郊野，最远到达旁县。谷永就根据《易》之《损卦》上九爻辞"得臣无家"，批评成帝抛弃人君应有的礼仪制度，混淆尊卑贵贱的分别，曰："今陛下弃万乘之至贵，乐家人之贱事；厌高美之尊称，好匹夫之卑字；崇聚票轻无谊之人；以为

---

〔1〕《汉书》卷八十五《谷永杜邺传》，第3446页。

〔2〕《汉书》卷八十五《谷永杜邺传》，第3467页。

私客；置私田于民间，畜私奴车马于北宫；数去南面之尊，离深宫之固，挺身独与小人晨夜相随，乌集醉饱吏民之家，乱服共坐，溷肴亡别，闵勉遁乐，昼夜在路"[1]，请求作为人君的成帝以身作则，重振礼乐制度。

不难看出，元帝、成帝之世，是西汉由盛转衰的时期。太后外戚专权，后宫争宠，皇帝无所作为、荒淫骄奢，礼乐制度日益衰坏。京房、谷永等借论灾异尖锐地批评君主与后宫无礼义无制度，谷永"善言灾异，前后所上四十余事，略相反覆，专攻上身与后宫而已"[2]，他们要求君臣、父子、夫妇、尊卑、贵贱秩序井然，赋敛役民有度，宫室车服有制，既有尊尊之制，又有亲亲之礼，循礼正乐，以立王道纲纪。

（三）翼奉、李寻论灾异说礼义

翼奉，字少君，东海下邳人，治《齐诗》，喜好律历阴阳之占。元帝即位之初，翼奉为中郎。除提出宗庙迭毁之礼和长安南郊之外，翼奉更好推论阴阳灾异。元帝初元元年，关东发洪水，十分之一的郡国都发生饥荒，瘟疫流行，第二年又两次地震，出现人相食。对于这种严重的自然灾害，翼奉上书说："天地设位，悬日月，布星辰，分阴阳，定四时，列五行，以示圣人，名之曰道。圣人见道，然后知王治之象，故划州土，建君臣，立律历，陈成败，以示贤人，名之曰经。贤者见经，然后知人道之务。则《诗》《书》《易》《春秋》《礼》《乐》是也。"[3] 翼奉所言"道""经"，实际是指立君臣上下的伦理道德，定律历礼乐的制度等。

翼奉以为日蚀、地震等灾异，是阴气盛的表现，阴气盛是因为外戚后宫专权奢侈，不合乎古代礼制。他说："古代朝廷必有同姓以明亲亲，必有异姓以明贤贤，此圣主之所以大通天下。同姓亲而易进，异姓疏而难

---

[1]　《汉书》卷二十七中之上《五行志中之上》，第1368页。

[2]　《汉书》卷八十五《谷永杜邺传》，第3473页。

[3]　《汉书》卷七十五《眭两夏侯京翼李传》，第3172页。

通，故同姓一，异姓五，乃为平均。今左右亡同姓，独以舅后之家为亲，异姓之臣又疏。二后之党满朝，非特处位，势尤奢僭过度，吕、霍、上官足以卜之，甚非爱人之道，又非后嗣之长策也。阴气之盛，不亦宜乎！"〔1〕

翼奉还指出，后宫、苑园人员也应有限度，不能超过制度。如未央、建章、甘泉宫的才人有百余人，皆绝男女之好而不得天性。杜陵园虽是太皇太后的事，但也有制度规范。另外，诸侯王的苑园、后宫，也应当规定人员数目，将多余的罢除〔2〕。如果宫女才人太多，这些人不能过正常人的生活，是一种极阴的现象。极阴则生阳，必将出现大旱，甚至火灾。所以，必须阴阳平衡，以避免逾越礼制。

元帝初元三年夏四月乙未，孝武园白鹤馆发生火灾，翼奉以为，除了郊祀、寝庙违背古制外，也与"宫室苑囿，奢泰难供，以故民困国虚，亡累年之畜"〔3〕有关。所以，必须增加积蓄，解除民困，以合古制，"众制皆定，亡复缮治宫馆不急之费，岁可余一年之畜"〔4〕。

可见，翼奉推阴阳谈灾异，目的是明确朝廷用人的制度，规范天子诸侯后宫苑园的制度，以及郊祀、宗庙、祭祀等礼制，以符合礼法而减轻民众的负担。

李寻，字子长，平陵人。治《尚书》，特别喜欢《洪范》灾异，又学习天文月令阴阳。成帝末年，各地多发生灾异，李寻即以灾异对舅曲阳侯、大司马骠骑将军王根说，天子承天命而治理天下，当尊重贤良之人，轻略于色，并以此为制度。贤士乃国家之宝，功名之本。如果外戚权重势大，不合乎礼义制度，应当予以节制。李寻希望能有任贤尚贤和外戚不能专权的制度，指出，"唯有贤友强辅，庶几可以保身命，全子孙，安国

---

〔1〕《汉书》卷七十五《眭两夏侯京翼李传》，第3173—3174页。

〔2〕《汉书》卷七十五《眭两夏侯京翼李传》，第3174页。

〔3〕《汉书》卷七十五《眭两夏侯京翼李传》，第3175页。

〔4〕《汉书》卷七十五《眭两夏侯京翼李传》，第3176页。

家"[1]

哀帝即位，洪水、地震、日食等灾异频频发生。李寻以此论灾异，对哀帝说，日是众阳之长，为人君之表，"日将旦，清发风，群阴伏，君以临朝，不牵于色；日初出，炎以阳，君登朝，佞不行，忠直进，不蔽障。日中辉光，君德甚明，大臣奉公。日将入，专以壹，君就房，有常节。君不修道，则日失其废，晻昧亡光"，而月为众阴之长，为妃后大臣诸侯之象，近来"月数以春夏与日同道"，则是母后参与朝政乱朝，以致外臣不知朝事，近臣不足以倚仗信任。所以，只有"陛下亲求贤士，无强所恶，以崇社稷，尊强本朝"[2]，天子、诸侯、后妃的行为，都应有礼有节，符合制度。

哀帝建平二年四月乙亥朔日，御史大夫朱博为丞相，少府赵玄为御史大夫，当他们登殿受策时，突然传出钟鸣一般的声响。当时李寻为黄门侍郎，他对哀帝说，这是《洪范》所谓的鼓妖。根据师法，是人君不聪，被众人所迷惑，致使徒有虚名者得以晋职加官，"宜退丞相、御史，以应天变"[3]，要求哀帝任用贤良而罢除不肖之徒，以确立选举人才的制度。

同时，李寻鉴于成帝、哀帝时灾变频仍，赞同齐人甘忠可所言汉家逢天地之"大终"，受命于天的说法，并推荐甘氏弟子夏贺良等待诏黄门，使其陈说："汉历中衰，当更受命。成帝不应天命，故绝嗣。今陛下久疾，变异屡数，天所以谴告人也。宜急改元易号，乃得延年益寿，皇子生，灾异息矣。"[4]

李寻要求君主、后妃、诸侯、外戚的言行符合礼义制度；选拔贤德奉公、循礼守法者为臣；主张重新受命改号，建立新的礼乐制度。当时之所以能通过论阴阳灾异而提出维护礼乐制度，或另建新的礼乐制度，是因为

---

[1]《汉书》卷七十五《眭两夏侯京翼李传》，第 3180 页。

[2]《汉书》卷七十五《眭两夏侯京翼李传》，第 3183—3185 页。

[3]《汉书》卷二十七中之下《五行志中之下》，第 1429 页。

[4]《汉书》卷七十五《眭两夏侯京翼李传》，第 3192 页。

自从董仲舒提倡"罢黜百家，独尊儒术"以后，阴阳五行化（即讲《春秋》灾异）的今文经学，得到了西汉最高统治者皇帝的承认。如汉武帝在诏策中问"灾异之变，何缘而起"，该如何治理，才能使百姓和乐，政事宣昭，上天降下祥瑞，受到福佑，得享鬼神之灵，"朕垂问乎天人之应，……今子大夫明于阴阳所以造化，习于先圣之道业，……朕将亲览焉，子大夫其茂明之"[1]，汉武帝十分赞赏阴阳灾异的学说。汉宣帝也极为重视经学家们借灾异议政事得失。说明西汉一代，像武帝、宣帝等贤明而有所作为的君王，都很相信阴阳灾异之说。

宣帝以后的一些君主，由于懦弱无能，朝政被外戚、后宫和权臣把控，政治日趋腐败，加重了对百姓的盘剥和掠夺，水旱等自然灾害一年多于一年，信仰阴阳灾异的风气也日盛一日。因此，经学家们往往借论阴阳灾异，警告和劝导君主、太后、皇后、外戚、权臣等维护礼乐制度。阴阳灾异学说有神学和玄虚的色彩，它对于思想有约束和禁锢的方面，无疑要予以批判，但是，它也警示当权者不要妄作非为，要使之符合礼乐制度。当然，礼乐最终是为维护统治阶级的权威和利益服务的，但比起逾越礼制的奢侈挥霍、荒淫无度、背公谋私，在一定程度上，还是有限制和规范皇权的积极作用的。

同时，如果当权的君主、后妃、外戚、大臣，已腐败到不能维护礼乐制度，或引起民众极为不满的话，可以借论灾异，提出重新受命。汉昭帝元凤三年，眭孟提出"圣人受命"，"禅以帝位"；汉哀帝建平元年，李寻又竭力支持夏贺良的"汉历中衰，当更受命"，便是明证。根据受命的理论，不仅要改元易号，还要迁都、改正朔、易服色、制礼乐，即"受命之君，天之所大显也。事父者承意，事君者仪志。事天亦然。今天大显已，物袭所代而率与同，则不显不明，非天志。故必徙居处、更称号、改正

---

〔1〕《汉书》卷五十六《董仲舒传》，第2513—2514页。

朔、易服色者，无他焉，不敢不顺天志而明自显也"。[1]

其中正朔服色，就是重要的礼仪制度。这是通过论灾异以维护礼乐制度。当然，若君主、贵族、官吏等违礼越制已无法挽救，那就应该废黜原来的君主，更立新的君主，并重建新的正朔服色和礼乐制度。这无疑也反映了灾异论者不仅能护礼、议礼，而且敢于改礼和更立礼的最高制定者和执行者——君主，因此，也体现了他们的胆识、谋略和一定的革新精神。

九、刘向、刘歆与第一次今、古文之争

刘向是汉高祖刘邦之弟刘交的玄孙，字子政，本名更生。宣帝时历任郎中、谏大夫、给事中等职。元帝时，擢为散骑宗正给事中。成帝时，更名向，召拜为中郎，使领护三辅都水，迁光禄大夫，受诏领校中五经秘书。刘向治《易》，喜好《穀梁春秋》和《尚书》，熟谙《诗》和《礼》。他参加了宣帝评议《公羊》《穀梁》的论争以及石渠阁会议讲经五经同异，也参与了元、成二帝时，关于罢郡国庙和京师宗庙迭毁的评议，以及郊祀迁长安郊的争论。著述甚多，撰辑了《新序》《说苑》《列女传》《别录》《洪范五行传论》《五纪论》等。

刘歆，字子骏，刘向之子，后改名秀，字颖叔。成帝、哀帝时，曾任黄门郎，领校五经秘书、骑都尉、奉车光禄大夫等职。平帝时，因王莽举荐，以为右曹太中大夫，迁中垒校尉。王莽摄政时以为羲和，封红休侯，历少阿、京兆尹等职。王莽即位，刘歆为国师，封嘉新公。地皇四年（23年），因谋劫王莽降汉，事情败露而自杀。撰有《七略》和《三统历谱》等。开始刘歆随父亲刘向整理、校辑国家秘藏的图书、古籍。刘向死后，由刘歆主持这一工作，对于五经、六艺传记，及其他诸子百家之书，刘歆无不通晓。由于长期从事整理、校对国家秘籍工作，刘歆对于社会上不甚

---

[1] 《春秋繁露义证》卷一《楚庄王》，第17页。

流传的古代经书典籍特别关心。任校秘书时，见到古文《春秋左氏传》，就很喜欢。于是，专门拜丞相翟方进、丞相史尹咸为师，跟从他们学习《左氏传》。对《毛诗》、《逸礼》、古文《尚书》，也非常爱好。为此，哀帝时刘歆曾提出要立《左氏春秋》、《毛诗》、《逸礼》、古文《尚书》等古文博士，因太常博士等人的反对而未能成（详下）。到平帝时，由于王莽的支持，终于立了古文博士，而且，还立了五经博士所没有的《乐》博士。从汉文帝到汉成帝所立的五经十四博士均属今文，而刘歆要立的却是与过去不同的古文博士，进一步丰富了五经、六艺的内容，也为健全、完善礼乐制度，提供了更多的依据与借鉴。

刘向、刘歆父子在经传思想与礼乐制度研究上都有很大的成就。

（一）刘向关于儒家的重要思想与礼乐制度的探讨

刘向所辑集的《说苑》《新序》二书，集中体现出儒家的重要思想。

《说苑》是成帝时刘向受诏整理校对国家秘藏图书时辑集而成。共为二十卷，即第一《君道》，第二《臣术》，第三《建本》，第四《立节》，第五《贵德》，第六《复恩》，第七《政理》，第八《尊贤》，第九《正谏》，第十《敬慎》，第十一《善说》，第十二《奉使》，第十三《权谋》，第十四《至公》，第十五《指武》，第十六《谈丛》，第十七《杂言》，第十八《辨物》，第十九《修文》，第二十《反质》。主要辑集了从古代到西汉帝王将相、公卿大夫士乃至庶民在各个时期的社会活动、历史事件，以及各自的看法与意见，同时，夹杂着刘向的态度与对儒家经典、人物的分析探讨。虽说内容各不相同，但其宗旨在于宣扬儒家的德教，提倡忠孝，实施六经以及维护尊卑上下、贵贱亲疏之礼等方面。

刘向提倡忠君，他将公卿大夫、文武官吏分为正臣、邪臣。正臣有六，即圣臣、良臣、忠臣、智臣、贞臣、直臣；邪臣也有六，即具臣、谀臣、奸臣、谗臣、贼臣、亡国之臣。刘向认为，忠臣等正臣"处六正之道，不行六邪之术，故上安而下治，生则见乐，死则见思，此人臣之术也"〔1〕。礼最重要的是君臣、父子、夫妇、兄弟、朋友秩然有序。他认为，人之道莫大于父子之亲、君臣之义，父道圣，君道义，臣道德，强调夫妇之辨、长幼之序。刘向指出，少事长，贱事贵，为天下之"通义"，赞赏《春秋》所记君不君、臣不臣、父不父、子不子之大义，"君无谔谔之臣，父无谔谔之子，兄无谔谔之弟，夫无谔谔之妇，士无谔谔之友，其亡可立而待"〔2〕，君臣、父子、兄弟若失其道，无礼悖乱，国家必然破亡。

忠与孝相关联，刘向也大力宣扬孝道，极为推崇汉宣帝时的东海孝妇。孝妇无子少寡，赡养姑婆，甚为谨慎。婆婆想让她再嫁，但她始终不肯。婆婆思其无子，也不愿成为她的生活累赘，便想上吊自杀，以此来迫使妇人再嫁。但是，婆婆的女儿将妇人告官，称孝妇杀其母。于是太守不听狱吏的意见，竟将孝妇治死罪。郡中大旱三年，后来真相大白，妇人并未杀害婆婆，不当死，于是杀牛以祭，天降大雨，改善旱情，获得丰收。人们认为是孝妇的冤情得以澄清，得到上天的保佑与支持。

对于六经《诗》《书》《礼》《乐》《易》《春秋》，刘向也分别作了探讨，并作为立言、立志、立论的根据。

说到《书》，刘向曰：不偏不党，王道荡荡，言至公。古有大公者是帝尧，贵为天子，富有天下，得舜而传之，不私于其子孙。

说到《易》，刘向认为，天垂象见吉凶，圣人则之。昔者高宗、成王，感于雊雉暴风之变，修身自改，而享丰昌之福。

说到《礼》，刘向认为，君子修礼以立志，贪欲之心便不生；思礼以修身，则怠惰慢易之节不至；修礼以仁义，则忿争暴乱之辞远。

说到《乐》，刘向认为，《乐》者，圣人所乐，而可以教化民心向善，其感人至深，移风易俗，故先王以为教。

---

〔1〕《说苑校证》卷二《臣术》，第36页。

〔2〕《说苑校证》卷九《正谏》，第239页。

至于《春秋》，刘向引子夏曰：《春秋》记君不君，臣不臣，父不父，子不子，这些非一日之事，而是逐渐形成的。《春秋》所言士、农、工、商四民贫富不能悬殊，百姓乐业天下才可太平。《春秋》所记狩猎，春蒐、夏苗、秋狝、冬狩，也是义与礼的体现。同时，刘向还分析探讨了《春秋》的具体经文和经义。

刘向说，《春秋》之辞，有相反者四：既曰大夫无遂事，不得擅生事，又曰出境可以安社稷利国家者则专之可；既曰大夫以君命出，进退在大夫，又曰以君命出，闻丧徐行而不返。看似矛盾，但刘向认为，不得擅生事者，谓平生常经；专之可者，谓救危除患；进退在大夫者，谓将帅用兵；徐行而不返者，谓出使道闻君亲之丧。如公子子结擅生事，《春秋》不认为子结做得不对，因为是为了救庄公于危难；公子遂擅生事，《春秋》讥刺之，认为僖公无危事。所以，君有危而不专救是不忠，若无危而擅生事是不臣。"《传》曰：'《诗》无通诂，《易》无通吉，《春秋》无通义。'此之谓也。"[1] 也就是说《春秋》之辞，各有其义，止其一科，不能转移，又当具体情况具体分析，不可死板一律。

在重视六经道德礼教的同时，刘向还特别强调法制惩罚。"尧诛四凶以惩恶，周公杀管蔡以弭乱，子产杀邓析以威侈，孔子斩少正卯以变众，佞贼之人而不诛，乱之道也"[2]，刘向指出，"圣人之治天下也，先文德而后武力。凡武之兴，为不服也。文化不改，然后加诛。夫下愚不移，纯德之所不能化，而后武力加焉"[3]，文德是什么呢？主要是仁义礼乐。而仁义礼乐为什么先于武力，先于刑罚呢？因为"功成制礼，治定作乐，礼乐者，行化之大者也。孔子曰：'移风易俗，莫善于乐，安上治民，莫善于礼。'是故圣王修礼文，设庠序，陈钟鼓。天子辟雍，诸侯泮宫，所以

---

〔1〕《说苑校证》卷十二《奉使》，第292—293页。

〔2〕《说苑校证》卷十五《指武》，第380页。

〔3〕《说苑校证》卷十五《指武》，第380页。

行德化"[1]。从仁义来说,刘向认为,道之所在,天下归之;德之所在,天下贵之;仁之所在,天下爱之;义之所在,天下畏之。所以说相劝以礼,相强以仁。"化其心,莫若教",仁义礼乐,能成就人之德行。仁义礼乐的中心内容是三纲,君臣、父子、夫妇三者,天下之大纲,三者治则天下治,三者乱则天下乱。另外,男女有别,更须依礼而行,因为婚姻之道废,则男女之道悖,而淫佚之路兴。

至于先德教(重仁义礼乐)的实现,除帝王重视外,官吏必须严格执行,所以为吏者当"树德",树立德行的表率。如何树德?三公的事常在于"道",九卿的事常在于"德",大夫的事常在于"仁",列士的事常在于"义"。刘向认为,如果能做到这样,则道德仁义可定,天下归正。

先德教,使民知礼义,必须有一定的物质条件,也就是最基本的衣食保证。刘向极为赞赏《管子》的"仓廪实知礼节,衣食足知荣辱"的观点,并指出,"夫谷者,国家所以昌炽,士女所以姣好,礼义所以行,而人心所以安也。《尚书》五福,以富为始,子贡问为政,孔子问:'富之。'既富,乃教之也,此治国之本也"[2],粮食是国家昌盛、人民生活稳定、礼义得以通行、人心得以安定的基础和保障,所以先德教的实行,既要帝王官吏的重视、遵循,又要一定的物质基础。

《说苑》多引用孔子言论,《杂言》篇开头引"孔子曰"或"仲尼曰"的有十处,以孔子为中心内容的亦多达十几处。最后孔子回答齐高廷所问事君之道,孔子曰:"贞以干之,敬以辅之。待人无倦。见君子则举之,见小人则退之。去尔恶心,而忠与之。敏其行,修其礼,千里之外,亲如兄弟。若行不敏,礼不合,对门不通矣。"[3] 可见,刘向注重宣扬儒家处事待人之道。

---

[1] 《说苑校证》卷十九《修文》,第 476 页。
[2] 《说苑校证》卷三《建本》,第 73 页。
[3] 《说苑校证》卷十七《杂言》,第 441 页。

《说苑》对于音、声与乐也颇有研究。刘向指出，音之起是由人心所生。人心感于物而动，故形于声，声相应，故生变，变成方谓之音，"乐者，音之所由生也。其本在人心之感于物"，所以"人之善恶，非性也，感于物而后动，是故先王慎所以感之。故礼以定其意，乐以和其性，……同民心而立治道也"。〔1〕因为乐感人至深，也易于改变风俗，可以"和其性"，所以为圣人所乐，作为教化民众的重要方面。由于乐的影响很大，刘向曾说，民众或忧思、康乐，或刚毅、肃静，或慈爱、淫乱，皆与乐之教化密切相关。

刘向认为，乐之音与政治兴旺衰乱相联系。刘向说，五音中的"宫为君，商为臣，角为民，徵为事，羽为物。五音乱则无法。无法之音：宫乱则荒，其君骄；商乱则陂，其官坏；角乱则忧，其民怨；徵乱则衰，其事勤；羽乱则危，其财匮。五音乱，代相凌，谓之慢。如此，则国家之灭亡无日矣"，具体可分为治世音、乱世音、亡国音。他说，治世之音安以乐，其政和；乱世之音怨以怒，其政乖；亡国之音哀以思，其民困。乱世之音中，郑卫之音是代表；亡国之音中，桑间濮上之音是代表。如若避免乱世亡国之音的腐蚀感染，就应该"慎其饮酒之礼。使耳听雅音，目视正仪，足行正容，心论正道"。〔2〕这里说的"雅者"，也是所谓"德者"。刘向指出，圣人所作的鞉、鼓、椌、揭、埙、篪六种乐器，能够奏出"德音之音"，再以钟磬竽瑟和之，以干戚旄狄舞之，只有这种"乐"，才可以使贵贱各得其宜，可以昭示于后世。

《新序》是汉成帝时刘向受诏整理校对国家秘藏图书古籍，依类搜寻辑集而成。全书分十卷，第一至第五为《杂事》，第六《刺奢》，第七、第八为《节士》，第九、第十为《善谋》。内容远至舜禹汤，次及周秦，近至汉高祖、汉文帝、汉武帝时期的嘉言善行和经验教训，用以维护儒家的伦

---

〔1〕《说苑校证》卷十九《修文》，第506—507页。

〔2〕《说苑校证》卷十九《修文》，第507—508页。

理道德，主张轻刑爱民，推崇圣人、贤人。

首先，《新序》称道舜与孔子的孝道。舜亲身从事耕作、制陶、捕鱼等工作，孝敬父母，友爱兄弟，但是，他的父母兄弟都愚昧，多次设计谋杀舜，都没有得逞。而舜更加一心一意奉养父母，自责没能使父母满意，舜可谓至孝。舜的孝行和德行得到人民的支持与理解，被立为天子，天下化之，蛮夷之邦慕义归附，郊野出现麒麟、凤凰等祥瑞之兆，舜可谓孝悌之至，通于神明，光于四海。

孔子在乡党笃行孝道，乡党的子弟耕田捕鱼，家有亲老者分得多，孔子以孝道教化之。孔子弟子七十二人，也自远方而来，悦服孔子之德。孔子任鲁司寇期间，鲁国商人不敢弄虚作假，欺骗市人；市民不敢奢侈浪费，骄纵放肆；堕三桓之城，齐人畏惧，归还所侵鲁之地。刘向认为，这是孔子倡导孝行、率身以正所致。

刘向也赞赏齐景公之相晏子的乐分等级的主张。人臣不能舞天子之乐，当时晋平公要伐齐，派使者范昭到齐国了解情况，齐国热情招待范昭，但范昭得寸进尺，吃了美酒，还要奏周天子的乐曲。晏子认为，范昭"为人非陋而不识礼"，令太师拒绝范昭的要求。并借太师之口说："成周之乐，天子之乐也。若调之，必人主舞之。今范昭，人臣也，而欲舞天子之乐，臣故不为也。"范昭回国后告知晋平公，曰："齐未可伐也。"[1]

《新序》指出，要行仁，必须爱民、重民、轻刑。梁国之君出外打猎，看见一群白雁，想下车射杀。当时路上有行者加以阻止，使得白雁受到惊吓而飞散。梁君非常生气，便想射杀行者。帮梁君赶车的公孙袭下车劝阻，借齐景公当年欲以自身为祠求雨，劝谏梁君有德于天而惠于民，如果因为白雁之故而射杀人，那么，国君则无异于虎狼。梁君听从其谏言，并

---

[1]（汉）刘向撰，马世年注：《新序》卷一《杂事》，北京：中华书局，2014年，第32—33页。

对宗庙祖先说："今日也，他人猎得禽兽，吾猎得善言而归。"〔1〕得善言，亦得民心。

鲁哀公对孔子说，从不知道何谓哀、忧、劳、慎、危。孔子答道："君入庙门，升自阼阶，仰见榱栋，俯见几筵，其器存，其人亡。君以此思哀，则哀将安不至矣？君昧爽而栉冠，平旦而听朝，一物不应，乱之端也。君以此思忧，则忧将安不至矣？君平旦而听朝，日昃而退，诸侯之子孙，必有在君之门廷者。君以此思劳，则劳将安不至矣？君出鲁之四门，以望鲁之四郊，亡国之墟列，必有数矣。君以此思惧，则惧将安不至矣？丘闻之，君者，舟也；庶人者，水也。水则载舟，水则覆舟。君以此思危，则危将安不至矣？……《易》曰：'履虎尾。'《诗》曰：'如履薄冰。'不亦危乎？"〔2〕哀公再拜。

《新序》主张宽厚仁爱百姓。梁国有一个疑难案件，群臣一半以为当罪，一半以为无罪，梁王也疑惑不决。梁王请教富可敌国的陶朱公（范蠡），陶朱公便以璧玉为喻作答，曰："臣之家有二白璧，其色相如也，其径相如也，其泽相如也，然其价，一者千金，一者五百金。"梁王急问其故。陶朱公曰："侧而视之，一者厚倍，是以千金。"只是薄厚之别，梁王称"善"。疑难案件，惩罚时便依从免罪之法，奖赏时便遵循奖励的做法，梁国上下大悦。由此观之："墙薄则亟坏，缯薄则亟裂，器薄则亟毁，酒薄则亟酸，夫薄而可以旷日持久者，殆未有也。故有国畜民施政教者，宜厚之而可耳。"〔3〕

《新序》宣扬儒者作为应有益于国家。秦昭王曾问荀子，儒者对国家有没有好处。荀子答曰："儒者法先王，隆礼义，谨乎臣子，而能致贵其上者也。人主用之，则进在本朝；置而不用，则退编百姓而悫，必为顺下

---

〔1〕《新序》卷二《杂事》，第73页。

〔2〕《新序》卷四《杂事》，第186页。

〔3〕《新序》卷四《杂事》第177页。

矣。虽穷困冻馁，必不以邪道为食。无置锥之地，而明于持社稷之大计；叫呼而莫之能应，然而通乎裁万物、养百姓之经纪。势在人上，则王公之才也；在人下，则社稷之臣、国君之宝也。虽隐于穷闾漏屋，人莫不贵之，道诚存也。"荀子以孔子孝悌教化乡党阙里，曰："儒者在本朝则美政，在下位则美俗"，若居有位之人，则"其为人也，广大矣。志意定乎内，礼节修乎朝，法则度量正乎官，忠信爱利形乎下。行一不义，杀一无罪，而得天下，不为也。若义信乎人矣，……故近者歌讴而乐之，远者竭走而趋之，四海之内若一家，通达之属，莫不从服"[1] 所以称之为人师，怎么能说儒者对国家没有用呢？秦昭王连连称"善"。

《新序》总结秦亡的教训，谓其施暴政而自取灭亡。夏桀作瑶台耗费民力财力，为酒池肉林放纵靡靡之乐，知天命的伊尹对夏桀说，君王不听臣之言，没有几天就要灭亡。夏桀反笑称是妖言，狂妄自大，曰："吾有天下，如天之有日也，日有亡乎？日亡吾亦亡。"于是伊尹投奔商汤，商汤以为相，殷立而夏亡。殷纣王又重蹈覆辙，筑鹿台七年而成，又做炮烙之刑，杀戮无辜，暴虐百姓，天下叛之，最终商纣自取灭亡。秦二世胡亥为公子时，鄙视群臣，诸昆弟太息。即位之后，被太监赵高的巧言所迷惑，轻大臣，不顾下民，终败亡而自杀。

《新序》宣扬符合经义的孝、忠。楚昭王时期，有个叫石奢的士人，为人公正好义，昭王使其为理官（法官）。不久石奢发现有杀人者，追捕时发现竟是自己的父亲，石奢便不再追赶，返回后请求昭王治罪，曰："以父成政（将父亲行法），不孝；不行君法，不忠。施罪废法，而伏其辜，仆之所守望也。"楚昭王并没有治其罪，而石奢认为自己失法，应承担罪责，终刎颈而死。《新序》引孔子曰"子为父隐，父为子隐，直在其中"，引《诗》"彼己之子，邦之司直，石子之谓也"称赞石奢之孝、忠。

《新序》罗列了从舜到西汉的大量历史事实，主要宣扬忠孝仁义、轻

---

[1]《新序》卷五《杂事》，第221—222页。

刑重民、诗书礼乐、尊孔崇儒的思想。

刘向重视礼乐,在领校中五经秘书时,对于《仪礼》《礼记》《乐记》等进行了深入研究。刘向将《礼记》四十九篇整理归纳为制度、通论、明堂阴阳、丧服、世子法、祭祀、吉礼吉事、论乐等八类之外,对《礼经》(即《仪礼》)十七篇又重新编订次序(详后),与自汉初高堂生起,师徒相传至于孟卿、后苍、戴德、戴圣的《礼经》十七篇的次第有所不同。

刘向所校《礼记》,除了现存《礼记·乐记》的《乐本》《乐论》《乐施》《乐言》《乐礼》《乐情》《乐化》《乐象》《宾牟贾》《师乙》《魏文侯》十一篇之外,在其所撰《别录》中,列有《奏乐》第十二、《乐器》第十三、《乐作》第十四、《意始》第十五、《乐穆》第十六、《说律》第十七、《季札》第十八、《乐道》第十九、《乐义》第二十、《昭本》第二十一、《昭颂》第二十二、《窦公》第二十三。可见刘向对于原来的《乐记》二十三篇,均有深入的研究。

刘向还主张进一步完善礼乐。成帝时,犍为郡从水滨得到古磬十六枚,公卿大夫等都以为是一种善祥。刘向就上疏成帝说,应该演习礼乐,提倡雅颂正声,行揖让之仪容,使教化行于天下。只有以礼乐教民,才能使民改恶从善,天下也会和洽太平。刘向曰:"初,叔孙通将制定礼仪,见非于齐鲁之士,然卒为汉儒宗,业垂后嗣,斯成法也"[1],只有像叔孙通那样下定决心,才能为汉制礼定仪,虽然当时遭到反对,但对后世有积极影响。刘向要求成帝不要怕少数人的议论与批评,要下定决心制礼作乐,为汉立下不败之基。

刘向的这一建议,成帝也很重视,令公卿讨论。丞相、大司空等也表示赞同,奏请立辟雍而陈礼乐。由于刘向与成帝相继去世,最终没能实现。不过,这也充分表明了刘向为深入研究经传礼乐,为完善西汉的礼乐教化的确努力奋斗了一生。

---

〔1〕《汉书》卷二十二《礼乐志》,第1034页。

（二）刘歆对儒家经传礼乐的整理与研究

刘歆在其父亲成就的基础上，在儒家经传和礼乐方面又有新的发展，不仅在成帝、哀帝时期有成就，在平帝、王莽时也有作为。《汉书·平帝纪》中有关于刘歆的记载，元始三年（3年）春，"诏光禄大夫刘歆等杂定婚礼"[1]；元始五年春，"羲和刘歆等四人使治明堂、辟雍，令汉与文王灵台、周公作洛同符"[2]。可见，刘歆承担了制定嫁娶婚姻之礼，以及建立明堂、辟雍、灵台和学校等制度的重任。刘歆与王莽研究五经、六艺，如何取其所需来制定新的礼乐制度，《汉书·王莽传下》中有"国师嘉信公颠倒五经，毁师法，令学士疑惑"[3]，王莽锐思于地理，制礼作乐，讲合六经之说。《汉书·王莽传上》具体记载了关于王莽母亲功显君的丧服议，其中主要是刘歆的主张。总之，刘歆的成就主要是对经传、礼乐的整理与研究，其中婚姻、教育、丧葬，均有涉及。

在父亲刘向《别录》的基础上，刘歆将自古以来的经传、礼乐、诸子等的整理与研究成果，撰写成《七略》，即《辑略》《六艺略》《诸子略》《诗赋略》《兵书略》《术数略》《方技略》。班固以《七略》为依据，撰成《汉书·艺文志》。《七略》中以《六艺略》与儒家的思想和礼制关系最为密切。现就刘歆对《尚书》《礼》《乐》《春秋》《论语》的整理、研究概述如下：

关于《尚书》，刘歆认为，凡书九家，四百十二篇。"《书》以决断，断者，义之证也。""《尚书》，直言也，始欧阳氏，先君名之，大夏侯、小夏侯复立于学官，三家之学，于今传之。""孝武皇帝末，有人得《泰誓》于壁中者，献之。与博士，使赞说之。因传以教，今《泰誓》篇是也。"

---

〔1〕《汉书》卷十二《平帝纪》，第355页。

〔2〕《汉书》卷十二《平帝纪》，第359页。

〔3〕《汉书》卷九十九下《王莽传下》，第4170页。

"《尚书》有青丝编目录。"〔1〕同时，也提到文帝时晁错跟从伏胜学习《尚书》，其中《泰誓》篇是武帝时所得，鲁恭王毁坏孔子宅时，从墙壁中得到古文《书》十六篇；宣帝时立大夏侯《尚书》和小夏侯《尚书》博士，主要是讲古代典章制度。可见，刘歆对古代制度整理研究之深广。

关于《礼》，刘歆认为，凡十三家，五百五十五篇。其中对《曲台后仓》九篇，如淳注曰："行礼射于曲台，后仓为记，故名曰《曲台记》。《汉官》曰'大射于曲台'。"〔2〕汉初时，独有叔孙通略定礼仪，武帝时有研究礼的先师，以及"鲁恭王坏孔子宅，欲以为宫，而得古文于坏壁之中，《逸礼》有三十九，……皆古文旧书"〔3〕。

关于《乐》，刘歆说："《乐记》二十三篇，《王禹记》二十四篇，《雅歌诗》四篇，《雅琴赵氏》七篇，《雅琴师氏》八篇，《雅琴龙氏》九十九篇。凡《乐》六家，百六十五篇。"〔4〕刘歆指出："雅琴，琴之言禁也，雅之言正也，君子守正，以自禁也。""《雅赐》第十七。""有庄春言琴。""汉兴，善歌者鲁人虞公，发声动梁上尘。"〔5〕

刘歆重视《乐》，对五声八音也素有研究。他将五声与五行（木火水金土）、五常（仁义礼智信）、五事（貌言视听思）及君臣民事物联系起来。他说，声有五声，即宫、商、角、徵、羽。作乐是为了和谐八音，荡涤人的淫心邪意，恢复和完善其正性，以达到移风易俗的目的。

八音是由八种乐器所生。这八种乐器是：土曰埙、匏曰笙、皮曰鼓、竹曰管、丝曰弦、石曰磬、金曰钟、木曰柷。如五声和，八音谐，则乐成。其中五声之商，是章程度量，物成熟后即可据此章度；角是触，物触地而出，是一种戴芒之角；宫是中，居中央，通达四方，为其他四声之

〔1〕《全汉文》卷四十一《刘歆二·七略》，第421页。
〔2〕《汉书》卷三十《艺文志》，第1710页。
〔3〕《汉书》卷三十六《刘歆传》，第1969页。
〔4〕《汉书》卷三十《艺文志》，第1711页。
〔5〕《全汉文》卷四十二《刘歆二·七略》，第421页。

纲；徵是祉，物盛大而繁祉；羽是宇，物之所聚藏包覆也。五声，中于宫，触于角，祉于徵，章于商，宇于羽。四声为宫之纪。也就是说，宫为四声之纲，四声为宫之纪。

同时，五声与五行、五常、五事等密切相连，"协之五行，则角为木，五常为仁，五事为貌。商为金为义为言，徵为火为礼为视，羽为水为智为听，宫为土为信为思。以君臣民事物言之，则宫为君，商为臣，角为民，徵为事，羽为物。唱和有象，故言君臣位事之体也"[1] 乐的根本目的是使人改邪归正，移风易俗。五声是纲与纪，既是自然规律的体现，又是社会规范、伦理道德的反映。所以在刘歆看来，乐不单是声、音、歌、舞，而是与社会的礼仪制度、风俗教化密切相关，因此，对于巩固统治秩序具有直接的作用。

关于《春秋》，刘歆说，凡二十三家，九百四十八篇。《春秋》是历代统治经验的概括与总结，也是礼义之大宗。所以，刘歆在《七略》中加以整理分析研究。提到孔子作《春秋》，武帝时有《春秋》先师，"《春秋》左氏丘明所修，皆古文旧书，多者二十余通，藏于秘府，伏而未发"[2]。对于汉武帝时的《春秋》先师董仲舒，刘歆更是推崇备至，他在《七略》中，不仅明确列入了《公羊董仲舒治狱》十六篇，另外所列的《公羊外传》和《公羊杂记》，据《汉书·艺文志》补注沈钦韩说，可能就是董仲舒《春秋繁露》中的《玉杯》《竹林》等篇。刘歆对董仲舒的经学思想作了深入的研究与探讨，如《春秋》为天地常经、古今之通谊；以《春秋》定制度；以《春秋》断事、折狱；三纲五常、伦理道德等。刘向父子对董仲舒的评价也极高。刘向说："仲舒为世儒宗，定议有益天下。"[3] 刘歆认为："仲舒遭汉承秦灭学之后，六经离析，下帷发愤，潜心大业，令后

---

〔1〕《汉书》卷二十一上《律历志上》，第958页。

〔2〕《汉书》卷三十六《刘歆传》，第1969页。

〔3〕《汉书》卷三十六《刘向传》，第1930页。

学者有所统壹，为群儒首。"〔1〕

关于《论语》，刘歆说，凡《论语》十二家，二百二十九篇。又说"《论语》家，近琅邪王卿，不审名，及胶东庸生皆以教"〔2〕《论语》是孔子应答弟子、时人，及弟子相与言，接闻于孔子之语，主要讲仁义礼乐等内容。刘歆《七略》所言十二家之一的《孔子三朝》七篇，是《大戴礼记》第六十八《千乘》、第六十九《四代》、第七十《虞戴德》、第七十一《诰志》、第七十四《小辨》、第七十五《用兵》、第七十六《少间》等。这七篇主要讲礼乐仁义，刘歆非常重视。

除了古代的儒家经典，刘歆也充分注意到了西汉当代的儒家经师、学者对经传礼乐的研究成果。《尚书》方面，如《欧阳章句》《大小夏侯章句》《大小夏侯解诂》《欧阳说义》《刘向五行传记》《许商五行传记》《石渠议奏》等；《礼》方面，如《曲台后仓》《汉封禅群祀》《封禅议对》《周官经》《石渠议奏》等；《乐》方面，如《雅歌诗》《雅琴赵氏》《雅琴师氏》《雅琴龙氏》等；《春秋》方面，如《公羊董仲舒治狱》《公羊外传》《公羊杂记》《公羊颜氏记》《石渠议奏》等；《论语》方面，如《鲁夏侯说》《鲁安昌侯说》《鲁王骏说》《石渠议奏》《齐说》等〔3〕

关于《易》，有"《易经》十二篇，施、孟、梁丘三家。《易传周氏》二篇。《服氏》二篇。《杨氏》二篇。《蔡公》二篇。《韩氏》二篇。《王氏》二篇。《丁氏》八篇。《古五子》十八篇。《淮南道训》二篇。《古杂》八十篇，《杂灾异》三十五篇，《神输》五篇，图一。《孟氏京房》十一篇，《灾异孟氏京房》六十六篇，五鹿充宗《略说》三篇，《京氏段嘉》十二篇。《章句》施、孟、梁丘氏各二篇"〔4〕

正朔服色方面，刘歆在其父亲刘向研究的基础上也有成就。正朔服色

---

〔1〕《汉书》卷五十六《董仲舒传赞》引刘歆语，第 2526 页。

〔2〕《全汉文》卷四十一《刘歆二·七略》，第 422 页。

〔3〕华友根：《西汉礼学新论》，上海：上海社会科学院出版社，1998 年，第 231 页。

〔4〕《汉书》卷三十《艺文志》，第 1703—1704 页。

也称为"历数"与"历纪"。中国的历数发展很早，有《黄帝》《颛顼》《夏》《殷》《周》《鲁》等历。秦和汉初，都用《颛顼历》，但不准确，朔晦月见，弦望满亏，大多有误。所以到汉武帝，由兒宽、公孙卿、壶遂、司马迁、射星等，根据三统之制和五行相胜说，议造《太初历》，用夏历，以正月为岁首，色上黄。以五德之传，从所不胜，秦在水德，故汉据土而克之，汉为土德。对于《太阳历》的认识，开始时大家意见不一，到昭帝元凤六年，才有了一致的肯定看法。但是，对于汉是否属于土德，尚黄，仍然有争论。

到汉成帝时，刘向总括六历（即《黄帝》《颛顼》《夏》《殷》《周》及《鲁》），列是非，作《五纪论》，提倡三统学说，"贤圣之君，博观终始，穷极事情，而是非分明。王者必通三统，明天命所授者博，非独一姓也"。[1]

刘歆在其父《五纪论》与三统说的基础上，继续探究其中的微妙，所作的《三统历谱》主要根据三统之制和五行相生说。在刘歆看来，从伏羲氏到汉高祖，各有自己的正朔服色，也就是各有三统五行（德）之序。刘歆认为，三统五行也是天命天意所在，"通其变，遂成天地之文；极其数，遂定天下之象"。[2] 因此，受命而行三统五德的帝王，必然好礼义而仁爱群生万民。如共工、秦虽自以为有水德，却好刑而非礼，好武而非义，不能认为是受天命而王，故不能列"三统五行之序"，须"去其行序"。可见，正朔服色的确是最大的礼义制度，不讲礼义的帝王和朝代，不能有自己的正朔与服色。

以往的历学家（也可以说礼学家），一般都主张五行相胜，即所谓"五德终始"说，而刘歆主张五行相生，两者说法不一。刘歆不仅与先秦

---

〔1〕《汉书》卷三十六《刘向传》，第 1950 页。

〔2〕（汉）郑玄等注：《十三经古注》一《周易》卷七《系辞上》，北京：中华书局，2014年，第 52 页。

的邹衍、《吕氏春秋》的认识不一，而且与张苍、公孙臣、贾谊、兒宽、司马迁、公孙卿、壶遂、射星等著名经学家、历学家的观念也不一样。张苍认为汉是水德，公孙臣、贾谊认为汉为土德，制定《太初历》的兒宽、司马迁，也认为汉为土德，色尚黄。但刘歆与他们都不同，认为汉为火德，色尚赤。这一观点在西汉并不流行，但在东汉光武帝刘秀时，被认可并加以施行。班固所著《汉书》中，不仅在《律历志》中大量转录刘歆的《三统历谱》，而且在其他《志》《纪》中竭力赞赏并同意刘歆关于服色的观点。可见，刘歆关于正朔服色方面的观点，在经学界与历学研究方面影响较大。

元、成、哀帝时期政府官员与儒家学者讨论罢郡国宗庙、京师宗庙迭毁、废除不合于礼且重复的杂祠旧祠诸祠，刘向、刘歆均有不同意见，特别是对于汉武帝时的世宗庙不宜毁的主张，与当时众多的儒家学者不同。刘向父子是刘邦的弟弟楚元王之后，这里面既关涉亲情关系，也是儒家学术观点和立场的不同。

(三) 西汉时期以刘歆为主的第一次经今古文之争

1. 汉初古文经

古文经学（古文经籍）西汉之初已有，汉初一般都读古文。

高祖时封北平侯，后为计相的张苍喜好研读《春秋左氏传》，文帝时，梁太傅贾谊曾跟从张苍学习《左传》，并为《左氏传》训诂。由于秦始皇烧《诗》《书》，杀诸生术士，使得《诗》《书》等六经残缺不全，有些藏于墙壁中，后来才慢慢得以发现。有些诸侯王如河间献王刘德、淮南王刘安喜好读书，善于搜集古书。河间献王为了学圣王之道、圣人之教，从民间搜集各种古书旧籍。搜集、储藏大量的书籍于古于今，对国家、社会和个人来说，都有重大的意义和益处。

鲁恭王刘余，孝景前二年被立为淮阳王，吴、楚反破后，孝景前三年徙王鲁。刘余喜好修筑宫室，豢养狗马，"恭王初好治宫室，坏孔子旧宅以广其宫，闻钟磬琴瑟之声，遂不敢复坏，于其壁中得古文经传"。[1] 汉武帝时，鲁恭王之后孔安国，从旧宅得《古文尚书》，将其整理定编，并将其先祖孔子所作《书序》分附各编之端，还在全书之始作了一个总述，即《尚书序》。

孔子《书序》上记唐虞之际，下至秦穆公，孔安国所作之序，时间上比孔子之序更长，上自伏羲，下至西汉武帝。

《汉书·儒林传》记载："孔氏有古文《尚书》，孔安国以今文字读之，因以起其家逸《书》，得十余篇，盖《尚书》兹多于是矣。遭巫蛊，未立于学官。安国为谏大夫，授都尉朝，而司马迁亦从安国问故。迁书载《尧典》《禹贡》《洪范》《微子》《金滕》诸篇，多古文说。"[2]《汉书·刘歆传》也有相关记载，鲁恭王坏孔子宅，想建造宫室，在毁坏的墙壁中得到古文，《逸礼》有三十九篇，《书》十六篇，天汉之后，孔安国献之，遭巫蛊之难，未及施行。

费直，字长翁，东莱人。"治《易》为郎，至单父令。长于卦筮，亡章句，徒以彖象系辞十篇文言解说上下经。"[3]

高相，是沛人，与费公同时治《易》学，也致力于阴阳灾异之说，自言师出于丁将军（丁宽），"传至相，相授子康及兰陵毋将永。康以明《易》为郎，永至豫章都尉"。[4]

费、高二家，《汉书·儒林传》没有说是今文还是古文。周予同先生《经今古文学》将此二家列于古文。

《汉书·儒林传》载："毛公，赵人也。治《诗》，为河间献王博士，授同国贯长卿，长卿授解延年。延年为阿武令，授徐敖，敖授九江陈侠，

---

〔1〕《汉书》卷五十三《景十三王传》，第 2414 页。
〔2〕《汉书》卷八十八《儒林传》，第 3607 页。
〔3〕《汉书》卷八十八《儒林传》，第 3602 页。
〔4〕《汉书》卷八十八《儒林传》，第 3602 页。

为王莽讲学大夫。由是言《毛诗》者，本之徐敖。"[1]

河间献王收集和储藏了大量的古籍，有《诗》《书》，也有礼乐。成帝时，谒者常山王禹世受河间乐，通晓其义，他的弟子宋晔上书言之，下大夫博士平当等进行考核。平当认为，当时大儒公孙弘、董仲舒等皆以为音中和雅正，应立大乐。"今晔等守习孤学，大指归于兴助教化。衰微之学，兴废在人，宜领属雅乐，以继绝表微。……河间区区，小国藩臣，以好学修古，能有所存，民到于今称之，……于以风示海内，扬名后世，诚非小功小美也。"[2] 但是，到最后也没有议论清楚。因为时隔久远，其真伪难以分明。

关于《春秋左氏传》，前面已说过，汉初张苍、贾谊读《左传》，贾谊为《左氏传》训诂，传授赵人贯公，为河间献王博士，子长卿为荡阴令，教授清河张禹的儿子。西汉中期京兆尹张敞、太中大夫刘公子皆修《春秋左氏传》。张禹与萧望之同时为御史，经常探讨《左氏》，萧望之称善，并多次上书言说。张禹死前传授尹更始，"更始传子咸及翟方进、胡常。常授黎阳贾护季君，哀帝时待诏为郎，授苍梧陈钦子佚，以《左氏》授王莽，至将军。而刘歆从尹咸及翟方进受"[3]。

汉成帝时先由刘向领校中五经秘书，对于库藏的秘籍、经传、礼乐进行整理校辑，编为《别录》。

刘歆年少时便通《诗》《书》，能属文，受到成帝的召见。河平中受诏，与其父刘向领校秘书，六艺传记、诸子、诗赋、数术、方技，无所不究。哀帝即位之初，大司马王莽举荐刘歆宗室有才能，为侍中太中大夫，迁骑都尉，奉车光禄大夫，贵幸。复领校五经，完成父亲之前进行的事业，刘歆集六艺群书，别为《七略》。

---

[1]《汉书》卷八十八《儒林传》，第3614页。

[2]《汉书》卷二十二《礼乐志》，第1072页。

[3]《汉书》卷八十八《儒林传》，第3620页。

刘向父子编辑出版的《别录》《七略》，使六艺、经籍得到更为广泛的传播与研究，特别是古文经籍，不但数量多，而且内容更加丰富完整，如《尚书》《左传》等，不止官员、学者，就是普通民众也大量阅读、研究。

从汉文帝到汉元帝，五经十四博士都是今文学者，没有一个古文博士。有些在地方诸侯国立为博士，被皇帝或著名学者所赞赏，但没有得到中央与国家的重视，所以有些博士态度非常傲慢，如戴圣、龚胜等。

五经六艺中的古文，内容丰富完备且富有义理。然而，却受到某些人的排斥，不能立为博士。特别是《左氏春秋》，当刘歆继承父业，领校秘书，读到古文《春秋左氏传》时十分喜欢，当时的丞相史尹咸能治《左氏》，与刘歆共同校经传。刘歆与尹咸、丞相翟方进质问大义。《左氏传》多古字古言，最初，学者只是传训诂而已，到刘歆治《左氏》，引传文以解经，相互发明，章句义理都很完备。刘歆父子"俱好古，博见强志，过绝于人。歆以为左丘明好恶与圣人同，亲见夫子，而《公羊》《穀梁》在七十子后，传闻之与亲见之，其详略不同。歆数以难向，向不能非间也，然犹自持其《穀梁》义。及歆亲近，欲建立《左氏春秋》及《毛诗》《逸礼》《古文尚书》皆列于学官。哀帝令歆与五经博士讲论其义，诸博士或不肯置对"。[1]

汉哀帝赞同刘歆的意见，欲立《左氏春秋》及《毛诗》《逸礼》《古文尚书》等博士，但必须与已立五经博士进行经义的答辩，以明确其立为博士的学术思想地位。但这些五经博士与刘歆等意旨不同，根本看不起古文经，所以不肯立刘歆所希望的古文博士，也可以说是对刘歆的羞辱。

2. 两汉第一次今古文之争

鉴于以上所述，刘歆对于这些不讲道理且无知的博士，以及管理博士的文化机构——太常，已无法忍耐，于是在《移书让太常博士》（亦称《责让太常博士书》）中进行斥责与批驳。

---

〔1〕《汉书》卷三十六《楚元王传》，第 1967 页。

刘歆的《移书让太常博士》是两汉时期第一次今古文之争，得到了与其共同校书的房凤（房凤，明经通达，擢为光禄大夫，迁五官中郎将）、王龚（时为光禄勋）的支持，他们共同撰写。刘歆欲立《左传》，也是受到成帝末年丞相翟方进的启示与影响，"方进虽受《穀梁》，然好《左氏传》、天文星历。其《左氏》则国师刘歆，星历则长安令田终术师也"[1]，刘歆及田终术皆授学翟方进。

刘歆与房凤、王龚共同撰写的《移书让太常博士》，内容分为四部分：

第一部分，讲唐虞三代儒术的兴衰、孔子的贡献、秦焚书坑儒、汉初的逐步恢复、汉武帝开始重视。

刘歆等说，上古尧舜既衰，而夏商周三代迭为兴起，圣帝明王，累起相袭，圣人之道，十分昌明。后来周室衰微而礼乐不正，圣道也就难以齐全。所以，周末春秋时期，孔子担心圣道不行，周游列国应聘，愿为诸侯重建圣道。晚年自卫返鲁，然后乐正，《雅》《颂》乃各得其所。同时，孔子修《易》、序《书》、制作《春秋》，以纪帝王之道。但到孔子没世，微言随即绝灭，七十弟子终世之后，大义更加背离。进入战国，孔子之道遭受抑斥，孙膑、吴起兵术兴起，连年战争以至秦之暴虐，燔经书、杀术士，设立挟书法令，儒家、圣道之术由此遂灭。

秦亡汉兴，去圣帝明王已远，孔子之道又绝，儒家的法度无所因袭。汉高祖刘邦时代，天下除了《易》卜，没有其他典籍，唯独有一位叔孙通略定礼仪。

孝惠皇帝时，虽然废除了秦挟书之律令，开始搜集民间藏书，但是，当时的公卿大臣如周勃、灌婴都是介胄武夫，对此根本不予重视，"莫以为意"。

至文帝时，开始派晁错跟从伏生学习《尚书》。当时，《尚书》最初于破旧屋壁"朽折散绝"，其书虽在，也只能是传读而已。《诗》也开始萌

---

〔1〕《汉书》卷八十四《翟方进传》，第3421页。

芽。当时天下众书纷纷出现，都是一些诸子传说。广立于学官，并置博士。地方诸侯国虽有很多博士，但立于中央朝廷的儒生，只有贾谊一人而已。

到汉武帝时，邹、鲁、梁、赵等地都有《诗》《礼》《春秋》的师传。这些研究《诗》《礼》《春秋》的先师，均开始于武帝之初的建元年间。当时经传、礼、乐残缺不全，个人的研究也不完全深入，"当此之时，一人不能独尽其经，或为《雅》，或为《颂》，相合而成。《泰誓》后得，博士集而读之，故诏书称曰：'礼坏乐崩，书缺简脱，朕甚闵焉。'时汉兴已七八十年，离于全经，固已远矣"〔1〕。

第二部分，讲鲁恭王坏孔子旧宅得《逸礼》《尚书》《左传》等古经；赞同成帝组织整理旧文秘籍，民间如赵国贯公等也有遗学保存；不立《左氏》等三经博士，是抱残守缺。

刘歆等说，鲁恭王欲毁坏孔子旧宅进行改建，在一处坏壁中得到古文。其中有《逸礼》三十九篇，《书》十六篇。武帝天汉之后，孔子后代孔安国曾欲献于国家，因遭巫蛊之祸，仓卒之难，不及献书。左丘明所修《春秋左氏传》，皆古文旧书，多达二十余通，秘藏于府，未被发现。汉成帝怜悯学残文缺，稍离其真，因而陈发秘藏，校理旧文，将此三方面的古籍，以"考学官所传，经或脱简，传或间编"〔2〕，又民间传承有鲁国桓公、赵国贯公、胶东庸生，也保存了这方面的古籍，遗学"与此同，抑而未施"，令有识之士惜悯，士君子嗟痛。至于过去那些研究经文之士，往往不思废绝之阙，因陋就寡，只知咬文嚼字，不厌其烦，辛勤到老也不能精通一艺，只是信口传说背诵，盲目迷信当今之师，却怀疑古经，国家将有立辟雍、封禅、巡狩之仪的大事时，则暗昧而不知其原，"犹欲保残守缺，挟恐见破之私意，而无从善服义之公心，或怀妒嫉，不考情实，雷同

〔1〕《汉书》卷三十六《楚元王传》，第 1969 页。
〔2〕《汉书》卷三十六《楚元王传》，第 1969—1970 页。

相从，随声是非，抑此三学，以《尚书》为备，谓《左氏》为不传《春秋》，岂不哀哉！"[1]

第三部分，称扬哀帝圣明，下诏准备立《左传》博士。成帝希望能废遗经艺，《左传》能得兴立，但太常博士们不赞同。

刘歆等说，哀帝德通神明，继承大统，弘扬大业，也悯惜经艺文学错乱，有学之士虽明其情，但依违谦让，言而不决，为此特下明诏，命令讨论《左氏》是否可立。于是遣近臣奉旨衔命，将以"辅弱扶微，与二三君子比意同力，冀得废遗"。但实际情况并非如此，现任的太常博士们，"深闭固距，而不肯试，猥以不诵绝之，欲以杜塞余道，绝灭微学"[2]一般的士庶众民，都是乐于成功，难于考虑其始，所以也不敢寄希望于一般的士人君子。但欲立《尚书》《逸礼》《左传》等数家，都是成帝亲自提出的，并非苟且之论，"且此数家之事，皆先帝所亲论，今上（哀帝）所考视，其古文旧书，皆有征验，外内相应，岂苟而已哉！"[3]

第四部分，称赞上古名言"礼失而求之于野"，认为"古文"更加胜过"野"。并称颂汉宣帝在已立博士的基础上，又新立博士。也赞赏孔子弟子子贡所言，既要识大者，也要识小者。

刘歆说，遵循古来名言，礼失可求之于野，而古文不是更加胜于野吗？汉初以来立为博士的，《书》有欧阳，《春秋》有公羊，《易》有施、孟。但孝宣皇帝以为远远不够，又立《穀梁春秋》《梁丘易》《大小夏侯尚书》等博士。经义虽有相反，但还是并立博士。这是什么原因？与其过而废之，宁可过而立之。又称赞孔子弟子子贡之言："文武之道，未坠于地，在人。贤者志其大者，不贤者志其小者。"同时指出，数家学说并立，今古并尊，兼包大小之义，也是一些今文博士应该吸取的，"今此数家之言

---

〔1〕《汉书》卷三十六《楚元王传》，第1970页。
〔2〕《汉书》卷三十六《楚元王传》，第1970—1971页。
〔3〕《汉书》卷三十六《楚元王传》，第1971页。

所以兼包大小之义，岂可偏绝哉！若必专己守残，党同门，妒道真，违明诏，失圣意，以陷于文吏之议，甚为二三君子不取也"。[1]

刘歆、房凤、王龚三人的《移书让太常博士》，讲得有理有据，"其言甚切，诸儒皆怨恨"[2]。中央太常机构与五经博士们，因为意见不同，故不肯"置辞以对"，并奏言称刘歆"改乱旧章，非毁先帝所立"。但是，刘歆等人的言论和意见得到哀帝的肯定，曰："歆欲广道术，亦何以为非毁哉?"[3]

不仅一般的五经博士对刘歆等欲立古文经博士表示反对，而且名儒龚胜、师丹、孔光等皆表示怨恨而不能苟同。当时，光禄大夫龚胜对刘歆等的《移书让太常博士》非常反感痛恨，至于"上疏深自罪责，愿乞骸骨罢"[4]，不愿与刘歆等在京任职共事。师丹时为大司空，亦大怒，称刘歆乱改旧章，破坏诋毁先帝所立。丞相孔光也不肯立古文博士。《汉书·儒林传》曾有记载："歆白《左氏春秋》可立，哀帝纳之，以问诸儒，皆不对。歆于是数见丞相孔光，为言《左氏》以求助，光卒不肯。"[5]

孔安国为《古文尚书》作序，大概见于清代学者的辑佚[6]。孔安国的《尚书序》如下：

> 古代伏牺氏之王天下也，始画八卦，造书契以代结绳之政，由是文籍生焉。伏牺、神农、黄帝之书，谓之《三坟》，言大道也；少昊、

〔1〕《汉书》卷三十六《楚元王传》，第 1971 页。

〔2〕《汉书》卷三十六《楚元王传》，第 1972 页。

〔3〕《汉书》卷三十六《楚元王传》，第 1972 页。

〔4〕《汉书》卷三十六《楚元王传》，第 1972 页。

〔5〕《汉书》卷八十八《儒林传》，第 3619 页。

〔6〕 2002 年，上海辞书出版社请中国经学史专家、中国近代史著名学者、上海社会科学院历史研究所副所长汤志钧先生，主编三百万字的《中国经学史大辞典》，汤先生委托我写两汉经学史条目，其中一条目是"孔安国为古文尚书作序"。后因故停止编写出版。因为编写《辞典》条目，不十分重视材料出处。因此，当时没有写明。至今近二十年，也就难以查清。但为事实，内容很好，所以在这章之末，还是补述一下比较全面。

颛顼、高辛、唐虞之书，谓之《五典》，言常道也；至于夏、商、周之书，虽设教不伦，雅诰奥义，其归一揆，是故历代宝之，以为《大训》；八卦之说，谓之《八索》，求其义也；九州之志，谓之《九丘》。……《三坟》《五典》《八索》《九丘》，即为上世帝王遗书也。

先君孔子生于周末，史籍之烦文，惧览之者不一，遂乃定《礼》《乐》，明旧章，删《诗》为三百篇，约史记而修《春秋》，赞《易》道以黜《八索》，述《职方》以除《九丘》，讨论坟典，断自唐虞以下，讫于周。芟夷烦乱，剪截浮辞，举其宏纲，撮其机要，足以垂世立教。典谟训诰誓命之文，凡百篇。所以恢弘至道，示人主以轨范也。帝王之制，坦然明白。可举而行，三千之徒，并受其义。

及秦始皇灭先代典籍，焚书坑儒，天下学士逃难解散，我先人用藏其家书于屋壁。汉室龙兴，开设学校，旁求儒雅，以阐大猷。济南伏生，年过九十，失其本经，口以传授，裁二十余篇，以其上古之书，谓之《尚书》。百篇之义，世莫得闻。至鲁共王好治宫室，坏孔子旧宅以广其居，于壁中得先人所藏古文虞夏商周之书，及传《论语》《孝经》，皆科斗文字。王又升孔子堂，闻金石丝竹之音，乃不坏宅，悉以书还孔氏。

科斗书废已久，时人无能知者，以闻伏生之书，考论文义，定其可知者，为隶古定。更以竹简写之，增多伏生二十五篇。伏生又以《舜典》合于《尧典》，《益稷》合于《皋陶谟》，《盘庚》三篇合为一，《康王之诰》合于《顾命》，复出此篇，并序，凡五十九篇，为四十六卷，其余错乱磨灭，弗可复知。悉上送官，藏之书府，以待能者。

承诏为五十九篇作《传》，于是遂研精覃思，博考经籍，采摭群言，以立训传，约文申义，敷畅厥旨，庶几有补于将来。《书序》，序所以为作者之意，昭然义见，宜相附近。故引之各冠其篇首，定五十八篇。既毕，会国有巫蛊事，经籍道息，用不复以闻，传之子孙，以贻后代。若好古博雅君子与我同志，亦所不隐也。

第五章　平帝与王莽时期的经学

一、概述

哀帝时期，刘歆、房凤、王龚等要求立《左传》《尚书》《毛诗》等古文博士，受到太常博士、丞相、御史大夫和今文经学家的强烈斥责和排挤，汉哀帝也无法调和，刘歆在京师待不下去，被斥逐到地方为官。哀帝死后，太后秉执朝政，拜王莽为大司马，与其商议立嗣。王莽从弟王舜为车骑将军，迎中山王奉哀帝后，为孝平皇帝，年仅九岁，太后临朝称制，委政于王莽。

刘歆从地方被召回长安，"会哀帝崩，王莽持政，莽少与歆俱为黄门郎，重之，白太后。太后留歆为右曹太中大夫，迁中垒校尉，羲和，京兆尹，使治明堂辟雍，封红休侯"[1]，随着刘歆的回京复职、封侯，又得到大司马王莽的支持，立古文博士的要求得以真正实现，"平帝时，又立《左氏春秋》、《毛诗》、《逸礼》、古文《尚书》，所以罔罗遗失，兼而存之，是在其中矣"[2]。

平帝元始元年（1 年）六月，封周公之后公孙相如为褒鲁侯，孔子之

---

[1]《汉书》卷三十六《楚元王传》，第 1972 页。

[2]《汉书》卷八十八《儒林传》，第 3621 页。

后孔均为褒成侯奉其祀，追谥孔子曰褒成宣尼公。

元始三年春，诏光禄大夫刘歆等杂定婚礼。四辅、公卿、大夫、博士、郎、吏家属皆以礼娶，亲迎立轺併马。夏，"立官稷及学官。郡国曰学，县、道、邑、侯国曰校。校、学置经师一人。乡曰庠，聚曰序。序、庠置《孝经》师一人"。[1]

元始四年春正月，诏曰："盖夫妇正则父子亲，人伦定矣。前诏有司复贞妇，归女徒，诚欲以防邪僻，全贞信。及眊悼之人刑罚所不加，圣王之所制也。"[2]

四年夏，安汉公（王莽）奏立明堂、辟雍。尊奉孝宣庙为中宗、孝元庙为高宗，天子世世献祭。

五年春正月，祫祭明堂。并诏曰："盖闻帝王以德抚民，其次亲亲以相及也。昔尧睦九族，舜惇叙之。……传不云乎？'君子笃于亲，则民兴于仁。'"[3] 羲和刘歆等四人治明堂、辟雍，令汉与文王灵台、周公作洛同符。"征天下通知逸经、古记……及以五经、《论语》、《孝经》、《尔雅》教授者，在所为驾一封轺传，遣诣京师。至者数千人。"[4]

王莽，字巨君，孝元皇后的侄子。王莽的父亲王曼去世得早，没有封侯。王莽幼时孤贫，为人恭俭。"受《礼经》，师事沛郡陈参，勤身博学，被服如儒生。事母及寡嫂，养孤兄子，行甚敕备。又外交英俊，内事诸父，曲有礼意。"[5] 王莽的伯父大将军王凤病重临死前，托太后及成帝，拜王莽为黄门郎，迁射声校尉。王莽的叔父成都侯王商，也上书愿分户邑以封王莽。永始元年（前16年），王莽封为新都侯，迁为骑都尉光禄大夫侍中。后来，其叔父大司马曲阳侯王根，举荐王莽代替自己为大司马。

----

〔1〕《汉书》卷十二《平帝纪》，第355页。
〔2〕《汉书》卷十二《平帝纪》，第356页。
〔3〕《汉书》卷十二《平帝纪》，第358页。
〔4〕《汉书》卷十二《平帝纪》，第359页。
〔5〕《汉书》卷九十九上《王莽传上》，第4039页。

成帝于绥和元年擢王莽为大司马。成帝驾崩，哀帝即位，"太后诏莽就第，避帝外家。莽上疏乞骸骨"[1]，由于哀帝挽留，"太后复令莽视事"[2]。后因王莽对哀帝祖母傅太后、母亲丁姬的地位称号有不同看法，一次会宴，王莽认为定陶傅太后是藩妾，不能与太皇太后至尊并坐。傅太后听后大怒，不肯赴宴，对王莽深怀怨意。王莽请辞免职，丞相朱博甚至想将王莽免为庶人[3]。

后来王莽回到京师一年多，哀帝崩。太皇太后遣使者召回王莽，并诏尚书，诸如发兵符节、百官奏事、中黄门、期门兵皆归属王莽掌管。太后又诏令公卿举荐大司马，大司徒孔光、大司空彭宣推举王莽，太后便拜王莽为大司马，一同商议立嗣之事。

平帝时，王莽的爵禄为新都侯，号安汉公，官至宰衡、太傅、大司马。

元始四年，王莽大权独揽，"奏起明堂、辟雍、灵台，为学者筑舍万区，作市、常满仓，制度甚盛。立《乐经》，益博士员，经各五人。征天下通一艺教授十一人以上，及有逸《礼》、古《书》、《毛诗》、《周官》、《尔雅》……，通知其意者，皆诣公车。网罗天下异能之士"[4]，奏请设立明堂、辟雍、灵台等，增设博士员，网罗人才。公卿、大夫、博士、议郎、列侯张纯等九百多人，一同上奏曰：根据《周礼》《礼记》经义，王莽当有"九锡"之宠，"忠臣茂功莫著于伊周，而宰衡配之。所谓异时而兴，如合符者也。谨以六艺通义，经文所见，《周官》《礼记》宜于今者，为九命之锡。臣请命锡"[5]。太后表示同意。

平帝驾崩后，王莽选宣帝玄孙中年仅两岁的广戚侯子婴为嗣，符命也

---

〔1〕《汉书》卷九十九上《王莽传上》，第 4041 页。

〔2〕《汉书》卷九十九上《王莽传上》，第 4042 页。

〔3〕参见《汉书》卷九十九上《王莽传上》，第 4042 页。

〔4〕《汉书》卷九十九上《王莽传上》，第 4069 页。

〔5〕《汉书》卷九十九上《王莽传上》，第 4072 页。

自此兴起。有人在凿井时得到一块白石，上面刻有"告安汉公莽为皇帝"的文字，太后下诏曰："其令安汉公居摄践祚，如周公故事"[1]，随即改年号为居摄，"居摄元年正月，莽祀上帝于南郊，迎春于东郊，行大射礼于明堂，养三老五更，成礼而去"[2] 王莽举行郊祀、大射礼。三月己丑，立宣帝的玄孙子婴为皇太子，号曰孺子。

王莽据《尚书·康诰》《春秋·隐公》即位，由居摄即真为帝。他说："《尚书·康诰》王若曰：'孟侯，朕其弟，小子封。'此周公居摄称王之文也。《春秋》隐公不言即位，摄也。此二经周公、孔子所定，盖为后法。孔子曰：'畏天命，畏大人，畏圣人之言。'臣莽敢不承用！臣请共事神祇宗庙……其号令天下，天下奏言事，毋言'摄'，以居摄三年为初始元年，漏刻以百二十为度，用应天命。"[3] 太后表示同意。

王莽称帝始建国元年（9年），封孺子婴为定安公，据《诗经》进行策封，曰："咨尔婴，昔皇天右乃太祖，历世十二，享国二百一十载，历数在于予躬。《诗》不云乎？'侯服于周，天命靡常。'封尔为定安公，永为新室宾。於戏！敬天之休，往践乃位，毋废予命。"[4] 始建国元年冬，根据《易》《诗》经义，立六条纲纪。王莽策命统睦侯陈崇，曰："咨尔崇。夫不用命者，乱之原也；大奸猾者，贼之本也；铸伪金钱者，妨宝货之道也；骄奢逾制者，凶害之端也；漏泄省中及尚书事者，'机事不密则害成也'也；拜爵王庭，谢恩私门者，禄去公室，政从亡矣：凡此六条，国之纲纪。是用建尔作司命，'柔亦不茹，刚亦不吐，不侮鳏寡，不畏强圉'，帝命帅繇，统睦于朝。"[5]

三年，为太子置师、友各四人，秩以大夫。四师之一，以博士袁圣为

---

[1]《汉书》卷九十九上《王莽传上》，第4078—4079页。

[2]《汉书》卷九十九上《王莽传上》，第4082页。

[3]《汉书》卷九十九上《王莽传上》，第4094页。

[4]《汉书》卷九十九中《王莽传中》，第4099—4100页。

[5]《汉书》卷九十九中《王莽传中》，第4116页。

阿辅。四友之一，以博士李充为奔走。"又置师友祭酒及侍中、谏议、六经祭酒各一人，凡九祭酒，秩上卿。琅邪左咸为讲《春秋》、颍川满昌为讲《诗》、长安国由为讲《易》、平阳唐昌为讲《书》、沛郡陈咸为讲《礼》、崔发为讲《乐》祭酒。遣谒者持安车印绶，即拜楚国龚胜为太子师友祭酒，胜不应征，不食而死。"[1]

天凤元年（14年），王莽根据《周官》《王制》设官职，"置卒正、连率、大尹，职如太守；属令、属长，职如都尉。置州牧、部监二十五人，见礼如三公。监位上大夫，各主五郡。公氏作牧，侯氏卒正，伯氏连率，子氏属令，男氏属长，皆世其官。其无爵者为尹"[2]

天凤三年二月乙酉，发生地震，天降大雪，关东受灾严重，雪深一丈，竹木柏树枯萎。王莽以《春秋》《易经》经义进行解释。他说："夫地有动有震，震者有害，动者不害。《春秋》记地震，《易·系·坤》动，动静辟胁，万物生焉。灾异之变，各有云为。"[3]

三年五月，以《周礼》《诗经》为据设吏禄。《周礼》膳羞百有二十品，引《诗》曰"普天之下，莫非王土；率土之滨，莫非王臣"，盖以天下而养。

天凤五年，皇孙功崇公王宗，自画服天子衣冠，刻有三枚大印，并与其舅父吕宽家私通，被发觉后，王宗自杀。王莽根据《春秋》之义，认为其孙该死。曰："宗属为皇孙，爵为上公，知宽等叛逆族类，而与交通；刻铜印三，文意甚害，不知厌足，窥欲非望。《春秋》之义'君亲毋将，将而诛焉。'迷惑失道，自取此辜。"[4]

地皇四年三月，王莽据《礼记·月令》，进献所征天下淑女史氏女为皇后，"聘黄金三万斤，车马奴婢杂帛珍宝以巨万计。莽亲迎于前殿两阶

---

〔1〕《汉书》卷九十九中《王莽传中》，第4126—4127页。
〔2〕《汉书》卷九十九中《王莽传中》，第4136页。
〔3〕《汉书》卷九十九中《王莽传中》，第4141—4142页。
〔4〕《汉书》卷九十九下《王莽传下》，第4153页。

间，成同牢之礼于上西堂。备和嫔、美御、和人三，位视公；嫔人九，视卿；美人二十七，视大夫；御人八十一，视元士；凡百二十人，皆佩印韨，执弓韣"。[1]

四年秋，王莽近乎败亡被困时，愈加忧虑不知如何突围，大司空崔发言曰："《周礼》及《春秋左氏》，国有大灾，则哭以厌之。故《易》称'先号咷而后笑'。宜呼嗟告天以求救。"莽自知失败，于是率领群臣到南郊，曰："皇天既命授臣莽，何不殄灭众贼？即令臣莽非是，愿下雷霆诛臣莽！""因搏心大哭，气尽，伏而叩头。又作告天策，自陈功劳，千余言。诸生小民会旦夕哭，为设飧粥，甚悲哀及能诵策文者除以为郎，至五千余人。"[2]

班固认为，王莽的悲剧与秦朝灭亡一样，都是必然的，曰："昔秦燔《诗》《书》以立私议，莽诵六艺以文奸言，同归殊涂，俱用灭亡。"[3]

二、王莽与经学

王莽执政与称帝时代，包括汉平帝的元始五年、宣帝玄孙孺子婴为皇太子的居摄三年，以及王莽"新"朝的始建国五年、天凤六年、地皇四年，共计二十三年。

从成帝末年开始，王莽就思虑以王氏朝廷代替刘氏的西汉。为了建立新的封建王朝，王莽根据儒家传统与经义，立博士、定经传、制礼乐。鉴于刘歆等欲立古文博士而遭到排挤打击的情况下，王莽执政的平帝时期，王莽对此表示支持，于是立古文《尚书》、《逸礼》、《毛诗》、《左传》等古文博士。王莽支持古文，但并非反对今文，所立制度以及举行的各项活

〔1〕《汉书》卷九十九下《王莽传下》，第4180页。
〔2〕《汉书》卷九十九下《王莽传下》，第4187—4188页。
〔3〕《汉书》卷九十九下《王莽传下》，第4194页。

动，既有依据古文《周礼》《左传》的，也有依据今文《礼记》《诗经》《易经》《仪礼》的，任命三公及六经祭酒，也不分今古文。王莽据此制定礼乐制度，表明自己是重新受命的天子。

其实，王莽在入仕为官之前，就相当注重礼。王莽曾跟从沛郡陈参学习《礼经》，勤奋博学，被服如儒生。掌权执政后，更加重视礼，念念不忘制礼以治民，作乐以移风，认为只有这样才可"传示天下，与海内平之"[1]。王莽下书王公卿士及儒生，奏定乐分几等及五声、八音之义。称帝之后，便集中力量修定礼乐制度，"莽意以为制定则天下自平，故锐思于地里，制礼作乐，讲合六经之说"[2]。不久，乐师献《新乐》于明堂、太庙，公卿大臣也穿起新的衣冠，以合乎礼义的要求。

（一）宗庙与郊祀

汉元帝、汉成帝时期，韦玄成、匡衡等议论宗庙迭毁，最初以高祖为太祖，文帝为汉太宗，世代承祀，传之无穷，后来又尊武帝庙为汉世宗。到哀帝时，王舜等建议以宣帝庙为汉中宗。

王莽将汉四祖宗庙改为七祖宗庙，除高帝、文帝、武帝、宣帝四祖宗庙之外，将元帝、成帝、平帝也列为宗。其中元帝庙称高宗，成帝庙称统宗，平帝庙称元宗，改汉高庙为文祖庙。同时将这七庙立于孺子婴封地——定安国。根据《礼》经义"五年而再殷祭""一禘一祫"进行祫祭，将毁庙与未毁庙主皆祫祭于明堂太庙。并且，征召诸侯王二十八人、列侯一百二十人、宗室子弟九百余人为"助祭"。此外，还大量封侯、赐爵、赏金帛，以作为祫祭礼的一部分。

汉朝刘氏的祖宗庙由四改为七，那么，王莽的"新"朝王氏宗庙又是怎样呢？西汉元、成、哀帝时期，韦玄成、匡衡、孔光、何武、王舜、刘

---

[1]　《汉书》卷九十九下《王莽传上》，第4071页。
[2]　《汉书》卷九十九中《王莽传中》，第4140页。

歆等一般是"继祖以下，五庙而迭毁"，或"继祖宗以下，五庙而迭毁"，亲庙都是四。王莽主张王氏立九庙，即祖庙五，亲庙四。为什么有这么多的宗庙呢？因为祖宗相传曲折久远。王莽所撰《自本》说，他是黄帝与舜的后代，黄帝姓姚氏，八世生虞舜，舜起妫汭，以妫为姓。周武王封舜后妫满于陈，为胡公。胡公十三世生完，字敬仲，后奔齐，齐桓公以为卿，姓田氏。胡完十一世孙田和占有齐国，其子称王，至田建时为秦所灭。项羽起义，封田建的孙子田安为济北王。汉兴，田安失国，齐氏谓之"王家"，因以为氏。也就是说，王莽为田齐之后。西汉文帝、景帝间，田安的孙子王遂，字伯纪，居东平陵，生子王贺，字翁孺，为武帝绣衣刺史，后被免职，徙至魏郡元城。王翁孺生王禁，字雅君。王禁生孝元皇后及王凤、王曼等，王曼生王莽。

地皇初年，正式建立九庙，即祖庙五：黄帝太初祖庙，帝虞始祖昭庙，陈胡王统祖穆庙，齐敬王世祖昭庙，济北王愍王祖穆庙。五庙为不毁之庙。亲庙四：济南伯王（莽高祖）尊祢昭庙，元成孺王（莽曾祖）尊祢穆庙，阳平顷王（莽祖）戚祢昭庙，新都显王（莽父）戚祢穆庙。四庙亲尽迭毁。

王莽主张九庙，即四昭四穆与太祖之庙，多于汉的太祖之庙与二昭二穆，以及太祖之庙与三昭三穆。既不同于《礼记·祭义》的太祖与二昭二穆，也不同于《礼记·王制》和《春秋穀梁传》的太祖与三昭三穆，而以黄帝为太祖，虞舜为始祖，表明他的祖先比当时谶纬者所说的"汉家尧后"资格更老，也就是说王氏比汉朝刘氏更胜一筹。

王莽为先祖立那么多的庙，并以天子之礼祭祀。然而，王莽对于汉宣帝为其父史皇孙立皇考庙一事，认为不符合立庙之礼。王莽在平帝元始年间上疏说，孝宣皇帝是以兄孙（即昭帝兄戾太子之孙）继统，为孝昭皇帝后。蔡义（丞相）奏宣帝父史皇孙（戾太子之子）谥曰"悼"，置一定数量的奉邑，是符合经义的，后来魏相奏请将悼园称"皇考"，为其立庙，增加奉邑民户，以为县，这是远离祖统、乖缪经义的。因为"父为士，子为天子，祭以天子者，乃谓若虞舜、夏禹、殷汤、周文、汉之高祖受命而王者也，非谓继祖统为后者也"[1]，应将皇高祖考庙奉明园（即悼皇考园）毁而不修。于是，便废掉了宣帝父史皇孙的庙及悼皇考庙。

对于元帝时韦玄成建议不再修复文帝与昭帝太后的祠园，王莽也有看法，认为毁得不彻底。他说，文帝太后南陵、昭帝太后云陵园，虽然不再修复，但陵名还不正，应当真正罢废南陵、云陵之名，以此两地立为县。最后，便彻底废了二陵而立为二县。

王莽为自己的祖宗先人立了很多宗庙、园陵，却以"礼"和"名"之义，反对西汉皇帝为其父祖先人立庙立园，当然，王莽也是根据了统尽和亲尽的迭毁之礼。

王莽也十分重视郊祀之礼。平帝元始四年时，王莽曾奏言，帝王之义莫大于承天，承天之序莫重于郊祀。而且天子必须亲自前往郊祀天地，只有在不视常务时，才可遣有司代祭。王莽指出，甘泉祭天、河东祠土既失其位，又不符合礼制。所以，王莽竭力主张废甘泉、河东祀，应当迁长安南北郊。也就是说，他赞同匡衡迁长安南北郊的主张。这个建议，得到太师孔光、长乐少府平晏、大司农左咸、中垒校尉刘歆、太中大夫朱阳、博士薛顺、议郎国由等六十七人的支持。

王莽不仅要求恢复长安南北郊祀，而且还要更改郊祀的祭礼。根据《周礼》天地之祀，乐有别有合，应当有合祀与别祀。祭祀有仪式，有祭品、奏乐、舞蹈，所以也称为合乐或别乐。

关于合乐（合祀），王莽认为，"以六律、六钟、五声、八音、六舞大合乐"[2]，奏六乐、六歌，发生六变，使天地间一切神祇都来受祭，"一变而致羽物及川泽之祇，再变而致赢物及山林之祇，三变而致鳞物及丘陵之祇，四变而致毛物及坟衍之祇，五变而致介物及地祇，六变而致象物及

---

[1]《汉书》卷七十三《韦贤传》，第3130页。

[2]《汉书》卷二十五下《郊祀志下》，第1265页。

天神"。[1]

关于别乐（别祀），王莽根据《周礼·春官·大司乐》，认为"冬日至，于地上之圜丘奏乐六变，则天神皆降；夏日至，于泽中之方丘奏乐八变，则地祇皆出"。[2] 天地有常位，不得常合，应当别乐（别祀）。阴阳别于冬至日与夏至日，相会于孟春正月上辛若丁日，所以既有合祀又有特祀。合祀是孟春正月上辛若丁日，天子亲自合祀天地于南郊；特祀在冬至、夏至日，天子不亲祀而使有司代祀。

王莽又主张将群神分为五部兆，均加以祭祠。王莽曾与太师孔光、大司徒马宫、羲和刘歆等八十九人商议，天子以事父之礼事天，以事母之礼事地，称天神为皇天上帝，泰一祭坛为泰畤，称地祇为后土，与中央黄灵相同。北郊祭坛没有尊称，应当令地祇称皇地后祇，兆（祭坛）曰光畤。天神地祇之外的群神，根据《易》"方以类聚，物以群分"的经义，可以类相从分为五部，即东郊兆、南郊兆、西郊兆、北郊兆和"长安城之未地兆"。[3] 平帝没有批准王莽的这些请求，但随后长安旁边诸庙、兆畤、祠所林立，祭祀频繁。

后来，王莽更加迷信神仙鬼怪，自天地、六宗以下至诸小鬼神祠所达一千七百所，是成帝时祠所的两倍半多，是匡衡建议去除不合于礼祠所之后的八倍。祭祀方面的开支，也是前所未有的，以至于民穷财尽。因此，王莽在宗庙与郊祀、祭祀方面的改革，根本没有考虑到国家与人民的承受能力。

（二）依经传定制度

为了让自己的"新"朝代替西汉王朝，王莽除了在宗庙、郊祀、祭祠

---

[1]《汉书》卷二十五下《郊祀志下》颜师古注，第1267页。

[2]《汉书》卷二十五下《郊祀志下》，第1266页。

[3]《汉书》卷二十五下《郊祀志下》，第1268页。

方面提出了一些要求之外，还主张根据六经及其传记建立各种制度，如巡狩、爵国、官僚、吏禄、土地、赋役、奴婢、九锡等制度。

关于巡狩制度，王莽在建国四年下诏书说：皇始祖考虞帝，继承尧位之后，不但日理万机，操持朝政，遂类于上帝，"禋于六宗，望秩山川，遍于群神，巡狩五岳，群后四朝，敷奏以言，明试以功"[1]。王莽称自己受命为帝，到建国五年，已经五载，灾难已过而吉昌将至，也应效法皇始祖考，及早举行巡狩之礼。

王莽巡狩天下的具体想法：以二月建寅之节，取万物生长之时，开始举行巡狩之礼。东巡狩时，必亲自带上耕具。每到一县则行耕田礼，劝民春耕。南巡狩时，必带上锄具耨，每到一县则行耘草礼，劝民兴化。西巡狩时，必带上收割工具铚，每到一县则行收获礼，劝民得到好的收成。北巡狩时，必带上击治禾苗的工具拂，每到一县则行治粟礼，劝民储藏粮食。洛阳位于天下之中，北巡狩完毕后，以洛阳为都而居于土之中。因此，王莽遣太傅平晏、大司空王邑到洛阳，"营相宅兆，图起宗庙、社稷、郊兆"[2]。

王莽试图通过建立巡狩制度，另建新都洛阳，以长安为新室西都，洛阳为新室东都。并且，在洛阳新建宗庙、社稷与南北郊，用以表示与汉制不同。

关于爵国制度。王莽根据圣人尧舜及夏、周来确立封爵制度。王莽认为，有明智圣人的世道，国家多贤良之人，唐虞的时候，可比屋而封，功成事就则加赏赐。夏禹涂山之会，执玉帛者有万国。诸侯执玉，附庸执帛。周武王在孟津誓师，有八百诸侯来会。周公摄政时，郊祀后稷以配天，宗祀文王于明堂以配上帝，前来助祭的就有一千八百个诸侯（与《礼记·王制》载一千七百余国相符）。王莽根据孔子"周鉴于二代，郁郁于

---

〔1〕《汉书》卷九十九中《王莽传中》，第4131页。
〔2〕《汉书》卷九十九中《王莽传中》，第4134页。

文哉，吾从周"的说法，周爵五等、地四等，王莽定爵五等、地四等，于是"封者高为侯伯，次为子男，当赐爵关内侯者更名曰附城，凡数百人"。[1] 封地为：公土方百里，侯伯土方七十里，子男土方五十里，附城土方三十里。爵五等、地四等，实际上是根据《礼记·王制》的"王者之制禄爵，公、侯、伯、子、男，凡五等。……公侯田方百里，伯七十里，子男五十里，不能五十里者，不合于天子，附于诸侯，曰附庸"。[2]

关于官僚制度。中央最高官吏为四辅、三公、四将。四辅是太师、太傅、国师、国将，位上公；三公是大司马、大司徒、大司空；四将是更始将军、卫将军、立国将军、前将军。四辅、三公、四将之下为九卿，即大司马司允、大司徒司直、大司空司若、纳言（大司农）、士（大理）、秩宗（太常）、典乐（大鸿胪）、共工（少府）、予虞（水衡都尉），分属三公。"每一卿置大夫三人，一大夫置元士三人，凡二十七大夫，八十一元士，分主中都官诸职。更名光禄勋曰司中，太仆曰太御，卫尉曰太卫，执金吾曰奋武，中尉曰军正。又置大赘官，主乘舆服御物，后又典兵秩，位皆上卿，号曰六监。……更命秩百石曰庶士，三百石曰下士，四百石曰中士，五百石曰命士，六百石曰元士，千石曰下大夫，比二千石曰中大夫，二千石曰上大夫，中二千石曰卿。车服黻冕，各有差品。"[3]

对于地方官制，王莽置卒正、连率、大尹，职如太守；属令、属长，职如都尉。置州牧、部监二十五人，监位上大夫，各主五郡。又以五爵为地方官：公氏作牧，侯氏卒正，伯氏连率，子氏属令，男氏属长，皆可世袭官爵，无爵者为尹。同时，分长安城旁六乡，置帅各一人。分三辅为六尉郡。河东、河内、弘农、河南、颍川、南阳为六队郡。置大夫职如太守，属正职如督尉。更名河南大尹曰保忠信卿。益河南属县满三十。置六

---

〔1〕《汉书》卷九十九上《王莽传上》，第 4089 页。

〔2〕（清）孙希旦撰，沈啸寰、王星贤点校：《礼记集解》卷十二《王制第五之一》，北京：中华书局，1989 年，第 309—310 页。

〔3〕《汉书》卷九十九中《王莽传中》，第 4103 页。

郊州长各一人，人主五县，至于其他官名也都有更改。

在中央与地方官制方面，王莽不仅托经义以改名，而且根据《周礼》与《礼记·王制》，特别是《礼记·王制》中"天子三公，九卿，二十七大夫，八十一元士"[1] 等规定，由汉廷的选举改为世卿制，皆世袭其官。

关于吏禄制度。自天凤三年六月开始，"赋吏禄皆如制度"，自四辅、公卿、大夫士，下至舆僚，凡十五等。僚禄一岁六十六斛，稍以差增，上至四辅为万斛。据《诗·小雅·北山》"普天之下，莫非王土；率土之滨，莫非王臣"，以天下之地养天下之吏。为此，根据《周礼》膳羞有一百二十品，今公当食其同；侯伯当食其国；子男当食其则；公主、附城当食其邑；公卿大夫元士，各因官职而食其地，"多少之差，咸有条品。岁丰穰则充其礼，有灾害则有所损，与百姓同忧喜也"[2]。

关于土地赋役奴婢制度。当时土地兼并严重，赋多役烦，贫民无以为生，早在平帝时，王莽就对此表示关心与同情。王莽曾上书，愿出钱百万，献田三十顷，付大司农助给贫民。称帝之后，王莽便一心恢复古井田制。王莽认为，按照古制，设庐井八家，一夫一妇受田一百亩，什一而税，则国给民富，天下颂声作，这是唐虞之道，三代所遵奉。为此，"更名天下田曰'王田'，奴婢曰'私属'，皆不得卖买。其男口不盈八，而田过一井者，分余田予九族邻里乡党。故无田，今当受田者，如制度"[3]。

王莽又依《周礼》收取赋税：凡不耕田的为不殖，出三人之税；城郭中田宅不种果木及蔬菜的为不毛，出三人之布匹；浮游无业无事之民，出布一匹，交不出布的，以役代税。其他搞水产、畜牧、纺织、缝纫的，以及工匠、医巫、卜祝、方技、商贾等，都各自评估财产多少而在所在地登记注册，除去本钱，将获得的利润分为十一份，以其一份为税。如"敢不

---

〔1〕《礼记集解》卷十二《王制第五之一》，第320页。

〔2〕参见《汉书》卷九十九中《王莽传中》，第4142页。

〔3〕《汉书》卷九十九中《王莽传中》，第4111页。

自占，自占不以实者，尽没入所采取，而作县官一岁"[1]，基本上也是
"什一而税"。

王莽要实行的一家百亩的"井田制"，"什一而税"的赋役制，以及废
除奴婢制，是西汉经学大师董仲舒、师丹等人所称扬的古代"税民不过什
一"，以及对土地兼并、限制土地与奴婢占有及废除奴婢制的继承与发展。

关于九锡殊礼。平帝时，王莽称安汉公、宰衡后，群臣上疏说，宰衡
位在诸侯王上，赐以束帛加璧，大国乘车、安车各一，骊马二驷。太后表
示同意，于是让群臣议论"九锡之法"。公、卿、大夫、博士、议郎、列
侯张纯等九百二人商议认为，"宗臣有九命上公之尊，则有九锡登等之
宠，……忠臣茂功莫著于伊周，而宰衡配之。……谨以六艺通义、经文所
见，《周官》（即《周礼》）、《礼记》宜于今者，为九命之锡"[2]，群臣引
伊周之典称颂王莽，为他的加赐提供经义依据。太后同意了群臣之议。于
是王莽"受绿韨衮冕衣裳，玚琫玚珌句履，鸾路乘马，龙旂九旒，皮弁素
积，戎路乘马，彤弓矢，卢弓矢，左建朱钺，右建金戚，甲胄一具，秬鬯
二卣，圭瓒二，九命青玉珪二，朱户纳陛。署宗官、祝官、卜官、史官，
虎贲三百人，家令丞各一人，宗、祝、卜、史官皆置啬夫，佐安汉公"[3]，
其祖祢庙及寝，皆为朱户、纳陛。可见，王莽所要的"九锡"之礼，虽是
根据《周礼》和《礼记》，却大大超出了《礼·含文嘉》所规定的九
锡——车马、衣服、乐悬、朱户、纳陛、武贲、斧钺、弓矢、秬鬯，明显
更重于古礼、古制，实际是王莽为日后的夺权称帝奠定礼仪上的基础。

其他如婚姻、后妃、学校、车服、养生、送终、器械、货币，以及盐
铁酒等生活必需品的贾贸，借贷赊欠，山泽的开采利用，市场交易等，王
莽都议定了相关制度，这些制度都是依据经传和礼乐而定。如关于五均赊

---

[1]《汉书》卷二十四下《食货志下》，第1181页。
[2]《汉书》卷九十九上《王莽传上》，第4072页。
[3]《汉书》卷九十九上《王莽传上》，第4075页。

贷六斡，王莽曾下诏曰："夫《周礼》有赊贷，《乐语》有五均，传记各有斡焉。"[1]

王莽根据六经及其传、记，《书》《诗》《礼记》《周礼》《乐》《左传》等，所定的各项制度，虽然脱离实际，无法实行，但经义与礼义的思想还是十分丰富的。

（三）维护礼制

王莽极为重视礼制，认为礼制定则天下太平，所以对于逾礼越制的行为，必须加以抵制、反对或严厉惩处。

早在成帝末年，王莽任骑都尉、光禄大夫、侍中时，他的姑表兄弟淳于长已为卫尉，列为九卿，封定陵侯，但他对外结交诸侯、牧守，收受贿赂达巨万，又多畜养妻妾，淫于声色，不遵奉法度。王莽求见太后，告发淳于长"不敬"失礼，于是，淳于长被免官，遣返封国。

哀帝时，在北阙后面为董贤建造豪华的府第，殿阁重迭，门户相对，极尽土木之精巧，僭拟天子的制度，又赏赐无限，甚至为董贤在义陵旁建冢。后董贤封侯以为大司马卫将军，权势可与人主等同。王莽对于董贤扰乱国家制度的行为十分不满。哀帝死后，王莽让太后下诏，收回董贤大司马印绶，罢归封国。结果，董贤与其妻皆自杀。

王莽不但痛斥淳于长、董贤的逾礼越制，而且对于出身微贱的成帝赵皇后和赵昭仪的生活奢侈、专宠，不育而杀后宫美人子，又受傅太后贿赂等作为，也视作逾礼越制。对于成帝的死，民间归罪于赵昭仪，王莽随即借皇太后下诏，谴责赵昭仪无妇人之道，而迫令自死。哀帝死后，又使太后下诏曰："皇后自知罪恶深大，朝请希阔，失妇道，无共养之礼，而有狼虎之毒，……今废皇后为庶人，就其园。"[2] 最后，赵皇后也只得自杀。

---

[1]《汉书》卷二十四下《食货志下》，第1179—1180页。

[2]《汉书》卷九十七下《外戚传下》，第3999页。

哀帝尊祖母傅太后为恭皇太后，后又尊为皇太太后；尊母亲丁后为恭皇后，即帝太后；追尊定陶恭王为恭皇。王莽认为这也是逾礼违制。当时，高昌侯董宏上书说，既然定陶恭王子立为天子，宜立定陶恭王后为皇太后。作为大司马的王莽与左将军师丹表示坚决反对，一起弹劾董宏"怀邪误朝，不道"[1]，与礼不合。

成帝在绥和元年立定陶恭王子为太子时，曾下诏曰："太子承正统，当共（供）养陛下，不得复顾私亲。"当时，少傅阎崇认为："《春秋》不以父命废王父之命，为人后之礼不得顾私亲。"[2]成帝立楚孝王孙景为定陶王奉恭王后，并诏傅太后与太子母丁姬自居定陶园，甚至傅太后与丁姬不得与太子相见。据此，王莽为维护成帝时所定之礼，反对哀帝祖母、父亲、母亲尊称号和立庙京师，与反对宣帝为父立庙的依据一样，哀帝、宣帝是继统而不是继嗣的关系。后来，哀帝无嗣，王莽立元帝庶孙中山孝王子为平帝，也是继祖统为帝，也不能尊父母号，乃至立庙。

在反对逾礼越制方面，王莽提出"不循纲纪""威侮五行""背畔四条"等。"不循纲纪"是指不听命令、铸伪金钱、骄奢逾制、泄露机密、奸猾为害、用人唯私等六条。六条之中，无论是大奸猾、铸伪金钱、骄奢逾制，或是漏泄机密、谢恩私门，都是"不用命"导致的，所以"不用命"是条总纲纪。在王莽看来，如果要贯彻六条纲纪来维护自己的统治，首先必须限制和惩处在政治和经济上"不用命"者。对于政治"不用命"者，如起兵反莽者，当"共行皇天之罚"；对于经济上"不用命"者，如敢有非议井田圣制的，则"投诸四裔"。可见，违背"国之纲纪"，不仅要约之以礼，而且要惩之以法。

"威侮五行""背畔四条"主要针对匈奴。王莽引《尚书·甘誓》之文，郑康成注曰："五行之德，王者相承，所取法。……亲而不恭，是则

---

[1] 《汉书》卷九十七下《外戚传下》，第4001页。

[2] 《汉书》卷九十七下《外戚传下》，第4000页。

威虐侮慢五行，怠惰弃废天地人之正道。"[1]"五行"是圣人的盛德行政，"四条"是在汉宣帝、汉元帝所定约基础上的发展。王莽下令更名匈奴单于为降奴服于，并以单于知违犯"五行""四条"，派兵征讨。"降奴服于知威侮五行，背畔四条，侵犯西域，延及边垂，为元元害，罪当夷灭。命遣立国将军孙建等凡十二将，十道并出，共行皇天之威，罚于知之身。"[2]

"背畔四条"，是王莽令匈奴单于对于"中国人亡入匈奴者，乌孙亡降匈奴者，西域诸国佩中国印绶降匈奴者，乌桓降匈奴者，皆不得受"[3]，匈奴单于不得收留从中国来降者（当时乌孙、西域、乌桓都内属中国）。汉朝于匈奴的约束是汉宣帝、汉元帝哀怜匈奴，"为作约束，……有犯塞，辄以状闻；有降者，不得受"[4]。

王莽时期在与匈奴关系方面，废除了汉宣帝、汉元帝与匈奴呼韩邪单于订立的"约束"，而另立"四条"。当时，西域的车师、去胡来两王携带妻儿及百姓投降于匈奴，违反了汉宣帝、元帝与匈奴所立约束"有犯塞，辄以状闻，有降者不得受"的规定，包括车师在内的西域诸国，皆内属于中国，匈奴不得受降，所以不能收留两王及其妻子人民，必须及时将他们送回西域。为此，王莽告单于知说："西域内属，不当得受，今遣之。"而匈奴单于知却把"有降者，不得受"片面理解为仅指汉族而已，"臣知父呼韩邪单于蒙无量之恩，死遗言曰：'有从中国来降者，勿受，辄送至塞，以报天子厚恩。'此（指西域车师、去胡来两王）外国也，得受之"[5]。实际上，匈奴想否认西域、乌桓等内属于中国，并强迫乌桓等少数民族向其纳税，蒙受各种压迫与奴役。汉廷自然不能允许，至于笼统地被匈奴曲解的"约束"，汉廷无疑也是不认可的。因此，必须将"约束"废止，而

---

〔1〕《十三经古注·尚书》卷三《夏书·甘誓第二》，第18页。

〔2〕《汉书》卷九十九中《王莽传中》，第4121页。

〔3〕《汉书》卷九十四下《匈奴传下》，第3819页。

〔4〕《汉书》卷九十四下《匈奴传下》，第3818页。

〔5〕《汉书》卷九十四下《匈奴传下》，第3818页。

换以更加明确具体的"四条"。王莽坚决反对匈奴的逾礼越制,维护了中原王朝的礼义与权益(包括疆土、人民和财产)。

总之,王莽在宗庙、郊祀、鬼神祠所及祭礼方面,既有与匡衡等相同的地方,如迁长安南郊,也有不同的地方,如将原汉祖庙由四改七,为其"新"朝立九祖宗庙,以及郊祀分合祀与特祀,增加数倍的鬼神祠所等。王莽的这些主张有很多不适时宜,令国民不堪重负,但在一定程度上,也是对西汉宗庙和郊祀等礼制的一种批评与改革。王莽反对逾礼越制,对于上层统治阶级的奢僭荒淫、违法乱纪,具有一定的约束与限制作用。六条纲纪,特别是对政治或经济上的"不用命"都严加惩处,也是为了维护礼义制度,巩固其统治。对于伪造金钱、奢僭逾制、泄露机密、奸猾害民、用人唯私等行为,用礼来加以约束限制,以法令加以惩罚论处,无疑对国对民都是必要的。废除宣帝、元帝与匈奴所定的"约束",改立"四条",有利于捍卫国家主权与各族民众的利益。为人后者为之子,重正统的"继统"思想,是嗣礼方面的一家之说,对后世也产生了深远影响。北宋英宗入继大统,对所生父母之礼,就是根据了汉成帝、王莽所主张的汉哀帝对于其所生父母之礼。明世宗入继大统时,绝大多数大臣也以王莽关于汉哀帝对其所生父母之礼为根据。明孝宗死,其子武帝立,武宗死后无子,孝宗弟兴献王有子,序伦当立,太学士杨廷和遣诏迎立,世宗即位下诏令,让群臣议论追崇其生父母。于是"廷和检汉定陶王、宋濮王故事,授《尚书》毛澄曰:'是为可据。'澄大会文武百官,议请帝称孝宗曰皇考,改称兴献王为皇叔父,兴献大王妃为皇叔母、兴献王妃,自称侄皇帝"[1]。

王莽非常重视六经,在他看来六经都是礼,所定礼乐制度,往往也是根据六经。"巡狩"出之于《尚书》;"官制"出之于《礼记》;"吏禄"出之于《周礼》《诗经》;"田制赋役"出之于《礼记》《周礼》;"爵国"出

――――――――――
〔1〕 (清)赵翼撰,曹光甫校点:《廿二史札记》卷三十一《明史·大礼之议》,南京:凤凰出版社,2008 年,第 663 页。

之于《礼记》；"九锡"出之于《周礼》《礼记》；"居摄"出之于《礼记》
《尚书》；"九庙"出之于《尚书》；"五均""赊贷"出之于《乐语》《周
礼》；居摄时期，母功显君死，根据《周礼》当"緦衰，弁而加麻环绖，
如天子吊诸侯服"[1]；等等。

与此同时，王莽根据六经制定法制刑罚。惩罚"非井田圣制"的"投
四裔"，王莽认为"如皇始祖考虞帝故事"，依据《尚书·舜典》"五流有
宅，五宅三居"[2]，马融注曰："五等之差亦有三等之居，大罪投四裔，
次九州之外，次中国之外。"[3] 惩罚犯上作乱的"京观"，《春秋左传》中
"古者明王，伐不敬，取其鲸鲵而封之，以为大戮，于是乎有京观，以惩
淫慝。"颜师古注曰："此《左传》载楚庄王之辞也。鲸鲵，大鱼为害者
也。以比敌人之勇桀者。"[4] 王莽据此施用于"反虏"刘信、翟义，"群
盗"赵明、霍鸿等人。惩罚不忠不孝、投敌叛国的"焚如"，王莽时期，
戊己校尉史陈良、终带，因杀校尉逃入匈奴，被焚烧而死。又据桓谭《新
论》记载，王莽曾下诏焚死不孝子毕唐，昭其罪于天下。此刑出于《周
礼》《春秋左氏传》和《易经》所载，《周礼·秋官·掌戮》有"凡杀其
亲者，焚之"[5]，《左传》有昭公二十二年，"辛卯，鄩肸伐皇。大败，获
鄩肸。壬辰，焚诸王城之市"[6]《易经·离卦·九四爻辞》有"突如其
来如，焚如、死如、弃如"[7]《汉书·匈奴传下》颜师古引如淳注曰：
"焚如、死如、弃如者，谓不孝子也，不畜于父母，不容于朋友，故烧杀

---

[1] 《汉书》卷九十九上《王莽传上》，第4091页。

[2] （汉）孔安国传，（唐）孔颖达疏：《十三经注疏·尚书正义》卷一《虞书·舜典》（标
点本），廖名春、陈明整理，李学勤主编，北京：北京大学出版社，1999年，第6页。

[3] 《史记》卷一《五帝本纪》集解，第41页。

[4] （清）刘文淇：《春秋左氏传旧注疏证》，北京：科学出版社，1959年，第717页。

[5] （清）孙诒让撰，王文锦、陈玉霞点校：《周礼正义》卷六十九《秋官·掌戮》，北京：
中华书局，1987年，第2877页。

[6] 杨伯峻编注：《春秋左传注·昭公》，北京：中华书局，2009年，第1598页。

[7] 《十三经古注》（一）《周易》卷三《离》，第22页。

弃之，莽依此作刑名也。"[1] 这充分表明六经是中国古代最重要的礼典，也是最重要的刑典，同时也表明了王莽既重视礼义，也重视刑法。对于谋反作乱、叛国投敌、无君无父违义逆德等不忠不孝之辈，"无礼"之人，无法以礼相待，必须诉诸严刑峻法。

三、扬雄的经学成就

扬雄，字子云，蜀郡成都人。少而好学，"自有大度，非圣哲之书不好也"[2]。成帝阳朔年间，大司马车骑将军王音举荐扬雄为待诏，后除为郎，给事黄门，同王莽、刘歆在一起。哀帝之初，与董贤同为郎吏。王莽称帝后，扬雄为大夫，校书于天禄阁，对古代及当世的大量经籍、礼书进行整理阅读，依据圣人之言著《法言》《太玄》《州箴》等。扬雄具有丰富的经学思想，在郊祀、宫室、田猎、宗庙、礼乐、纲纪、仁义及人分等级诸方面，都有自己的见解。如郊祀方面，扬雄曾跟随成帝到甘泉郊祀泰畤，上奏《甘泉赋》讽谏成帝，颂扬郊祀甘泉泰畤，是功比三皇五帝的行为，也是符合天意的一种礼仪，同时又对郊祀甘泉泰畤的铺张浪费提出意见，认为根本不符合"唐虞采椽三等之制"[3]。

成帝祀汾阴后土，扬雄作《河东赋》赞颂祀礼之美。扬雄认为，汉代帝王能够坚持祀汾阴后土，仪式隆重，功德大大超过三皇五帝。扬雄主张从俭，对于广作宫殿、台榭、沼池、苑囿，认为是非礼越制，举行规模极大的田猎，亦"非尧、舜、成汤、文王三驱之意"[4]。

至于宗庙之礼，扬雄在《剧秦美新》一文中大加称赞王莽立九庙，说

---

[1]《汉书》卷九十四下《匈奴传下》，第3828页。
[2]《汉书》卷八十七上《扬雄传上》，第3514页。
[3]《汉书》卷八十七上《扬雄传上》，第3534页。
[4]《汉书》卷八十七上《扬雄传上》，第3541页。

"九庙长寿，极孝也"[1]，扬雄反对七庙，批评秦朝兼七庙，曰："昔秦尚权诈，官非其人，符玺窃发，而扶苏陨身。一奸愆命，七庙为墟。"[2]《太常箴》中，扬雄大谈宗庙祭祀的重要性，认为所用牺牲必须是纯色，以示君子贵纯德，"或问'犁牛之鞹与玄骍之鞹有以异乎?'曰：'同。''然则何以不犁也?'曰：'将致孝乎鬼神，不敢以其犁也。'"[3]

关于礼乐纲纪、仁义与人分等级，以及扬雄的经学思想的意义与影响，具体论述如下：

（一）礼乐与纲纪

扬雄认为，顺阴阳、序上下、分宾主，明进退为礼，即"阴在下而阳在上，上下正体，物与有礼"[4]。

家庭之礼：子孙最后，父祖在前，故当目穆穆，足肃肃，揖让有度，恭敬之诚出于心；

宗庙之礼：动有礼仪，差次如鳞，不相凌越，贵贱各得其位；

君臣之礼：帝登天位，禄施于臣下，尊卑各有其仪，虽微而尊，决不可凌。作为人臣，进退有立，不能逾越。人臣之贵，比如诸侯，若行令不正，于礼不备，不能列位而得九锡。

礼是行为的规矩、准则和仪表，必须遵循而不能违背。"出乎礼则入于刑，以刑正邪"，对于违背礼的行为要用刑罚，用刑罚匡正邪恶。在扬雄看来，不仅人有礼，生灵万物都有礼，"孔雁之仪，可法则也"[5]，孔

---

〔1〕《全汉文》卷五十三《扬雄三·剧秦美新》，第544页。

〔2〕《全汉文》卷五十四《扬雄四·尚号箴》，第549页。

〔3〕（汉）扬雄撰，（晋）李轨、（唐）柳宗元注：《法言》卷二《修身第三》，北京：中国书店，2018年，第66页。

〔4〕（汉）扬雄撰，（宋）司马光集注，刘韶军点校：《太玄集注》卷四《礼》，北京：中华书局，2013年，第114页。

〔5〕《太玄集注》卷四《礼》，第115页。

雀大雁也知礼，有文章有行序。

扬雄认为，乐也是生活中不可缺少的，喜乐之事，当与众共之，不能少数人独乐，独乐必然内淫。“不宴不雅，礼乐废也”[1]，乐当有时，如物生有时；乐当有节，不可过分，否则必礼崩乐废。乐而不节的佚乐之家，必然会因不谨礼节而出礼入刑，触犯网禁。贵如天子，日理万机，如果乐而无节，也必定像商纣一样，终将失位。“钟鼓喈喈，乐后悲也”[2]，沉溺于宴乐，乐极必生悲，想悔改也来不及，“极乐之几，信可悔也”[3]。乐要适时有节，当经常自戒，否则不但废乐，还将失礼入刑，帝王是如此，臣民也是这样。

扬雄提出“乐上扬”[4]，范望注曰：“阳出中也”，乐当雅正，不能淫佚。重礼行礼，必有雅正之乐，“陈钟鼓之乐，鸣鞀磬之和，建碣磍之虡，拮隔鸣球，掉八列之舞；酌允铄，肴乐胥，听庙中之雍雍，受神人之福祜，歌投颂，吹合雅”。[5] 乐与礼，必须是雅正之音，而非淫声俗音，听五声（宫商角徵羽）十二律（十二月之律吕），以防郑卫淫声。“或问：‘交五声、十二律也，或雅或郑，何也？’曰：‘中正则雅，多哇则郑。’请问‘本’，曰：‘黄钟以生之，中正以平之，确乎，郑卫不能入也。’”[6] 多哇，意思是淫心繁越，没有节制。雅乐之本是中正平和，如《典》《谟》之篇，《雅》《颂》之声，若不温纯深润，则不足以扬鸿业而彰光明。扬雄认为，不能奏“高张急徽，追趋逐耆”之乐，应施《咸池》《六茎》《箫韶》《九成》。扬雄特别重视周代已经确立的《六乐》，包括《云门》、《咸池》、《大韶》（即箫韶）、《大夏》、《大武》、《大濩》，能使天下和平，国

[1]《太玄集注》卷七《玄错》，第57页。

[2]《太玄集注》卷二《乐》，第58页。

[3]《太玄集注》卷七《玄错》，第59页。

[4]《太玄集注》卷七《玄冲》，第209页。

[5]《汉书》卷八十五下《扬雄传下》，第3563—3564页。

[6]《法言》卷二《吾子第二》，第40页。

治民安，君臣上下之礼得以确立。

扬雄不仅重视《六乐》，而且还见到过完整的《六乐》。1992 年 10 月 3 日，《新民晚报》第 9 版有一篇报道——《失传二千多年如今再现人间——曲阜重响〈云门大卷〉》，报道称，祭祀黄帝的大乐舞《云门大卷》，失传于公元前 20 年（即汉成帝鸿嘉元年）。当时，扬雄已为郎吏，给事黄门，的确见到过完整的《六乐》，所以说起来也更为深刻具体："昔者神农造琴，以定神禁淫婆去邪，欲反其真者也。舜弹五弦之琴而天下治，尧加二弦，以合君臣之恩也。"[1] 扬雄热情歌颂神农造琴、尧舜定弦之事。

礼乐的意义极大，所以人生下来就应该以目视礼，以耳听乐。扬雄认为，天生降万民，是要让人们目见耳闻，但要懂得加以节制，使目视礼、耳听乐。如果不以礼乐来熏陶万民，怎么能节制他们的杂念邪欲呢？礼乐是人们活动的规范和准则，自古至汉，只有那些能"终之以礼乐"的贤才，方可称得上是社稷之臣。"能正其视听言行者，昔吾先师之所畏也"[2]，人的言行必须符合礼乐之"正"，做到非正不视、非正不听、非正不言、非正不行。如能言不惭，行不耻，合乎礼乐，先师孔子也会对之敬崇和畏惮。扬雄指出，若让人为善循道以合于礼乐，与拉弓射箭一样困难，"弓良在撒格，人良在礼乐"，"川有防，器有范，见礼教之至也"，[3] 礼乐是使人改恶为善，免除乱患，"说体者莫辩于《礼》"[4]，礼是正百事之体，既是一种节制，又是一种规范。

扬雄强调要维护礼乐的规范与准则，特别重视坚持纲纪，"准绳规矩，莫违我施"，"于纪于纲，示以贞光"，"于纪于纲，大统明也"[5]。纲是三

---

〔1〕《全汉文》卷五十四《扬雄四·琴清英》，第 556 页。

〔2〕《法言》卷八《渊骞第十一》，第 278—279 页。

〔3〕《法言》卷六《五百第八》，第 187 页。

〔4〕《法言》卷五《寡见第七》，第 148 页。

〔5〕《太玄集注》卷三《法》，第 95 页。

纲，"三纲得于中极，天永厥福。……三纲之永，其道长也"〔1〕。纪是指"五纪"，"天地开辟，宇宙拓坦。天元咫步，日月纪数。周运历统，群伦品庶"，"或振或违，以立五纪"〔2〕。

扬雄多次讲到三纲，对于五纪并没有具体涉及。他说，三纲实际上就是人道，"夫玄也者，天道也，地道也，人道也，兼三道而天名之，君臣父子夫妇之道"〔3〕。三纲也是阴阳尊卑的体现，即"一昼一夜，阴阳分索，夜道极阴，昼道极阳，牝牡群贞，以摛吉凶，而君臣父子夫妇之道辨矣"〔4〕。三纲是分别人间尊卑、上下、贵贱之礼。

首先从君臣关系来看，扬雄认为，尊尊为君，卑卑为臣，君臣之制，上下以际。"故圣人著之以礼典"，"阴以知臣，阳以知辟，君臣之道，万世不易"〔5〕。其次是父子。家无纲纪，则无以相承，只有长幼有序，才能兴父事，"子克父，乃能有兴也"〔6〕，"终始相生，父子继也"，"天地设，故贵贱序。四时行，故父子继"〔7〕。第三是夫妻。夫妻当各守其正，男人做女子之事，犹为不宜。因为"女男事，终家不享"〔8〕，范望注曰："男女易位，家道不通也。"

将君尊臣卑作为礼典，父尊子卑作为家礼，夫贵妻贱作为家道，都是礼的体现。强调三纲，也就是重视忠、孝之礼，"故有宗祖者则称乎孝；序君臣者则称乎忠"〔9〕。

---

〔1〕《太玄集注》卷四《永》，第 127 页。

〔2〕《太玄集注》卷七《玄莹》，第 219 页。

〔3〕《太玄集注》卷十《玄图》，第 247 页。

〔4〕《太玄集注》卷七《玄摛》，第 214—215 页。

〔5〕《太玄集注》卷四《常》，第 121 页。

〔6〕《太玄集注》卷三《居》，第 92 页。

〔7〕《太玄集注》卷七《玄摛》，第 217 页。

〔8〕《太玄集注》卷二《事》，第 65 页。

〔9〕《太玄集注》卷十《玄告》，第 253 页。

（二）仁义与人分等级

扬雄非常重视仁义，这也是他经学思想的重要方面。扬雄认为，仁义与礼乐、纲纪密切相关，曰："圣主之养民也，仁沾而恩洽，动不为身"[1]，"朝廷纯仁，遵道显义"[2]，仁与义是君主治国理民的大纲与要领，"张仁义以为纲"，这是自古以来就有的，"文王之始起，浸仁渐义，会贤攒智"。[3] 文王首先以仁义招募汇集贤能智慧的文武之士，以仁义养民，所以能在士与民的支持下，一举打败灭仁废义的殷纣王，建立周王朝。因此，仁对于君主实在是太重要了，"导之以仁，则下不相贼；莅之以廉，则下不相盗；临之以正，则下不相诈；修之以礼义，则下多德让。此君子所当学也"。[4]

扬雄还特别强调了"五常"的作用与意义。"或问仁义礼智信之用，曰：'仁宅也，义路也，礼服也，智烛也，信符也。处宅、由路、正服、明烛、执符，君子不动，动斯得矣。'"[5] 仁如宅，可以安身；义如路，可以安行；礼如服，可以表仪；智如灯烛，可以照察；信如符契，可以致诚。所以，不管何人何事，如遵循仁义等五常，必定能成功而有作为，"动斯得矣"。

扬雄还讲道，"信无不在乎中"[6]，"信周其诚"[7]，信为中、诚。"见而知之者，智也；视而爱之者，仁也；……理生昆群兼爱之谓仁也；列敌度宜之谓义也"[8]，知、仁、义为智、爱、宜，并且指出，义不可随

---

[1]《汉书》卷八十七下《扬雄传下》，第3558页。

[2]《汉书》卷八十七下《扬雄传下》，第3563页。

[3]《全汉文》卷五十二《扬雄二》，第528页。

[4]《法言》卷六《先知第九》，第198—199页。

[5]《法言》卷二《修身第三》，第60页。

[6]《太玄集注》卷一《中》，第5页。

[7]《太玄集注》卷一《周》，第10页。

[8]《太玄集注》卷七《玄摛》，第216页。

心所欲，"谊不得行也"〔1〕，范望注曰："九品有序，谊不得妄所行也。"仁是人与人之间的相亲相爱，而不是相互残害。义是适时合宜，君子以礼而动，以义而止。"合则进，否则退，确乎不忧其不合也"〔2〕。关于宜，最重要的是生要生得其所，死要死得其所，得生死之宜者谓义，不得生死之宜者谓非义。根据这个标准，扬雄认为，主张峻刑之术，制民如牛羊，临之以刀俎的申不害、韩非，十分"不仁"；主张虚无主义，既不愿任官尽职，也不肯为民尽忠尽孝的庄周，十分"无义"。也就是说，主张严刑的法家和主张虚无的道家，不实行礼乐教化，都是无仁无义的，只有践行尧舜、周公、孔子等圣人之书的儒家，才是真正讲礼乐行仁义的。

扬雄重视礼乐纲纪仁义，根据人们对礼乐纲纪仁义重视和实行的程度，把人分为圣人、贤人、大人、小人、君子、上士、下士、乡愿、乡讪等。他说："鸟兽触其情者也，众人则异乎，贤人则异众人矣，圣人则异贤人矣，礼义之作有以矣夫。人而不学，虽无忧如禽何？学者所以求为君子也。"〔3〕人讲礼义，故与鸟兽不同，人又有众人、贤人、圣人、君子之别，他们在对礼乐仁义的认识和践行上有很大不同，且共存于同一社会中，"圣明在上，禄不遗贤，罚不偏罪。君子小人，各处其位。众人之乐也"〔4〕

那么，圣人、贤人、君子、众人，到底有哪些具体不同呢？扬雄指出，圣人是"耳不顺乎非，口不肆乎善"，衣食、住行、耳闻、目睹，均以礼义为准则，"圣人文质者也，车服以彰之，藻色以明之，声音以扬之，诗书以光之。笾豆不陈，玉帛不分，琴瑟不铿，钟鼓不抎，则吾无以见圣人矣"〔5〕礼乐与圣人并存，无此礼乐，则无圣人的存在。圣人与礼乐表

---

〔1〕《太玄集注》卷二《格》，第 54 页。
〔2〕《法言》卷五《问明第六》，第 143 页。
〔3〕《法言》卷一《学行第一》，第 25—26 页。
〔4〕《全汉文》卷五十三《扬雄三·连珠》，第 545 页。
〔5〕《法言》卷六《先知第九》，第 195—196 页。

里一致，“或问圣人表里，曰威仪文辞表也，德行忠信里也”。[1] 圣人对内对外，想的做的，都是为了德与礼。扬雄说贤人是“耳择口择”，耳所听，口所言，都有所选择，而不是随意倾听，随便言说，选择听正声发善言，以行其义为道德标准。

扬雄认为，君子以礼动，以义正，合则进，否则退。君子与一般人不同，“好尽其心于圣人之道者，君子也。人亦有好尽其心矣，未必圣人之道也”。[2] 君子十分仰慕圣人好礼乐仁义之道，君子出仕则行其义，闲居则欲彰其道，为国则张其纲纪而议其教化。“君子绝德”，“君子动则拟诸事，事则拟诸礼”。[3] 君子最讲德，也最有礼。

至于众人、大人、小人，扬雄说，众人对于耳听口言是“无择”的，任其所好，他们“重其禄而轻其道”，“大人之学也为道；小人之学也为利”[4]。小人重禄贪利，只考虑自己的利益，不考虑别人的利益，与君子有着根本的不同。君子好人之好，而忘己之好；小人好己之恶，而忘人之好；君子尚德，小人尚力；君子为正，小人为邪；君子积善，小人积非；君子道全，小人道缺；君子不足，小人有余；君子情实，小人虚伪。“情伪相荡，而君子小人之道较然见矣”[5]。君子与小人截然有别，而众人与小人相仿。

有人问士如何处世行事，如何可以安身，扬雄说，士的心态当敦重，威仪当肃敬，“其为中也弘深，其外也肃括，则可以禔身矣”[6]，上士是使己从德，下士则欲使人从己。如欲使人从己，自己必须做到“言不惭，

---

[1] 《法言》卷七《重黎第十》，第226—227页。

[2] 《法言》卷五《寡见第七》，第146页。

[3] 《法言》卷十《孝至第十三》，第311页。

[4] 《法言》卷一《学行第一》，第28页。

[5] 《太玄集注》卷七《玄摛》，第216页。

[6] 《法言》卷二《修身第三》，第71页。

行不耻"[1]，言不违理，行不邪僻。扬雄认为，最为违背礼乐纲纪、害仁毁义的是乡愿和乡讪，"妄誉，仁之贼也，妄毁，义之贼也。贼仁近乡愿，贼义近乡讪"[2]。

（三）经学思想评述

扬雄对于郊祀、宗庙、宫室、苑园、田猎等方面的礼制，主张既要重视，又要节俭，赞赏古代比较纯朴的制度，与孔子的"礼与其奢也，宁俭"（《论语·八佾》）的思想一致，也符合西汉后期以来要求各项制度从简从俭的倾向。

扬雄特别重视三代古礼，即周朝所定的黄帝、尧、舜至三代的《六乐》，与王莽、刘歆等根据《周礼》《礼记》《尚书》《左传》《逸礼》《毛诗》等五经六艺制礼作乐相适应。王莽时期，扬雄虽不像那些谈说之士用符命来称歌王莽的功德，但对王莽也算是推崇备至，拜伏称臣，称王莽废汉立新是天命所在。扬雄在《剧秦美新》《元后诔》中，皆有所表达。

> 哀平夭折，百姓分离，祖宗之怨。终其不全，天命有托。谪在于前，属遭不造。荣极而迁，皇天眷命。黄虞之孙，历世运移。属在圣新，代于汉刘。受祚于天，汉祖受命。赤传于黄，摄帝受禅。立为真皇，允受厥中，以安黎众。[3]

扬雄把王莽说成是黄帝、虞舜之裔孙，受天命而为新室之帝，并超过三王而与五帝齐名，"配五帝冠三王"。在《剧秦美新》中对王莽的称颂，可与司马相如作《封禅书》歌汉功德相媲美。可见，扬雄竭尽全力对王莽进行

---

[1]《法言》卷二《修身第三》，第71—72页。
[2]《法言》卷八《渊骞第十一》，第275页。
[3]《全汉文》卷五十四《扬雄四·元后诔》，第555页。

吹捧和歌颂功德，支持王莽制礼作乐、立宗庙与宫室等制度。当然，扬雄所主张的礼制节俭、简约和素朴，与王莽在祭祀、宗庙、宫室方面的繁杂、铺张、挥霍、浪费还是有所不同的。

扬雄强调五常，对仁、义、礼三者特别重视。"道德仁义礼，譬诸身乎？夫道以导之，德以得之，仁以人之，义以宜之，礼以体之，天也。"[1]扬雄引老子言道德，曰："吾有取焉耳。及搥提仁义，绝灭礼学，吾无取焉耳。"[2]仁不仅是爱人，也爱自己；礼不仅是节制人、规范人，而且如同衣服一样，表示仪态，体现自尊自敬。

扬雄的五常思想，特别是关于仁、义、礼的主张，在经学史上有重要地位。春秋末期，孔子大讲礼与仁；战国中期的孟子，讲"仁、义、礼、智"四端；战国末期的荀子强调礼义，"先王恶其乱也，故制礼义以分之"[3]；西汉初贾谊也讲礼义，"以礼义治之者，积礼义……礼义积而民和亲"[4]；汉武帝时，董仲舒把孟子的仁义礼智"四端说"，发展为仁、义、礼、智、信"五常"（当时的公孙弘只谈"四端"而已），将礼作为社会伦理，仁、义作为个人伦理。自西汉中后期，全面深入研究五常的思想家并不多见。所以，扬雄在西汉末年大谈"五常"，特别是仁、义思想，无疑在经学史上具有重要的地位和意义，并对后世产生了深远影响。

国师公刘歆等十分尊敬扬雄。掌乐大夫桓谭称之为"绝论"，认为扬雄的《法言》《太玄》"文义至深，而论不诡于圣人"[5]，扬雄若能遇到明主贤君一定可有大的作为，思想成就甚至超过诸子百家之言。东汉的班固对扬雄也大加赞赏，说："草《法》纂《玄》，斟酌六经，放《易》象

〔1〕《法言》卷三《问道第四》，第77页。
〔2〕《法言》卷三《问道第四》，第80页。
〔3〕（清）王先谦撰，沈啸寰、王星贤点校：《荀子集解》卷十三《礼论第十九》，北京：中华书局，1988年，第346页。
〔4〕《汉书》卷四十八《贾谊传》，第2253页。
〔5〕《汉书》卷八十七下《扬雄传下》，第3585页。

《论》，潜于篇籍，以章厥身"[1]，宣扬"五常"思想，特别是讲仁义的《法言》，从扬雄到班固著《汉书》的四十余年间，一直被君王、官吏与儒生所称道而盛行不绝。

扬雄对于礼乐纲纪仁义的认识，将人分为不同类等的思想和观点，实际上是对董仲舒经学思想最好的继承与发展。董仲舒提倡"独尊儒术，罢黜百家"，强调六经与纲纪、"五常"，认为仁义礼智信"五常"之道，是君王修身所应学习和遵循的。董仲舒将人分为圣人、中民、斗筲三品，又根据对六经、纲纪、"五常"的认识和实行程度，把人分为圣人、仁人、君子、贤人、善人、正人、庶人、小人等。董仲舒认为，以礼来节制人民，"衣服有制，宫室有度"；义，也是宜，"言义者，合我与宜以为一言"；信，是讲信用诚意，"《春秋》尊礼而重信，信重于地，礼尊于身"[2]。这些观点无疑为扬雄的经学思想提供了重要启示。扬雄也的确继承了董仲舒的主张。说："礼，服也"，礼是一种防范与节制；"义，路也"，义是宜，"事得其宜之谓义"；"信，符也"，信为诚为中。在礼、义、信三方面，二人思想一致。

但是，在仁与智的问题上，二人观点有些不同。扬雄认为，仁有爱人的意思，如"朝廷纯仁"，"文王之始起，浸仁渐义"，扬雄认为，仁主要是对自己，如居宅可以安身，以致于扬雄过分地自爱自敬，"人必其自爱也，然后人爱诸；人必其自敬也，然后人敬诸。自爱，仁之至也。自敬，礼之至也。未有不自爱敬，而人爱敬之者也"[3]董仲舒认为："仁之于人，义之于我者，不可不察也。众人不察，乃反以仁自裕，而以义设人，诡其处而逆其理，鲜不乱矣。……是故《春秋》为仁义法。仁之法在爱人，不在爱我，义之法在正我，不在正人。"[4]仁在爱人，不在爱自己，

---

[1]《汉书》卷一百下《叙传下》，第4265页。

[2]《春秋繁露》卷一《楚庄王》，第5页。

[3]《法言》卷九《君子第十二》，第294页。

[4]《春秋繁露》卷八《仁义法》，第244—245页。

义在正自己，而不是正别人。二人的观点正好相对，不过，也可以看作是扬雄对于董仲舒仁义思想的一种发展，即"仁"既是爱人、为人，又是自尊自爱的体现，爱人与自爱及为人所爱是相互联系、彼此为前提的。另外，董仲舒的仁义观是一种克己的体现，而扬雄把它发展为既克己，又尊己、爱己、敬己，从伦理道德的角度来说更全面，从个人或社会来说，更容易达到平衡、和谐。所以，扬雄对仁义思想有重大发展与改革，在经学史上有其特殊的地位。

扬雄认为智主要是对他人，智如灯烛，可以映照省察，董仲舒认为"仁而不智，则爱而不别也"，智有照察分别好坏之意，但这只是智的一方面，更为重要的是"其动中伦，其言当务"，智的表现是能够根据人们活动的规律与准则去把事办好。

至于礼刑关系，扬雄说："出礼不畏，入畏，……出礼不畏，人所弃也。"〔1〕《太玄·乐》曰："拂其系，绝其纆，佚厥心"，乐极必出礼，出礼则入刑。伏胜在《尚书大传》中曰："有礼然后有刑也"〔2〕贾谊认为，礼者禁于将然之前，而法者禁于已然之后；董仲舒则认为"教，政之本也。狱，政之末也。其事异域，其用一也，不可不以相顺"〔3〕；司马迁认为，礼禁于未然之前，法施于已然之后。扬雄关于乐礼刑的相互关系，以及彼此配合为用的论述，是对汉初以来一些经学家这方面思想的总结与发展，而且，开启了东汉著名法律家陈宠的刑、礼"相为表里"之说。《后汉书·陈宠传》载："礼之所去，刑之所取，失礼则入刑，相为表里"〔4〕，陈宠的表述，在中国法律史上具有深远影响，近代思想家吴虞也深受其影响，曾说"观陈宠……之说，吾国之礼与刑，实交相为用"〔5〕。

〔1〕《太玄集注》卷四《礼》，第115页。
〔2〕《尚书大传》二《甫刑》，第43页。
〔3〕《春秋繁露》卷三《精华》，第91页。
〔4〕《后汉书》卷四十六《陈宠传》，第455—456页。
〔5〕参见吴虞：《吴虞文录》卷上《礼论》。

四、著名经学家

（一）何武

何武，字君公，蜀郡郫县人。宣帝时，为歌颂汉德，益州刺史王襄使辩士王褒作《中和》《乐职》《宣布》诗三篇，那时的何武只有十四五岁，与成都杨覆众等共同歌习之。宣帝非常高兴，召见何武等人，诏王褒为待诏，赐何武等布帛[1]。后来何武诣博士受业，专治《易》学，以射策甲科为郎，与翟方进（著名经学家）志趣相投，互为好友。光禄勋举荐质朴、敦厚、逊让、有行义各一，迁何武为鄠令。不久，太仆王音举荐何武贤良方正，征对策，拜为谏大夫，迁扬州刺史。五年后，入为丞相司直，丞相薛宣非常敬重他，后任为廷尉。

成帝时，何武为九卿，建言应当建三公官，制定卿大夫的职责，分职授政，用来考核功效。何武说，古者民众质朴，行事简约，国之辅佐必得贤圣，效仿天道只设三老，备三公官，各有分职。而今末俗之弊，政事烦多，宰相之材不能及古，而丞相独兼三公之事，所以久废而不治。成帝以何武的建言询问他的老师安昌侯张禹，张禹表示赞同。当时曲阳侯王根为大司马骠骑将军，何武为御史大夫，"于是上赐曲阳侯根大司马印绶，置官属，罢票骑将军官，以御史大夫何武为大司空，封列侯。皆增奉如丞相，以备三公官焉"[2]。成帝采纳了何武的建议。

何武为大司空后，与丞相翟方进共同奏言："古选诸侯贤者以为州伯，《书》曰：'咨十有二牧'，所以广聪明，烛幽隐也。今部刺史居牧伯之位，秉一州之统，选第大吏，所荐位高至九卿，所恶立退，任重职大。《春秋》之义，用贵治贱，不以卑临尊。刺史位下大夫，而临二千石，轻重不相

---

〔1〕《汉书》卷八十六《何武王嘉师丹传》，第3481页。
〔2〕《汉书》卷八十三《薛宣朱博传》，第3405页。

准，失位次之序，臣请罢刺史，更置州牧，以应古制。"[1] 哀帝立即表示同意。

何武又与丞相翟方进共同上奏，曰："往者诸侯王断狱治政，内史典狱事，相总纲纪辅王，中尉备盗贼。今王不断狱与政，中尉官罢，职并内史，郡国守相委任，所以壹统信，安百姓也。今内史位卑而权重，威职相逾，不统尊者，难以为治。臣请相如太守，内史如都尉，以顺尊卑之序，平轻重之权。"[2] 圣上表示同意，以内史为中尉。

何武为人仁义厚道，喜好进士，乐于称颂别人的好处，"为楚内史厚两龚，在沛郡厚两唐，及为公卿，荐之朝廷"。颜师古注曰："两龚，龚胜、龚舍也。两唐，唐林、唐尊也。"[3] 龚胜、龚舍、唐林、唐尊，都是著名的儒家学者，深受何武的赏识，并被举荐到朝廷为官。

宣帝时立为博士的大儒戴圣，是《礼记》的编辑者，对何武的态度由傲视转变为非常崇敬。时任九江太守的戴圣，行治多有不法，前刺史因为他是大儒，所以宽容处之。到何武为刺史时，行部录囚徒，有人举报戴圣交给郡属治其罪，戴圣曰："后进生何知，乃欲乱人治！"戴圣态度傲慢，认为何武是"后进生"，想扰乱别人的治理。何武派人查清戴圣的罪行，此举令戴圣惊惧，只得自己辞官。后来戴圣儿子的宾客为群盗，被逮住，戴圣以为其子必死。然而何武平心公正决断，最终其子未死。从那以后，"圣惭服。武每奏事至京师，圣未尝不造门谢恩"[4] 戴圣心中既惭愧又信服，何武每到京师，戴圣都登门谢恩。

何武从年幼起就好《乐》，好《诗》，得到宣帝的召见和赞扬。何武又善于研习伏胜的《尚书大传》与戴圣的《礼记》。何武主张实行三公制，建议汉成帝将丞相、大将军、御史大夫改称大司徒、大司马、大司空等三

〔1〕《汉书》卷八十三《薛宣朱博传》，第 3406 页。

〔2〕《汉书》卷八十六《何武王嘉师丹传》，第 3485—3486 页。

〔3〕《汉书》卷八十六《何武王嘉师丹传》，第 3485 页。

〔4〕《汉书》卷八十六《何武王嘉师丹传》，第 3482—3483 页。

公，得到成帝的支持、赞同和推行。以《春秋》之义罢刺史改州牧，也得到成帝的认可和称赞。何武好儒术，重经师，与丞相薛宣相比，"经术正直过之"[1]，何武功名与薛宣差不多，虽然才能比不上薛宣，但于经术方面的正直超过薛宣。重视儒生，善待经师龚胜、龚舍、唐林、唐尊。对于大儒戴圣也不卑不亢，依法持平处理，得到戴圣的敬服。何武在派遣小吏归迎其继母时，出现特殊情况，这件事被人所讥刺，以致何武被免职。何武能忍辱，最终有人站出来为其称冤，于是何武得以复职。

何武是极有见地并得到帝王称赞的经学大师，王莽曾请求何武推荐自己为太常，何武坚持不举荐王莽，并坚决反对王莽等凭外戚关系篡政夺权，而当时孔子的后代——大司徒孔光等，阿谀逢迎，"自大司徒孔光以下举朝皆举莽"，而"武不敢举"[2]可见，何武是一个正直不屈的经师。后来，太后以王莽为大司马、为宰衡，暗地里陷害那些不依附者，何武就在被诬陷的名单中，何武无奈，随即自杀。

（二）师丹

师丹，字仲公，琅邪东武人。精于治《诗》，事奉匡衡，举孝廉为郎。元帝末召为博士，后来又被免官。成帝建始中，州郡荐举茂才，师丹重新补召为博士，出任东平王太傅。丞相翟方进、御史大夫孔光举荐师丹论议深博，兼正守道，征入为光禄大夫、丞相司直。几个月后，为少府、光禄勋、侍中，受人尊重。成帝末年，立定陶王为皇太子，以师丹为太子太傅。哀帝即位，师丹为左将军，赐爵关内侯，食邑，领尚书事。遂代王莽为大司马，封高乐侯，月余，徙为大司空[3]。

哀帝早在封国之时，见成帝委政于外戚家族，王氏僭越礼制而气盛嚣

〔1〕《汉书》卷八十六《何武王嘉师丹传》，第3486页。
〔2〕《汉书》卷八十六《何武王嘉师丹传》，第3487页。
〔3〕参见《汉书》卷八十六《何武王嘉师丹传》，第3503页。

张，一即位就封拜自己的外戚丁氏、傅氏为官，夺取王氏权势。师丹认为不当，上书言："古者谅闇不言，听于冢宰，三年无改于父之道。前大行尸枢在堂，而官爵臣等以及亲属，赫然皆贵宠，封舅为阳安侯，皇后尊号未定，豫封父为孔乡侯。……愿陛下深思先帝所以建立陛下之意，且克己躬行以观群下之从化。天下者，陛下之家也，肺附何患不富贵，不宜仓卒。"[1] 曾为哀帝师傅、大司马、大司空的师丹，据经守礼，恳切地告诫哀帝应当哀切守丧，不宜马上封赏外戚，变动政治，言辞多恳切正直。

哀帝祖母傅太后要圣上封其尊号，于是追尊定陶恭王为恭皇，尊傅太后为恭皇太后，母亲丁后为恭皇后。郎中令冷褒、黄门郎段犹上奏称不应在前面加"定陶"，应为恭皇立庙京师。哀帝下诏令百官复议，当时的京官皆以为冷褒、段犹之言可取。唯独师丹有不同看法：

> 圣王制礼取法于天地，故尊卑之礼明则人伦之序正，人伦之序正则乾坤得其位而阴阳顺其节，人主与万民俱蒙祐福。尊卑者，所以正天地之位，不可乱也。今定陶共皇太后、共皇后以定陶共为号者，母从子妻从夫之义也。欲立官置吏，车服与太皇太后并，非所以明尊卑亡二上之义也。定陶共皇号谥已前定，义不得复改。《礼》："父为士，子为天子，祭以天子，其尸服以士服。"子亡爵父之义，尊父母也。为人后者为之子，故为所后服斩衰三年，而降其父母期，明尊本祖而重正统也。孝成皇帝圣恩深远，故为共王立后，奉承祭祀，今共皇长为一国太祖，万世不毁，恩义已备。陛下既继体先帝，持重大宗，承宗庙天地社稷之祀，义不得复奉定陶共皇祭入其庙，今欲立庙于京师，而使臣下祭之，是无主也。又亲尽当毁，空去一国太祖不堕之祀，而就无主当毁不正之礼，非所以尊厚共皇也。[2]

---

〔1〕《汉书》卷八十六《何武王嘉师丹传》，第3503—3504页。

〔2〕《汉书》卷八十六《何武王嘉师丹传》，第3505—3506页。

师丹坚持儒家继嗣方面的礼制，劝谏哀帝遵循继统继嗣，为人后者，以及别子为祖、亲尽当毁等礼。师丹的一番诚挚之言，未能打动哀帝，也由此更加不合圣上心意。

当时虽然不能实行"井田制"，但师丹受《礼记·王制》中"井田制"的影响，主张实行"限田制"。哀帝时，师丹建言，曰："古之圣王莫不设井田，然后治乃可平。孝文皇帝承亡周乱秦兵革之后，天下空虚，故务劝农桑，帅以节俭。民始充实，未有并兼之害，故不为民田及奴婢为限。今累世承平，豪富吏民訾数巨万，而贫弱俞困。盖君子为政，贵因循而重改作，然所以有改者，将以救急也。亦未可详，宜略为限。"[1] 哀帝将师丹的建议交由百官议论。丞相孔光、大司空何武在师丹限田建议的基础上，继续奏请，曰："诸侯王、列侯皆得名田国中。列侯在长安，公主名田县道，及关内侯、吏民名田皆毋过三十顷。诸侯王奴婢二百人，列侯、公主百人，关内侯、吏民三十人，期尽三年，犯者没入官。"[2] 虽然建议并没有真正实行，但师丹、何武、孔光等看到了当时土地兼并严重，贫民无以为生，想根据《礼记·王制》的"井田制"，采取措施进行限制，防止进一步兼并。师丹因此更加不合圣上之意，终被罢官废侯。给事中博士申咸、炔钦为其上书，认为师丹的经学德行都很高，自近世以来很少有大臣能像师丹一样，"丹经行无比，自近世大臣能若丹者少。发愤懑，奏封事，不及深思远虑，使主簿书，漏泄之过不在丹。以此贬黜，恐不厌众心"[3] 尚书令唐林也上疏曰："丹经为世儒宗，德为国黄耇，亲傅圣躬，位在三公，所坐者微，海内未见其大过，事既已往，免爵大重，京师识者咸以为宜复丹邑爵，使奉朝请，四方所瞻卬也。"[4] 哀帝听从了唐林的建言，下诏赐师丹爵关内侯，食三百户。但是又受朱博、赵玄等的恶意攻

---

〔1〕《汉书》卷二十四上《食货志上》，第 1142 页。

〔2〕《汉书》卷二十四上《食货志上》，第 1142—1143 页。

〔3〕《汉书》卷八十六《何武王嘉师丹传》，第 3507 页。

〔4〕《汉书》卷八十六《何武王嘉师丹传》，第 3509 页。

击，将师丹"请免为庶人"，于是师丹被废官归乡数年。

平帝即位，征师丹诣公车，赐爵关内侯，食数邑。几个月后，太皇太后诏大司徒、大司空，曰："故定陶太后造称僭号，甚悖义理。关内侯师丹端诚于国，不顾患难，执中节，据圣法，分明尊卑之制，确然有柱石之固，临大节而不可夺，可谓社稷之臣矣。"[1] 封师丹为义阳侯，一个多月后，师丹去世，谥节侯。

师丹从维护刘氏汉家政权的立场考虑，反对外戚王氏、傅氏、丁氏的专权独裁，同时也维护了自汉以来的礼制，主张实行继统与为人后者之礼，这是对韦玄成、匡衡毁郡国宗庙与京师宗庙迭毁的继承和发展。师丹看到当时土地兼并，贫民破产失田，无以为生，依据"井田制"，提出实行限田的建议，得到大儒孔光、何武的支持。师丹限田的措施虽没有真正实行，但体现了儒家学者爱民、反对贵族地方豪强掠夺兼并贫民的心意。这是继承儒家大师董仲舒关于"古井田法虽难卒行，宜少近古，限民名田，以澹不足，塞并兼之路。……去奴婢，除专杀之威"[2] 的思想。在当时的社会实际情况下，采取限田等具体措施，也是儒家继承古代井田制与重礼爱民的一种表现。

（三）孔光

孔光，字子夏，孔子十四世孙。其父孔霸，祖父孔延年。孔延年以治《尚书》为武帝博士。孔霸亦治《尚书》事太傅夏侯胜，昭帝末为博士，宣帝时为太中大夫，以选授皇太子经，迁詹事，高密国相，当时的诸侯王相位在郡守之上。元帝即位，征召孔霸，以师赐爵关内侯、给事中。孔霸为人谦退，元帝想任孔霸为相，孔霸让位，再三陈辞，元帝深知其出于至诚之心，所以未用。孔霸去世时，皇帝两次素服临吊，至赐东园秘器钱

---

[1] 《汉书》卷八十六《何武王嘉师丹传》，第3510页。

[2] 《汉书》卷二十四上《食货志上》，第1137页。

帛，策赠以列侯礼，谥烈君。

孔霸有四个儿子，孔光是最小的，尤其通晓经学，不到二十岁，就被举荐为议郎。成帝刚刚即位时，举孔光为博士。孔光"数使录冤狱，行风俗，振赡流民，奉使称旨，由是知名"[1]。当时博士选三科，孔光以高第任为尚书。明习汉制及法令，得到成帝的信任，转为仆射、尚书令。典枢机十余年，"上有所问，据经法以心所安而对，不希指苟合；如或不从，不敢强谏争，以是久而安"[2]。孔光行事谨慎，在家从不提及朝政之事。孔光的父亲为帝师，他成名又早，但不与游说之徒结交，性格稳重严谨，后徙光禄勋，迁任御史大夫。

成帝无继嗣，想从中山孝王与定陶王中选嗣，于是召丞相翟方进、御史大夫孔光、右将军廉褒、后将军朱博，入禁宫中商议中山、定陶王谁更适合为嗣者。司马骠骑将军王根、丞相翟方进，认为定陶王是成帝兄弟的儿子，《礼》曰："昆弟之子犹子也"，"为其后者为之子也"，所以，定陶王适合为嗣。廉褒、朱博都同意方进、王根的建议。而孔光却"独以为礼立嗣以亲，中山王先帝之子，帝亲弟也，以《尚书·盘庚》殷之及王为比，中山王宜为嗣"[3]。成帝认为，依《礼》，兄弟不可相继入庙，况且皇后、昭仪也想立定陶王，所以就立了定陶王为太子。孔光因为意见不合，不中圣意，左迁为廷尉。

定陵侯淳于长犯大逆之罪，他的妻子迺始等六人，在淳于长被治罪前都已离去，或改嫁。丞相翟方进、大司空何武在议论淳于长大逆之罪时，认为迺始作为妻子，有连坐之罪，应当一同论处。但孔光认为："大逆无道，父母妻子同产无少长皆弃市，欲惩后犯法者也。夫妇之道，有义则合，无义则离。长未自知当坐大逆之法，而弃去迺始等，或更嫁，义已

---

〔1〕《汉书》卷八十一《匡张孔马传》，第3353页。

〔2〕《汉书》卷八十一《匡张孔马传》，第3353页。

〔3〕《汉书》卷八十一《匡张孔马传》，第3355页。

绝，而欲以为长妻论杀之，名不正，不当坐。"[1] 孔光关于酒始等无罪的议论，得到成帝的赞同，孔光任为左将军。

成帝死后，拜孔光为丞相。哀帝即位，帝祖母傅太后刚暴专横，想与成帝母亲一起封称尊号。群臣也都附和称是，只有师丹与孔光认为不可。结果二人皆被免官[2]。

元寿元年傅太后去世，哀帝征召孔光诣公车，问关于日食之事，孔光以《尚书》《诗经》的大意作了回答。哀帝很高兴，赐孔光以束帛，拜为光禄大夫，秩中二千石，给事中，位次丞相。孔光任光禄大夫一个多月后，复为御中大夫，二月为丞相，复故国博山侯。

第二年，定三公官，孔光出任大司徒。哀帝崩，新都侯王莽为大司马，征立中山王，为平帝。王莽以孔光为旧相名儒，天下所信，对孔光以礼相待。随着王莽权势日重，孔光忧惧不知所出，便上书乞骸骨。王莽上奏太后，徙孔光为帝太傅，位居四辅，给事中，领宿卫供养。后徙为太师，王莽为太傅。而孔光"常称疾，不敢与莽并"[3]，最终称疾辞位。

孔光居公辅前后十七年。自从担任尚书，便停止教授。后为卿相，有时遇到门下的太学生讨论，提出疑难，孔光时常给他们阐明大义。孔光的弟子多有成就，很多为博士大夫。弟子们见老师居于重要职位，几次想借助老师之力得以晋升，孔光却没有因私荐举一个，弟子们有的抱怨孔光太过公正了。

孔光为孔子之后，精研六经，尤其是《尚书》《诗经》。他不但熟悉经义礼仪，也好制度法令。孔光在成帝继嗣上，坚持殷代的"见终弟及"，后来哀帝祖母傅太后欲与成帝母俱称尊号，群臣多阿附顺指，认为母以子贵，宜立尊号，但孔光与师丹认为不可，说哀帝祖母傅太后与成帝母太皇

〔1〕《汉书》卷八十一《匡张孔马传》，第3355页。

〔2〕《汉书》卷八十一《匡张孔马传》，第3358页。

〔3〕《汉书》卷八十一《匡张孔马传》，第3363页。

大后，不能并称尊号，这是儒家中嫡庶有别思想的表现。

孔光为官公允、正派，极力维护孔子创立儒家学派之本意，但对于王莽，既怕与其共事，又有妥协屈从和支持的一面。

（四）龚胜

龚胜，字君宾，楚人。年少时，好学明经，与龚舍为好友，并著名节，称为"两龚"。龚胜、龚舍皆通五经，以《鲁诗》教授。龚胜开始时为群吏，三举孝廉，再为尉，一为丞。州郡举荐茂才，为重泉令。大司空等举荐龚胜，哀帝自为定陶王，听闻其名，于是征为谏大夫，引导觐见圣上。龚胜举荐龚舍、宁寿、侯嘉，有诏皆征，龚舍、侯嘉皆为谏大夫。

龚胜居谏官，数次上书求见，建言百姓贫苦，盗贼多，官吏不良，风俗淡薄，灾异现象屡屡出现，不可不为此忧虑。龚胜还说，制度繁琐，礼俗奢侈，刑罚赋敛太重，应当减少，以俭约为先。龚胜推崇祖述，兼通五经，能为《易》《春秋》，效法教授《诗》《论语》的王吉和好《论语》《诗经》的贡禹。龚胜任大夫二年，迁任丞相司直，徙光禄大夫，守右扶风。皇帝认为龚胜并不是能处理繁琐事务的官吏，依旧让他为光禄大夫、诸吏给事中。后来龚胜因言哀帝宠臣董贤扰乱制度，不合皇帝意。一年之后，丞相王嘉举荐原来的廷尉梁相等，尚书弹劾王嘉言论放肆，蒙蔽皇上，下将军中朝者议，左将军公孙禄、司直鲍宣、光禄大夫孔光等十四人皆以为王嘉犯下迷惑国家不道的律法。龚胜认为，这样定罪处罚太轻。他说："嘉资性邪僻，所举多贪残吏。位列三公，阴阳不和，诸事并废，咎皆繇嘉，迷国不疑，今举相等，过微薄。"[1] 第二天继续商议，龚胜坚持己见。后来又复议能否恢复孝惠、孝景之庙。龚胜认为应当按照礼制规定。给事中夏侯常说，礼俗有变，礼制亦当有变。龚胜说，是当时人的心

---

〔1〕《汉书》卷七十二《王贡两龚鲍传》，第3081页。

意变了，而礼不当变〔1〕。二人为此发生争执，后又因他事相互非难怀恨，急言争辩是非，因此，被减损俸禄一级。龚胜认识到错误，请求退职。

哀帝时，刘歆想设立《毛诗》《左传》《逸礼》及《古文尚书》等古文博士，遭到太常博士的反对。刘歆写了《移书让太常博士》，虽然言辞甚为恳切，但诸儒皆怨恨，龚胜也表示竭力反对，甚至要求辞职，退休归故里，"是时名儒光禄大夫龚胜以歆移书上疏深自罪责，愿乞骸骨罢"〔2〕。哀帝死，王莽秉政。龚胜又乞骸骨，王莽依照先例，下策准予，于是龚胜归老于乡里。

王莽篡国，遣五威将帅行天下风俗，将帅亲奉羊酒慰问龚胜。第二年，遣使者拜龚胜为讲学祭酒，龚胜称疾不应征。后二年，王莽又遣使者奉玺书，太子师友祭酒印绶、安车驷马迎龚胜，拜官，秩上卿，先赐六个月的俸禄办理行装，使者与郡太守、县长吏、三老官属、行义诸生千余人到龚胜的乡里致诏。使者久立于门外，想让龚胜出门相迎。而龚胜称病重，终未出门迎接。龚胜不忘汉廷，不接受王莽的策封、诏赐，曰："今年老矣，旦暮入地，谊岂以一身事二姓"，临终前，嘱托儿子和门人要薄葬，"勿随俗动吾冢，种柏，作祠堂"〔3〕，死时年七十九岁。

龚胜好学明经，通五经。居谏官，以为制度繁严、刑罚深、赋敛重、吏不良、民贫而不安。在经学方面，继承通五经的王吉、改革宗庙制度的贡禹的思想。对于罔上不道的大官如丞相王嘉，要求严加处罚。坚持礼制，不同意恢复孝惠、孝景庙。与博士夏侯常发生多次争论，坚持自己的看法，有错服罪。对于刘歆要立古文博士，龚胜坚决抵制，这是两汉经学史上第一次今古文之争的重要内容。王莽篡汉夺权，尽管极其礼遇龚胜，但龚胜坚决抵制，至死不变。这是一代经师名儒所体现的誓死不二、忠于

---

〔1〕　参见《汉书》卷七十二《王贡两龚鲍传》，第3082页。

〔2〕　《汉书》卷三十六《楚元王传》，第1972页。

〔3〕　参见《汉书》卷七十二《王贡两龚鲍传》，第3085页。

汉朝的决心。龚胜临终主张薄葬，贯彻汉文帝遗诏薄葬的礼制改革，遵循不变。

（五）彭宣

彭宣，字子佩，淮阳阳夏人，治《易》，拜张禹为师，举为博士，迁东平王太傅。张禹作为成帝的老师，受到尊敬信任。张禹举荐彭宣通明经义，有威重，可以任政事，于是彭宣入为后右扶风，迁廷尉。又以王国人出任太原太守，几年后，复入为大司农、光禄勋、右将军。彭宣曾到长安学习经书，跟从沛郡施雠学《易》，从琅邪王阳、胶东庸生问《论语》。

成帝时，张禹弟子中特别优秀的，一是淮阳彭宣，官至大司空；二是沛郡戴崇，官至少府九卿。二人品性、言行截然不同，彭宣为人恭俭有法度，而戴崇性情和乐而简易。张禹心里喜欢戴崇，对彭宣敬而疏之。"崇每候禹，常责师宜置酒设乐与弟子相娱。禹将崇入后堂饮食，妇女相对，优人管弦铿锵极乐，昏夜乃罢。而宣之来也，禹见之于便坐，讲论经义，日晏赐食，不过一肉卮酒相对。宣未尝得至后堂。及两人皆闻知，各自得也。"[1] 彭宣是一个崇经好义，生活俭朴而有法度的大儒高士。

哀帝即位，彭宣由右将军徙为左将军。一年以后，哀帝想让外戚丁氏、傅氏专权处位，便夺去彭宣的左将军印绶，令其以关内侯归家。数年后，由于谏大夫鲍宣多次推荐，言彭宣明经有贤能，哀帝便召彭宣为光禄大夫，迁御史大夫，转为大司空，封长平侯。

哀帝一死，王莽为大司马秉持朝政，彭宣以年老称病上书告退，王莽告诉太后，随即策免彭宣，"使光禄勋丰册诏君，其上大司空印绶，便就国"[2]，王莽对于彭宣不愿在"新"朝为官作相十分不满，暗恨彭宣请求退隐，所以不赐给彭宣黄金安车驷马。彭宣居国数年，去世后，谥号顷侯。

---

〔1〕《汉书》卷八十一《匡张孔马传》，第3349页。
〔2〕《汉书》卷七十一《隽疏于薛平彭传》，第3052页。

西汉末年，彭宣身居三公，官高经明，但生活上十分俭朴正派，得到经师张禹的敬重。对于专权不正的外戚，不论是哀帝时丁、傅的夺权，还是西汉后期王氏，特别是王莽的秉政夺国，彭宣都表示坚决不支持。效仿汉哀帝时的丞相平当，称病不应召，选择自动退避，以示抵制。这样的经学家，在汉末也并不多见。班固在《汉书·彭宣传赞》中曰："平当逡遁有耻，彭宣见险而止，异乎'苟患失之'者矣。"颜师古注曰："《论语》称孔子曰'鄙夫不可与事君。其未得之，患得之；既得之，患失之。苟患失之，无所不至矣。'谓其患于失位而为倾邪也，赞言当、宣二人立操有异于此矣。"[1]

（六）申屠刚与郅恽

汉末自平帝开始至"新"朝王莽掌权执政，于经学今古文并重，只要对统治有用，皆采纳推崇。

申屠刚，字巨卿，扶风茂陵人，"七世祖嘉，文帝时为丞相。刚质性方直，常慕史鳅、汲黯之为人"[2]，任郡国功曹，好研《尚书》《易经》。他疾恨王莽专政时将平帝的祖母冯氏和母亲卫氏隔绝。平帝时举贤良对策，申屠刚对策如下：

> 臣闻王事失则神祇怨怒，奸邪乱正，故阴阳谬错。此天所以谴告王者，欲令失道之君，旷然觉悟，怀邪之臣，惧然自刻者也。今朝廷不考功校德，而虚纳毁誉，数下诏书，张设重法，抑断诽谤，禁割论议，罪之重者，乃至腰斩。伤忠臣之情，挫直士之锐。殆乖建进善之旌，县敢谏之鼓。辟四门之路，明四目之义也。
>
> 臣闻成王幼少，周公摄政，听言下贤，均权布宠，无旧无新，唯

〔1〕《汉书》卷七十一《隽疏于薛平彭传》，第3053页。
〔2〕《后汉书》卷二十九《申屠刚鲍永郅恽传》，第300页。

仁是亲。动顺天地，举措不失。然近则召公不悦，远则四国流言。夫子母之性，天道至亲。今圣主幼少，始免襁褓，即位以来，至亲分离，外戚杜隔，恩不得通。且汉家之制，虽任英贤，犹援姻戚。亲疏相错，杜塞闲隙，诚所以安宗庙，重社稷也。今冯、卫无罪，久废不录，或处穷僻，不若民庶，诚非慈爱忠孝承上之意。夫为人后者，自有正义，至尊至卑，其执不嫌，是以人无贤愚，莫不为怨，奸臣贼子，以之为便，不讳之变，诚难其虑。今之保傅，非古之周公。周公至圣，犹尚有累，何况事失其衷，不合天心者哉？昔周公先遣伯禽守封于鲁，以义割恩，宠不加后，故配天郊祀，三十余世。霍光秉政，辅翼少主，修善进士，名为忠直，而尊崇其宗党，摧抑外戚，结贵据权，至坚至固，终没之后，受祸灭门。方今师傅皆以伊、周之位，据贤保之任，以此思化，则功何不至？不思其危，则祸何不到？损益之际，孔父攸叹，持满之戒，老氏所慎。盖功冠天下者不安，威震人主者不全。今承衰乱之后，继重敝之世，公家屈竭，赋敛重数，苛吏夺其时，贪夫侵其财，百姓困乏，疾疫夭命。盗贼群辈，且以万数，军行众止，窃号自立，攻犯京师，燔烧县邑，至乃诡言积弩入宫，宿卫惊惧。自汉兴以来，诚未有也。国家微弱，奸谋不禁，六极之效，危于累卵。王者承天顺地，典爵主刑，不敢以天官私其宗，不敢以天罚轻其亲。陛下宜遂圣明之德，昭然觉悟，远述帝王之迹，近遵孝文之业，差五品之属，纳至亲之序，（李贤注：五品，五常之教也。《尚书》舜命契曰："汝作司徒，敬敷五教。"《左传》史克曰："舜举八元，使布五教于四方，父义、母慈、兄友、弟恭、子孝。"）亟遣使者征中山太后，置之别宫，令时朝见。又召冯卫二族，裁与冗职，使得执戟，亲奉宿卫，以防未然之符，以抑患祸之端。上安社稷，下全保傅。内和亲戚，外绝邪谋[1]。

---

[1]《后汉书》卷二十九《申屠刚鲍永郅恽传》，第300—301页。

申屠刚依据儒家经典《尚书》《论语》《左传》，推崇圣人尧、禹、武、伊尹、周公、孔子，要求王莽全心全意、公而无私地辅佐平帝。要切忌霍光秉政打着忠直的旗号，崇其宗党，结贵据权，最终祸及灭门的教训。对于隔绝平帝外戚冯、卫二族一事，申屠刚建议内和亲戚，外绝邪谋。这些建言遭到了王莽的非议和排斥，王莽即令元后下诏说，申屠刚所言是僻经妄说，违背大义，将申屠刚罢归田里。

郅恽，字君章，汝南西平人。西汉末整理《韩诗》《严氏春秋》，阐明天文历数，曰："当今上天垂象，智者以昌，愚者以亡。"[1] 称道古贤圣伊尹辅助商汤，文王任用吕尚，殷高宗礼遇傅说，桓公信任管仲，认为，应天之变，立功全人，而成天德。

郅恽西至长安，上书王莽说："臣闻天地重其人，惜其物，故运机衡，垂日月，含元包一，……智者顺以成德，愚者逆以取害，神器有命，不可虚获。……刘氏享天永命，陛下顺节盛衰，取之以天，还之以天，可谓知命矣。……天为陛下严父，臣为陛下孝子。父教不可废，子谏不可拒，惟陛下留神。"[2] 告诫王莽，要尊重天地之意，向尧舜学习，禅让天下，不能贪权自尊。汉家受天命，运祚未绝，劝王莽当顺其时之盛衰，衰则取之，盛则还之。结果惹得王莽大怒，郅恽被收监入狱，判以大逆之罪。然而，郅恽句句所言引经据典，又难以害之，便使黄门近臣胁迫郅恽，让郅恽自称所言为癫狂之语，郅恽厉声说道："所陈皆天文圣意，非狂人所能造。"[3]

申屠刚、郅恽皆忠于汉廷，反对王莽篡政，坚持儒家经义，崇敬儒家三代圣贤，特别是周公和孔子。他们的对策和上书，都被王莽认为是邪僻妄说，大逆之罪。

---

〔1〕《后汉书》卷二十九《申屠刚鲍永郅恽传》，第304页。

〔2〕《后汉书》卷二十九《申屠刚鲍永郅恽传》，第304页。

〔3〕《后汉书》卷二十九《申屠刚鲍永郅恽传》，第304页。

（七）班氏家族尊儒崇经

成帝时，班况举孝廉为上河农都尉，生有三子：班伯、班斿、班穉。班伯年少时跟从师丹学《诗》，拜为中常侍。成帝喜好儒学，"郑宽中、张禹朝夕入说《尚书》《论语》于金华殿中，诏伯受焉。既通大义，又讲异同于许商，迁奉车都尉"[1]，后为定襄太守。当时成帝乘坐的车中有张画屏风，画有商纣醉酒与妲己作长夜之乐，成帝指着画作问班伯："纣为无道，至于是乎？"班伯回答说："《书》云'乃用妇人之言'，何有踞肆于朝？所谓众恶归之，不如是之甚者也。"成帝问："苟不若此，此图何戒？"班伯曰："'沉湎于酒'，微子所以告去也；'式号式謼'，《大雅》所以流连也。《诗》《书》淫乱之戒，其原皆在于酒。"成帝听后喟然叹曰："吾久不见班生，今日复闻谠言！"[2] 班伯以《诗》《书》《论语》，进谏成帝节制酒乐，否则众恶归之。

许商教授弟子《尚书》，效仿孔子，将门弟子分为德行、言语、政事、文学四科，与名儒师丹入为光禄大夫，班伯也迁水衡都尉，与许商、师丹同为侍中，皆秩中二千石。皇上每次入宫朝见太后，班伯经常随身跟从，朝中有大事，往往被派去向公卿大臣宣告皇上的旨意。皇上也逐渐厌恶游乐宴饮之事，喜欢上了学习经书，太后非常高兴[3]。

班斿，博学有俊才，左将军史丹举贤良方正，以对策为议郎，迁谏大夫，右曹中郎将，与刘向一起为校秘书。班斿每次奏请校书之事，得以受诏进宫研读群书，皇上器重他的才能，以中秘书的副本赐给班斿。班斿英年早卒，有儿子名班嗣，显名当世[4]。

班穉，年少时为黄门郎中常侍。成帝晚年，立定陶王为太子，多次派

---

〔1〕《汉书》卷一百上《叙传上》，第 4198 页。

〔2〕《汉书》卷一百上《叙传上》，第 4201 页。

〔3〕 参见《汉书》卷一百上《叙传上》，第 4202 页。

〔4〕《汉书》卷一百上《叙传上》，第 4203 页。

遣中盾请问近臣们的意见，班穉独不敢冒昧回答。哀帝即位后，班穉被贬为西河属国都尉，迁广平相。王莽年轻时曾与班穉兄弟地位相近且关系友善，事班斿为兄，以待班穉如弟。平帝即位，太后临朝，王莽秉执政权，想要以教化致天下太平，派遣使者到各地查访风俗，采集颂声。而班穉没有歌颂吹捧王莽的政绩。所以，班氏在王莽一朝并不显达，也没有罹获大的灾难。

班况生有一女，即成帝的班婕妤。班婕妤好《诗》《书》，遵守古代礼法。成帝于后庭闲游，想要与班婕妤乘坐同一辆车，班婕妤立即谢绝，说通过看古代的图画得知，贤圣君王的旁边都有名臣，只有三代末主身边才有嬖女，如果与皇上同辇，岂不与末主一样了吗？太后听后也非常高兴，赞曰："古有樊姬，今有班婕妤。"[1]

因赵皇后、赵昭仪骄蛮嫉妒，班婕妤要求供养太后，退守东宫。作赋自感伤悼，其辞曰："陈女图以镜鉴兮，顾女史而问诗。悲晨妇之作戒兮，哀褒、阎之为邮；美皇、英之女虞兮，荣任、姒之母周。虽愚陋其靡及兮，敢舍心而忘兹？"[2] 班婕妤兄妹好《诗》《书》《论语》以及古礼，且熟读刘向所作的《古列女传》。

班穉生有一子，名班彪，字叔皮，从小与他的堂兄班嗣一起游学。班氏家中藏有皇帝所赐的图书，爱好古籍的学士纷纷从远方而来，父辈自扬雄以下，都登门造访。叔皮只崇尚圣人之道，倾心学习。他鉴察西汉末年形势，至于哀、平短祚，国嗣三次面临断绝，危险自上而起，却未伤及根基，所以王莽篡夺国位，却不得民心，百姓依旧思汉，叔皮说："《诗》云'皇矣上帝，临下有赫，鉴观四方，求民之莫。'今民皆讴吟思汉，乡仰刘氏，已可知矣。"[3]

---

〔1〕《汉书》卷九十七下《外戚传下》，第3984页。

〔2〕《汉书》卷九十七下《外戚传下》，第3985页。

〔3〕《汉书》卷一百上《叙传上》，第4207页。

叔皮著《王命论》以补救时难。他说，汉朝承继帝尧汤武而有天下，应天顺民，"刘氏承尧之祚，氏族之世，著乎《春秋》"[1]，而王莽"斗筲之子不秉帝王之重。《易》曰'鼎折足，覆公𫗧'，不胜其任也"[2] 当时，王莽虽夺权称帝，各地割据称雄，但广大百姓还是为汉室衰落而叹息。后汉荀悦记载，班彪有感于隗嚣之言又悲悯祸患不息，乃著《王命论》，曰："昔在帝尧之禅曰：'咨尔舜，天之历数在尔躬。'舜亦以命禹，罪于稷契，咸佐唐虞，光济四海，奕世载德，至于汤武，而有天下。虽其遭遇异时，禅代不同，至于应天顺民，其揆一也。"[3] 可见，班氏家族在王莽时期，依然思汉，颂《诗》《书》，赞尧舜，称道儒术。

---

〔1〕《汉书》卷一百上《叙传上》，第4208页。

〔2〕《汉书》卷一百上《叙传上》，第4210页。

〔3〕《汉书》卷一百上《叙传上》，第4208页。

第六章　西汉时期的礼义与礼仪研究

一、选举制度

西汉的选举制度始终注意德行礼义的重要性。汉高祖刘邦南征北战，戎马一生，也认可马上得天下，不能马上治天下的观点，认识到必须选拔精通《诗》《书》且能行仁义的贤才，帮助他共治天下。西汉末年的王莽，欲取代汉为"新"，进行变革，尽管当时社会局势比较混乱，但他也大量招募人才，并且将德行礼义和六经作为标准。所以，礼义、六经与西汉选举制度密切相关，是最重要的标准。

西汉时期选举的具体科目比较多，大致可分为礼义德行、六经儒说、才艺方术三方面。

（一）礼义德行

在礼义德行方面，汉高帝刘邦时设有乡三老和县三老、贤士大夫；惠帝、高后时，有孝悌力田；文帝时有贤良、能直言极谏者、三老孝悌力田；景帝时有廉士；武帝时有贤良方正直言极谏之士、孝廉、独行君子；昭帝时有贤良文学，有行义者、务修孝悌以教乡里者；宣帝时有贤良方正可亲民者、孝悌有行义闻于乡里者、厥身修正与"以行修饬"；元帝时有质朴敦厚逊让有行者、光禄勋举四行；成帝时有惇厚有行能直言之士、博士通达国体、敦厚有行义能直言者、惇朴逊让有行义者；哀帝时有孝悌惇厚能直言通政事，延于侧陋可亲民者；平帝时有德义、录圣贤之后；王莽时有吏民有德行通政事能言语者、能行四行者。

自汉文帝开始举行贤良以来，或称贤良方正、贤良文学，或加上能直言极谏，此后几乎每个皇帝都有设置。贤良，是指好德行礼义者，如三老，必须好德行，并且能为民办事而礼让者，才能为之。力田，从字面上看是勤于耕垦，往往与孝悌连在一起，"举民孝悌力田"。孝，是尊敬孝顺父母。悌，是"能以顺事其兄"，又通达国体，即深明礼义。录圣贤之后，是录用五帝、三王、周公、孔子、孟子等圣贤之后，此辈尚礼好义，往往世代相传，这也是重礼义德行的体现。

自武帝开始，颁布举孝廉的诏令和要求。元光元年冬十一月，武帝"初令郡国举孝廉各一人"，颜师古注曰："孝谓善事父母者。廉谓清洁有廉隅者。"[1] 元朔元年，武帝为教化万民而移风易俗，又诏令二千石举孝廉，"本仁祖义，褒德录贤，……复孝敬，选豪俊，……不举孝，不奉诏，当以不敬论。不察廉，不胜任也，当免"。[2] 不举孝是不勤勉选士以报国，以不敬之罪论处；不察廉是不能胜任所职，当免官撤职。

孝廉，是从几十万人口中挑选一人。规定郡国人口二十万以上，每年察举一人；四十万以上，每年察举二人；六十万以上，每年察举三人；八十万以上，每年察举四人；一百万以上，每年察举五人；一百二十万人以上，每年察举六人；不满二十万人，每两年察举一人；不满十万，每三年察举一人。并且有四条标准，即"限以四科：一曰德行高洁，志节清白；二曰学通行修，经中博士；三曰明习法令，足以决疑，能按章覆问，文中御史；四曰刚毅多略，遭事不惑，明足决断，材任三辅县令"[3]，应劭的

[1]《汉书》卷六《武帝纪》，第160页。
[2]《汉书》卷六《武帝纪》，第166—167页。
[3]《通典》卷十三《选举一·历代制上》，第73页。

《汉官仪》记载，"才任三辅县令"之后，"皆有孝悌廉公之行"。可见，德行是孝廉最主要的标准。

（二）六经儒说

西汉自文帝开始设"一经"博士；汉武帝开始设"五经"博士；昭帝时有文学高第；宣帝时有通文学、明先王之术；成帝时有博士三科；平帝时有通知《逸礼》、古记，及以五经、《论语》、《孝经》、《尔雅》教授者；王莽时有明文学。

楚元王任命好《诗》的穆生、白生、申公为中大夫，昌邑王任通经术及好《诗》《书》者为郎吏，郎中令龚遂曾以此为标准，加以施行。

文帝时，申公精于《诗》，为博士。朱买臣以讲述《春秋》为中大夫；蔡义以"明经"任给事大将军幕府，又以能《韩诗》擢为光禄大夫给事中；郑弘以"明经"为南阳太守；平帝时，宗伯凤以"明礼"为少府；金钦以"举明经"，成帝时为太子门大夫；隽不疑以治《春秋》为郡文学；疏广因明《春秋》，以为博士、太中大夫；薛广德以"经明修行"，以为博士；平当以"明经"为博士，又以"经明《禹贡》，使行河，为骑都尉，领河堤"。彭宣以治《易》举为博士[1]；王吉"好学明经"以为郡吏；贡禹以"明经洁行"，征为博士[2]；韦玄成"以明经历位至丞相"；盖宽饶以"明经为郡文学"；冯奉世以学《春秋》大义，为军司空令；张禹以明《易》《论语》举为郡文学；孔光以"经学尤明"，举为议郎，又举博士三科为尚书；马宫以治严氏《春秋》为郎；王嘉以明经为郎；周霸、衡胡、主父偃皆以治《易》至大官；文翁以通《春秋》为郡县吏；召信臣以明经甲科为郎；大约生活于元帝、成帝时，补《史记》的褚先生，也以通经术与治《春秋》为官，褚先生曰："臣以通经术，受业博士，治《春秋》，以

---

〔1〕 以上参见《汉书》卷七十一《隽疏于薛平彭传》。
〔2〕 参见《汉书》卷七十二《王贡两龚鲍传》。

高第为郎，幸得宿卫，出入宫殿中十有余年。"〔1〕王莽时，以通《乐》的桓谭为掌乐大夫，又以精六经者为各经祭酒。

关于"明经"，有的说"明礼"，有的说"明经学"，有的说"通五经"，有的说通《诗》《书》《礼》《乐》《易》《春秋》六经中之一经，或多经，也有包括当时未入经的《论语》《孝经》《尔雅》《逸礼》；又有文学高第、通文学、明文学，以及明先王之术。文学，是指学术与经术，也就是先王之术，即儒家的学说与经义。严氏《公羊春秋》的创始人严彭祖称"凡通经术，固当修行先王之道"〔2〕。同时，也须指出，自汉武帝、董仲舒独尊儒术，公孙弘治《春秋》为丞相封侯后，公卿大臣，一般都以知"经术"、明"仁义"者为之。精《尚书》、善《礼服》的夏侯胜，也常对学生说，只要明经术，就可做官为吏。可见，只要明经义通儒术，就可出仕做官。因此，武帝之后，最大的官——丞相，往往由儒家的代表人物担任。

可见，选举官吏与六经关系最为密切，也最合乎礼义。因为如司马谈《论六家之要指》所说："儒者，以六艺（即六经）为法，……列君臣父子之礼，序夫妇长幼之别，虽百家不能易也。"

（三）才艺方术

汉武帝时有茂材异等，可为将相及使绝国者，举材力之士而待以不次之位；宣帝时有茂材异伦之士，招选俊才置左右；元帝时，有茂材异等、明阴阳灾异者，茂材特立之士；成帝时有勇猛知兵法者；哀帝时有明兵法有大虑者；平帝时有勇武有节明兵法者，通知天文、历算、钟律、小学、《史篇》、方术者，治狱平者。

从具体人选来说，刘向在宣帝时以通达、能属文辞、献赋颂而晋职；

〔1〕《史记》卷一百二十八《龟策列传》，第 3225 页。
〔2〕《汉书》卷八十八《儒林传》，第 3616 页。

王褒为宣帝作贤臣颂，任为待诏；朱买臣见武帝，言《楚词》，而以为侍中；赵充国以六郡良家子善骑射而补羽林；周勃以"材官引强"[1]；申屠嘉以"材官蹶张"，迁为队率；冯奉世以六郡良家子选为郎；卫绾，文帝时以戏车为郎；邓通，文帝时以濯船为黄头郎；周仁以医见，文帝时为太子舍人；吾丘寿王，"年少，以善格五召待诏"[2]；荀彘，武帝时以善御为侍中；虞初和东郭先生，武帝时以方士待诏公车；齐人少翁，武帝时为方士，拜为文成将军；新垣平，文帝时以望气为上大夫；韩嫣，武帝时，以善骑射，官至上大夫；李延年，以善歌为协律都尉；弘恭，元帝时以明习法令故事，以为中书令；伍宏，哀帝时，以医待诏；宣帝时，赵定、龚德以知音、善鼓雅琴待诏；何比干，武帝时以明法入仕；成帝时，凡上书言祭祀方术的，都可得待诏。特别是武帝时，大量任用才艺方术之士。司马迁曾说："至今上（指武帝）即位，博开艺能之路，悉延百端之学，通一伎之士咸得自效，绝伦超奇者为右。"[3] 便是明证。

虽然偏重才艺方术，但也有儒家的德礼仁义的标准。勇、猛、兵、武，必以仁德礼义为前提，勇猛知兵法，须有勇有谋，用兵是为了止乱救民，必须"动之以仁义，行之以礼让"[4]，不讲诚信廉直仁勇，不能传兵论剑。仁德与兵勇不能分离，"非兵不强，非德不昌"[5]，"勇于当敌，仁爱士卒"[6]。至于以知音及善鼓雅琴者为吏，亦是演奏合乎礼义的雅乐正声。

明阴阳灾异，是今文经学所具有的特点，也是春秋公羊学的内容，属于儒术。当时的执狱是礼法结合，经义决狱，必须精通礼制、经义，才能

〔1〕《汉书》卷四十《张陈王周传》，第 2050 页。
〔2〕《汉书》卷六十四上《严朱吾丘主父徐严终王贾传上》，第 2794 页。
〔3〕《史记》卷一百二十八《龟策列传》，第 3224 页。
〔4〕《汉书》卷三十《艺文志》，第 1762 页。
〔5〕《史记》卷一百三十《太史公自序》，第 3305 页。
〔6〕《史记》卷一百三十《太史公自序》，第 3316 页。

持平，以仁恕治狱明法。任命为待诏、郎吏的各种祭祀方士，也不能违背仁义和经术，如成帝时，虽有上书言祭祀方术的，都被任为待诏，但也采纳了谷永的意见，谷永上疏曰："……诸背仁义之正道，不遵五经之法言，而盛称奇怪鬼神，广崇祭祀之方，……明王距而不听，圣人绝而不语"[1]，成帝认为谷永说得非常好。

因此，无论从选举途径还是选举科目来说，都是以礼义、六经为先决条件，与礼义、六经密切相关，即使是以才艺方术为主的选举，也离不开礼义与六经这一指导思想。

（四）贤良文学、贤良方正、直言极谏

西汉通过贤良文学、贤良方正、直言极谏等对策，选拔德才兼备之人，这是选举的一个重要方面，自汉文帝开始到西汉末年平帝之时，几乎世世相传，连续不绝。但是，对策内容完整保存下来的却不多，武帝时最早的贤良对策第一名严助，其具体的对策内容都未能保存下来。幸运的是，后来的晁错、董仲舒、公孙弘、京房、杜钦、杜邺等对策，西汉末年申屠刚的对策，都比较完整地保存了下来。

武帝时，河间献王刘德也曾有对策之事，"献王来朝，献雅乐，对三雍宫及诏策所问三十余事。其对推道术而言，得事之中，文约指明"[2]

昭帝时，大将军霍光秉政，为了更好地处理朝政，霍光曾征集许多郡国的贤良文学之士，问以治乱得失。至今保存完整的仅存《汉书·魏相传》中关于魏相对策的一段话："举贤良，以对策高第，为茂陵令"[3]，而对策的具体内容有缺失。《汉书·韩延寿传》中也仅存一段话，内容是作为人臣应该坚持节、义。

---

[1]《汉书》卷二十五下《郊祀志下》，第1260页。

[2]《汉书》卷五十三《景十三王传》，第2411页。

[3]《汉书》卷七十四《魏相丙吉传》，第3133页。

　　以上说到的对策，无论是天子诏策的题目，或是个人的对策回答的内容，皆具才艺功能的标准，但更重要的是德行礼义，如行五帝三王之德、尧舜之道、先王之道、君臣父子夫妇之礼、仁义礼知信之道、《诗》《书》《春秋》等义，即三纲、五常和六经。有的策题，天子有明确要求，必须根据六经经义来回答，即"各以经对"，这也是重视德行礼义最好的佐证。

　　因此，西汉的选举，从选举途径、具体的科目，以及对策实例来说，均与礼义密切相关，而且自始至终，坚持了德行与礼义的标准，是贯彻六经与儒术的重要体现。当然，不同的社会时代，德的要求自然也不同。在当时，主要是讲礼义与仁爱，晁错对策，讲到"德泽布于天下"，"取人以己，内恕及人"，"本于人情"；公孙弘对策，谈到了仁义礼智，认为只有讲礼义，爱护百姓，百姓才会服从；杜钦对策，谈仁义信孝，特别强调了仁义的重要性；杜邺对策，关于封官拜爵，也要坚持礼义而不得徇私。可见，这些对策的主要内容是积德安民、克己爱人的仁义标准，"王者法天地，非仁无以广施，非义无以正身；克己就义，恕以及人，六经之所上也"[1]。当然，其中也不免有男尊女卑、三从之义，以及愚忠愚孝等方面的思想，但并不影响六经为其基本宗旨与要求。仁义是为人的一种美德，也是选拔官吏的重要道德标准，不行义克己，不施仁以爱人，官吏如何能处理好政事，爱护百姓？如何能为民之表率？仁义是为君为吏的基本德行修养，这种选官标准对以后历代封建王朝官吏任免，乃至今天的干部选拔，均有借鉴意义。

　　不仅如此，在选举人才的标准，以及定期考绩和升降黜陟的措施等方面，也有可取之处。贾谊曾说，一个官吏的才能可以领导十人，得到十个人的信任与爱戴，就可以为十人之吏；如果可以领导更多的人，被更多的人信任与爱戴，那么就可以为更大的官，一直到最高的官——宰相。对官吏要严格考察，问之，"然后知其言"；谋焉，"然后知其极"；任之以事，

─────────────

[1]　《汉书》卷六十《杜周传》，第2674页。

"然后知其信"。根据考察结果，给予升降黜陟，"高则此品周高，下则此品周下，加人者品此临之，埤人者品此承之，迁则品此者进，绌则品此者损"。[1]

官吏是否以其才能被人民所信任与爱戴，以及被信任和爱戴的程度与范围是决定其职位大小高低的标准，这个标准并不是皇帝或其他人所能恩赐、任命或强加的。对官吏的考察包括言论见识、谋略智慧、实际办事三方面，应该说比较全面。并且，经过实际政绩考察后再决定升降、黜陟的调整，也比较客观。董仲舒设计了一套官员的考绩办法，从中央到地方，要全面而经常地对各级官吏进行考核（前面已有介绍，现从略）。

西汉的选举，因途径、科目多而广，所以能够物色各方面的人才，并且重视对官吏的考核与奖惩，能使真正有贤能的人才得到普遍的重用，从而出现了人才济济、名家辈出的局面。而这种选举制度的最积极提倡者是董仲舒、贾谊等经学大师与著名的儒家学者。

二、教育制度

中国古代设有学校，五帝大学曰"成均"，有的说有虞（舜）之学为"成均"。三代之时，学校得到发展，《孟子·滕文公上》中有："庠者，养也；校者，教也；序者，射也。夏曰校，殷曰序，周曰庠，学则三代共之，皆所以明人伦也。"[2] 小学、大学、天子之学和诸侯之学不同，《礼记·王制》说，小学在公宫南之左，大学在郊，天子之学曰辟雍，诸侯之学曰泮宫。据《周礼》记载，地方上有乡学、州序、党序等。无论是五帝之学、夏殷周三代之学，或是大学、小学，京师学校、地方学校，主要任务都是养老，祭祀，学礼乐才艺，行大射与乡饮酒、乡射等礼，以明人伦

---

〔1〕《新书》卷一《服疑》，第53页。
〔2〕《四书章句集注·孟子集注》卷五《滕文公章句上》，第259页。

道德。战国末期，刘邦同父异母的少弟刘交，曾与穆生、白生、申公跟从荀卿门人浮丘伯学习《诗》，这是一种私学。三代之后的秦朝，因提倡"以吏为师"，基本上不设学校，没有太学、辟雍等学校，更不用说京师与地方的国学（公学），甚至连师徒私自传授的私学也不准有，不得语《诗》《书》，私学只得停办，"及秦焚书，各别去"[1]。秦被推翻后，以吏为师、不准语《诗》《书》和道先王圣贤的禁令，也就不复存在了。楚汉之争时，好礼重儒的孔子故乡——鲁地，已逐渐恢复私学，讲经传礼。

自汉初刘邦立国到汉景帝时，一方面由于时局尚不稳定，异姓诸侯和同姓诸侯的反抗频频发生，经济凋敝，社会生产也未恢复，国家还没有力量来发展学校与教育（指国学、公学），"尚有干戈，平定四海，亦未皇庠序之事"；另一方面，文帝、景帝时期的窦太后尤好黄老刑名之学，不重视宣扬传授儒家六经的学校，"不任儒"，"诸博士具官待问，未有进者"[2]，儒生很少有提拔的机会。

窦太后死后，汉武帝"卓然罢黜百家，表彰六经"，独尊儒术，在京师兴办太学，地方设立郡国学（国指诸侯王国），后又在郡国以下的县、道、邑、侯国、乡、聚等地方设学，名儒纷纷办学，传授弟子，私学也得到长足的发展。同时，帝王、公卿、名臣、郡县官吏，皆重视学校与教育，宣扬礼义，传诵六经，一时学风兴起，为独尊儒术、传诵六经、宣扬纲常伦理创造了很好的历史机遇。

下面从公学、私学、重视教育的实例及其与礼义的关系等方面来论述。

（一）公学

古代的学校大体可分为两类，即公学与私学。公学包括皇帝与中央政

---

〔1〕《汉书》卷三十六《楚元王传》，第1921页。

〔2〕《汉书》卷八十八《儒林传》，第3592页。

府办的京师学校，地方政府办的郡、国、县、道的地方学校，以及乡、聚集体办的学校；私学主要是由儒生、经师个人办的学校。

公学的最高学府是京师的太学。西汉的太学，是汉武帝独尊儒术后，接受董仲舒的建议而设立的。实际上，关于设立太学的建议，在汉初时，就早已有人提出。文帝时贾谊曾经建言，应效仿上古三代特别是周，在京师设立太学及东南西北五学，让皇帝和太子首先接受教育（前面已经谈过，从略）。后来，文帝时的贾山也提出设立太学，说："臣不胜大愿，愿少衰射猎，以夏岁二月，定明堂，造太学，修先王之道。"[1] 武帝元朔五年建立博士弟子员，即立五经博士，"开弟子员，设科射策，劝以官禄"[2]。自武帝开始直到平帝、王莽时期，博士弟子员一直存在，并且不断地发展。哀帝时，司隶鲍宣获罪入狱，博士弟子为拯救他，在太学下集会的就达千余人，"宣坐距闭使者，亡人臣礼，大不敬，不道，下廷尉狱。博士弟子济南王咸举幡太学下，曰：'欲救鲍司隶者会此下。'诸生会者千余人。……上遂抵宣罪减死一等，髡钳"[3]。平帝时，博士弟子已达一万零八百人。博士弟子员学习的主要内容是六经与儒术，明确规定学习六艺（即六经），通一艺即可为官做吏。详见下面重视教育实例。

西汉时不仅设太学（博士弟子员），还设立具有准太学性质的辟雍、明堂，作为传授学习礼乐和行祭祀、养老之礼的地方。《春秋繁露·立元神》和《礼记·王制》中都提到辟雍，辟雍犹如京师的太学，但是，在西汉没有正式的京师学校（或太学），仅仅作为一种养老、行乡饮酒礼和射礼的地方。武帝时尚未建立辟雍，河间献王刘德曾在对策中谈到，将辟雍看作是古代的一种礼制（上面已有叙述）。成帝时，刘向首先提出应兴建辟雍，丞相、大司空等也奏请于长安城南立辟雍，准备筹建，因刘向与成

〔1〕《汉书》卷五十一《贾邹枚路传》，第2336页。

〔2〕《汉书》卷八十八《儒林传》，第3620页。

〔3〕《汉书》卷七十二《王贡两龚鲍传》，第3093—3094页。

帝的相继去世，最终没能成功。平帝元始四年，安汉公王莽又提出要立辟雍，第二年，羲和刘歆等为使者负责"治辟雍"。

辟雍具体有哪些职能？据《后汉书·光武帝纪下》记载，中元六年（前144年）兴建辟雍，李贤注引《汉官仪》说，三月、九月，都在辟雍举行乡射礼。《后汉书·明帝纪》记载，永平二年（59年）三月，明帝亲临辟雍，开始行大射礼。冬十月，又临辟雍，开始行养老礼。到西汉平帝时，才正式建立辟雍，目的也是行养老及乡射、大射之礼。东汉的制度沿袭西汉。

辟雍行养老和行射礼，与太学有相似之处。文帝时，贾山曾上疏，建议"养三老于太学，亲执酱而馈，执爵而酳，祝饐在前，祝鲠于后，公卿奉杖，大夫进履，举贤以自辅弼，求修正之士使直谏。故以天子之尊，尊养三老，视孝也"。[1] 博士弟子员（太学），学习六经与儒术，《礼》是六经之一，学习和举行射礼，无疑是太学生的重要课程。而且，王莽时期的太学设有行射礼之宫。董仲舒在《天人三策》中曾说，古代的帝王没有不以教化为最重要任务的，"是故南面而治天下，莫不以教化为大务。立太学以教于国，设庠序以化于邑"，颜师古注曰："庠序，教学之处也，所以养老而行礼焉。"[2] 不仅太学将养老与行射礼作为教育内容，地方学校也是如此，说明辟雍与太学确有很多相似且一致的地方，具有准太学的性质。

另外，明堂也是行各种礼仪与养老的地方，经常与辟雍一起出现，《礼记·明堂位》说，周公摄政时，曾在明堂朝见诸侯，以明天子与诸侯之礼，"明堂也者，明诸侯之尊卑也"。[3]《孝经》中也有记载，明堂是行祭祀祖宗之礼的地方。西汉从武帝开始设立明堂，元封二年秋，公玉带呈

---

〔1〕《汉书》卷五十一《贾邹枚路传》，第2330页。

〔2〕《汉书》卷五十六《董仲舒传》，第2503—2504页。

〔3〕《礼记集解》卷三十一《明堂位》，第841页。

上黄帝时的明堂图，于是武帝下令依照公玉带所呈明堂图，在汶上建治明堂，主要用作祭天、祭祖宗。元封三年十一月冬至，武帝在明堂祭祀上帝。五年春，祭祀高祖。昭、宣、元、成、哀帝时未说及。平帝元始四年，王莽奏请设立明堂，令刘歆等负责建造，且"祫祭明堂"[1]。王莽时，明堂用于行祭天、祭祖宗之礼之外，还用于朝见诸侯、养老、习射礼等。天凤四年六月，在明堂行诸侯受封仪式，授诸侯以茅土。居摄元年正月，"行大射礼于明堂，养三老五更，成礼而去"[2]。据东汉应劭所说，明堂可正四时，行教化。由此看来，西汉明堂既是天子举行各种礼仪的场所，也是养老、敬老、宣扬教化的地方，故也具有准太学的性质。

地方学校，主要是郡国学。武帝诏令天下郡国皆立学校之官，蜀郡太守文翁首先在成都设立学校，"修起学官于成都市中，招下县子弟以为学官弟子"[3]，并且规定，学官的诸生（弟子），必须是好孝悌和明经饬行者，所学内容主要是礼义和德行。宣帝时，韩延寿为东郡太守，"修治学官，……陈钟鼓管弦，盛升降揖让，及都试讲武，设斧钺旌旗，习射御之事"[4]。王尊为涿郡高阳人，宣帝时曾任师郡文学官，专治《尚书》《论语》，略通大义。郡国学，既讲《礼》《乐》《尚书》《论语》等六经与儒术，又习射箭、驾车、骑马等。元帝为郡国置五经百石卒史，以教授五经。当时，郡国以下的县、道、邑、列侯封国，乡及乡以下的村落——聚，也设有学校。平帝时，史书中就有了明确记载："立官稷及学官，郡国曰学，县、道、邑、侯国曰校。校、学置经师一人。乡曰庠，聚曰序。序、庠置《孝经》师一人。"[5]郡国的学校称学，郡国以下的县、道、邑及侯国的学校称校，校与学的学生主要学五经，设经师一人。最基础的乡

---

〔1〕《汉书》卷十二《平帝纪》，第358页。

〔2〕《汉书》卷九十九上《王莽传上》，第4082页。

〔3〕《汉书》卷八十九《循吏传》，第3626页。

〔4〕《汉书》卷七十六《赵尹韩张两王传》，第3211页。

〔5〕《汉书》卷十二《平帝纪》，第355页。

所设学校称庠，乡以下聚的学校称序。序、庠的学生主要学《孝经》，设《孝经》师一人。

由上可见，无论是京师的太学，准太学的辟雍、明堂，或者是地方的郡国学，县、道、侯国的学校，乡之庠，聚之序，学习和实行的主要是德行礼义、六经与儒术。

（二）私学

西汉的私学，主要是名儒、经师，以一经、五经或儒术、才艺传授弟子。武帝独尊儒术之后，私学日益发展，名儒、经师传授的弟子也越来越多。

秦朝虽行禁学令，但《易》为卜筮之书，不禁，因此，《易》学传受不绝。汉初，田何"授东武王同子中、洛阳周王孙、丁宽、齐服生，皆著《易传》数篇"[1]。景帝时，丁宽作《易说》三万言，授同郡田王孙，王孙授施雠、孟喜、梁丘贺，于是《易》有施、孟、梁丘之学。

秦被推翻后，好礼仪的叔孙通兴办私学，衣着儒服，传授弟子百余人。汉高祖刘邦称帝后，叔孙通与其弟子共同起草朝仪。

高后时，《诗经》名家浮丘伯在长安，楚元王让他的儿子郢客，和申公一起跟从浮丘伯学《诗》并卒业。

秦时的博士伏胜为《尚书》专家。西汉建立后，伏胜以《尚书》教于齐、鲁之间。最著名的学生是济南张生及欧阳生。文帝时，太常掌故晁错曾到齐拜伏胜为师学习《尚书》。

文帝时，申公治《诗》最精，为博士。后"归鲁退居家教，……弟子自远方至受业者千余人，申公独以《诗经》为训故以教"[2]。申公弟子为博士的有十余人，著名的有：王臧为郎中令、赵绾为御史大夫、孔安国官

---

〔1〕《汉书》卷八十八《儒林传》，第3597页。
〔2〕《汉书》卷八十八《儒林传》，第3608页。

至临淮太守、周霸为胶西内史、夏宽为城阳内史、砀鲁赐为东海太守、缪生为长沙内史、徐偃为胶西中尉、阙门庆忌为胶东内史。申公最后以《诗》《春秋》授瑕丘江公，"江公尽能传之，徒众最盛"[1]。

辕固，齐人，治《诗》学，景帝时为博士，以教授弟子为业。当时齐国以《诗》为官显贵的，皆是辕固的弟子[2]。

胡毋生，齐人，治《公羊春秋》，为景帝博士。年老后在齐国教授，齐国能言《春秋》的皆宗胡毋生[3]，公孙弘曾从其受《春秋》。

董仲舒通五经，精治《公羊春秋》，为景帝博士，与胡毋生同业，办私学传授弟子。

董仲舒的再传弟子眭孟，也传授《公羊春秋》，弟子达百余人。其中最著名的是严彭祖与颜安乐，"孟死，彭祖、安乐各专门教授，由是《公羊春秋》有颜、严之学"[4] 严彭祖再传弟子琅邪公孙文，为东平太傅，徒众甚多。颜安乐再传弟子琅邪左咸，曾为郡守九卿，弟子尤盛。

夏侯始昌通五经，以《齐诗》《尚书》教授弟子。夏侯始昌的族子夏侯胜，好《尚书》，并善说礼之丧服，曾传授太后《尚书》，封爵关内侯，官至长信少府；兰陵人疏广，年少好学，明《春秋》，在家设学教授，很多学者从远方慕名而至；王吉兼通五经，能为驺氏《春秋》，以《诗》《论语》教授学生；于定国已为廷尉，仍"迎师学《春秋》，身执经，北面备弟子礼"[5]；韦贤兼通《礼》《尚书》，以《诗》教授，号称"邹鲁大儒"；后仓说《礼》数万言，号曰《后氏曲台记》，授沛闻人通汉、梁戴德延君、戴圣次君、沛庆普孝公，由此，《礼》有大戴、小戴、庆氏之学；孔光明经学，家居教授门徒，弟子大多成就为博士大夫；朱博为琅邪太

---

[1]《汉书》卷八十八《儒林传》，第3608页。

[2]《汉书》卷八十八《儒林传》，第3612页。

[3]《汉书》卷八十八《儒林传》，第3616页。

[4]《汉书》卷八十八《儒林传》，第3616页。

[5]《汉书》卷七十一《隽疏于薛平彭传》，第3042页。

守，其门下掾赣遂耆老大儒，"教授数百人，拜起舒迟"；张山拊治《小夏侯尚书》，授平陵李寻、郑宽中少君、山阳张无故子儒、信都秦恭延君、陈留假仓子骄。宽中有俊才，开始守师法教授，后来以博士授太子；陈参以《礼经》教授弟子，王莽也曾从其学[1]；平当治《尚书》，授九江朱普公文、上党鲍宣，朱普为博士，鲍宣为司隶校尉，"徒众尤盛，知名者也"[2]。

夏侯胜再传弟子许商，"四至九卿，号其门人沛唐林子高为德行，平陵吴章伟君为言语，重泉王吉少音为政事，齐炔钦幼卿为文学"，颜师古注曰："依孔子目弟子颜回以下为四科也。"[3]

不仅经师、名儒以私学方式传播五经六艺，而且医术、卜筮也私自授受，并且特别强调礼义德行对于学医学卜的重要性。汉文帝时名医淳于意（与扁鹊齐名的仓公），以菑川唐里公孙光、公孙庆兄弟为师，尤其是跟从公孙庆学医，使淳于意闻名当世。淳于意行医授弟子，不仅好医术，更好礼义道德，其师公孙光曾说："意好数，……其人圣儒。"《索隐》曰："数，谓好术数也"，术，指医术；"圣儒，言意儒德，慕圣人之道，数云圣儒也。"[4] 儒德，指医德。淳于意对自己如此要求，教育弟子也重视儒家的礼义德行。

文帝时著名卜筮专家司马季主，卖卜于长安东市，也传授不少弟子。季主认为，卜数辨天地之道，日月之运，阴阳吉凶之本，必须讲仁义，言礼德。又说："且夫卜筮者，扫除设坐，正其冠带，然后乃言事，此有礼也。言而鬼神或以飨，忠臣以事其上，孝子以养其亲，慈父以畜其子，此有德者也。"[5] 卜筮的最终目的是宣扬忠孝、仁德和礼义。

[1]《汉书》卷九十九上《王莽传上》，第4039页。
[2]《汉书》卷八十八《儒林传》，第3604页。
[3]《汉书》卷八十八《儒林传》，第3604—3605页。
[4]《史记》卷一百五《仓公列传》，第2816页。
[5]《史记》卷一百二十七《日者列传》，第3219页。

由上可知，西汉一代，私学极为普遍，经师传授弟子，内容有多有少，有的根据各自实际情况，分类传授，不同对待，但基本上都以纲常伦理、五经、六艺为主要内容。医术、卜筮也私自传授弟子，除了教授才艺方术之外，也有礼义德行和忠孝慈爱的儒家要求。

（三）重视教育的实例及其与礼义的关系

公孙弘、王莽和董仲舒三人都很重视学校教育。

1. 公孙弘重视教育

公孙弘竭力主张发展学校，宣扬礼乐仁义，以建立博士弟子员为主要内容，培养人才。董仲舒向汉武帝建议设太学之后，公孙弘于元朔五年提出设博士弟子员。公孙弘说，三代之道，乡里有教，夏曰校、殷曰庠、周曰序，可以劝善，也可以惩恶。学校教育，始于京师，然后扩大到地方，由上及下，由内及外。并且指出，学校实不可缺，劝学兴教，崇化厉贤，风化四方，是天下太平的根源所在，因此，请奏设博士弟子员以兴学。在具体措施方面，公孙弘建议，开始的时候，人数可少些，为五经博士置弟子（学生）五十人，为了能专心攻读经传，可以免除其赋税徭役负担。至于博士弟子的来源，公孙弘建议，主要由掌宗庙礼仪的太常从民间挑选年满十八岁、品貌端正者，为博士弟子（学生），或者郡、国、县吏中，有好文学（学术、经术）、敬长上、肃政教、顺乡里、言行举止不违背礼义者，由县令、侯相、县长、县丞上报所属郡守、诸侯相等二千石吏，经过郡守、诸侯相等考察，认为符合条件的，就随郡上计吏一起前往京师，到太常那里从博士受业如弟子。

关于博士弟子的学习、考试、录用和罢免，公孙弘说，博士弟子攻读经书一年，则进行考试，能通一艺（一经）以上，可补文学掌故缺；成绩好的，可为郎中；如有特别优秀的，可以奏明天子；如果是不学的下材，以及不通一艺（一经）者，则将其罢免，将另外能通经艺可胜任者，奏请补用。太常及时上报他们的姓名、籍贯、出身和成绩。

先选用那些诵读经艺较多的弟子，人员不足的话，再选择掌故以补中二千石属吏，文学掌故补郡属吏，以扩大仕途，加快晋升速度。并且博士弟子员的设立、选拔办法，以及考核、晋升、罢免的律条，都要求"明布谕下"，"请著功令"，颜师古注认为，功令犹如后来的选举令。

公孙弘奏请设立博士弟子员，既发展学校教育又为国家培养选拔人才，皆以通晓与实行的礼义、五经、六艺为前提条件。

2．王莽重视教育

王莽非常重视学校教育，以办学校和行射礼为主要内容。

平帝时设学官，地方设学、校、庠、序，并置经师、《孝经》师，由王莽所奏立，委托刘歆等制定。至于太学（即博士弟子员），王莽先增加博士弟子人数，如增元士之子得受业如弟子，不受常额限制。后来，又将岁课二科扩大为三科："甲科四十人为郎中，乙科二十人为太子舍人，丙科四十人补文学掌故。"[1] 关于当时太学的情况，《三辅黄图》曾说，汉太学在长安西北七里，王莽为宰衡时，置为博士弟子筑舍万区，建于市郭上林苑中。据《太平御览》说，王莽在城郭西南兴建国学，为博士之宫。寺门北出，王于其中央为射宫，以习射礼。门西出殿堂南向为墙，选士肆射于此中。此外为博士舍三十区，环绕在四周。东为常满仓，仓之北为会市。列槐树数百行为隧，无墙屋，诸生朔望之日会此市。各持其郡所出货物，及经书传记，笙磬乐器，相与买卖，雍容揖让，或议论槐下。其东为太学宫。寺门南出，治令丞吏诘奸究，理词讼。"五（经）博士领弟子员三百六十，六经三十博士，弟子员八百人，主事高第侍讲各二十四人。学士同舍，行无远近皆随檐，雨不涂足，暑不暴首。"[2] 足见太学规模之大，学生之多，条件之优越。

地方的学、校、庠、序，设"经师"和"孝经师"，讲授儒术和《孝

---

〔1〕《汉书》卷八十八《儒林传》，第3596页。

〔2〕参见《太平御览》卷七十九、卷五百三十四。

经》。京师的太学，由博士、侍讲传授六经或行射礼。

对于汉宗室后裔和王莽子孙，也以儒家礼义和六经等加以教育。元始五年，王莽根据《论语》所载孔子之言"君子笃于亲，则民兴于仁"（《论语·泰伯》），为汉宗室自太上皇族亲，设置宗师加以教育，"郡国置宗师以纠之，致教训焉。二千石选有德义者以为宗师"[1]。

王莽为教育子孙不违法乱纪，曾发愤作"书八篇"以戒子孙，并令郡国学和地方官吏诵读教授，"宜班郡国，令学官以教授"，"事下群公，请令天下吏能诵公戒者，以著官簿，比《孝经》"[2]。王莽以德义忠孝作为主要的教育内容，十分重视子孙与汉朝宗室后裔的教育。

3. 董仲舒的教育思想

董仲舒是重视学校与教育的杰出代表，教育思想十分丰富，大致可以概括为五个方面：第一，人为什么要进行教育；第二，教育的主要内容；第三，教育的途径与形式；第四，教育方式的特点；第五，教育需要与社会实际结合，其中特别谈到教化与政治的关系（前已谈及，今从略）。

还要重申一下教育的意义，在董仲舒看来，教育可以培养贤才、改良吏治，以巩固政权；教育可以促进思想统一，以实现"推明孔氏，抑黜百家"[3]；教育可以更好地维护封建伦理道德，以稳定社会秩序，"教之可以化民"，教化可以"成政"。教育的目的、途径、形式及意义，都与三纲五常、五经、六艺密切相关。因此，宣扬儒家的礼义与六经，是董仲舒关于教育的指导思想与基本内容。

董仲舒除了重视学校教育外，还注重社会教育，认为只有从中央到地方的各级政府官吏和社会所有的人都重视教育，才能把教育真正搞好。同时，也强调教育是关系到朝廷、家庭、社会的大问题。在董仲舒看来，

---

[1]《汉书》卷十二《平帝纪》，第 358 页。
[2]《汉书》卷九十九上《王莽传上》，第 4066 页。
[3]《汉书》卷五十六《董仲舒传》，第 2525 页。

如果能重视学校教育、社会教育，又切切实实以好的道德、才艺教育社会上所有的人，那么，从君主到贵族，从官吏到人民，从父祖到子孙，从尊长到卑幼，都会以礼义约束自己，以仁义对待别人，还能专心学习各门经传技艺，不会随便越礼违法。世风得到改善，家庭和睦、社会安定、朝廷团结，也培养了官吏与人民的高尚道德情操，提高了整个民族的素质。因此，教育关系到国家政治、社会风尚、民族素质。各级各类教育要一起抓。公学方面，从京师的太学到地方郡国学，乃至乡聚的庠序；私学方面，从经师、名儒到行医、占卜者各自传授弟子，以及公孙弘、王莽、董仲舒等人重视教育与思想，都与贯彻纲常伦纪、礼义德行、五经六艺密切相关。学校与教育，是西汉一代经学教育、传播、贯彻的重要组成部分。

总之，西汉一代的选举与学校，包括了选举的途径、科目及其具体条件；从京师到地方的各级公学、私学，以及学习内容与要求的设置；选举与学校的积极提倡者的各种主张等，都使得选举与学校制度更完善、更健全，培养了更多更好的人才，吏治也得到进一步改良。同时，为了宣扬礼义德行和六经，让各级官吏和学生受到礼义的熏陶，使儒家的三纲五纪、五常之道和六经，成为人们社会活动的准则。所以，西汉的选举与学校，不仅与礼义及六经密切相关，而且以贯彻儒家礼义与六经为根本宗旨。

三、家庭与乡党之礼

家庭、乡党是国家的基层组织。周代的行政区划为家、比、闾、族、乡，汉朝为户、什、里、亭、乡。这些基层组织，与政权的巩固及社会的安定关系极大。如何使家庭、乡党安定而有秩序呢？用德教礼义加以教育与约束是十分必要的。《论语》里有《乡党》篇，首句说："孔子于乡党，恂恂如也，似不能言也。"朱熹注曰："恂恂，信实之貌。似不能言者，谦卑逊顺，不以贤知先人也。乡党，父兄宗族之所在，故孔子居之，其容貌辞气如此。"[1] 乡党之礼非常严格，连孔子这样的圣贤，也如此谦虚恭敬。家庭之礼也一样，对子孙、奴婢、佣工、家人，都有严格要求。

西汉在这方面的礼也很讲究。当时立于学官的《仪礼》《礼记》《大戴礼记》，以及民间流传的《周礼》，对于家庭、宗族、乡党之礼，都有具体记载。《礼记·曲礼》有为人子之礼，兄弟与姑姊妹之礼，叔嫂关系之礼；《礼记·内则》有子媳如何对待舅姑（公婆）之礼，有家庭生活及夫妇之礼；《礼记·坊记》有"睦于父母之党"之礼，以酒肉聚宗族而睦民；《礼记·乡饮酒》有敬尊长，知养老而行孝悌之礼，以及尊贤尚齿；《礼记·射义》有卿大夫士习射，必先行乡饮酒礼，以明长幼之序。《周礼·大司徒》中记载民有十二教，"以阳礼教让则民不争"[2]，郑玄注曰："阳礼，谓乡饮酒礼也。"在行政管理上，"令五家为比，使之相保；五比为闾，使之相受；五闾为族，使之相葬；五族为党，使之相救；五党为州，使之相赒；五州为乡，使之相宾"[3]。《周礼·宗伯》中有以乡饮酒之礼，亲近宗族兄弟；以宾射之礼，亲近故旧朋友；以飨燕之礼，亲近四方的宾客等。这些关于家庭、乡党之礼，当时在官吏、博士、儒生和民间得到广泛的诵读和流传。

西汉的最高统治者，为了使刘氏天下得到巩固和发展，维护政权长治久安，稳定社会秩序，特别强调忠孝。从汉惠帝开始，皇帝前冠以"孝"字。官吏的选拔，也以孝悌、孝廉为条件和要求，特别是孝悌之德。孝悌是家庭、宗族、乡党中最为重要的礼义，有孝悌，就有忠恕，也就有了仁爱信义。因此，西汉一代对于家庭乡党之礼非常重视。

---

[1] 《四书章句集注》卷五《乡党第十》，第117页。

[2] 《周礼正义》卷十八《大司徒》，第705页。

[3] 《周礼正义》卷十九《大司徒》，第751页。

（一）家庭之礼

西汉家庭之中，非常强调父母与子女，以及祖孙之间的礼。汉高祖刘邦虽然做了皇帝，仍十分尊父、孝父。刘邦从洛阳回到栎阳（其父太公居处），每五日便朝拜太公。并下诏曰："人之至亲，莫亲于父子，故父有天下传归于子，子有天下尊归于父"[1]，这是人道至极。文帝为代王时，母亲薄太后有病，文帝就亲自为母亲喂汤喂药，尽心服侍了三年，"陛下（指文帝）居代时，太后尝病，三年，陛下不交睫解衣，汤药非陛下口所尝弗进。夫曾参以布衣犹难之，今陛下亲以王者修之，过曾参远矣"[2]。文帝之子，窦太后之子梁孝王武，也十分孝顺。每每得知太后有病，就忧虑得吃不下饭，想留在长安侍奉太后。同时，弟对于兄也非常尊敬。齐悼惠刘肥是高帝外妇所生，也就是惠帝同父异母的兄弟，惠帝二年冬十月，刘肥来长安行朝礼后，"帝与齐王燕饮太后前，置齐王上座，如家人礼"[3]。

不仅帝王家，列侯家也重视家庭之礼。楚元王的孙子休侯富，其母（称太夫人）与窦太后有亲，景帝三年吴楚七国反后，太夫人请求留在京师，景帝下诏同意了。休侯富立即令他的四个儿子留在长安，供养、服侍其母，"太夫人与窦太后有亲，惩山东之寇，求留京师，诏许之。富子辟强等四人供养，仕于朝"，颜师古注曰："四子以在京师供养其祖母，故仕于汉朝也"[4]。

景帝、武帝时期，石奋的家庭之礼是一个典范。石奋在高帝时官为中涓，文帝时因功以为太中大夫，他为人恭谨，举朝无人可以与其相比，景帝时，以为九卿。石奋有四个儿子：建、甲、乙、庆，皆孝悌严谨，官至

---

〔1〕《汉书》卷一下《高帝纪下》，第62页。
〔2〕《汉书》卷四十九《爰盎晁错传》，第2269页。
〔3〕《汉书》卷三十八《高五王传》，第1987页。
〔4〕《汉书》卷三十六《楚元王传》，第1925—1926页。

二千石，石奋因此被称为"万石君"。景帝末年，石奋以上夫禄归老于家。"子孙为小吏，来归谒，万石君必朝服见之，不名。子孙有过失，不谯让，为便坐，对案不食。然后诸子相责，因长老肉袒固谢罪，改之，乃许。子孙胜冠者在侧，虽燕必冠，申申如也。……其执丧，哀戚甚。子孙遵教，亦如之"〔1〕，子孙为官在朝在外的，回来要行归谒之礼；子孙有过失有处置之礼；对于尊长，有子孙候侍之礼；丧事，则有为亲持丧之礼等。石奋诸子中以长子石建最为孝顺，武帝建元二年，石建为郎中令，每逢休假日，一定会梳洗沐浴，穿着整齐。回家后，先谒见父亲，然后再到自己房舍，并偷偷询问家中仆人父亲的生活起居及健康状况。与此同时，他又取父亲内裤内衣，亲自洗涤，晒干折叠好再交给仆人，一直坚持做而不让父亲知道。石奋去世，石建由于过度哀悼思念，以致忧虑身亡。

武帝时，金日磾的母亲教诲儿子，行礼要有法度，必然包括家庭之礼。后来母亲病逝，日磾每次见到母亲图像，"常拜，向之涕泣，然后乃去"〔2〕。

王莽早期的一些做法，也是注重家庭之礼的典型事例。王莽侍奉母亲及寡嫂、养孤兄子，无微不至，内事诸父，曲尽礼意，"阳朔中，世父大将军凤（王凤）病，莽侍疾，亲尝药，乱首垢面，不解衣带连月"〔3〕，当王莽为其子宇、其兄之子光同日娶亲时，宾客满堂，有人说起他的母亲有病痛，王莽好几次离开酒席，辞谢宾客，为母亲送汤送药，并加以安慰。

为宣扬与履行家庭之礼，对于那些不孝不悌、不能为百姓做出表率的官吏实行罢免。大司空何武因对其后母不孝被罢职，即是一例。何武的后母住在沛郡，何武派小吏归迎。但恰逢成帝病死，小吏怕路上有盗贼，对武母不利，所以将何武的母亲仍留在沛郡。当时的大臣批评"武事亲不

---

〔1〕《史记》卷一百三《万石张叔列传》，第2764页。

〔2〕《汉书》卷六十八《霍光金日磾传》，第2960页。

〔3〕《汉书》卷九十九上《王莽传上》，第4039页。

笃"。刚即位的哀帝就罢免他说："君举错烦苛，不合众心，孝声不闻，恶名流行，无以率示四方。其上大司空印绶，罢归就国。"[1]

夫妇之间也要以端庄严肃为有礼。宣帝时京兆尹张敞在家中为妻子画眉，遭到有司的讨论和指斥，张敞认为闺房之内是夫妇的私人空间，却因此始终未任高官。哀帝时，朱博"为人廉俭，不好酒色游宴，自微贱至富贵，食不重味，案上不过三杯，夜寝早起，妻希见其面"[2]，克勤克俭，得以自立，朱博被士大夫所称道，后来，代师丹为大司空。

家庭中除父祖、子孙、夫妇（妇包括妻与妾）、兄弟、姊妹、姑舅、媳妇等人员之外，还有家僮（家童）、僮奴、奴婢、僮客、食客、宾客、庸保、赁作等。

汉高帝时，濮阳周氏有家僮数十人。吕后时，陈平曾以奴婢百人送陆贾。武帝时，临邛富人卓王孙有僮客八百人。《汉书·卫青传》记载，卫青的父亲郑季，以县吏给事武帝姐阳信长公主家，因为与主家僮卫媪私通，生下卫青。宣帝时，张安世有家僮多至七百人，皆有手技作事。成帝时王凤等五侯群弟，奴仆有数千。王莽私买侍婢送给朱博，家有"僮奴衣布"。哀帝时，丞相孔光、大司空何武奏请诸侯王可占有奴婢二百人，列侯公主百人，关内侯、吏民三十人。家僮、僮客、僮奴、侍婢，实际上都是奴婢，且人数众多，与他们之间的交往也要讲究礼仪。

对待家人。绛侯周勃自免相就国后，每当河东太守、都尉视察地方至绛县时，周勃都十分畏惧，恐怕被诛，故"常被甲，令家人持兵以见"[3]。

对待宾客。义纵为定襄太守，"掩定襄狱中重罪二百余人，及宾客昆弟私入相视者亦二百余人"[4]，义纵监审狱中犯有重罪的犯人，他们的宾

〔1〕《汉书》卷八十六《何武王嘉师丹传》，第3486页。

〔2〕《汉书》卷八十三《薛宣朱博传》，第3407页。

〔3〕《汉书》卷四十《张陈王周传》，第2056页。

〔4〕《汉书》卷九十《酷吏传》，第3654页。

客、兄弟私自入狱探视的就有二百多人，最后都受到重判。宾客与食客相似，《汉书·灌夫传》中说，"家累数千万，食客日数十百人。波池田园，宗族宾客为权利，横颍川"。[1]

庸保，赁作。当年，兒宽处于贫困之时，一边传授弟子，一边替人耕作。兒宽曾亲自为弟子们烧火做饭，时常被人雇佣劳作，锄地耕作时还带着经书。卓文君与司马相如私奔，回到临邛开酒店时，"相如身自着犊鼻裈，与庸保杂作，涤器于市中"，颜师古注曰："庸即谓赁作者。"[2] 实际上都是仆佣，或者近似仆佣。

奴婢、仆佣，也就是僮仆，与主人的礼又如何呢?《汉书·万石君传》载："僮仆䜣䜣如也，唯谨。"颜师古注曰："唯以谨敬为先。"[3] 也就是说，僮仆的一言一行必须十分谨慎，对于主人必须十分恭敬。壶关三老茂上书所说："父者犹天，母者犹地，子犹万物也。……父慈母爱室家之中，子乃孝顺。"[4] 汉宣帝称扬颍川太守黄霸使百姓向化，孝子、弟悌、贞妇、顺孙也会越来越多。

父母、兄弟、夫妇、宾客以及僮仆的"谨敬"，是家庭之礼的主要内容，也是西汉经学史中不可或缺的重要方面。

(二) 宗族、乡党之礼

与家密切相关的是同始祖、同高祖、同曾祖、同祖的宗族。东汉初班固所辑的《白虎通义》说，始祖的后嗣者为大宗，高祖、曾祖、祖、父之后嗣者为小宗，一大宗四小宗，彼此互通有无，相互帮衬，以这种方式管理宗族内部的人。族是聚集、凑集的意思，东汉章帝建初四年，儒生、博士在白虎殿讨论关于宗族的意见和主张时提出，"恩爱相流凑也，上凑高

---

〔1〕《汉书》卷五十二《窦田灌韩传》，第 2384 页。
〔2〕《汉书》卷五十七上《司马相如传上》，第 2531—2532 页。
〔3〕《汉书》卷四十六《万石卫直周张传》，第 2194—2195 页。
〔4〕《汉书》卷六十三《武五子传》，第 2744 页。

祖，下至玄孙，一家有吉，百家聚之，合而为亲，生相亲爱，死相哀痛，有会聚之道，故谓之族"〔1〕这是沿袭西汉的观点而来，两汉基本相仿。大宗、小宗通其有无，经理族人，吉事相庆，凶事相哀，这既是宗族内的权利，也是义务，既是亲情，也是风俗习惯，所以是宗族之礼的重要内容。

万石君石奋严格要求子孙遵守宗族的规矩和礼节。有一次，石奋的儿子官内史石庆，吃醉了酒乘车回家，进里巷的外门时没有下车。石奋知道后，非常生气，怒而不食。后来，经过整个宗族及长子石建的请罪，并加以责备，才宽恕了石庆。从此以后，石庆及诸子进里门时，都得下车，然后走回家中。这是同一族人，若有违背礼节的行为，则同受谴责，同当罪过。

宣帝时，韩延寿为官左冯翊，高陵县有一对兄弟为争田而相讼，县吏不知如何处理。后经宗族的责让，才言归于好。家中违礼之事，当有宗族来处理。

宗族之外是乡党。同一乡党内的人，有相庆相哀，相助相爱，尊长养老，尊贤尚齿，以明尊卑长幼之序和礼让尚德的种种要求。文帝时，晁错提出徙民实边，以加强边防。但要为迁徙的百姓先修筑房屋，每家有一堂二房，五家为伍，十伍为里，十里为连，十连为邑，使"幼则同游，长则共事"〔2〕，"生死相恤，坟墓相从"〔3〕，这是相庆相哀、相助相爱的重要表现，也是乡党之礼的一种体现。

当时，乡党之礼的一个重要内容，是举行乡饮酒礼和乡射礼。刘邦打败项羽，统一中国之初，鲁地中有很多儒生讲诵习礼，弦歌之音不绝于耳，其中就有演习乡饮之礼，这是汉初地方上行乡饮酒礼的例子。汉武帝时，司马迁"北涉汶泗，讲业齐鲁之都。观夫子遗风，乡射邹峄"〔4〕，这

---

〔1〕《白虎通疏证》卷八《宗族》，第397—398 页。

〔2〕《汉书》卷四十九《爰盎晁错传》，第2289 页。

〔3〕《汉书》卷四十九《爰盎晁错传》，第2288 页。

〔4〕《汉书》卷六十二《司马迁传》，第2714 页。

是武帝时地方上行乡射礼的见证。

武帝之后继续举行这些乡间礼仪，以维护地方秩序，使人民安居乐业。昭帝时，韩延寿为颍川太守，俗多朋党，民多怨仇，韩延寿即教以礼让。宣帝时韩延寿为东郡太守，依然崇尚礼义，好古教化，表孝悌有行。"修治学官，春秋乡射。……又置正、五长，相率以孝弟，不得舍奸人"，执政东郡三年，"令行禁止，断狱大减，为天下最"〔1〕。

乡饮酒、乡射之礼与尊老养老、孝悌礼让等乡党之礼，都十分重要。司马迁曾说过："射乡食飨，所以正交接"〔2〕，乡饮酒等礼，可以端正和协调人与人之间的交往和联络关系，使邻里乡亲和睦相好。闻人通汉也说："乡射合乐者，礼也，所以合和百姓也。"〔3〕乡党之礼必不可少。如果乡党之礼缺失，则"九族忘其亲亲之恩，饮食周急之厚弥衰，送往劳来之礼不行"〔4〕，必然会出现社会秩序的混乱。正如《汉书·礼乐志》所说，如果乡饮酒之礼废，那么必然长幼之序乱，而争斗之狱多。

（三）同居与共财问题

同居问题关系到家庭，财产问题不仅关系到家庭，还关系到宗族和乡党。《仪礼·丧服》说："父子一体也，夫妻一体也，昆弟一体也，故父子首足也，夫妻牉合也，昆弟四体也。故昆弟之义无分，然而有分者，则辟子之私也。子不私其父，则不成为子，故有东宫，有西宫，有南宫，有北宫，异居而同财，有余则归之宗，不足则资之宗。"〔5〕一家之中，兄弟之间好像一个人的四肢，不能分离，应当居住在一起。宗族各家可以分居，但财产不能分割，必须共有，这样才可以互补有无，同舟共济。

---

〔1〕《汉书》卷七十六《赵尹韩张两王传》，第3211—3212页。

〔2〕《史记》卷二十四《乐书》，第1186页。

〔3〕《通典》卷七十七《礼三十七》，第418页。

〔4〕《汉书》卷八十三《薛宣朱博传》，第3386页。

〔5〕彭林译注：《仪礼·丧服第十一》，长沙：岳麓书社，2002年，第288页。

秦经商鞅变法之后，规定一家有二男就要分家，即分财异居。在西汉经学家看来，这与不知礼义的禽兽没有什么差别。贾谊曾这样说，商君遗礼义，弃仁恩，"故秦人家富子壮则出分，家贫子壮而出赘。借父耰锄，虑有德色；母取箕帚，立而谇语。抱哺其子，与公并倨；妇姑不相说，则反唇而相稽。其慈子耆利，不同禽兽者亡几耳"〔1〕

秦时至汉初，也没有实行父子兄弟别居异财。高祖刘邦与兄嫂一起居住，财产共有，"初，高祖微时，常避事，时时与宾客过其丘嫂食"〔2〕。汉九年冬十月，趁各诸侯王来未央宫朝见时，高祖对父亲太上皇说：过去您老常说我无利入家，不能治产业，不如二兄仲勤奋能积财。说明刘邦的父子兄弟没有分居，也没有分财产。刘邦的平常花费，多数是他二兄的积财。

另外，汉初名相陈平，少时家贫，好读书，家里有田地三十亩，与兄伯同居。兄伯时常耕田，陈平只管读书游学。说明陈平在秦时与其兄同居共财。

汉最高统治者也鼓励兄弟同居。惠帝即位时有诏说："今吏六百石以上父母妻子同居，……家唯给军赋，他无有所与。"〔3〕某一男子若与为官六百石以上的兄弟，或伯父、叔父同居的话，可以享受只纳军赋而无其他赋役负担的优厚待遇。

由于最高统治者的提倡，当时主张同居而不分财的《仪礼》虽没有立博士，但鲁高堂生已在广泛传授《士礼》十七篇（即《仪礼》十篇）。文帝时期的廷尉张释之，也是与其兄同居共财，"兄仲同居，以赀为骑郎，事文帝，十年不得调，亡所知名。释之曰：'久宦减仲之产，不遂。'欲免归"〔4〕张释之不仅与兄仲同居，而且用兄长的钱买骑郎官，因久做骑郎

〔1〕《汉书》卷四十八《贾谊传》，第 2244 页。

〔2〕《汉书》卷三十六《楚元王传》，第 1922 页。

〔3〕《汉书》卷二《惠帝纪》，第 86 页。

〔4〕《汉书》卷五十《张冯汲郑传》，第 2307 页。

不得升迁，开支大，收入少，花去兄长的不少钱，使兄长的财产逐渐减少，所以自己要求免职回家。

武帝时，《仪礼》立于学官，设博士，同居共财得到进一步的发展与宣扬。知识渊博、诙谐好辩的东方朔，与兄嫂同居共财。西汉末年的王莽，也主张同居而共财，与兄嫂侄子没有分过家。

文帝"礼高年，九十者一子不事，八十者二算不事"，颜师古注曰："一子不事，蠲其赋役。二算不事，免二口之算赋也。"〔1〕奖励家有八十、九十的老祖父，而子孙同居不分家者。

建元元年，武帝先于二月下诏："年八十复二算，九十复甲卒"，后于四月又下诏："民年九十以上，已有受鬻法，为复子若孙，令得身帅妻妾遂其供养之事。"〔2〕一方面免除家有老年而同居的子孙的赋役，另一方面督促同居的子孙履行供养老人的义务。

元帝初元五年四月诏令，从官给事宫司马中与祖父母、父母、兄弟同居的，可以与在宫中任职的兄弟或子侄入宫见面。能够入宫，是一种优待与荣誉，也是对同居者的表扬与鼓励。

两汉一代，共财于兄弟、宗族、乡党的现象非常普遍。除了张释之、东方朔、王莽之外，武帝时御史大夫卜式，多与弟共财，他"以田畜为事。有少弟，弟壮，式脱身出，独取畜羊百余，田宅财物尽与弟。式入山牧，十余年，羊致千余头，买田宅。而弟尽破其产，式辄复分与弟者数矣"〔3〕不仅有兄弟共财，也有与宗族、朋友共财的。元帝时，嗣富平侯张临，是大司马卫将军领尚书事、富平侯张安世之孙，家产极多。张安世在世时，"都内别藏张氏无名钱以百万数"，"内治产业，累积纤微，是以能殖其货，富于大将军光（霍光）"〔4〕，他生前极为节俭，临终却将财产

〔1〕《汉书》卷五十一《贾邹枚路传》，第2335—2336页。
〔2〕《汉书》卷六《武帝纪》，第156页。
〔3〕《汉书》卷五十八《公孙弘卜式兒宽传》，第2624页。
〔4〕《汉书》卷五十九《张汤传》，第2652页。

分施于宗族故里。

宣帝时，杨恽（司马迁外孙）不仅将财产分予宗族，而且还分给后母的外家，"初，恽受父财五百万，及身封侯，皆以分宗族。后母无子，财亦数百万，死皆予恽，恽尽复分后母昆弟，再受訾千余万，皆以分施"[1]。

宣帝时循吏朱邑，虽身为九卿，但"居处俭节，禄赐以共九族乡党，家无余财"[2]，将俸禄家财与九族共有，比之与宗族共有，又扩大至九族。一般说的宗族是同始祖，也称为同宗，即父姓之一族。所说的九族，据《白虎通义·宗族》载，是指父族四、母族三、妻族二。朱邑之所以将财产与九族乡党共有，是因为他爱家乡——桐乡之民，桐乡之民也爱他。他临死时，叮嘱其子曰："我故为桐乡吏，其民爱我，必葬我桐乡，后世子孙俸尝我，不如桐乡民。"[3] 后来，根据其遗愿，葬于桐乡西郭外，当地百姓果然共同为朱邑起冢立祠，至东汉初期不绝。这是共财的权利与义务的体现，表明了共财于宗族、乡党的深刻意义。

王莽时，郇越"散其先人訾千余万，以分施九族州里"[4]，进一步扩大共财范围，由九族乡党至于州里。与嫂侄同居不分财的同时，还将钱、田分给九族贫民。王莽之女聘为平帝皇后，聘金受钱六千三百万，将其中的一千万分于九族贫者。又上书，愿出钱百万，献田三十顷，交付大司农帮助供给贫民。后来，王莽索性将让田于九族乡党作为一种法令、一种制度，即"王田令"，"其男口不盈八，而田过一井者，分余田予九族邻里乡党。故无田，今当受田者如制度"[5]。"王田令"是王莽登上"新室"皇帝以后颁布的，王莽成为继惠帝、文帝、武帝、元帝之后，又是一位提倡同居共财的君主。

---

〔1〕《汉书》卷六十六《公孙刘田王杨蔡陈郑传》，第2890页。

〔2〕《汉书》卷八十九《循吏传》，第3636页。

〔3〕《汉书》卷八十九《循吏传》，第3637页。

〔4〕《汉书》卷七十二《王贡两龚鲍传》，第3095页。

〔5〕《汉书》卷九十九中《工莽传中》，第4111页。

汉代普遍实行同居共财，一方面是由于最高统治者的提倡，另一方面是《仪礼》《礼记》《尚书》《周礼》《春秋》等经籍的宣扬，也是由于一些公卿大臣、名儒贤人的表率作用。除上面提到的卜式、张临、杨恽、疏广、朱邑等外，武帝时丞相公孙弘，节衣缩食，将自己的家财俸禄供养宾客故旧，也属于这种情况。经学大师董仲舒，批评周代之后"卿大夫缓于谊而急于利，亡推让之风而有争田之讼"[1]，他自己"去位归居，终不问家产，以修学著书为事"[2]，显然是主张共财的。同居共财，特别是共财，对于家庭、宗族、乡党、地方的安定团结，无疑是有利的，不但维护了六经和礼义，也巩固与稳定了封建统治秩序。

总之，家庭、乡党之礼，在西汉一代，得到了全面的宣扬与贯彻，它为维护君臣父子夫妇之礼，尊卑、长幼、上下、主仆的等级制度，以及社会秩序的安定，封建统治的巩固，起到了很大的作用，对后世及近现代的影响也很深刻。但是，祖孙、父子、兄弟同居共财，要长期且普遍做到这一点也不容易，诸如兄弟争田地、财产，父母兄弟别籍的事件也经常发生。西汉初期的儒家重要代表人物陆贾，主张将家财传于子，而不与宗族共享，并支持诸子分居不共财。

同时，由于各地风俗习惯有异，对于家庭乡党礼的遵循、实行，也不尽相同。如雍、梁二州及长安一带，居民五方错杂，风俗不纯。世家好礼义，富人则以商贾为利，豪杰则与游侠通奸。河内本是殷旧都所在地，"薄恩礼，好生分"，颜师古注曰："生分，谓父母在而昆弟不同财产。"[3]河东本为尧所居之地，其民有先王遗教，君子深思，小人俭陋，"皆思奢侈之中，念死生之虑"[4]，比较重礼；周公之子伯禽为鲁侯封地，因有圣人教化，故百姓尚礼义，重廉耻，懂得尊尊而亲亲；太原上党一带，好复

---

〔1〕《汉书》卷五十三《董仲舒传》，第 2521 页。
〔2〕《汉书》卷五十三《董仲舒传》，第 2525 页。
〔3〕《汉书》卷二十八下《地理志下》，第 1647—1648 页。
〔4〕《汉书》卷二十八下《地理志下》，第 1649 页。

仇争名，"父兄被诛，子弟怨愤，至告讦刺史二千石，或报杀其亲属"[1]。

当时的不少游侠、豪杰，也有谦恭退让君子之风，惜老怜贫之情。王莽时期，楼护有故人吕公夫妇，年老无子，投奔楼护。楼护为官期间，他的妻子和母亲与吕公同居共食。当楼护辞职居家时，楼护的妻子开始有些厌烦吕公，楼护听闻后，泣涕流泪并责骂其妻："吕公以故旧穷老托身于我，义所当奉。"[2] 于是奉养吕公终身。这是故友之间同居共财的体现。

以上虽有少数分居不同财，但更多的是尚礼义重廉耻，为亲人复仇，供养无子老人，以及谦逊退让的风尚，与匈奴"苟利所在，不知礼义。……壮者食肥美，老者饮食其余。贵壮健，贱老弱。父死，妻其后母；兄弟死，皆娶其妻妻之"[3] 的情形完全不同。因此，汉代极为重视宣扬和贯彻家庭、乡党之礼。

四、断事与决狱

汉高祖刘邦以太牢祠孔子，重视儒家经典，诸儒生开始得以修习经学，汉武帝更进一步独尊儒术，表彰六经。六经等儒家经典，皆是礼与义的体现与反映，武帝独尊儒术后，六经便成为人们社会活动的指导思想。

首先是以《春秋》等经义来指导政治，汉武帝、汉宣帝等君主都主张以《春秋》等经义作为人们政治、法制活动，乃至社会经济文化活动的根据、准则、借鉴与指南。从国家大政方针，到乡党、宗族、家庭生活及有关事务，往往以《春秋》等经义作为根据和准则。简括地说，也就是以六经的经义来处理和断决日常生活中所发生的事情，以经义断事。这种情况在西汉很普遍。现就《尚书》《春秋》经义断事和其他经义断事两个方面

---

〔1〕《汉书》卷二十八下《地理志下》，第1656页。

〔2〕《汉书》卷九十二《游侠传》，第3709页。

〔3〕《汉书》卷九十四上《匈奴传上》，第3743页。

来集中讨论。

(一)《诗》《礼》《易》《论语》《孝经》等经义断事

武帝孙昌邑王刘贺好游猎，驱驰国中，言行没有节制。当时，著名诗人王吉为昌邑国中尉，引《诗经·桧风·匪风》"匪风发兮，匪车揭兮，顾瞻周道，中心怛兮"疏谏王[1]，古代军队日行三十里，吉行五十里，而今大王不到半天就奔驰二百里，百姓为了给王治道牵马，而荒废农桑，劳累伤财，但"昔召公述职，当民事时，舍于棠下而听断焉。是时人皆得其所，后世思其仁恩，至乎不伐甘棠，《甘棠》之诗是也"[2]。王吉以《匪风》《甘棠》之诗，谏说昌邑王要节制游猎，爱民重农。名儒龚遂以明经为昌邑国郎中令，见刘贺作为多不正，也以《诗》等经义规劝王，欲其改邪归正。王吉、龚遂以《诗》谏诤，尽得辅政之义，令人敬重。

元帝时，西域都护骑都尉甘延寿、西域副校尉陈汤，联合西域汉兵胡兵四万人，在没有得到元帝的授权下，矫制下令杀了侵伐西域小国、杀害汉使的匈奴郅支单于，为汉与西域小国除害。元帝称赞延寿、汤功，想给他们加官封爵。但中书令石显、丞相匡衡都不同意，认为他们擅自兴师矫制，不诛其罪已是大幸，哪里还谈得上晋官加爵，大家议论纷纷，无法决断。当时为宗正的刘向认为，西域都护延寿、副校尉汤的举动，立下了千载之功，建万世之安定。刘向以周大夫诛猃狁（匈奴之先）的《诗》为依据，要求元帝奖赏延寿与陈汤，刘向说："昔周大夫方叔、吉甫为宣王诛猃狁而百蛮从，其《诗》曰：'啴啴焞焞，如霆如雷，显允方叔，征伐猃狁，蛮荆来威。'"[3] 甘延寿、陈汤所诛郅支单于，震惊西域，虽《诗》的雷霆，也不能相比。论其大功而不录其小过，举其大美者不庇细瑕，应

---

〔1〕 （宋）朱熹注，赵长征点校：《诗集传》卷七《桧风十三》，北京：中华书局，2011 年，第 112 页。

〔2〕《汉书》卷七十二《王贡两龚鲍传》，第 3058 页。

〔3〕《汉书》卷七十《傅常郑甘陈段传》，第 3017 页。

当勉励他们的功劳。于是元帝封延寿为义成侯，赐汤爵关内侯，食邑各三百户，加赐黄金百斤，并拜甘延寿为长水校尉，陈汤为射声校尉。

另外，哀帝将其母丁太后附葬于其父定陶恭王之陵园，是根据《诗经·王风·大车》的"谷则异室，死则同穴"[1]。可见，当时以《诗》的经义教育规劝诸侯，以《诗》经义论功行赏，又以《诗》的经义来治丧办葬。

汉宣帝非常重视《礼》，特别爱好《礼记》，他不但听取丞相魏相关于《礼记·明堂位》《礼记·月令》对于政治有借鉴意义的建议，而且还亲自根据《礼记》的思想内容下诏。元康三年夏六月，诏曰："前年夏，神爵集雍。今春，五色鸟以万数飞过属县，翱翔而舞，欲集未下。其令三辅毋得以春夏摘巢探卵，弹射飞鸟。具为令。"[2]《礼记·月令》有孟春之月，"命祀山林川泽，牺牲毋用牝，禁止伐木，毋覆巢，毋杀孩虫、胎、夭、飞鸟，毋麛，毋卵"[3]，季春三月"田猎，罝罘、罗罔、毕翳、餧兽之药，毋出九门。是月也，命野虞无伐桑柘，鸣鸠拂其羽，戴胜降于桑"[4]，宣帝按照这些要求来具体贯彻，春夏为万物生长发育、鸟兽繁殖哺育的时期，应该禁止杀伐捕捉，让其生育繁殖成长以应天时，也合乎人伦道义。

王莽由安汉公升为摄皇帝，也是遵循了《礼记》的经义。当时的一些大臣根据《礼记·明堂位》中"武王崩，成王幼弱，周公践天子之位，以治天下。六年，朝诸侯于明堂，制礼作乐，颁度量，而天下大服"[5]的经义，"请安汉公居摄践祚，服天子韨冕，背斧依于户牖之间，南面朝群臣，听政事。车服出入警跸，民臣称臣妾，皆如天子之制"[6]，并且得到元后

---

[1]《诗集传》卷第四《王风第六》，第61页。

[2]《汉书》卷八《宣帝纪》，第258页。

[3]《礼记集解》卷十五《月令第十六之一》，第418—419页。

[4]《礼记集解》卷十五《月令第十六之一》，第433页。

[5]《礼记集解》卷三十一《明堂位》，第842页。

[6]《汉书》卷九十九上《王莽传上》，第4080页。

的同意而实行，第二年，便改元居摄。

王莽执政时期各种制度的改革，很多也是根据《周礼》，甚至在其灭亡之前，妄图以《周礼》规定的哭，来抵制赤眉、更始军的进关围攻。地皇四年秋天，各路义军压境，王莽十分恐惧，不知如何是好。大司空崔发就说，《周礼》"国有大灾，则哭以厌之。……宜呼嗟告天以求救"[1]，王莽便照此办理，他"搏心大哭，气尽，伏而叩头。又作告天策，自陈功劳，千余言。诸生小民会旦夕哭，为设飧粥，甚悲哀及能诵策文者除以为郎，至五千余人"[2]。

《礼》的经义，不仅可以作为夺权做皇帝、改革各种制度、爱护鸟兽生灵的根据，而且还可以作为以十分可笑的哭来抵制灾难的根据。

汉宣帝时，丞相魏相对《易经》关于阴阳的理论很有研究，多次据《易阴阳》上奏。他曾上书宣帝说："君动静以道，奉顺阴阳，则日月光明，风雨时节，寒暑调和，三者得叙。则灾害不生，五谷熟，丝麻遂，草木茂，鸟兽蕃，民不夭疾，衣食有余。若是，则君尊民说，上下亡怨，政教不违，礼让可兴。……臣愚以为阴阳者，王事之本，群生之命，自古贤圣未有不由者也。……愿陛下选明经通知阴阳者四人，各主一时，时至明言所职，以和阴阳，天下幸甚！"[3]汉宣帝很重视魏相阐发的《易经》阴阳理论和具体的措施与建议，也十分赞赏，并加以采纳实施。

在刑罚的制定、使用上，有时也依据《易》的经义。王莽时期施行的将人烧死之刑，是根据《易·离卦·九四爻辞》的"焚如，死如"，便是明证。

《论语》与《孝经》，虽然西汉时尚未列入五经或六经，也未立博士，但作为儒家经典，在当时非常流行，并得到君主的重视，也成为君主治理

---

[1]《汉书》卷九十九下《王莽传下》，第4187页。
[2]《汉书》卷九十九下《王莽传下》，第4188页。
[3]《汉书》卷七十四《魏相丙吉传》，第3139—3140页。

朝政及人们社会活动的根据、准则、指南与借鉴。董仲舒在《贤良对策》的第一策中，为了说明天元、符命、灾异、情性、阴阳、刑德，以及五常之仁义礼知信等问题，就引用了《论语》七个方面的内容作为理论根据，足以说明《论语》对于董仲舒的对策具有重要的指导意义。汉武帝对此也特别赞赏，"天子览其对而异焉"[1]，表明汉武帝和董仲舒都非常重视《论语》，把《论语》作为理政治民和社会活动的准则与借鉴。

汉宣帝也是如此，他自幼学习《论语》《孝经》，操行节俭，慈仁爱人。宣帝于地节四年下了一个父祖子孙夫妇有罪可以相互隐匿的诏令，这个诏令实际上也根据《论语》而来。所以，《论语》在西汉一代，对君臣士民的指导意义极为普遍和广泛。

作为诸侯王，汉武帝兄弟河间献王刘德研读《孝经》，曾从董仲舒问《孝经》。地方官吏东郡太守韩延寿与地方官吏士兵也读《孝经》，行《孝经》之义。

(二)《尚书》《春秋》经义断事

汉武帝非常重视《尚书》，曾向《尚书》专家兒宽问《尚书》中的一篇，根据《尚书》的体裁格式，策封齐王、燕王、广陵王等三王诏策。封广陵王曰："於戏，小子胥，受兹赤社！朕承祖考，维稽古建尔国家，封于南土，世为汉藩辅。……《书》云：'臣不作威，不作福，靡有后羞。'於戏，保国艾民，可不敬与！王其戒之。"[2]《三王世家》注《索隐》记载："三王策皆武帝手制"[3]，为武帝亲自撰写。据《汉书·武帝纪》，元狩六年夏四月乙巳，"庙立皇子闳为齐王、旦为燕王、胥为广陵王，初作诰"，服虔注曰："诰敕王，如《尚书》诸诰也。"[4]

---

[1]《汉书》卷五十六《董仲舒传》，第 2506 页。

[2]《史记》卷六十《三王世家》，第 2113 页。

[3]《史记》卷六十《三王世家》，第 2111 页。

[4]《汉书》卷六《武帝纪》，第 179—180 页。

汉宣帝也根据《尚书》中尧亲九族之事，以关怀宗室子孙，使罪者得以恢复属籍。地节元年夏六月，汉宣帝下诏曰："盖闻尧亲九族，以和万国，朕蒙遗德，奉承圣业，惟念宗室属未尽而以罪绝，若有贤材，改行劝善，其复属，使得自新。"颜师古注曰："《尚书·尧典》云：'克明俊德，以亲九族。九族既睦，平章百姓。百姓昭明，协和万邦。'故诏引之。"[1]

元帝时，丞相韦玄成奏请罢除太上皇寝庙园，给事中平当却不同意。平当上书元帝说，高皇帝圣德受命，有天下而尊太皇，这好比周朝的文王、武王追尊太王、王季，"此汉之始祖，后嗣所宜尊奉以广盛德，孝之至也。《书》云：'正稽古建功立事，可以永年，传于亡穷。'"颜师古注曰："今文《泰誓》之辞。言能正考古道以立功立事，则可长年享国。"[2]平当以《尚书·泰誓》的经义，认为不能废太上皇寝庙园，而应作为汉的始祖，永远立庙祭祀。元帝因其言之有理并符合礼，故采纳了平当的建议，不再废除太上皇庙，下诏恢复太上皇寝庙园。

王莽常以《尚书》经义为依据进行改制。平帝时，王莽根据《尚书·尧典》定天下为十二州，上书说："圣王序天文、定地理，因山川民俗以制州界。汉家地广二帝三王，凡十三州，州名及界多不应经。《尧典》十有二州，后定为九州，汉家廓地辽远，州牧行部，远者三万余里，不可为九。谨以经义正十二州名分界，以应正始。"[3]平帝表示同意，"奏可"。

平帝一死，王莽立孺子刘婴为帝，自己为摄皇帝，自比于周公辅成王。当时，东郡太守翟义、严乡侯刘信、东郡都尉刘宇，以及信弟武平侯刘璜等结谋反对王莽，立刘信为天子。王莽依《尚书·大诰》作大诰（即诏令），谴责诛伐翟义、刘信等。王莽抱着孺子刘婴对群臣说："昔成王幼，周公摄政，而管蔡挟禄父（即纣王子武庚禄父）以叛，今翟义亦挟刘

---

[1]《汉书》卷八《宣帝纪》，第 246 页。
[2]《汉书》卷七十一《隽疏于薛平彭传》，第 3049—3050 页。
[3]《汉书》卷九十九上《王莽传上》，第 4077 页。

信而作乱，自古大圣犹惧此，况臣莽之斗筲！"群臣都附和曰："不遭此变，不章圣德。"于是，王莽"依《周书》作《大诰》"，颜师古注曰："武王崩，周公相成王而三监、淮夷叛，周公作《大诰》，莽自比周公，故依放其事。"[1]

可见，西汉的君臣包括王莽，不仅以《尚书》经义作为行为的根据，而且对于《尚书》的体裁格式、用字造句，也加以借鉴与遵循。也就是说，不仅根据《尚书》的内容，也遵循《尚书》的形式。

从景帝时开始，西汉以《春秋》经义断事，比之其他儒家经典更为普遍。景帝时始立《春秋》博士。齐人胡毋生，精治《春秋》，为景帝博士。董仲舒少时治《春秋》，孝景时为博士。同时，《春秋》也越来越被君臣士民所重视，成为人们行为和活动的准则与根据。

汉景帝时，梁孝王与景帝都是窦太后所生，二人关系很好，窦太后也特别喜欢梁孝王，曾想将梁孝王立为景帝太子。她对景帝说："吾闻殷道亲亲，周道尊尊，其义一也。安车大驾，用梁孝王为寄。"[2]后来，景帝把太后的话，告诉袁盎和其他通晓经术的大臣。袁盎等根据《春秋》经义，认为不可，梁孝王嗣景帝之事也就没能实现。这是在继嗣问题上，根据《春秋》经义加以决断和处理。汉武帝时，赞同董仲舒《春秋》"大一统"的观点，尊奉儒术，崇尚春秋公羊学。可见，《春秋》经义可以作为国家大政方针和社会活动的根据和准则。

以《春秋》经义还可以约束官吏。建元元年因对策而擢为第一的严助，任中大夫多年后，希望到家乡任会稽太守，汉武帝满足了他的要求。但严助在会稽太守任上多年，并没有取得好的政绩和声名，武帝就诏令他根据《春秋》经义进行汇报（前已有述，现从略）。

以《春秋》之义征讨胡越。元鼎六年，南越相吕嘉的权势日甚一日，

---

〔1〕《汉书》卷八十四《翟方进传》，第3428页。

〔2〕《史记》卷五十八《梁孝王世家》，第2091页。

在民众中威信高于南越王。吕嘉不但阻止南越王上书汉皇帝，还称病不见汉使。王太后认为："南越内属，国之利。"[1] 吕嘉欲阴谋作乱，妄图另立术阳侯建德为王。王太后一心想除掉吕嘉的势力，但力量不够。武帝得知后，决定征讨南越，平定吕嘉的谋乱。武帝下诏曰："天子微弱，诸侯力政，讥臣不讨贼。吕嘉、建德等反，自立晏如，令粤人及江淮以南楼船十万师往讨之。"颜师古注曰："力政谓兵力相加也。讥臣不讨贼者，《春秋》之义。"[2] 武帝以"《春秋》责在而不讨贼者"之义，而讨伐南越相吕嘉等叛乱。

自高帝、高后以来，匈奴一直是北方强敌，汉廷屡屡遭其侵伐。太初四年，汉朝在诛灭大宛，威震外国之后，武帝就准备围困匈奴，以报仇雪耻。于是下诏曰："高皇帝遗朕平城之忧，高后时单于书绝悖逆。昔齐襄公复九世之仇，《春秋》大之。"颜师古注曰："《公羊传》庄四年春，齐襄公灭纪，复仇也。襄公之九世祖昔为纪所谮，而烹杀于周，故襄灭纪也。九世犹可以复仇乎？曰：虽百世可也。"[3] 根据《春秋》复仇之义，武帝决定诛伐匈奴，以报祖宗之仇。

宣帝时，大将军霍光及其子侄亲属擅爵专权，公卿与官吏往往以《春秋》讥世卿，表示反对。地节二年，大司马将军霍光去世，宣帝因霍光有功于朝廷，准许霍光的儿子霍禹因袭父亲的爵禄，封为博陆侯，又封霍光兄的长孙山、云皆为列侯。当时为大行治礼丞的萧望之，见霍光死后其子禹袭父之职，复为大司马，兄长孙山领尚书事，亲属皆宿卫内侍，对此，萧望之心有忧虑。地节三年夏，京师发生雨雹之灾之时，萧望之随即上疏说，《春秋》记载，昭公三年天降大雨雹，是因为季氏专权而驱逐昭公。宣帝思政求贤，有尧舜一样的用心，但善祥不至，阴阳不和，出现雨雹，

---

〔1〕《汉书》卷九十五《西南夷两粤朝鲜传》，第3855页。

〔2〕《汉书》卷九十五《西南夷两粤朝鲜传》，第3857页。

〔3〕《汉书》卷九十四上《匈奴传上》，第3776—3777页。

是因为"大臣任政，一姓擅势之所致也。附枝大者贼本心，私家盛者公室危"[1] 萧望之以《春秋》灾异谴责大臣专权世职之意，来反对霍氏专政。此疏为宣帝所称赞，萧望之奏毕，便拜为谒者。后来，为御史大夫的魏相，也以《春秋》经义讥世卿，认为宋国三世为大夫，鲁国季氏专权，都是危乱国家的现象。魏相上书宣帝，应约束霍光子侄亲属专政大权，以避免危害国家。魏相的建言也受到宣帝的称赞。不久，当许后被霍氏所杀的阴谋揭露出来后，宣帝立即罢免了霍氏三侯。

汉成帝和匡衡、梅福等，根据《春秋》之义，封孔子后裔为殷（商朝）之后。元帝和成帝时，匡衡和梅福根据《春秋》"当存先代之后"的大义，认为应当以孔子后裔为殷之后。元帝时，派人求殷商之后，但分散为十余姓，推求其子孙，都不自知其昭穆世系之数，所以，无法作为殷后而加封。匡衡根据"《春秋》之义，诸侯不能守其社稷者绝"，认为周朝以宋国为殷后，今宋国已不能守其统而失国，当更立殷后为始封君，而上承汤统。并且，孔子曾自称为殷人，所以，应当以孔子后世为汤后。成帝时，梅福又上书，宜建三统，封孔子后裔以为殷后。他说："《春秋经》曰：'宋杀其大夫。'《穀梁传》曰：'其不称名姓，以其在祖位，尊之也。'此言孔子故殷后也，虽不正统，封其子孙以为殷后，礼亦宜之。何者？诸侯夺宗，圣庶夺嫡。传曰'贤者子孙宜有土'。而况圣人，又殷之后哉！"[2] 成帝采纳梅福以《春秋》之义所谏，立孔子后裔为殷后。绥和元年下诏，以孔子后奉汤祀，封孔吉为殷绍嘉公，赐封田百里。

甚至王莽的专权与篡政，也往往根据《春秋》经义。元始三年，王莽的女儿为平帝皇后，当时信乡侯佟上疏说："《春秋》，天子将娶于纪，则褒纪子称侯，安汉公（王莽封爵）国未称古制"[3]，对于这段话，《汉

---

[1]《汉书》卷七十八《萧望之传》，第3273页。

[2]《汉书》卷六十七《杨胡朱梅云传》，第2925页。

[3]《汉书》卷九十九上《王莽传上》，第4052页。

书·外戚恩泽侯表序》载"后父据《春秋》褒纪之义",应劭注曰:"《春秋》,天子将纳后于纪,纪本子爵也,故先褒为侯,言王者不取于小国。"〔1〕根据《春秋》经义,应当增加作为皇后之父王莽的爵邑,公卿大臣们在讨论时,都说:"古者天子封后父百里,尊而不臣,以重宗庙,孝之至也。佟言应礼,可许。请以新野田二万五千六百顷请益封莽"〔2〕,根据《春秋》经义,增加了王莽的食邑封地。

王莽废汉王朝,自立"新"王朝,仿效孔子作《春秋》,至鲁哀公十四年而毕之意。他曾这样说,我为大司马、宰衡、摄皇帝、假皇帝时,深知刘汉的赤德气数已尽,故千方百计希望延续下去。然而根据"孔子作《春秋》以为后王法,至于哀之十四而一代毕,协之于今,亦哀之十四也。赤世计尽,终不可强济。皇天明威,黄德当兴,隆显大命,属予以天下"〔3〕,即百姓所说的"皇天革汉而立新,废刘而兴王"的体现。"亦哀之十四",是指汉成帝末年,王莽已为大司马辅政,经过哀帝六年、平帝五年、孺子婴居摄三年,共十四年。根据《春秋》之意,"哀之十四年"为一代的结束,所以刘"汉"赤德已尽,当由王"新"的黄德代之。王莽废"汉"立"新",定立年号,改正朔,既是依《春秋》经义之意,也是受皇天之命。

由上可见,西汉一代,《春秋》《尚书》《诗》《礼》《易》和《论语》《孝经》等经义,被作为政治和社会活动的指南与根据、准则与借鉴。同时,不仅根据、借鉴诸经的内容,而且也根据、借鉴一些经的形式,如《尚书》。因此,经义的作用及其指导意义极为明显,在日常生活中的运用十分普遍,是必须遵循的制度和准绳。

根据《诗》教,使君主能正确对待臣下的功过,让诸侯王改邪归正;

---

〔1〕《汉书》卷十八《外戚恩泽侯表》,第678页。
〔2〕《汉书》卷九十九上《王莽传上》,第4052页。
〔3〕《汉书》卷九十九中《王莽传中》,第4109页。

根据《礼记》禽兽生育繁殖的时期不得捕杀，以保持生态平衡；根据《论语》先德教而后刑罚，对人民以教育为主；根据《易》遵道德奉阴阳，为政有节爱民；根据《孝经》要求诸侯王行为端正，要求官吏不可任意行罚；根据《春秋》约束官吏，消除内乱外患，批评世卿专权；根据《尚书》作诰敕王，庄严肃穆，比较得体。这些经义既符合礼义，又合情合理，必须予以肯定。

当然，也有反面的效果，如根据《易》之"焚如"而作酷刑焚烧杀人，根据《尚书》不废多余的宗庙，根据《周礼》以哭来抵制人民的反抗，根据《春秋》为专权篡政找借口，等等。这些虽说有礼义上的根据，但只是强词夺理，有些只是愚蠢的笑料，应该予以否定。这也是在独尊儒术、经义指导一切，以及制度不完备的情况下，各取所需而已。所以，对于经义断事，必须认真对待，进行具体分析，既不能任意肯定，也不能任意否定，这才是探讨经义断事的客观而正确的态度与方法。

（三）《尚书》经义决狱

六经及《论语》《孝经》等经义，是人们政治、社会活动的指南与准则，所以经义不仅可以断事，也可以用来断案和决狱。由于当时独尊儒术，以礼义为主要内容的经义高于一切。礼虽说高于法，但礼与法又十分相近，正如后人所说："礼经三百，威仪三千，故《甫刑》大辟二百，五刑之属三千。礼之所去，刑之所取，失礼则入刑，相为表里者也。"[1] 另一方面，因为当时的法制还不够完备，特别是司法方面，所以，经义断案决狱的情况比较多。经义决狱主要依据《春秋》《尚书》，最多的是《春秋》经义决狱。现就《尚书》经义决狱、《春秋》经义从轻断案、《春秋》经义从重决狱、经义决狱的意义与影响等方面来进行说明。

《尚书》经义决狱，可以追溯到汉文帝时期根据《尚书》经义，废迁

---

[1]《后汉书》卷四十六《郭陈传》，第455—456页。

阴谋反汉的淮南厉王刘长。当时，淮南厉王刘长一贯违法乱纪，对抗中央，他"废先帝法，不听天子诏，居处无度，为黄屋盖拟天子，擅为法令，不用汉法"[1]，文帝首先令其舅、将军薄昭给刘长写书信加以切责，其中有"周公诛管叔，放蔡叔，以安周"[2]等语，以《尚书·周书》的经义，警告刘长，不得继续胡作非为。但刘长不知悔过，也不约束自己，而是变本加厉地招募宾客、罪犯，还使人勾结闽越、匈奴，阴谋共同反汉。被发觉后，廷尉奏明刘长所犯不轨，应当弃市。结果，参与淮南王阴谋反汉的人，都被诛戮，刘长亦被废，迁蜀严道，死在雍地。但是，淮南支持刘长谋反的人，却作歌称赞淮南王，批评文帝。文帝自言："尧舜放逐骨肉，周公杀管蔡，……不以私害公"，颜师古注曰："鲧及共工皆尧舜之同姓，故云骨肉。"[3]尧舜与鲧、共工都是同姓骨肉，周公与管叔、蔡叔也是兄弟。《尚书》记载："流共工于幽州，放驩兜于崇山，窜三苗于三危，殛鲧于羽山。"[4]武王死后，成王幼，周公代侄摄政，但"管叔及其群弟，乃流言于国，曰：'公将不利于孺子（成王）'，周公乃告二公（太公与召公）曰：'我之弗辟，我无以告我先王。'周公居东二年，则罪人斯得"[5]，后来，周公的弟弟管叔、蔡叔，殷纣王的儿子武庚等果然率兵反叛，周公乃奉成王命兴师东伐，作大诰，伐管叔、杀武庚、放蔡叔。

武帝时，以《尚书》经义决狱之例则更多。"以古法义决疑狱"，即以《尚书》经义决疑狱，张汤为廷尉，对于一些疑难案子，往往是根据《尚书》经义加以论处断决。《尚书》专家儿宽，也是因为帮助廷尉掾史以《尚书》经义断疑案而得以闻名，可惜没能保存下更多的事例。

西域副校尉陈汤与西域都护甘延寿，共同诛讨叛汉的匈奴郅支单于，

---

〔1〕《汉书》卷四十四《淮南衡山济北王传》，第2141页。

〔2〕《汉书》卷四十四《淮南衡山济北王传》，第2139页。

〔3〕《汉书》卷四十四《淮南衡山济北王传》，第2144页。

〔4〕《十三经古注·尚书》卷一《尧典第一》，第6页。

〔5〕《十三经古注·尚书》卷七《周书·金縢第八》，第45页。

元帝时，以功封爵拜官。成帝时，丞相匡衡奏曰："汤以吏二千石奉使，颛命蛮夷中，不正身以先下，而盗所收康居财物，……虽在赦前，不宜处位"[1]，只得罢职免官。接着，又因陈汤上书言康居王侍子并非王子，经核实验查，实际上是王子，陈汤应当下大狱被处死。而太中大夫谷永有不同看法，他认为，鉴于陈汤有诛郅支单于之功，应根据《尚书》经义记功忘过，要求免死从宽。谷永上疏说，能够克敌取胜的有功之将，是国之爪牙，不可不重。这是春秋至汉的历史经验，如赵国有廉颇、马服，强秦则不敢窥兵赵的西界；汉有郅都、魏尚，匈奴则不敢南向沙幕。关内侯陈汤不畏难险，兴师远征，斩郅支单于首，为汉雪耻报仇，威震百蛮，武扬四海，为汉初以来，征伐方外之将所未尝有。今陈汤因言事不实，久拘牢狱而历时不决，还将被治以死罪，这是重蹈秦王杀大将白起的覆辙，与《尚书·周书》"记人之功，忘人之过，宜为君者也"的经义背道而驰。谷永曰："夫犬马有劳于人，尚加帷盖之报，况国之功臣者哉！窃恐陛下忽于鼓鼙之声，不察《周书》之意，而忘帷盖之施，庸臣遇汤，卒从吏议，使百姓介然有秦民之恨，非所以历死难之臣也。"[2] 成帝采纳了谷永的意见，免除了陈汤关内侯之爵，宽恕其罪。

可见，从西汉初期文帝到西汉后期成帝时，都曾经以《尚书》经义来断案决狱；张汤为武帝廷尉时，以《尚书》经义断案、决狱，则更为普遍。

（四）《春秋》经义从轻断案

西汉时期以《春秋》经义决狱断案，十分普遍，事例也特别多，可分为《春秋》经义从轻断案和《春秋》经义从重决狱两个方面。

以《春秋》经义从轻断案，可从"亲亲之道"、不得已而"以生易

---

〔1〕《汉书》卷七十《傅常郑甘陈段传》，第3020页。
〔2〕《汉书》卷七十《傅常郑甘陈段传》，第3021页。

死"、同情女子、"原心定罪"、"父为子隐"、"恶恶止其身"而不株连、
"诛首恶"而恕随从、"以功覆过"等方面来说。其中"以功覆过"与上
面说过的《尚书》经义"记人之功,忘人之过"相仿,故从略。

景帝根据《春秋》经义不得已而"以生易死"宽恕济北王。景帝三
年,吴楚等七国谋反。发兵之前,齐曾暗地里与胶西、菑川、济南三国通
谋,后来"城守不行"。济北在最初之时也和吴楚通谋,后来又坚守不发
兵。汉廷平定七国之乱后,齐王自杀,并且不得立嗣。济北王也欲自杀,
当时齐人公孙玃对济北王说,让我把您的情况跟梁孝王(梁孝王与景帝关
系最亲密)说明一下,使景帝了解具体情况,如果不听,再死也不晚。公
孙玃就以《春秋》经义说服梁孝王,使景帝不怪罪济北王。公孙玃对梁孝
王说,济北是诸侯国中一个四面受敌的小国,其力既不足以自守,也不足
以御寇。最初与吴国有谋,只不过是权宜之计,暂许吴国以避祸,虽失言
于吴,也是迫不得已,就像春秋时郑国大夫祭仲,允许宋人立公子突,以
救其君,虽不合于义,却是不得已而为。所以"《春秋》记之,为其以生
易死,以存易亡也"[1]。并说,如果当时济北王明确表示不从吴楚,那么,
吴兵必先经过齐而控制济北,同时招收燕赵等国。如此,对汉廷更加不
利。何况济北最后能"守职不桡",坚守不从。这种情况,可比之于《春
秋》所称道的郑国大夫祭仲。梁孝王听后,十分高兴,并派人把公孙玃的
话转告景帝,景帝也表示同意。于是济北王免除死罪,徙封于菑川。

景帝根据《春秋》经义"亲亲之道",而宽恕梁孝王。袁盎曾劝景帝
和窦太后,不应立梁孝王为太子,景帝于当年夏天,立胶东王(即武帝)
为太子。为此,梁孝王对袁盎恨之入骨,与谋士羊胜、公孙诡等策划,暗
地里使人刺杀袁盎及其他议臣十余人。事情被发觉后,羊胜、公孙诡均自
杀。其实,景帝对梁王也有怨恨,梁孝王十分恐惧,恐有诛戮、惩罚之
罪。邹阳便以《春秋》"亲亲之道",说服景帝王夫人(武帝生母)兄盖

---

[1]《汉书》五十一《贾邹枚路传》,第2356页。

侯王信，再由王信将此意转奏给景帝，因而得以宽恕梁孝王。邹阳对王信说，春秋时，鲁公子庆父（庄公弟）使仆人邓扈乐杀子般（庄公太子），结果归罪于邓扈乐。庆父之弟季友，不追究庆父罪而诛邓扈乐。庆父亲杀闵公而出奔，季友纵而不追，免其贼乱之罪，《春秋》以为亲亲之道，称赞季友亲其兄，而放纵庆父。结果，王信听从了邹阳的关于《春秋》"亲亲之道"，并乘暇转奏于景帝。景帝表示赞同[1]。

董仲舒在《春秋决狱》和《春秋繁露》中，根据《春秋》经义，对女子的遭遇表示同情。董仲舒《春秋决狱》共记录了二百三十二事，今仅存六事。《通典》卷六十九保存了二事，《太平御览》卷六百四十保存了二事，《白孔六帖》卷二十六、卷九十一保存了二事。所存的六则案例中，董仲舒根据《春秋》经义，有五则案例是从轻宽恕的。同情女子，寡妇可以改嫁，就是其中一例（前面已有叙述，今从略）。这里所说的同情女子，董仲舒在《春秋繁露》中也有反映。董仲舒说，《春秋》应天作新王之事，时王黑统正，"三正以黑统初，……法不刑有怀任新产，是月不杀。听朔废刑发德"[2]，妇女在怀孕、生养、哺乳时期，根据《春秋》之义，应讲德爱而不用刑罚。决狱的官吏如遇到此类案件，也应该从宽处理。

关于"原心定罪"。哀帝初即位，给事中申咸鉴于原丞相薛宣对后母生不供养，死不守丧，而且操办邛成太后的丧事时匆忙草率，被认为是不忠不孝，所以，薛宣不适合再任列侯。当时，薛宣的儿子薛况为右曹侍郎，听后十分愤怒，使宾客杨明毁坏了申咸的面容，断其鼻唇，身上八处受伤。事后，御史中丞众等认为，薛况为首恶，杨明亲手伤人，其意俱恶，皆大不敬，应当重论，薛况等应判处死刑。廷尉直以为，"《春秋》之义，原心定罪。原况以父见谤发忿怒，无它大恶。加诋欺，辑小过成大辟，陷死刑，违明诏，恐非法意，不可施行。圣王不以怒增刑。明当以贼

[1]《汉书》五十一《贾邹枚路传》，第2355页。
[2]《春秋繁露》卷七《三代改制质文》，第188—189页。

伤人不直，况与谋者皆爵减完为城旦"。[1] 廷尉直根据《春秋》"原心定罪"之义，将薛宣的儿子薛况免死减刑。哀帝即将此意见询问公卿议臣，除了丞相、大司空反对外，其他自将军以下至博士议郎都表示同意，免除薛况的死罪。于是，哀帝也支持多数的意见，将薛况减罪一等，远徙敦煌。

关于"父为子隐"。这也是董仲舒《春秋决狱》仅存的六则案例之一（前面已有介绍，今从略）。这是董仲舒根据《春秋》"父为子隐"、反对连坐族诛、主张一人有罪一人当的经义，实行轻刑宽恕的思想的反映。这比汉宣帝提出的父母匿子，"罪殊死，皆上请廷尉以闻"早了五十年。

关于"恶恶止其身"而不株连，也是根据《春秋》经义反对连坐族诛。高帝、文帝时有族诛，武帝时除族诛之外，还有连坐，"以法诛通行饮食，坐相连郡，甚者数千人。……于是作沈命法，曰：'群盗起不发觉，发觉而弗捕满品者，二千石以下至小吏主者皆死。'"[2] 这种判决与《春秋》经义相违背。昭帝时，文学儒生就说："《春秋传》曰：'子有罪，执其父。臣有罪，执其君，听失之大者也。'今以子诛父，以弟诛兄，亲戚相坐，什伍相连，若引根本之及华叶，伤小指之累四体也。……恶恶止其人，疾始而诛首恶，未闻什伍而相坐也。"[3] 文学儒生根据《春秋》之义"恶恶止其身"，反对株连父子、兄弟、亲戚和邻里。

关于"诛首恶"而恕随从。成帝鸿嘉年间，广汉盗贼群起，孙宝为益州刺史，负责处理此事。当时的广汉太守扈商，性情软弱不胜职守。孙宝认为，广汉盗贼之所以这样多，是扈商失责所造成的，扈商应是"乱首"。根据《春秋》之义，"诛首恶而已"。因此，只需诛乱首扈商，而宽恕群盗。孙宝一到任，亲入山谷，谕告群盗说，你们本非造意，只要回归家

〔1〕《汉书》卷八十三《薛宣朱博传》，第3395—3396页。
〔2〕《汉书》卷九十《酷吏传》，第3662—3663页。
〔3〕《盐铁论校注》卷十《周秦第五十七》，第585页。

乡，安心耕织，即使是首领，也可悔过自新，免于论处。将虿商下狱后，有人奏言所宽恕的群盗中有为首领的，也应当治罪，这样，孙宝由于过失也被论罪。结果，孙宝因放纵了群盗的首领，所以被罢官，但益州官民大多称赞孙宝的做法[1]。

以上无论是"亲亲之道"、"父为子隐"、同情女子、不得已而"以生易死"、"原心定罪"或者是"恶恶止其身"、"诛首恶"恕随从等，都是从亲属相爱，考虑动机目的，要求免罪轻刑来考量，也是一人犯罪一人当而不株连，即使集体犯法也只惩首领，有从宽的意义，也维护了礼义。

（五）《春秋》经义从重决狱

以《春秋》经义从重决狱，可以从"志邪者不待成""臣毋将，将而诛""诸侯专地""不尊上公""杀世子诛"等方面来讨论。

"志邪者不待成"是《春秋》重志的体现。董仲舒《春秋》决狱仅存的六个案例中，有五个案例是从轻判决的，有一个案例是依法从严的，这与"《春秋》之论事，莫重于志"[2] 相关，也是"《春秋》之听狱也，必本其事而原其志。志邪者不待成，首恶者罪特重"[3] 的集中表现。

"臣毋将，将而诛"是与君主对抗的谋反逆乱罪。武帝元狩元年，淮南王安谋反。赵王彭祖、列侯让等四十三人都认为，淮南王刘安大逆无道，谋反之罪很清楚，应当伏诛。胶西王刘端也说，刘安废弃法度，行为邪僻，有诈伪心，以乱天下，迷惑百姓，背叛宗庙，妄作妖言。根据"《春秋》曰：'臣毋将，将而诛。'安罪重于将，谋反形已定。臣端所见其书印图及它逆亡道事验明白，当伏法。……以章安之罪，使天下明知臣子之道，毋敢复有邪僻背叛之意"[4]。武帝采纳了刘端的议论，根据《春

〔1〕《汉书》卷七十七《盖诸葛刘郑孙毌将何传》，第3258页。
〔2〕《春秋繁露》卷一《玉杯》，第24页。
〔3〕《春秋繁露》卷三《精华》，第89页。
〔4〕《汉书》卷四十四《淮南衡山济北王传》，第2152—2153页。

秋》经义"臣毋将，将而诛"，重惩淮南反案，结果刘安自杀，人诛国灭。

与"臣毋将，将而诛"相仿的，有"君亲无将，将而诛"。王莽的孙子功崇公王宗因擅自画服天子衣冠，还刻了三块印：一曰"维祉冠存己夏处南山藏薄冰"，二曰"肃圣宝继"，三曰"德封昌图"，想要继王莽之后为帝。王宗还与获罪的舅父吕宽私自通信联系。王莽即以《春秋》"君亲无将，将而诛"，将王宗贬爵、改号，迫使王宗自杀。

据"《春秋》之义，诸侯不得专地"。匡衡于元帝建昭三年，拜相封乐安侯，封于僮地乐安乡。乐安乡原本有田地三千一百顷，南部以闽佰为界，但是，初元元年，郡国的地图将闽佰误以为平陵佰。过了十几年，当匡衡来到乐安乡时，便将错就错，封平陵佰为界，凭空增加了四百顷土地。司隶校尉许骏、少府忠，据实劾奏匡衡，"衡监临盗所主守直十金以上"，不合《春秋》"诸侯不得专地"之义，地方官吏"附下罔上，擅以地附益大臣，皆不道"[1]，成帝准许骏、忠二人所奏，将匡衡免为庶人。

关于"不尊上公"的经义。成帝时，翟方进为丞相司直，涓勋为司隶，根据当时的有关规定，司隶校尉之职在司直之下，入职时，要拜谒丞相与御史大夫。而涓勋刚刚拜为司隶，却不肯拜谒丞相、御史大夫，后来在朝会上相见，态度傲慢不逊。翟方进为丞相司直，注意到了涓勋的行为，发现涓勋私自拜访光禄勋辛庆忌，外出遇到皇帝舅父成都侯王商时，涓勋忙下车侍候，等王商的车远去后才转身上车。翟方进便根据"不尊上公"，违背《春秋》之义，举奏涓勋行状不正，要求免其官职。翟方进说："《春秋》之义，尊上公谓之宰，海内无不统焉。丞相进见圣主，御坐为起，在舆为下。群臣宜皆承顺圣化，以视四方。勋吏二千石，幸得奉使，不遵礼仪，轻谩宰相，贱易上卿，而又讪节失度，邪谄无常，色厉内荏，堕国体，乱朝廷之序，不宜处位。"[2] 成帝认为翟方进所举符合《春秋》

---

〔1〕《汉书》卷八十一《匡张孔马传》，第 3346 页。
〔2〕《汉书》卷八十四《翟方进传》，第 3414 页。

经义，便将涓勋由位在中二千石以前的司隶，贬为秩在一千石以下的县令。

关于"杀世子诛"的经义。成帝时赵皇后、赵昭仪姊妹专宠嫉妒，特别是赵昭仪，自己不能生育，又屡屡残害皇帝子嗣。赵氏还收受定陶傅太后的贿赂，立定陶王为太子（即哀帝）。哀帝即位后，尊赵皇后为皇太后，封太后之弟侍中、驸马都尉钦为新成侯，钦兄子䜣为成阳侯。当时的司隶校尉解光对此十分不满，鉴于赵皇后、赵昭仪灭成帝继嗣的行为，解光要求根据"杀世子诛"的《春秋》之义，将赵氏及其家属，严惩以法，"鲁严公夫人杀世子，齐桓召而诛焉，《春秋》予之。赵昭仪倾乱圣朝，亲灭继嗣，家属当伏天诛。……请事穷竟，丞相以下议正法"[1] 赵昭仪早已因公卿责问成帝死状而自杀，哀帝见解光上疏之言，就免去新成侯赵钦、赵钦兄长之子成阳侯䜣的封号和爵禄，将其家属徙辽西郡。赵皇后因支持哀帝即位，所以哀帝不忍将其废黜。直到哀帝死，王莽上台执政，才将赵皇后废为庶人，并迫令自杀。

以上根据《春秋》经义，对"志邪""臣将""不尊上公""诸侯专地""杀世子"等案，或是诛戮，或是废爵、罢官、遣送边远地区等，处罚从严。

总之，以《尚书》和《春秋》经义决狱，实际是儒家的《春秋》《尚书》等六经作为人们政治、社会活动指南和准则的体现，也表明以儒家的经义即礼义作为指导思想进入了法律领域。从此，由礼仪指导法律，使法律为儒家的六经、纲常伦理服务。《春秋》决狱，维护"亲亲之道"、重罚谋反逆乱、"诸侯专地"、"不尊上公"、"杀世子"，以及"重志""重义"等。用法来为经义服务，维护封建的尊卑、亲疏、君臣、父子、夫妇的纲常伦理，也起到了巩固国家统一和中央集权的作用。重罚首恶、宽恕随从，记人之功、忘人之过，或"以功覆过"、"原心定罪"、同情女子等等，

---

[1]《汉书》卷九十七下《外戚传下》，第 3996 页。

除了严惩少数人之外，的确宽恕了大多数人，与当时的连坐族诛大相径庭，既体现了独尊儒术，又实行了轻刑省罚。这对大多数普通人民来说，应该是一个福音，有利于安定民心和稳定地方秩序，而且，《尚书》《春秋》等经义，也弥补了当时法制不够完备的缺陷和不足。

但是，必须指出，因为"亲亲之道"，杀人可以无罪；伤人因"原心定罪"，可以减轻；因"父为子隐"，故即使明知儿子杀人而将其藏匿，也可无罪；因"莫重于志"，故一般的偷窃，也要重罚；对于君主不满或有意见，就要处死，并株连他人。这些不但破坏了法律面前的平等，而且决断有时也非常片面。其中"原心""重志"，虽有分析犯罪动机的一面，比之简单地甚至盲目地依律治罪，应该说要好得多，但如果偏重动机，往往有可能忽视其后果的一面，在一定程度上，体现出经义决狱的局限性和消极作用。

五、《仪礼》研究与《大射仪》

先说一下关于《仪礼》的作者问题。《仪礼》古单称《礼》，或者叫《礼经》，或称《士礼》。经学的古文派，以为《仪礼》与《周礼》均为周公所作。经学今文派则认为，《仪礼》是孔子所定，清代皮锡瑞的《三礼通论》是其重要代表，他认为，《礼记·檀弓》中哀公使孺悲向孔子学"士丧礼"，据此，则《士丧》是孔子所作，《仪礼》中其余各篇也是出于孔子。皮锡瑞所撰的《经学历史》也持相同的说法，《仪礼》十七篇是由孔子删定或增补。周予同在《群经概论》中也据"孺悲学士丧礼于孔子"，认为《仪礼》十七篇都出自孔子。

《仪礼》在西汉的传授与研究的情况。汉兴，鲁高堂生传《士礼》（即《仪礼》，也称《礼经》）十七篇。当时不仅有仪式、制度、文字方面的礼，也有容貌、姿态方面的礼。文帝时，徐生以颂（容）为礼官大夫，传子至孙徐延、徐襄。徐襄亦以颂（容）为大夫，至广陵内史，徐延及徐氏弟子公户满意、桓生、单次为礼官大夫。瑕丘萧奋以礼至淮阳太守。文帝时贾谊也重视礼容的研究与著述，有《容经》《礼容语》，已见前述。

萧奋以《礼》传东海孟卿，孟卿授后苍与鲁闾丘卿。后苍"说《礼》数万言，号曰《后氏曲台记》，授沛闻人通汉子方、梁戴德延君、戴圣次君、沛庆普孝公。孝公为东平太傅。德号大戴，为信都太傅；圣号小戴，以博士论石渠，至九江太守。由是《礼》有大戴、小戴，庆氏之学"[1]。后来《大戴》有徐氏，《小戴》有桥、杨氏之学。

关于《仪礼》十七篇排列次序。西汉宣帝之后，有三种不同的排次版本。首先是戴德本：《士冠礼》第一，《士昏礼》第二，《士相见礼》第三，《士丧礼》第四，《既夕礼》第五，《士虞礼》第六，《特牲馈食礼》第七，《少牢馈食礼》第八，《有司彻》第九，《乡饮酒礼》第十，《乡射礼》第十一，《燕礼》第十二，《大射仪》第十三，《聘礼》第十四，《公食大夫礼》第十五，《觐礼》第十六，《丧服》第十七。

其次是戴圣本：《士冠礼》第一，《士昏礼》第二，《士相见礼》第三，《乡饮酒礼》第四，《乡射礼》第五，《燕礼》第六，《大射仪》第七，《士虞礼》第八，《丧服》第九，《特牲馈食礼》第十，《少牢馈食礼》第十一，《有司彻》第十二，《士丧礼》第十三，《既夕礼》第十四，《聘礼》第十五，《公食大夫礼》第十六，《觐礼》第十七。

再次是刘向《别录》本：《士冠礼》第一，《士昏礼》第二，《士相见礼》第三，《乡饮酒礼》第四，《乡射礼》第五，《燕礼》第六，《大射礼》第七，《聘礼》第八，《公食大夫礼》第九，《觐礼》第十，《丧服》第十一，《士丧礼》第十二，《既夕礼》第十三，《士虞礼》第十四，《特牲馈食礼》第十五，《少牢馈食礼》第十六，《有司彻》第十七。

刘向《别录》本，被郑玄《仪礼注》所采纳，所以，后来的《仪礼注》，乃至《十三经注疏》多采用刘向《别录》本。为此，唐贾公彦《仪

---

[1] 《汉书》卷八十八《儒林传》，第3615页。

礼疏》特别推崇刘向的《别录》，此十七篇之次皆以尊卑吉凶次第伦叙，所以被郑玄采用，而大戴或小戴等其他版本，次第杂乱，不可取。

实际上贾公彦这种评价并不十分公允、恰当，清代的今文学家主张大戴本次第为最好。他们根据《礼记·昏义》及《礼运》篇的内容，以为冠、婚、丧、祭、射、乡、朝、聘，八者为礼之经：冠以明成人，婚以合男女，丧以仁父子，祭以严鬼神，乡饮以合乡里，燕射以成宾主，聘食以睦邦交，朝觐以辨上下，一切人事都可用此包括，"依大戴本次第，则一、二、三篇为冠昏，四、五、六、七、八、九为丧祭，十、十一、十二、十三篇为射乡，十四、十五、十六篇为朝聘，《丧服》通于上下，故附于后"。[1]

郑玄《仪礼注》中，《大射仪》经文有六千八百九十字，注文则有七千三百八十字。可见郑玄对大射仪解读之详尽。郑玄《目录》中说到《仪礼·大射仪》，认为大射仪是诸侯将有祭祀之事，与群臣举行射礼以观其德，能射中者可以与祭，射不中者不得与祭。射礼于五礼属嘉礼。戴圣认为，大射礼是人君之礼，仪式繁多。闻人通汉认为，大射是诸侯之礼，所以"不合乐"。韦玄成认为，大射为君臣朝廷与诸侯之礼。

以两汉而言，包括王莽"新"朝在内，前后整整二百余年，极少真正地举行过大射礼。汉高祖时期，虽然对儒学有所重视，讲习包括"大射"在内的各种礼仪，但没有举行过大射礼。惠帝、吕后、文帝、景帝时更不用说。到汉武帝时，政治、军事、经济、文化真正繁荣强盛，尽管多次举行封禅活动，封泰山、禅梁父，却没有进行过一次大射仪。

大射仪是天子、诸侯进行的属于祭祀的嘉礼。天子的大射礼规模最大，诸侯、公、卿、大夫、士、冢宰、太师、司马和乐正等都得参加。诸侯的射礼规模小些，但诸侯国的卿、大夫、士、乐正、司射、司乘等也要参加，各种辅助人员也很多。天子、诸侯，必找行动迟缓的动物作为目

---

[1] 周予同：《群经概论》，长沙：岳麓书社，2011年，第47—48页。

标，一射必中。然后司射退位，乐正命太师奏《貍首》乐章，祭祀天地、祖先、鬼神。大射礼的举行兴师动众，是各种礼仪中规模最大的，因此，一代皇朝难得举行几次。

西汉进行大射礼，只在宣帝、成帝时举行过一次，王莽时期有一次。第一次汉宣帝时在曲台行大射仪，见《后氏曲台记》，也就是"《曲台后仓》九篇"之一，颜师古注引淳曰："行礼射于曲台，后仓为记，故名曰《曲台记》。《汉官》曰'大射于曲台'。"[1]

第二次是汉成帝鸿嘉二年三月，博士行大射礼，有"飞雉集于庭，而阶登堂而雊"的记载。

第三次，西汉末孺子婴朝，王莽摄政时期，"居摄元年正月，莽祀上帝于南郊，迎春于东郊，行大射礼于明堂，养三老五更，成礼而去"。[2]

大射礼规模甚大，参加人员不仅牵涉到官员、百姓，而且影响到自然界。对于一些不寻常的自然现象，当权的贵族、外戚、官吏，甚至皇帝也有不同看法。如第二次汉成帝鸿嘉二年三月，博士行大射礼时，有"飞雉集于庭，历阶登堂而雊。后雉又集太常、宗正、丞相、御史大夫、大司马车骑将军之府"，甚至于集未央宫承明殿屋上。当时外戚当权者，大司马车骑将军王音、待诏宠（颜师古注曰："以经术待诏，其人名宠，不记姓也。"）等上言："天地之气，以类相应，谴告人君，甚微而著。雉者听察，先闻雷声，故《月令》以纪气。经载高宗雊雉之异，以明转祸为福之验。今雉以博士行礼之日大众聚会，飞集于庭，历阶登堂，万众睢睢，惊怪连日。径历三公之府，太常宗正典宗庙骨肉之官，然后入宫。其宿留告晓人，具备深切，虽人道相戒，何以过是！"因为举行大射礼才发生的天之变异，成帝使中常侍晁闳下诏，对王音说："闻捕得雉，毛羽颇摧折，类拘执者，得无人为之？"成帝认为是有人故意制造的变异。王音接着对成

---

[1]《汉书》卷三十《艺文志》，第 1710 页。
[2]《汉书》卷九十九上《王莽传上》，第 4082 页。

帝说，这是亡国之语，诬乱圣德，左右阿谀，"今即位十五年，继嗣不立，日日驾车而出，洸行流闻，海内传之，甚于京师。外有微行之害，内有疾病之忧，皇天数见灾异，欲人变更，终已不改。天尚不能感动陛下，臣子何望？"因成帝日日驾车出行，扰乱社会秩序，贵族、官僚和百姓都受影响。外戚、贵族、大官王音认为举行大射礼出现灾变是天意，以示警告。老百姓也有不满，有意伤害大量鸟类。而汉成帝坚持认为并非天意显示，而是有人故意所为。可见，规模巨大的大射礼，引发很多不同的看法。王音最后说要消除灾变，必须"谋于贤知，克己复礼，以求天意"[1]。

大射礼只是单纯体现了天子、诸侯的盛大尊严，往往震动全国，不利于社会安定和人民的安居乐业。因此，大射礼极少真正举行，两汉四百多年也只举行了六次而已。

总之，西汉时期的重儒和六经的贯彻，体现在人才选拔、学校教育以及家庭、宗族、乡党重礼、礼法结合等方方面面，在践行礼仪如《大射仪》方面，虽然举行得很少，但也有所坚持和传承。

---

[1]《汉书》卷二十七中之下《五行志中之下》，第1417—1418页。

参考文献

［1］刘师培：《经学教科书》，上海：上海科学技术文献出版社，2015 年。

［2］朱维铮：《中国经学史十讲》，上海：复旦大学出版社，2002 年。

［3］（汉）班固：《汉书》，北京：中华书局，1962 年。

［4］蒙文通：《经学抉原》，上海：上海人民出版社，2006 年。

［5］（汉）司马迁：《史记》，北京：中华书局，1959 年。

［6］（唐）杜佑：《通典》，杭州：浙江古籍出版社，1988 年。

［7］（清）薛允升编：《唐明律合编》，北京：中国书店，2010 年。

［8］居正：《司法党化问题》，《东方杂志》第 32 卷第 10 号。

［9］华友根：《20 世纪中国十大法学名家》，上海：上海社会科学院出版社，2006 年。

［10］王钧林、周海生译注：《孔丛子》，北京：中华书局，2009 年。

［11］（清）沈家本：《历代刑法考》（上、下），北京：商务印书馆，2011 年。

［12］（汉）郑玄注，（唐）贾公彦疏，彭林整理：《周礼注疏》，上海：上海古籍出版社，2010 年。

［13］（汉）郑玄注，（唐）贾公彦疏，彭林整理：《仪礼注疏》，北京：北京大学出版社，1999 年。

［14］（汉）郑玄注，（唐）孔颖达疏，龚抗云整理：《礼记正义》，北京：北京大学出版社，1999 年。

[15]（清）孙希旦撰，沈啸寰、王星贤点校：《礼记集解》，北京：中华书局，1989 年。

[16]（宋）范晔：《后汉书》，北京：中华书局，2007 年。

[17]（汉）贾谊撰，王利器校注：《新语校注》，北京：中华书局，1986 年。

[18]（汉）贾谊撰，阎振益、钟夏校注：《新书校注》，北京：中华书局，2000 年。

[19]（汉）伏胜撰，（汉）郑玄注，（清）陈寿祺辑校：《尚书大传》，北京：商务印书馆，1937 年。

[20]（清）苏舆撰，钟哲点校：《春秋繁露义证》，北京：中华书局，1992 年。

[21]何宁：《淮南子集释》，北京：中华书局，1998 年。

[22]（汉）刘向撰，向宗鲁校证：《说苑校证》，北京：中华书局，1987 年。

[23]（清）严可均辑，许振生审订：《全后汉文》，北京：商务印书馆，1999 年。

[24]（清）康有为撰，楼宇烈整理：《春秋董氏学》，北京：中华书局，1990 年。

[25]（宋）李昉：《太平御览》，北京：中华书局，1960 年。

[26]（清）严可均辑，任雪芳审订：《全汉文》，北京：商务印书馆，1999 年。

[27]华友根：《董仲舒思想研究》，上海：上海社会科学院出版社，1992 年。

[28]朱维铮主编：《中国经学史基本丛书·尚书大传》，上海：上海书店出版社，2012 年。

[29]（汉）王充：《论衡》，北京：中华书局，2017 年。

[30]（晋）葛洪辑录：《西京杂记》，影印文渊阁《四库全书》本。

[31]（宋）黎靖德：《朱子语类》，影印文渊阁《四库全书》本。

[32][俄]列宁：《列宁全集》第二卷，北京：人民出版社，1984 年。

[33]（汉）卫宏：《汉官旧仪》，影印文渊阁《四库全书》本。

[34]（宋）王溥：《唐会要》，北京：中华书局，1955 年。

[35]（唐）长孙无忌：《唐律疏议》，北京：中华书局，1983 年。

[36]（清）孙星衍：《尚书今古文注疏》，北京：中华书局，1986 年。

[37]王利器：《盐铁论校注》，北京：中华书局，1992 年。

[38]（宋）朱熹：《四书章句集注》，北京：中华书局，2012 年。

［39］（宋）徐天麟：《西汉会要》，上海：上海古籍出版社，2006 年。

［40］（汉）毛亨传，（汉）郑玄笺，（唐）孔颖达疏，龚抗云等整理：《毛诗正义》，北京：北京大学出版社，1999 年。

［41］（清）王聘珍撰，王文锦点校：《大戴礼记解诂》，北京：中华书局，1983 年。

［42］董康：《董康法学文集》，北京：中国政法大学出版社，2005 年。

［43］吕思勉：《经子解题》，北京：中国书籍出版社，2006 年。

［44］（清）耿极：《王制管窥》，《丛书集成初编》本。

［45］（清）江永：《礼书纲目》，影印文渊阁《四库全书》本。

［46］（清）沈彤：《周官禄田考》，影印文渊阁《四库全书》本。

［47］（清）康有为撰，姜义华、张荣华编校：《万木草堂口说》（外三种），北京：中国人民大学出版社，2010 年。

［48］干春松、陈壁生主编：《经学与建国》，北京：中国人民大学出版社，2012 年。

［49］何勤华、魏琼编：《董康法学文集》，北京：中华书局，2004 年，第 278 页。

［50］周予同：《群经概论》，长沙：岳麓书社，2011 年。

［51］（汉）刘向撰，马世年注：《新序》，北京：中华书局，2014 年。

［52］华友根：《西汉礼学新论》，上海：上海社会科学院出版社，1998 年。

［53］（汉）郑玄等注：《十三经古注》，北京：中华书局，2014 年。

［54］（清）赵翼撰，曹光甫校点：《廿二史札记》，南京：凤凰出版社，2008 年。

［55］（汉）孔安国传，（唐）孔颖达疏，廖名春、陈明整理，李学勤主编：《尚书正义》（标点本），北京：北京大学出版社，1999 年。

［56］（清）刘文淇：《春秋左氏传旧注疏证》，北京：科学出版社，1959 年。

［57］（清）孙诒让撰，王文锦、陈玉霞点校：《周礼正义》，北京：中华书局，1987 年。

［58］杨伯峻编注：《春秋左传注》，北京：中华书局，2009 年。

［59］（汉）扬雄撰，（宋）司马光集注，刘韶军点校：《太玄集注》，北京：中华书局，2013 年。

［60］吴虞：《吴虞文录》，合肥：黄山书社，2008 年。

［61］（汉）扬雄撰，（晋）李轨、（唐）柳宗元注：《法言》，北京：中国书店，2018 年。

［62］（清）王先谦撰，沈啸寰、王星贤点校：《荀子集解》，北京：中华书局，1988 年。

［63］（清）陈立撰，吴则虞点校：《新编诸子集成·白虎通疏证》，北京：中华书局，1994 年。

［64］彭林译注：《仪礼》，长沙：岳麓书社，2002 年。

［65］（宋）朱熹注，赵长征点校：《诗集传》，北京：中华书局，2011 年。

［66］郭沫若：《盐铁论读本》，北京：科学出版社，1957 年。